ISTANBUL

KULTUR-REISEFÜHRER

1.Auflage

Erschienen im Main-Donau Verlag

Autor
Halil Ersin Avcı

Redaktion & Lektorat
Abdullah Kulaç / Tarık Özel / Wilhelm Willeke

Art Director
Engin Çiftçi

Coverdesign
Yavuz Aydemir

Layout
Recep Bulat / Yavuz Aydemir

Bildauswahl
Abdullah Kulaç / Yavuz Aydemir

Korrespondenz:
Gerbermühlstr. 32 60594 Frankfurt am Main
Tel: +49 69 95932138   Fax: +49 6995932139

www.main-donau-verlag.de

ISBN: 978-3-944206-24-0

Druck: Imak Ofset, Istanbul - Türkei

ISTANBUL

KULTUR-REISEFÜHRER

main donau
VERLAG

INHALTSVERZEICHNIS

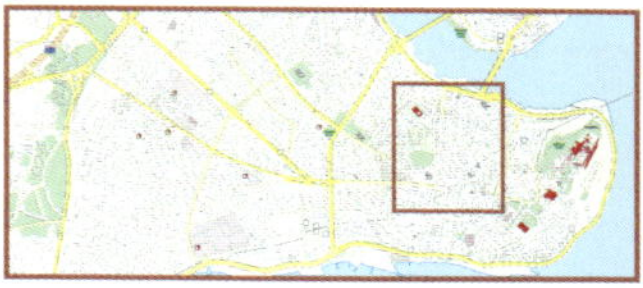

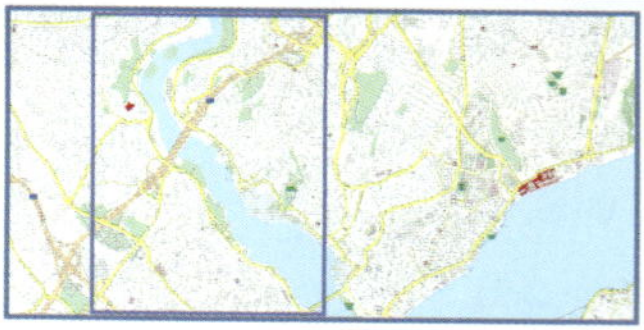

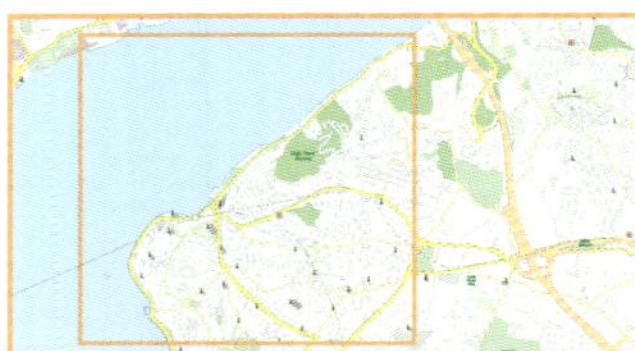

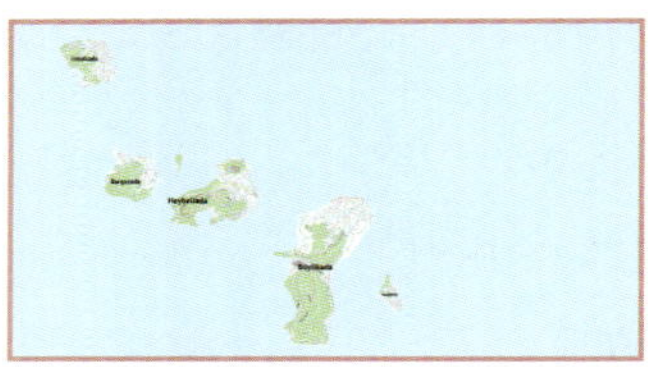

ISTANBUL
Eine kurze Stadtgeschichte

ISTANBUL
Eine kurze Stadtgeschichte

Kleinasien, eine Brückenlandschaft

Es gab Zeiten, da war eine Überfahrt zwischen Asien und Europa noch ein besonderes Ereignis. So ließ einst der frustrierte König Xerxes einst die Dardanellen auspeitschen, nachdem die stürmische See es sich erlaubt hatte, die mühsam erbauten Brücken wegzuspülen. Die anschließend neu errichteten Konstruktionen sollen dann auch umso besser gehalten haben. Heute gestaltet sich die Überquerung der Meerengen bei Istanbul deutlich weniger dramatisch. Man fährt entweder über eine der beiden Bosporusbrücken oder setzt mit der Fähre über - traumhafte Aussicht und türkischer Tee inklusive. Und seit 2013 ist es sogar möglich, den Bosporus unterirdisch zu queren. Insofern darf diese Stadt mit Fug und Recht als ein Bindeglied zwischen Geographien und Völkern bezeichnet werden.

Die Besonderheit dieses Kulturraumes liegt darin, dass Kleinasien in seiner teils äußerst turbulenten Geschichte schon immer ein fester Bestandteil bedeutender Zivilisationen aus Ost und West gewesen ist. Hethiter, Assyrer, Griechen, Perser, Römer, Türken, Byzantiner, Seldschuken und Osmanen - sie alle fanden hier eine Heimat. Die geographischen Strukturen sorgten dafür, dass sich diese Mächte das Gebiet meist teilen mussten, was zur Entstehung einer großen kulturellen Vielfalt auf begrenztem Gebiet - einem sogenannten Kulturpalimpsest - führte.

Von der ersten Sesshaftwerdung zum Hellenismus

Die Besiedlung Kleinasiens bzw. Anatoliens ist bis in die Jungsteinzeit zurückzuverfolgen. Bedeutende Zeugnisse der Sesshaftwerdung (Neolithische Revolution) finden sich unter anderem in Göbekli Tepe (ca. 10.000 v.Chr.) und in Çatalhöyük (ca. 8000 v.Chr.). Im Fruchtbaren Halbmond (Mesopotamien, Kleinasien und Ägypten) vollzog sich den Archäologen zufolge erstmals der Übergang vom mobilen Nomadendasein zur sesshaften Lebensweise. Die ältesten Schriftquellen über das Gebiet stammen aus dem 2. Jahrtausend v.Chr. und sind in assyrischer Sprache abgefasst. Den Assyrern, einem mesopotamischen Volk aus dem Gebiet des heutigen Irak, gelingt es ab 1800 v.Chr., Kleinasien wirtschaftlich und gleichermaßen friedlich zu durchdringen. Lange Zeit leben die einheimischen Hethiter und die Assyrer fortan in Frieden zusammen. Bestes Beispiel hierfür ist die assyrische Handelsniederlassung Kaniš in der Nähe der hethitischen Siedlung Neša in Mittelanatolien. Exemplarisch zeigt sich dort ein „internationales Zusammenleben [...], das Anatolien, wie es scheint, schon in der ersten Hälfte des 2. Jahrtausends v.Chr. auszeichnet. Alle Unterschiedlichkeiten in Kultur, Religion und Tradition führen hier eher zum friedvollen Zusammenleben als zu größeren Auseinandersetzungen. Man spricht zwei Sprachen [...], lebt in unterschiedlichen politischen und administrativen Systemen, treibt aber dennoch auf engstem Raum umfangreichen Handel miteinander und heiratet untereinander“.[1] Dieses Mit- und Nebeneinander ganz unterschiedlicher Kulturen und Zivilisationen prägt Kleinasien bis heute.

Komplettiert wird der kulturelle Reichtum ab dem 12. Jahrhundert v.Chr. durch die Einwanderung griechischer Kolonisten. Aus ihren Siedlungen und Handelsplätzen gehen einflussreiche Persönlichkeiten wie der Dichter Homer und die Philosophen und Mathematiker Thales, Pythagoras und Diogenes von Sinope hervor. Von besonderer Bedeutung ist ferner, dass sich in diesen Kolonien ein geordnetes Stadtwesen entwickelt, das die Verbreitung griechischer Kunst und Kultur in Kleinasien fördert. Ein mächtiger Gegenspieler erwächst den Hellenen ab dem 6. Jahrhundert v.Chr. in Form der Perser, die bald den größten Teil Anatoliens unterwerfen. Trotz ihres weltgeschichtlichen Konflikts mit den Griechen leisten auch sie einen wertvollen Beitrag zur kulturellen Bereicherung Kleinasiens (z.B. die Persische Königsstraße).

Mit den Feldzügen Alexanders des Großen (ab 334 v.Chr.) und der Zerschlagung des Perserreichs kommt es zu weitreichenden Umwälzungen. Kleinasien steigt zum Zentrum des

Hellenismus auf. Mit dem Begriff Hellenismus bzw. Hellenisierung ist die gegenseitige Durchdringung griechischer und orientalischer Kultur gemeint, die eine pluralistische Gesellschaft hervorbringt. Von dieser kulturellen Vielfalt legen heute noch zahlreiche bauliche Überbleibsel Zeugnis ab, so beispielsweise das Grabheiligtum des hellenischen Herrschers Antiochos I. auf dem Berg Nemrud. Gerade dieses Grabmal verdeutlicht die Brückenfunktion Anatoliens wie kein anderes. Es besteht aus zwei Terrassen, die eine weist nach Osten (Persien), die andere nach Westen, in die Richtung Griechenlands.

Auch unter römischer Herrschaft (ab 129 v.Chr.) bleibt das Land ein Melting Pot - ein Schmelztiegel der Kulturen, diesmal zwischen lateinisch-römischer und griechisch-hellenischer Lebenswelt. Es entsteht ein ‚Flickenteppich', in dem auf dem Boden des Imperium Romanum Griechisches, Hellenistisches, Einheimisches und Römisches nebeneinander und miteinander existieren.

Antiochos Grabmal

Byzantiner und Osmanen

In Anatolien beginnt der Apostel Paulus mit seiner Verkündung der neuen Religion, hier bilden sich die ersten christlichen Gemeinden außerhalb Palästinas. Ab dem 3. Jahrhundert n. Chr. spielt Anatolien für die Entwicklung des Christentums eine wichtige Rolle. Mit der Inthronisierung Konstantins des Großen und der Neugründung Konstantinopels als Reichshauptstadt am 11. Mai 330 rückt der Osten und insbesondere Anatolien ins Zentrum der römischen Welt. Das Byzantinische Reich, das in der Spätantike das Erbe Roms für sich beansprucht und dessen Staatsgebiet auch Kleinasien umfasst, beschreibt der Historiker Georg Ostrogorsky als eine Symbiose aus römischem Staatswesen, griechischer Kultur und christlichem Glauben. Auch diese Einschätzung unterstreicht den weltgeschichtlich verankerten Pluralismus Kleinasiens. Doch die Vorherrschaft von Byzanz über die Region bleibt nicht lange unangefochten. Die Schlacht von Manzikert im Jahr 1071 leitet den Niedergang der byzantinischen Herrschaft ein und eröffnet unterschiedlichen Turkvölkern die Möglichkeit, nach Anatolien einzuwandern. An die Stelle von Byzanz tritt die türkische Fürstendynastie der Seldschuken. Sie gründen in Anatolien ein Sultanat, das bis 1243 Bestand hat. Neben den Seldschuken gelangen zahlreiche weitere kleinere Fürstentümer in die Region. Aus dem des Osman Bey, der sich im Nordosten Kleinasiens niederlässt, geht später das Osmanische Reich hervor.

Im Laufe des 14. und 15. Jahrhunderts erobern die Osmanen nach und nach die anatolische Halbinsel. Demographisch ist das osmanische Kleinasien, genau wie zuvor schon Byzanz, ein Vielvölkerstaat und bleibt es bis ins 20. Jahrhundert hinein. Im Jahr 1844 etwa besteht die Bevölkerung des Osmanischen Reichs aus ca. 20 Millionen Muslimen, 15 Millionen Christen und ca. 170.000 Juden. Auch die osmanische Metropole Istanbul wird nicht von einer Volksgruppe allein dominiert. So berichtet der preußische Offizier Helmuth von Moltke über seinen Aufenthalt in Istanbul: „Dort herrscht reges Leben und lärmendes Gewühl, denn die Griechen, welche die Mehrzahl der Einwohner bilden, sind noch heute ein geschwätziges Volk. Eine Menge von Kais warten hier auf Gäste; istambola! - ‚Nach Istanbul!' - rufen die Türken, istanpoli! - ‚Nach der Stadt!' - die Griechen."[2]

Republikanische Zeit

Erst nach dem völligen Zusammenbruch des Osmanischen Reichs (1922) und den damit einhergehenden Gebietsverlusten sowie dem im Vertrag von Lausanne (1923) beschlossenen Bevölkerungsaustausch mit Griechenland schält sich in Kleinasien ein türkisch geprägter Nationalstaat heraus. Atatürk und seine Nachfolger betreiben ganz gezielt die Errichtung eines monoethnischen, einheitlichen Nationalstaats. Der Ausspruch *Ne mutlu Türküm diyene* (Wie glücklich derjenige, der sagen kann: Ich bin ein Türke) wird zum Credo dieses zweifelhaften Unterfangens, das angesichts der jahrtausendealten multiethnischen Prägung Kleinasiens schließlich nicht zu verwirklichen ist. Vielmehr führt das vehemente Beharren auf dem Nationalitätsgedanken zu ethnischen Konflikten. Der Umgang des Staates mit all jenen Bevölkerungsgruppen, die nicht in das neue Idealbild des Türken passen, erweist sich als schwierig.

Heute ist die Republik Türkei, die sich geographisch über Kleinasien und das östliche Thrakien erstreckt, eine aufstrebende regionale Wirtschaftsmacht, die die politische Isolation der frühen republikanischen Ära abgestreift hat. Im Jahr 2010 liegt sie auf Rang 17 der weltweit stärksten Volkswirtschaften und ist Mitglied der G-20 (der Gruppe der wichtigsten Industrie- und Schwellenländer). Die nach 1950 einsetzende Industrialisierung hat allerdings bis heute hauptsächlich im Westen (insbesondere in Istanbul und in der Marmara-Region) Spuren hinterlassen. Der Osten Kleinasiens hingegen ist nach wie vor überwiegend agrarisch geprägt, woraus ein starkes Ost-West-Gefälle resultiert. Dieses Gefälle beschränkt sich jedoch nicht allein auf die Ökonomie, sondern auch auf die ethnische Zusammensetzung der Bevölkerung. Im Südosten des Landes leben überwiegend kurdische Staatsbürger, die lange Zeit unter der Vernachlässigung durch die Zentralregierung gelitten haben und sich auch jetzt noch häufig als ‚Manövriermasse' der türkischen Politik fühlen.

Heute gilt es vor allem, politische und gesellschaftliche Lösungen zu finden, die den Anspruch unterschiedlicher Ethnien auf ein menschenwürdiges Leben genauso wahren wie die Integrität der Nation. Eine Schlüsselrolle nimmt in diesem Zusammenhang der Umgang mit dem kulturellen und historischen Erbe ein. Die Türkei steht vor der Herausforderung, sich mit ihrer multiethnischen Vergangenheit auseinandersetzen zu müssen. Dabei darf sie ihre antiken Zeugnisse und die Überbleibsel aus den seldschukischen und osmanischen Epochen aber durchaus als besonderen Reichtum begreifen.

Dem eigenen historischen Erbe gebührend Beachtung zu schenken, ist eine wichtige politische und gesellschaftliche Aufgabe. Und es bedarf gut durchdachter ganzheitlicher Konzepte, um dieses Erbe vor der schnell voranschreitenden Modernisierung des Landes schützen. Derzeit stehen die Wirtschaft und der Verkehr allzu sehr im Vordergrund der Stadtplanung, nicht selten zu Lasten historischer Denkmäler. Ein bekanntes Beispiel dafür ist der Bau des Atatürk-Staudamms und die damit verbundene Flutung der bedeutenden Ausgrabungsstätte von Nevalı Çori, einem der ältesten Siedlungsgebiete der Welt. Die jüngsten Entwicklungen in diesem Bereich machen aber auch Hoffnung. So hat sich die Zahl archäologischer Ausgrabungen seit 2002 vervielfacht, und auch in anderen Bereichen ist eine verstärkte Sensibilisierung für das historische und kulturelle Erbe zu beobachten. Die Tourismuseinnahmen sind für die Politik in diesem Zusammenhang zweifelsohne das Hauptargument. Sie beliefen sich für das Jahr 2010 auf 15,6 Milliarden US-Dollar, was die gesamtwirtschaftliche Bedeutung des Fremdenverkehrs verdeutlicht. Aber über den wirtschaftlichen Ansatz hinaus besitzt das historische Erbe eine identitätsstiftende Bedeutung. Es stärkt das Geschichtsbewusstsein, doch diese Erkenntnis beginnt sich in der Türkei erst allmählich durchzusetzen.

Von Anfang an überlagerten sich in der Geschichte Kleinasiens unterschiedliche Kulturen und Einflüsse. Neue Zivilisationen übernahmen die Errungenschaften älterer Zivilisationen, anstatt sie möglichst gründlich auszuradieren. Daher wäre es zu begrüßen, wenn auch unsere Epoche diesem historischen Kulturpalimpsest eine weitere Schicht hinzufügen könnte.

Byzantion, Konstantinopel, Istanbul

Istanbul - quicklebendige Stadt mit tausend Gesichtern und Facetten, Schnittstelle und Melting Pot, Hauptstadt dreier Weltreiche, Potpourri historischer Stätten und Denkmäler aus allen erdenklichen Menschheitsepochen. Es fehlt ganz sicher nicht an Versuchen, diese Stadt am Bosporus zu beschreiben. Und doch beleuchten solche Charakterisierungen immer nur einzelne Teilaspekte dieser faszinierend vielseitigen Metropole. Istanbul ist eine pulsierende, moderne Weltstadt, in der sich Elemente aus orientalischen und westlichen Kulturen bzw. aus Historie und Gegenwart auf unverwechselbare Art und Weise kreuzen und in der Summe eine Millionenstadt mit unverwechselbarem Charme ausmachen.

Passend zum historischen Flair Istanbuls beginnt die Stadtgeschichte gleich mit einer kleinen heiteren Anekdote, die wir unseren Leserinnen und Lesern nicht vorenthalten möchten. Denn wie so oft bei historisch bedeutsamen Städten - man rufe sich nur die Geschichte der Gebrüder Romulus und Remus und der Stadt Rom ins Gedächtnis - verfügt auch Istanbul über einen antiken Gründungsmythos. Dieser ist zwar weniger bekannt als sein italienisches Pendant, dafür glücklicherweise aber auch weniger blutig. Die Geschichte Istanbuls nimmt ihren Anfang, als der sagenumwobene griechische König Nisos (7. Jahrhundert v.Chr.) beschließt, in Kleinasien eine neue Kolonie zu gründen. Wie es sich gehört, lässt er das Orakel von Delphi nach einem geeigneten Ort befragen. Das Orakel antwortet, die neue Siedlung sei „gegenüber der Stadt der Blinden" zu gründen. Ohne konkreten Plan, dafür aber mit umso mehr Tatkraft schickt der König seinen Sohn Byzas auf Expedition. Als dieser die Halbinsel erreicht, die heute die Altstadt beherbergt, ist er auf Anhieb beeindruckt, sowohl von ihrer strategisch günstigen Lage als auch von der natürlichen Schönheit der Gegend. Zudem fällt ihm auf, dass am gegenüberliegenden Bosporusufer bereits eine ältere griechische Kolonie - nämlich die Stadt Chalcedon - existiert. Zunächst wundert er sich darüber, dass die Chalcedonier die günstige Lage der Halbinsel verkannt und ihre Stadt am gegenüberliegenden Ufer errichtet haben, dann erkennt er in ihnen die Blinden des Orakelspruchs. Folgerichtig gründet er (der Sage nach im Jahr 667 v.Chr.) auf der Halbinsel die neue Kolonie, die nach ihm selbst Byzantion benannt wird.

Heute hat sich Istanbul die einst eigenständige Stadt der Blinden am gegenüberliegenden Ufer längst einverleibt, und aus Chalcedon ist der Stadtteil Kadıköy geworden. Über den Wahrheitsgehalt dieses Mythos lässt sich streiten, zumal neueste Grabungen belegen, dass die Altstadthalbinsel schon lange vorher besiedelt gewesen sein muss. Nichtsdestotrotz illustriert er auf prägnante Weise zum einen die lange historische Tradition der Stadt und zum anderen ihre geographische Besonderheit und ihre malerische Schönheit. Schön war es hier schon immer, schön ist es heute noch! Selbst ein so pragmatischer und nüchterner Militärattaché wie Helmuth von Moltke (1800 - 1891) konnte sich dem Flair der Stadt nicht entziehen:

Aber, wie soll ich Dir den Zauber schildern, welcher uns jetzt umfing. Aus dem rauhen Winter waren wir in den mildesten Sommer, aus der Einöde in das regste Leben versetzt. Die Sonne funkelte hell und warm am Himmel, und nur ein dünner Nebel umhüllte durchsichtig den feenhaften Anblick. Zur Rechten hatten wir Konstantinopel mit seiner bunten Häusermasse, über welche zahllose Kuppeln, die kühnen Bogen einer Wasserleitung, große steinerne Hans [Karawansereien] mit Bleidächern, vor allem aber die himmelhohen Minaretts emporsteigen. [...] Der Blick kehrt aus dieser duftigen Ferne zurück und heftet sich auf die schönen Moscheen von Skutari (Üsküdar), der asiatischen Vorstadt, auf den Mädchenturm, welcher zwischen Europa und Asien aus der tiefen Flucht auftaucht; auf die Höhen, welche noch mit frischem Grün prangen [...].

Sicher hat die Stadt im Zuge der Modernisierungsmaßnahmen und der städtischen Ausdehnung im 20. Jahrhundert einen Teil ihrer architektonischen und historischen Authentizität eingebüßt. Doch bis heute hat sie sich viel von ihrem aus

Jahrtausenden Geschichte genährten historischen Charme bewahrt. Charakteristisch für Istanbul ist die inspirierende Mischung aus Alt und Neu, die Kombination aus pulsierender Metropole und beschaulichen Erholungsorten in Stadtnähe. Mehr denn je ist Istanbul heute ein Schaufenster verschiedenster Menschen und Lebensstile, ein Kaleidoskop der Kulturen und Epochen, ein städtisches und immer gut gefülltes Open-Air-Museum.

Anfänge der Stadtgeschichte

Streng genommen beginnt die lange, wechselhafte Stadtgeschichte Istanbuls jedoch nicht mit der oben aufgezeigten griechischen Kolonisierung, und auch nicht mit der Eroberung durch die Römer, sondern bereits vier Jahrtausende vor Christi Geburt. Die ältesten Nachweise für ein Besiedlung datieren zurück auf das fünfte vorchristliche Jahrtausend, eine Zeit, in der sich die ersten Sumerer im Tigristal niederließen, lange bevor Ägypten ins Rampenlicht der Geschichte trat. Fundamente von Flechtwerkhütten sowie einige Gräber und Grabbeigaben aus dieser frühesten Besiedlungsphase wurden zuletzt zwischen 2004 und 2008 bei Ausgrabungen in Yenikapı für das Tunnelprojekt Marmaray zutage gefördert. Sie belegen, dass die Istanbuler Altstadthalbinsel bereits zur Zeit der Neolithischen Revolution, also der Sesshaftwerdung der ersten Menschen, bewohnt war. Über diese Funde hinaus sind aus dieser vorgeschichtlichen Periode allerdings weder schriftliche noch bauliche Quellen erhalten, die verbindliche Aussagen zur Stadt- und Siedlungsstruktur zuließen.

Erst mit der Gründung einer griechischen Kolonie im 7. vorchristlichen Jahrhundert durch den oben erwähnten Heerführer Byzas betritt die Halbinsel die weltgeschichtliche Bühne. In den darauffolgenden Jahrhunderten ist Byzantion stetigen Spannungen zwischen dem griechischen Mutterland auf der einen und dem expansionsfreudigen Perserreich auf der anderen Seite ausgesetzt. Selbst nach den Feldzügen Alexanders und der Zerschlagung des Perserreichs (334-330 v.Chr.) sind die politischen Zustände nicht immer eindeutig geklärt. Im Gegenteil, in dieser Zeit erheben gleich mehrere Mächte Anspruch auf die strategisch günstig gelegene Stadt. Allerdings gelingt es Byzantion immer wieder, sich durch geschicktes Taktieren an die ständig wechselnden Machtkonstellationen anzupassen und die eigene politische Souveränität zumindest teilweise zu wahren. Die Stadt betreibt eine aktive Wirtschaftspolitik und prägt ihre eigenen Münzen.

Selbst während der schnellen Expansion Roms im Mittelmeerraum behält Byzantion zunächst eine gewisse Autonomie. Erst 146 v.Chr. wird die Stadt, fortan auch Byzantium genannt, von Rom unterworfen und de facto ins Römische Imperium eingegliedert. Vor allem in der römischen Kaiserzeit (ab 27 v.Chr.) profitiert sie ausgiebig von der Pax

Romana, dem römischen Frieden. Nicht zuletzt aufgrund ihrer strategisch wichtigen Lage rückt Byzantium immer mehr ins Zentrum der Aufmerksamkeit und blüht kulturell auf. Schon der Historiker Polybios (gest. um 120 v.Chr.) bescheinigte der Stadt eine außergewöhnliche Lage und Schönheit. Mehr noch, seien die Byzantiner besonders glückliche Menschen, Sicherheit und Wohlstand ihrer Stadt seien nicht zu überbieten. Doch auch solche Lobpreisungen hindern den römischen Kaiser Septimius Severus (Herrschaftszeit 193-211 n. Chr.) nicht daran, sie im Jahr 196 n.Chr. völlig zu zerstören. Der Grund: Angeblich hatte Byzantium während einer Thronstreitigkeit einen politischen Rivalen unterstützt. Doch dass dies eine äußerst kurzsichtige Entscheidung war, findet der Kaiser schnell heraus. Weil er auf seine strategische Präsenz am Bosporus nicht verzichten kann, lässt er die Stadt auf Drängen seines Sohnes schon bald wieder aufbauen. Als partielle Wiedergutmachung initiiert Kaiser Septimius viele Bauprojekte, die schon darauf hindeuten, dass Byzantium künftig mehr sein wird als lediglich eine römische Provinzstadt: ein immer wichtiger werdender Fixpunkt im Römischen Reich.

Leider sind aus diesen ersten beiden Stadtstrukturen - der griechischen Kolonie und der Neugründung durch Septimius Severus - heute kaum sichtbare Fragmente mehr erhalten. Lediglich an der Halbinselspitze (Sarayburnu) finden sich einige archäologische Hinweise auf die ursprüngliche griechische Siedlung. Dieser Umstand ist auch darauf zurückzuführen, dass mit der räumlichen Ausdehnung der Stadt in späteren Jahrhunderten viele vorhandene Anlagen fast vollständig überbaut wurden. Der historische Teil der heutigen Stadtstruktur Istanbuls folgt daher fast ausschließlich den Vorgaben der byzantinischen und osmanischen Topographie. Gleichwohl versprechen aktuelle Ausgrabungen an der Landzunge am Topkapı-Palast neue Einblicke in die frühe Siedlungsstruktur der griechischen Epoche. Diese Ausgrabungsstätte, die später einmal zu einem Archäologischen Park ausgebaut werden soll, ist für Besucher derzeit allerdings noch nicht zugänglich. (Stand 2014) Wer sich trotzdem näher mit der antiken Geschichte Istanbuls und

Archäologisches Museum

Kleinasiens beschäftigen möchte, findet im Archäologischen Museum eine bedeutende Sammlung antiker Exponate. (Seite 77) Das schon 1891 in unmittelbarer Nachbarschaft zum Topkapı-Palast gegründete Haus genießt einen hervorragenden Ruf und beherbergt einige äußerst kostbare, interessante Stücke. Hierzu zählen u.a. der Sarkophag von Alexander dem Großen und der in Stein gemeißelte Friedensvertrag von Kadesch (der erste Friedensvertrag der Geschichte).

Blüte und Verfall Konstantinopels

In der Folgezeit (ab dem 3. Jahrhundert n. Chr.) wird der östliche Teil des Römischen Reichs und damit auch Byzantium immer wichtiger; u.a. dadurch bedingt, dass die spätrömischen Kaiser nicht mehr nur in Rom, sondern auch in den Provinzen residieren. Die ständigen Kriege an den Grenzen des Imperiums - vornehmlich an der Donaugrenze - sowie der allgemeine Niedergang des Römischen Reichs machen es erforderlich, dass sich der Kaiser und sein Hofstaat zunehmend im Balkanraum und eben auch in Kleinasien aufhalten. Der erste spätantike Kaiser Diokletian (Herrschaftszeit 284-305 n. Chr.) beispielsweise residiert in Nikomedia (dem heutigen Izmit) unweit von Byzanz. Doch auch Byzanz selbst profitiert von dieser Verlagerung des Machtzentrums in den Osten und rückt erneut in den Fokus der Strategen.

Darüber hinaus reorganisiert Diokletian mit einer umfassenden Reform die Verwaltungsstrukturen des Römischen Reichs und führt das Mehrkaisertum ein. Mit ihm zusammen regieren fortan vier Kaiser über jeweils eigenständige Zuständigkeitsbereiche. Indem er die Macht auf mehrere Schultern verteilt, reagiert er auf die krisengeschüttelte Zeit um das 2. Jahrhundert n.Chr., in der sich deutlich abzeichnet, dass das riesige Reich nicht mehr von einer einzigen Person zu regieren und zu verwalten ist. Durch die kollegiale Zusammenarbeit mehrerer Kaiser soll es wieder stabilisiert und handlungsfähig gemacht werden. Was bis zum Tod Diokletians (312) noch einigermaßen gut funktioniert, endet schließlich im Fiasko. Seine Mit-Kaiser bekämpfen sich erbittert und stürzen das Imperium tief in die Krise zurück. Ebenfalls in die Herrschaftszeit Diokletians fallen Christenverfolgungen, die im Jahr 303 besonders gewaltsam eskalieren.

Die Thronstreitigkeiten und die unsichere Stellung des Christentums enden erst im Jahr 324, als es Konstantin dem Großen gelingt, eine Alleinherrschaft zu etablieren. Seine Reformen stellen eine einschneidende Zäsur in der römischen Geschichte dar. Er fördert das Christentum und betreibt einen allmählichen Umbau der römischen Gesellschaft unter christlichen Vorzeichen. Von ebenso geschichtsträchtiger Bedeutung ist auch die Neugründung der Stadt Konstantinopel. Am 11. Mai

Theodosianische Landmauer

330 erklärt Konstantin sein Konstantinopel, das frühere Byzanz, zur Hauptstadt des Römischen Reichs. Bei der Einweihungsfeier zieht Konstantin nach althergebrachtem römischem Ritus mit einem Pflug eine Linie um die Stadt. Diese Linie kennzeichnet, ähnlich wie im Gründungsmythos der Stadt Rom, den Verlauf der Stadtmauer und somit die Grenze des Pomeriums, des heiligen Bezirks der Stadt, in dem das Tragen von Waffen und die Bestattung von Toten untersagt sind. Ferner erhält die Stadt nun eine neue Stadtmauer - den nach der griechischen Stadtmauer und der Mauer des Septimius Severus nunmehr dritten Mauergürtel auf dem Gebiet der heutigen Altstadt. Spätestens jetzt ist Konstantinopel das neue Machtzentrum des Imperiums.

Die immense Aufmerksamkeit, die der neuen Stadt zuteilwird, ist gleichzeitig eine Kampfansage an das Alte Rom, das traditionelle Haupt der Welt (Caput Mundi). Weil er die alte Senatorenriege aus Rom nicht nach Konstantinopel locken kann, muss Konstantin für die neue Hauptstadt eine griechische Elite rekrutieren. Diese Tatsache erklärt den großen Einfluss griechischer Kultur auf die weitere Entwicklung Konstantinopels und des Byzantinischen Reichs. (Die Bezeichnung ‚byzantinisch' ist freilich eine Namensgebung späterer Generationen. Die Bewohner Konstantinopels selbst betrachten sich bis ins Mittelalter hinein als Römer.)

Nach dem Untergang des Weströmischen Reichs im Jahr 467 steigt das Oströmische Reich mit Konstantinopel zur Hauptstadt und schließlich zur alleinigen Weltmacht im Mittelmeerraum auf. Während fast alle europäischen Städte im Chaos der Völkerwanderung versinken, vermag sich Konstantinopel den Glanz und einen Großteil der zivilisatorischen Leistungen der Antike zu bewahren. Interessanterweise vereint die Stadt dabei drei ganz unterschiedliche Wesenszüge in sich: Bürokratie und Verwaltung stehen in antik-römischer Tradition, die Religion ist christlich, und Kunst und Kultur sind griechisch geprägt. Daraus resultiert - so der Historiker und Byzantinist Georg Ostrogorsky - eine ihrer Zeit weit überlegene Hochkultur, deren Errungenschaften noch bis weit ins Hochmittelalter hinein den Westen Europas in den Schatten stellen.

Auch unter den Nachfolgern Konstantins ebbt der Bauboom nicht ab. So lässt Kaiser Theodosius II. (Herrschaftszeit 408-450) eine mächtige, nach ihm benannte Stadtmauer (die Theodosianischen Mauern) errichten. Die über 6 Kilometer lange Mauer zieht sich vom Goldenen Horn bis zum Marmarameer und schließt die Altstadt auf der Landseite vollständig ein. Sie soll Konstantinopel vor Barbarenstürmen aus dem Balkanraum schützen. Bis heute hat dieses mächtige Bollwerk zahlreichen Erdbeben und Angriffen getrotzt und ist über 1.600 Jahre hinweg fast vollständig erhalten geblieben. Es ist eines der ganz wenigen in ihrer Gesamtheit erhaltenen Zeugnisse antiker Befestigungsarchitektur und kann an mehreren Stellen auch von Besuchern bestiegen werden. Von ihren Türmen aus bietet sich ein imposanter Ausblick auf Istanbul.

Die Theodosianischen Stadtmauern bleiben jedoch nicht das einzige Bollwerk der Stadt. Wenig später umschließt man auch die zum Goldenen Horn und zum Marmarameer hin offenen Seiten der Halbinsel mit starken Mauern, sodass Konstantinopel nun rundum geschützt und praktisch uneinnehmbar ist. Folgerichtig kann die Stadt bis ins Hochmittelalter hinein von keinem Eindringling bezwungen werden, obwohl es Attacken nicht mangelt.

Andererseits schottet sich Konstantinopel hinter seinen Mauern keineswegs ab, sondern expandiert politisch, wirtschaftlich und kulturell. Unter Justinian I. (527 - 565) erlebt die Halbinsel eine Phase politischer und kultureller Blüte. Große Gebiete des ehemaligen Römischen Reichs werden zurückerobert und ins Byzantinische Reich eingegliedert. Auch städtebaulich ist die Zeit Justinians für Konstantinopel eine goldene Ära. Die Hagia Sophia (vollendet 537) und ihre bauliche Vorgängerin (die Kirche der Heiligen Sergios und Bakchos, vollendet 536) sind nur zwei architektonische Meisterleistungen aus dieser Zeit. Insbesondere die Hagia Sophia (abgeleitet aus dem griechischen - Heilige Weisheit) entpuppt sich als richtungsweisendes architektonisches Bauwerk, das nicht nur die Architektur ihrer Epoche, sondern

auch die Kunst- und Baugeschichte des Osmanischen Reichs noch sehr stark beeinflusst. Bis heute wird die Hagia Sophia als kunsthistorische Meisterleistung ohnegleichen gewürdigt. Die als Kuppelbasilika errichtete Kirche (eine Kombination aus Kuppelbau und langgestreckter Basilika) beeindruckt durch ihre vollendeten Proportionen ebenso wie durch das imposante Raumgefühl im Innern der Kirche. Die mit 31 Metern Durchmesser riesige reich geschmückte Kuppel wirkt trotz ihrer gigantischen Ausmaße fast schwerelos. Sie ruht auf 40 Fenstern. Von besonderer Schönheit sind zudem die vielen Mosaikdarstellungen, die der Kirche ab dem 9. Jahrhundert hinzugefügt wurden, etwa das berühmte Deësis-Mosaik auf der Südempore. Es stammt aus dem 13. Jahrhundert und zeigt Jesus zusammen mit Maria und Johannes dem Täufer. Da

Hagia Sophia

die meisten dieser Mosaiken nach der Eroberung der Stadt durch die Osmanen nicht zerstört, sondern lediglich übertüncht wurden, sind sie erstaunlich gut erhalten geblieben. Die späteren Einbauten und baulichen Ergänzungen der Osmanen - Minarette, Gebetsnische, Bibliothek etc. - fügen sich harmonisch in die bestehende Struktur ein. Für den heutigen Betrachter ergibt sich damit das imposante Bild eines Bauwerks, in dem sich christlich-orthodoxe, katholische und islamische Elemente zu einer ästhetisch höchst anspruchsvollen Gesamtkomposition verbinden (Seite 60).

Die Zeit nach Justinian hingegen ist zunächst geprägt von permanenten inneren Spannungen und äußeren Bedrohungen. Gleichwohl kann die Stadt bis 1204 weder ernsthaft gefährdet noch militärisch bezwungen werden. Erst mit der Eroberung und Plünderung durch ein marodierendes Kreuzfahrerheer unter Führung des venezianischen Dogen Enrico Dandolo endet die Glanzzeit von Byzanz endgültig. Die Invasoren kontrollieren die Stadt fast 60 Jahre lang, und in dieser Zeit werden zahlreiche Bauwerke zerstört. 1261 gelingt es dem byzantinischen Kaiser zwar, die Stadt zurückzuerobern. Allerdings schafft er es nicht, ihre alte Stärke wiederherzustellen, zumal ihm in Gestalt der Osmanen ein neuer Gegenspieler erwächst. Nichtsdestotrotz entstehen auch in dieser unsicheren Periode bescheidene, aber bemerkenswerte Bauten wie beispielsweise die in der Nähe der Theodosianischen Stadtmauern gelegene Chora-Kirche (fertiggestellt 1321). Besonders sehenswert sind hier neben dem zurückhaltend kunstvoll gestalteten Äußeren vor allem die prächtigen Mosaike im Innern der Kirche. Sie zählen zu den bedeutendsten Mosaikdarstellungen weltweit und rechtfertigen ohne Zweifel einen Besuch der mittlerweile zum Museum umgestalteten

Kirche. (Seite 96) Einen Abstecher lohnt auch das unmittelbar an die Kirche angrenzende Stadtviertel mit seinen charmanten kleinen Holzhäusern.

Ebenfalls im 14. Jahrhundert, allerdings auf der anderen Seite des Goldenen Horns, entsteht 1348/49 der Galataturm, der mit seinen knapp 67 Metern Höhe noch heute das Nordufer des Goldenen Horns dominiert. Der Turm ist zu jener Zeit Bestandteil der genuesischen Siedlung Galata, die - durch das Goldene Horn von Konstantinopel getrennt - über ihre eigene Stadtmauer verfügt. Von den Genuesen ursprünglich als Verteidigungsbau geplant, wird der Turm in osmanischer Zeit zur Feuerwache umfunktioniert und als solche auch noch bis ins 20. Jahrhundert hinein genutzt. Berühmtheit erlangt der Turm auch durch den legendären Segelflug des Erfinders und Luftfahrers Hezarfen Ahmed Çelebi (1609-1640), dem es vom Galataturm aus startend 1638 gelingt, mit einer selbstgebauten Flügelkonstruktion den Bosporus zu überfliegen und im Stadtteil Üsküdar wieder zu landen. Heute beherbergt der Turm eine Aussichtsplattform sowie ein Restaurant.

Osmanische Eroberung und Neuanfang

Im 11. Jahrhundert kontrolliert das Byzantinische Reich einen Großteil Kleinasiens, ist aber zunehmend mit türkischen Volksstämmen konfrontiert, die sich aus dem asiatischen Raum kommend in Kleinasien niederlassen. Militärische Konflikte sind die Folge. In der entscheidenden Schlacht von Manzikert im Jahr 1071 werden die byzantinischen Truppen empfindlich geschlagen. Das Byzantinische Reich muss den Türken weite Teile Anatoliens überlassen, obwohl diese zu dem Zeitpunkt noch nicht zentral organisiert, sondern in kleineren Stammesgruppen (boy) zusammengeschlossen und nur lose miteinander verbunden sind.

Besondere Bedeutung für die weitere Geschichte Konstantinopels wird später das Fürstentum der Osmanen erlangen, das spätestens ab 1300 das Gebiet um das heutige Bursa, also in relativer Nähe zu Konstantinopel, beherrscht. Die Osmanen schaffen es, sich militärisch gegen Byzanz zu behaupten. Im 14. Jahrhundert kommt es immer wieder zu kriegerischen Auseinandersetzungen zwischen den beiden Mächten. Das Byzantinische Reich hat große Gebietsverluste zu verzeichnen, und seine Macht schwindet. Doch die Hauptstadt Konstantinopel kann von den Osmanen zunächst nicht bezwungen werden. Die mächtigen Stadtmauern halten vorerst stand.

Das Verhältnis zwischen den Osmanen und dem Byzantinischen Reich ist jedoch nicht allein durch militärische Konfrontationen geprägt, sondern auch durch geschickte Diplomatie und regen kulturellen Austausch, was Eheschließungen zwischen den osmanischen und byzantinischen Königshäusern be-

Sultan Mehmet II.

legen. Doch letztendlich können auch diese Kontakte nicht verhindern, dass es im 15. Jahrhundert zur entscheidenden Schlacht kommt. Nach einigen erfolglosen Belagerungen nimmt der osmanische Regent Mehmet II. (Herrschaftszeit 1451-1481) die Stadt im Jahr 1453 nach ca. anderthalb monatiger Belagerung ein. Ausschlaggebend für diesen Triumph sind u.a. die starken Kanonengeschütze auf osmanischer Seite, denen die antiken Landmauern nicht gewachsen sind. Am 29. Mai 1453 dringen die Osmanen in die Stadt ein und setzen der fast tausendjährigen römisch-byzantinischen Herrschaft ein Ende. Wer sich ein lebendiges Bild von dieser Eroberung machen möchte, kann dies in dem 2009 eröffneten Panorama-Museum (Seite 100) tun, das mit zahlreichen bemerkenswerten Details aufwartet. Obgleich der Name Sultan Fatih Mehmets II. oft nur in Zusammenhang mit der militärischen Eroberung der Stadt verbunden wird, liegt das Verdienst des jungen Regenten insbesondere in seinem weitsichtigen Vorgehen nach der Eroberung. Denn er stellt die Weichen für den Wiederaufstieg Konstantinopels zur florierenden Mittelmeermetropole, nachdem die Stadt in spätbyzantinischer Zeit mehr und mehr zu einem Schatten ihrer selbst verkommen war. Fortan entwickelt sie sich nicht nur zum politischen und kulturellen Zentrum des Osmanischen Reichs, sondern aufgrund der toleranten Politik Mehmets II. und seiner Nachfolger auch zu einem attraktiven Reiseziel für westeuropäische Denker und Gelehrte. Nach Eroberung der Stadt durch die Osmanen im Jahr 1453 erlebten die Gelehrsamkeit und Kultur der Antike hier eine Renaissance.

Topkapı Palast

Zu den wichtigsten zur Zeit Mehmets II. entstandenen Bauten zählen die Fatih-Moschee samt Umgebungsanlagen (fertiggestellt 1470) und der Topkapı-Palast (Baubeginn 1459). Die Moschee steht exemplarisch für die gelungene Symbiose osmanischer und westlicher Architektur unter Mehmet II. Ihre Nebengebäude sind mit einer strengen Geometrie im Geiste der Renaissancearchitektur gestaltet, während die Moschee selbst türkische und byzantinische Bauformen zitiert. Auf einem der sieben Stadthügel errichtet und damit für den Betrachter weithin sichtbar, schwingt sich die Fatih-Moschee zum neuen religiösen Zentrum Konstantinopels auf. (Seite 92) Dabei übernehmen die Osmanen externe architektonische Einflüsse von Beginn an nie unreflektiert. Vielmehr entwickeln sie eine ihre eigene Ästhetik und Architekturtradition, geprägt von eigenen Ideen und Neuinterpretationen bereits vorhandener Bauformen. Diese osmanische Bautradition beeinflusst auch die moderne europäische Architektur sehr stark. So lässt sich etwa Le Corbusier (1887-1965), einer der bedeutendsten Wegbereiter der modernen Architektur, gern von den osmanischen Sakralbauten inspirieren. Ihren Einfluss auf sein Werk hebt er an vielen Stellen hervor.

Als Pendant zu diesem geistigen Zentrum wird ab 1459 mit dem Bau des neuen ‚politischen Zentrums', dem Topkapı-Palast, begonnen. (Seite 48) Dieser entsteht an der östlichen Landzunge der Altstadthalbinsel. Mit einigen Unterbrechungen werden hier nicht nur Mehmet II., sondern auch seine Nachfolger auf dem osmanischen Thron residieren. Die Ära des Topkapı-Palasts als Regierungssitz der osmanischen

Herrscher endet erst mit der Verlegung des Sultanshofes in den Dolmabahce Palast im Jahr 1856. Doch bis dahin verändert sich das Aussehen des Topkapı-Palasts häufig, weil er ständig erweitert und umgebaut wird. Der 1923 zum Museum umfunktionierte Palast präsentiert sich dem Betrachter heute daher als eine faszinierende Sammlung unterschiedlichster Bau- und Architekturstile. Da die Grundzüge der Palastanlage allerdings größtenteils unter Mehmet II. bereits im 15. Jahrhundert festgelegt wurden, folgt die Gestaltung des Palastes in seiner Gesamtheit einer strengen osmanischen Renaissancebauform. In den Räumlichkeiten des Palastes sind heute bedeutende Zeugnisse der osmanischen und islamischen Geschichte untergebracht.

Zu diesen sakralen und politischen Bauprojekten gesellt sich mit der Anlage des Großen Basars im Jahr 1455 auch ein wirtschaftliches Großprojekt. (Seite 85) In Windeseile entwickelt sich dieser Markt, befeuert von der immensen territorialen Ausdehnung des Osmanischen Reichs auf drei Kontinenten, zu einem regen Handelsplatz für die unterschiedlichsten Waren und Güter. Der Große Basar darf als ein historisches Einkaufszentrum gelten. Im Gegensatz zu vielen Pendants von heute weiß er jedoch durch seine geschmackvolle Architektur zu beeindrucken. Seine endgültige Ausdehnung - knapp 31.000 Quadratmeter - erfährt er freilich erst im 17./18. Jahrhundert. Bis dahin bedingen Brände und Erdbeben ständige Aus- und Umbauten.

Die Fatih-Moschee, der Topkapı-Palast und der Große Basar stehen beispielhaft für die programmatische Wiederbelebung Konstantinopels als politische, religiöse und wirtschaftliche Kapitale des Mittelmeerraums. Übrigens führt die Eroberung durch die Osmanen zu keinem radikalen Namenswechsel der Stadt. Der antike Name Konstantinopel findet im Grunde bis ins 19. Jahrhundert hinein weiter Verwendung. Daneben etabliert sich allmählich auch der Name Istanbul, wobei dessen etymologische Herkunft nicht eindeutig zu klären ist. Am wahrscheinlichsten ist jedoch, dass sich der Name vom griechischen *eis tin polin* ableitet, was so viel wie ‚In der Stadt' bedeutet.

Sinan der Hofarchitekt

Süleymaniye Moschee

Einen weiteren Schub an politischer Größe und kultureller Blüte erfährt die Stadt unter Süleyman dem Prächtigen (Herrschaftszeit 1520-1566). Er konsolidiert die Macht des Osmanischen Reichs durch Diplomatie und Feldzüge und macht Konstantinopel so zu einem gewichtigen Akteur der europäischen Politik. Gleichzeitig bereichert er die Altstadthalbinsel um zahlreiche Neubauten, die zum größten Teil bis heute fast unversehrt erhalten geblieben sind. Federführend bei den meisten der in dieser Periode entstandenen Bauten ist der Hofarchitekt Sinan (ca. 1490-1588), der ab 1537 bis zu seinem Tod an der Fertigstellung von mehr als 400 Gebäuden im Osmanischen Reich beteiligt ist. Zu seinen prominentesten Bauwerken gehört ohne Zweifel die Süleymaniye Külliyesi (Seite 88) , ein ausgedehnter Baukomplex bestehend aus einer Moschee, einer Karawanserei, diversen Bildungseinrichtungen, einem Hospital mit angeschlossener Medizinfakultät, einem Hamam usw. Der 1557 nach lediglich sieben Jahren Bauzeit fertiggestellte Komplex fungiert damit nicht nur als Gebetsstätte, sondern übernimmt eine Vielzahl städtischer und karitativer Aufgaben. Den Mittelpunkt der Anlage bildet die große Süleymaniye-Moschee, die in ihrer vollendeten Architektursprache sowohl die byzantinische Bautradition der Hagia Sophia zitiert, als auch eigene, osmanische Elemente präsentiert. Beides fügt sich zu einem gleichermaßen dezenten wie reizvollen Bauwerk zusammen. Überhaupt gelingt es dem Architekten Sinan, traditionelle byzantinische und osmanische Architekturformen auf einzigartige Weise miteinander zu verschmelzen. Auf diese Weise gibt er die Grundzüge der künftigen klassisch-osmanischen Bautradition vor. Mit ihrer der Hagia Sophia vergleichbaren Monumentalität untermauert die Süleymaniye-Moschee überdies auch den Anspruch der Osmanen auf das politische Erbe des einstigen Oströmischen Reichs.

Neben dem Süleymaniye-Komplex entsteht in der Herrschaftszeit Süleymans auch die Mihrimah-Sultan-Moschee (Seite 98), die 1565 ebenfalls unter Sinans Ägide fertiggestellt wird. Gestiftet von Mihrimah Sultan, der Tochter des Sultans, fasziniert diese Moschee vor allem durch ihren sehr hellen Gebetsraum. Genau wie bei all seinen anderen Projekten experimentiert Sinan auch hier mit unterschiedlichen Bauformen und der Lichtführung. Bei der Mihrimah-Moschee entscheidet er sich bewusst für einen sehr hohen Fensteranteil, wodurch der Innenraum - auch begünstigt durch die Lage der Moschee auf dem höchsten Punkt der Altstadthalbinsel - geradezu durchflutet wird von gleißendem Licht. Sehenswert ist weiterhin das ursprünglich zum Moscheekomplex gehörende Hamam, das heute noch als Bad genutzt wird.

Last but not least erwirbt sich Sinan auch im Umgang mit der Hagia Sophia große Verdienste, weil er der Kirche, die in spätbyzantinischer Zeit aufgrund der finanziellen Nöte des Byzantinischen Reichs baulich nicht mehr instandgehalten werden kann, ausgiebige Restaurierungsarbeiten angedeihen lässt. Im Zuge dieser Arbeiten werden die einsturzgefährdeten Partien und insbesondere die Kuppel statisch ausgebessert. Die bis heute fast vollständige Unversehrtheit der Hagia Sophia ist somit nicht zuletzt auch dem Wollen und Können osmanischer Baumeister zu verdanken.

Die Zeit nach Süleyman wird in der Geschichtsforschung allgemein als eine Periode des sukzessiven politischen Niedergangs beschrieben. Angesichts der Tatsache, dass zwischen Süleyman Tod (1566) und dem frühen 20. Jahrhundert - der Zeit, in der das Osmanische Reich auseinanderbricht - knapp 350 Jahre liegen, erscheint dieses Urteil jedoch allzu pauschal. Denn während dieser zweieinhalb Jahrhunderte erlebt das Osmanische Reich auch lange Episoden politischer und kultureller Blüte. Und vor allem diese Phasen der kulturellen Entfaltung prägen das Gesicht Istanbuls bis heute. Auch der Bau der Blauen Moschee (Seite 66) - heute eines der populärsten Wahrzeichen der Stadt - fällt in diese Zeit. Die unter Sultan Ahmed I. (Herrschaftszeit 1603 - 1617) in nur 7 Jahren Bauzeit errichtete Moschee beeindruckt ihre Besucher durch ihre zahlreichen Minarette (6 an der Zahl) und ihre reiche Innenausstattung mit blauen Fayencen.

Unter Mehmet IV. (Herrschaftszeit 1648-1687) erreicht das Osmanische Reich schließlich seine größte territoriale Ausdehnung. Konstantinopel ist zu dieser Zeit Hauptstadt eines Regierungsgebiets, das Kleinasien, den gesamten Balkanraum, die Krim, Mesopotamien, die arabische Halbinsel und den größten Teil Nordafrikas umfasst. Und natürlich vergisst auch Mehmet IV. nicht, sich in seiner Stadt zu verewigen. Die heute in prominenter Lage am Eingang zum Goldenen Horn gelegene Yeni-Cami (Neue Moschee, Seite 80) wird 1663 vollendet. Sie unterscheidet sich vor allem durch ihre exponierte Lage am Wasser von den übrigen Moscheen der Altstadt. Der in unmittelbarer Nachbarschaft liegende Ägyptische Basar (Mısır Çarşısı, Seite 78) hat bereits drei Jahre früher seine Tore geöffnet. In dem L-förmigen, überdachten Basar wird damals wie heute hauptsächlich mit Gewürzen und Dörrobst gehandelt.

Auch im 17. und 18. Jahrhundert erlahmt die Bautätigkeit nicht. Zwar entstehen in dieser Zeit, bedingt durch die mittlerweile schon stärker ins Gewicht fallenden finanziellen Probleme des Osmanischen Reichs, keine sakralen Monumentalanlagen im Stile der Fatih- oder der Süleymaniye-Moschee mehr. Dafür verschiebt sich der Fokus nun auf kleinere Moscheebauten sowie vermehrt auch auf weltliche Bauwerke. Unter einer schier inflationären Anzahl von architektonischen Beispielen sei hier exemplarisch auf den Leanderturm (Seite 193) verwiesen - eine heute noch weithin sichtbare Landmarke und ein weiteres Wahrzeichen der Stadt. Der auf einer kleinen Insel an der Bosporuseinfahrt gelegene Turm - im Türkischen auch liebevoll Kız Kulesi (Mädchenturm) genannt - geht in seiner heutigen Form auf das Jahr 1832 zurück. Bereits vorher war die Insel als Leuchtturm, Zollstation, Wachposten etc. genutzt worden. Zudem ranken sich um die Insel diverse Legenden. So soll dem türkischen Namen ein Orakelspruch zugrunde liegen, der einer Prinzessin zu ihrem 18. Geburtstag den Tod durch einen Schlangenbiss vorhersagte. Der Kaiser, der seine Tochter über alles liebte, versuchte diesem Orakelspruch ein Schnippchen zu schlagen, indem er den Bau eines Turms auf der Bosporusinsel veranlasste. Anschließend ließ er das Mädchen zu ihrem Schutz dorthin bringen. An ihrem 18. Geburtstag stattete er ihr einen Besuch ab. Frohlockend, dass seine Vorsichtsmaßnahmen gefruchtet hatten, überreichte er seiner Tochter einen reich gefüllten Obstkorb als Geburtstagsgeschenk. In diesen hatte sich jedoch eine giftige Schlange geschlichen, die die nichtsahnende Prinzessin biss und tötete. Ungeachtet dieser nicht gerade aufmunternden Legende ist die Insel heute ein beliebtes Ziel von Touristen und Einheimischen. Insel und Turm sind tagsüber bequem mit der Fähre erreichbar. Ein kleines Restaurant bietet Snacks an.

Bedeutende architektonische Zeugnisse des 18. und 19. Jahrhunderts sind auch die in Holzbauweise errichteten Sommerresidenzen (yalı) am Bosporus. Die damals von Angehörigen der Herrscherfamilie, dem Hofadel und ausländischen Botschaftern bewohnten Yalıs schmücken noch heute an zahlreichen Stellen die Ufer. Unter der illustren

Vielfalt dieser Bauten ist vor allem das Amcazade Yalısı hervorzuheben. Von der ursprünglich sehr viel größeren Sommerresidenz steht heute allerdings nur noch ein einziger Baukörper. Der Amcazade Yalısı ist das älteste noch erhaltene Holzhaus Istanbuls (fertiggestellt 1699).

Den Tiefpunkt seiner politischen und wirtschaftlichen Entwicklung erlebt das Osmanische Reich schließlich im 19. Jahrhundert, da es sich gegenüber den schnell industrialisierenden und kolonisierenden europäischen Mächten nicht länger behaupten kann. Auf allen Ebenen der Politik und in weiten Kreisen der Gesellschaft werden daher Versuche unternommen, sich dem als überlegen empfundenen westlichen Lebensstandard anzupassen oder diesen zu imitieren. In der Hauptstadt Istanbul zeigt sich diese neue Nähe zum Westen besonders im Stadtteil Pera (dem heutigen Beyoğlu). Hier entsteht ein vollkommen europäisch geprägter Stadtteil, der mit der Altstadt zwar über eine Brücke (Galatabrücke) verbunden, sozioökonomisch aber völlig isoliert ist. Pera gilt fortan als fortschrittlich-europäisch und wird von der staatlichen Elite als Wohnstandort bevorzugt. Auch der osmanische Hofstaat zieht 1856 hierher. Sultan Abdulmecid I. (Herrschaftszeit 1839-1861) lässt zu diesem Zweck einen ganz neuen Regierungssitz errichten: den Dolmabahçe-Palast. (Seite 170) Dieser von der armenischen Architektenfamilie Balyan geplante und zwischen 1843 und 1856 fertiggestellte Bau folgt stilistisch den Architekturströmungen des 19. Jahrhunderts. Er kombiniert Stilelemente der Barock- und der Renaissancearchitektur und vermengt sie mit klassischen osmanischen Bauformen. Das Resultat ist

Dolmabahçe Palast

eine üppige, in Farb- und Formensprache fast schon verschwenderische Palastanlage, deren Eleganz den Besucher immer wieder aufs Neue fesselt. Gerade die direkte Lage am Bosporus macht den Dolmabahce-Palast zu einem unvergleichlichen Wahrzeichen der Stadt. Noch imposanter als die Außenansicht des Bauwerks sind die inneren Räumlichkeiten, die von überwältigendem Reichtum und kostbarsten Materialien nur so strotzen.

Ebenfalls ins 19. Jahrhundert fällt der Bau der Cadde-i Kebir bzw. der Grand Avenue - eines Viertels, in dem die wichtigsten Bündnispartner der Osmanen, die Engländer, Franzosen und Deutschen, ihre Botschaften beziehen. Heute heißt dieser Stadtteil Taksim und seine berühmteste Straße Istiklal Caddesi. (Seite 145) Im Gegensatz zur Architektur der nach wie vor mittelalterlich geprägten Istanbuler Altstadt dominieren in der Istiklal Caddesi moderne Bautrends des 19. Jahrhunderts. Gebäude im Stil der Neorenaissance, der Neugotik und des Jugendstils drängen sich aneinander. Hier wohnt die europäische Bevölkerung Istanbuls, hierher treffen sich die osmanischen Intellektuellen. Weil die eher traditionellen Schichten auch weiterhin die Altstadthalbinsel bevorzugen, sind Spannungen und gegenseitige Abneigung zwischen den beiden Milieus natürlich vorprogrammiert. Die europäische Färbung Peras und die eher konservativere Färbung der Altstadt bestehen bis heute fort, auch wenn die Unterschiede nicht mehr ganz so ausgeprägt sind wie früher.

Pera (Beyoğlu) ist der erste größere Stadtteil Istanbuls, der über die Grenzen der Altstadthalbinsel hinauswächst. Allerdings bleibt Istanbul

Istiklal Caddesi

im 19. Jahrhundert im Verhältnis zu den rasant wachsenden europäischen Städten dieser Zeit eine ihrer Ausdehnung nach äußerst bescheidene Metropole. Denn anders als im Westeuropa des 19. Jahrhunderts findet im Osmanischen Reich keine Industrialisierung und damit auch keine Bevölkerungsexplosion in den Städten statt. Dazu kommt es erst ab den 1950er Jahren, also lange nach dem faktischen Ende des Osmanischen Reichs und der Gründung der Republik Türkei. Das Istanbul des 19. Jahrhunderts hingegen ist eine nach wie vor idyllische Stadt, die auf städtebaulicher wie auch auf gesellschaftlicher Ebene orientalische und westliche Elemente in unverwechselbarer Manier miteinander vereint. Hiervon zeugen die schwärmerischen Berichte europäischer Reisender jener Tage und auch zahllose Fotografien. Sie zeigen eine pittoreske Stadt an der Schwelle zur Modernisierung, die jedoch noch nicht von der Industrialisierung erfasst wurde und in ihrer historischen Stadtstruktur noch vollkommen intakt ist. Es dominieren die durchgrünten, farbenfrohen Holzhausviertel, aus denen da und dort ein Moscheeminarett in den Himmel ragt. Zwar ist von dieser ursprünglichen historischen Stadtstruktur, genau wie andernorts in Europa, viel verloren gegangen. Doch wer in Istanbul nach Orten sucht, die noch ein Gefühl für das authentische Bild jener Tage vermitteln, wird mit Sicherheit fündig werden.

Republikgründung und Modernisierung

Die stärkste Zäsur in der jüngeren Vergangenheit Istanbuls stellt zweifellos die Gründung der Republik Türkei dar. Am 13. Oktober 1923 wird die Stadt Ankara in Mittelanatolien auf Geheiß von Mustafa Kemal Atatürk zur Hauptstadt der neugegründeten Republik ausgerufen. Die Gründe für diese Verlegung der Hauptstadt sind mannigfaltiger Natur; ideologische Gesichtspunkte spielen eine wichtige Rolle. Zwar verfügt auch die tief in Mittelanatolien gelegene Provinzstadt über eine strategisch günstige Lage, doch die eigentliche Absicht der Republikgründer besteht darin, einen Kontrapunkt zum osmanisch - und damit auch islamisch - geprägten Istanbul zu setzen. Fortan ist die Stadt am Bosporus offiziell nur noch eine unter vielen Provinzen (vilayet), der ein vom Innenminister ernannter Gouverneur (vali) vorsteht. Die Verlegung der Hauptstadt nach Ankara und die ‚Degradierung' Istanbuls sind Teilaspekte der kemalistischen Kulturrevolution, die mit dem Aufbau einer laizistisch-zentralistischen Republik einhergehen. Mithilfe einer umfassenden Sprachreform und einer bewussten Vernachlässigung des historischen Erbes soll die Bindung an die Vergangenheit gekappt werden. Dieses Paradigma hält sich immerhin bis 1950. Erst mit dem Regierungsantritt des ersten demokratisch gewählten Ministerpräsidenten Adnan Menderes - einem reformwil-

ligen, volksnahen Politiker - erfährt Istanbul neue Aufmerksamkeit. Insofern sind die Hin- bzw. Abwendung von Istanbul in der Frühzeit der Republik auch ein Gradmesser für die ideologische Ausrichtung der jeweiligen Regierungen.

Unter Adnan Menderes (Amtszeit 1950-1960) erfolgt schließlich auch der autogerechte Umbau Istanbuls, wobei zahlreiche historische Bauten den neuen Anforderungen an eine immer größer werdende Stadt weichen müssen. Es wird Platz geschaffen für die Entstehung einer modernen Stadt. In dieser Hinsicht markieren die 1950er Jahre einen weiteren Wendepunkt in der jüngeren Stadtgeschichte. Seitdem steigt die nationale und internationale Bedeutung Istanbuls von Jahr zu Jahr. Wirtschaftlich liegt die Stadt (zusammen mit der Marmara-Region) ohnehin uneinholbar weit vor den anatolischen Provinzen. So trugen Istanbul und die Marmara-Region im Jahr 2006 etwa 40 Prozent zur Gesamtbruttowertschöpfung der Türkei bei. Für Zentralanatolien mit Ankara lag dieser Wert im gleichen Jahr bei lediglich 14 Prozent. Selbiges gilt auch für den Finanzsektor des Landes, dessen Herz in den Istanbuler Stadtteilen Beşiktaş und Şişli schlägt. Hinzu kommt, dass im asiatischen Stadtteil Ataşehir der Aufbau eines größeren Finanzzentrums geplant ist, mit dem sich Istanbul neben New York, London und Dubai an der Spit-

Bosporus Brücke

ze der internationalen Finanzbranche positionieren möchte.

In puncto Kunst und Kultur hat die Bosporusmetropole - abgesehen vom Intermezzo zwischen 1923 und 1950 - seine Bedeutung nie eingebüßt. Als ehemalige Hauptstadt mehrerer Weltreiche ist Istanbul mit einer unermesslichen Fülle an historischen Denkmälern gesegnet. Aber auch was die zeitgenössische Kunst anbelangt, ist Istanbul State of the art: Die Stadtteile Beyoğlu und Beşiktaş bieten der Kreativwirtschaft eine Heimat. Neben dem Istanbul Modern Museum für zeitgenössische Kunst findet man hier auch zahlreiche Anlaufstellen für moderne Architektur und Design.

Festzuhalten bleibt, dass Istanbul seit 1923 zwar nicht mehr Regierungssitz, aber nach wie vor das gesellschaftliche, kulturelle und wirtschaftliche Zentrum der Türkei ist. Die Denkfabrik *Globalization and World Cities* zählt Istanbul zu den sogenannten Alpha Cities, den besonders einflussreichen Weltstädten. Zu einem ähnlichen Urteil gelangen auch andere Stadtforschungsinstitute. Demnach gehört Istanbul zu den wirtschaftlich attraktivsten Weltstädten, insbesondere was den Immobilienmarkt betrifft. Der Stadt am Bosporus - nach Mexiko-City, Shanghai und Peking mittlerweile die viertgrößte Stadt der Welt - scheint der Sprung zur modernen Weltstadt also endgültig gelungen zu sein.

Megacity Istanbul

Der wirtschaftliche Boom und die touristische Anziehungskraft konfrontieren die Millionenmetropole in jüngster Zeit aber auch mit massiven neuen Ansprüchen an die Infrastruktur. Seit Beginn der Industrialisierung in den 1950er Jahren wirkt die Stadt auf die anatolische Landbevölkerung wie ein Magnet. Und seit 1960 befindet sie sich im Zustand der permanenten räumlichen Ausdehnung. Rund um den historischen Stadtkern entstehen immer neue riesige Siedlungsgebiete, Stadtteile wie Bağcılar, Bahçelievler, Sultangazi etc. Anstelle von durchgeplanten Siedlungen wie im industrialisierten Westeuropa schießen in Istanbul und anderen Städten des Landes ungeplante (bzw. von den Bewohnern selbst geplante) Behausungskonglomerate, sogenannte Gecekondus, aus dem Boden. Erst in den 1980er Jahren bahnen sich erste staatliche Lösungen für die Millionenmetropole an. Der damalige Ministerpräsident Turgut Özal (1983-1989) ruft einen Staatsfonds für den sozialen Wohnungsbau ins Leben. Aus seinen Geldern werden bis 1992 ca. 1 Million Sozialwohnungen finanziert, wodurch das Gecekondu-Problem zumindest teilweise entschärft werden kann. Als noch wichtiger indes

Levent - Beşiktaş

erweist sich der Bau der beiden Bosporusbrücken (1973/1988), die den Transfer zwischen dem Ostteil und dem Westteil der Stadt vereinfachen, den Bau großflächiger Industriegebiete entlang der Zufahrtsstraßen ermöglichen und noch einmal weitere Flächen erschließen. Natürlich bringen diese Brücken auch eine Zunahme des motorisierten Verkehrs mit sich. Menschen, die früher mit Dolmus und Fähre unterwegs waren, ziehen nun den Privatwagen vor. Andererseits investiert die Stadt seit Jahren schon massiv in den Ausbau des öffentlichen Personennahverkehrs. Das Marmaray-Projekt, das das asiatische Ufer seit 2013 durch einen unteririschen Bahntunnel mit dem europäischen Ufer verbindet, ist Teil dieser Anstrengungen.

Mit über 11 Millionen Besuchern (Stand: 2012) ist Istanbul heute eine der meistfrequentierten fünf Städte der Welt. Jedes Jahr zieht es allein aus Deutschland ca. eine halbe Million Menschen an den Bosporus. Angesichts der Größe der Stadt und der vielen Touristen fällt es da manchmal schwer, den Überblick zu behalten. Unser Reiseführer möchte Ihnen daher nicht nur die wichtigsten Sehenswürdigkeiten Istanbuls nahebringen, sondern auch einige weniger bekannte Seiten und Orte der Stadt zeigen, die nicht minder sehenswert sind. Wir hoffen, dass unsere Tipps und Informationen Ihnen dabei helfen werden, sich im Großstadtdschungel zurechtzufinden.

Sultan Mehmet II. soll vor der Eroberung gesagt haben: „Istanbul, entweder wirst du mich erobern oder ich dich!" Ganz in diesem Sinne hoffen wir, dass die Stadt auch Ihr Herz erobern wird. Einen ebenso interessanten wie erlebnisreichen Aufenthalt in dieser Metropole der Superlative wünscht Ihnen

Ihr Redaktionsteam

Anmerkungen

1 Elmar Schwertheim: *Kleinasien in der Antike*, München 2005, Seite 18 ff.

2 Helmuth Graf von Moltke: *Unter dem Halbmond. Erlebnisse in der alten Türkei* 1835-1839, Gütersloh 1997, Kapitel 10

Praktische Reiseinfos

Reisezeit

Die angenehmste Reisezeit für einen Besuch in Istanbul sind die Monate Mai/Juni und September/Oktober. Im Juli und im August kann es dagegen sehr heiß werden. Ein Besuch in den Monaten Juni bis September lässt sich gut mit einem Badeurlaub am Marmara- oder am Schwarzen Meer verbinden. Zwischen November und April ist es oft unbeständig und regnerisch. Im Dezember und im Januar schneit es auch manchmal.

	Jan.	Feb.	März	April	Mai	Juni	Juli	Aug.	Sept.	Okt.	Nov.	Dez.
Tagestemperaturen in °C	9	9	11	17	21	26	28	29	25	20	15	11
Nachttemperaturen in °C	3	3	4	8	12	16	19	19	16	12	9	5
Regentage im Monat	18	15	14	10	8	5	4	4	6	10	13	17

Banken und Geldwechsel

Bankautomaten gibt es in Istanbul wie Sand am Meer. Mit der EC-Karte kann man dort rund um die Uhr Geld ziehen. Für das Geldabheben mit Kreditkarte braucht man die Geheimzahl. Kreditkarten werden auch in den meisten Geschäften, Restaurants und natürlich Hotels akzeptiert. Bargeld tauscht man am besten in Wechselstuben, die einen günstigeren Kurs als die Banken bieten und länger geöffnet sind. Solche Wechselstuben gibt es auch an den Flughäfen. Auf keinen Fall macht es Sinn, schon in Deutschland türkische Lira zu kaufen. Für alle, die andere Geschäfte auf der Bank erledigen müssen: Die Öffnungszeiten sind von 9 - 12 Uhr und von 13 - 17 Uhr.

Post

Wer nach einem Postkasten Ausschau hält, wird vergeblich danach suchen, weil sie mittlerweile im ganzen Land abgeschafft wurden. Briefe und Postkarten gibt man daher direkt auf der Post (PTT) oder an der Hotelrezeption ab.

Telefon

Grundsätzlich lässt es sich aus der Türkei natürlich auch problemlos mit deutscher SIM-Karte telefonieren. Dies ist aufgrund der hohen Roaminggebühren aber sehr teuer. Billiger ist es, sich vor Ort an einem Kiosk eine Telefonkarte oder Prepaid-Karte zu kaufen, und diese dann für die Zeit des Aufenthalts zu nutzen, indem man sie bei Bedarf immer wieder aufstockt. Die Vorwahlen lauten für Deutschland 0049, für Österreich 0043 und für die Schweiz 0041.

Internet

Fast alle Hotels in Istanbul bieten ihren Gästen kostenlosen WLAN-Empfang an; wenn nicht auf dem eigenen Zimmer, dann zumindest in der Lobby. Darüber hinaus gibt es aber auch überall Internet-Cafés, in denen sich ab ca. 1,50 Euro die Stunde surfen lässt. Im Internet selbst finden sich natürlich unendlich viele Informationen über die Stadt. Diese sind oft wenig strukturiert und kaum überschaubar. Aber je mehr Stichwörter man in die Suchmaschine eingeben kann, desto bessere Ergebnisse lassen sich erzielen.

Zeitunterschied

In der Türkei gilt die Osteuropäische Zeit, die uns um eine Stunde voraus ist. Wenn es dort 10 Uhr ist, ist es in Deutschland 9 Uhr. Daran ändert sich auch im Sommer nichts, da dort ebenfalls die Zeit umgestellt wird.

Notruf

Einige wichtige Notrufnummern lauten:

• Polizei: 155

• Feuerwehr: 110

• Notarzt: 112

• Notruf der Deutschen Botschaft
Ankara: 0312 4555 100
(24 Stunden besetzt)

Diplomatische Vertretungen

• Generalkonsulat der Bundesrepublik Deutschland

Inönü Caddesi 16-18
Posta Kutusu 355
80083 Istanbul-Beyoglu

Tel: 0090-212/3346100
Fax: 0090-212/2499920

Email: gk.istanbul@sim.net.tr

Web: www.istanbul.diplo.de

• Österreichisches Generalkonsulat

Köybaşı Caddesi 46
34464 Yeniköy/Sarıyer

Tel: 0090-212/363 84 10
Fax: 0090-212/262 26 22

Email: istanbul-gk(at)bmeia.gv.at

Web: www.bmeia.gv.at/tr/botschaft/istanbul.html

• Schweizer Generalkonsulat

1.Levent Plaza, A-Blok Kat: 3
Büyükdere Caddesi 173
34394 Levent Istanbul

Tel: 0090- 212/283 12 82
Fax: 0090-212/283 12 98

E-Mail: ist.vertretung@eda.admin.ch

Web: www.eda.admin.ch/istanbul

Gesundheit

In Deutschland Versicherte lassen sich am besten vor Antritt der Reise einen Auslandskrankenschein ausstellen. Dieser kann in Istanbuler Krankenhäusern gegen einen Behandlungsschein eingetauscht werden, der zu einer kostenlosen Behandlung berechtigt. Arztkosten muss man zunächst vorstrecken, sie werden aber zuhause von der Krankenkasse zurückerstattet. (Wichtig: Alle Rechnungen aufbewahren!) In weniger schwerwiegenden Fällen reicht bereits ein Besuch in der Apotheke, da viele Apotheker ausgezeichnet Englisch sprechen und gern mit Rat und Tat behilflich sind. Türkische Apotheken sind sehr gut bestückt. Viele Medikamente, die es in Deutschland nur auf Rezept gibt, sind dort nicht verschreibungspflichtig und zudem viel billiger.

Fotografieren

Das Fotografieren behördlicher Einrichtungen ist in der ganzen Türkei strikt untersagt. Dieses Verbot bezieht sich nicht nur auf Gebäude von Militär und Polizei, Brücken und Häfen, sondern auch auf Militärfahrzeuge und Konvois. Als Tourist erspart man sich viel Ärger, wenn man sich daran hält. Aus Respekt sollte man außerdem darauf verzichten, Menschen zu fotografieren, die ganz offensichtlich nicht fotografiert werden wollen und dies durch abwehrende Gesten und Blicke zu verstehen geben.

Trinkgeld

Üblich sind 10 Prozent Trinkgeld im Restaurant. Bei Taxifahrten kann jeweils auf die volle Lira aufgerundet werden.

Unterwegs

Flughafentransfer per Taxi oder Kleinbus

Die meisten Hotels in Sultanahmet, aber auch andere Agenturen überall in der Stadt bieten einen Transfer zum Atatürk Flughafen und zum Sabiha Gökcen Flughafen mit Kleinbus oder Taxi an. Für diese Transfers verabredet man eine feste Zeit, zu der man samt Gepäck vom Hotel abgeholt wird. Anschließend werden weitere Fahrgäste eingesammelt, bevor es mit dem dann voll besetzten Fahrzeug in Richtung Flughafen geht. Dieser Service ist in der Regel verlässlich, man sollte jedoch beachten, dass die Fahrtzeiten je nach Verkehrsaufkommen sehr unterschiedlich ausfallen können. Auch die Preise schwanken, ab 20 Euro aufwärts. Die Fahrt nach Sabiha Gökcen ist teurer als die zum Atatürk Flughafen.

Taxi

Genau wie in anderen Metropolen wimmelt es auch in Istanbul nur so von - angeblich über 17.000 -gelben Taxis. Normalerweise ist es also nicht schwer, eines zu ergattern. Beim Einstieg sollte man darauf bestehen, dass der Fahrer den digitalen Taxameter anstellt, oder gegebenenfalls einen Festpreis aushandeln, was bei weiter entfernten Zielen sinnvoll sein kann. Ansonsten werden bei der Ankunft am Ziel gern überhöhte Summen verlangt. Von 0:00 Uhr nachts bis 6:00 Uhr morgens gilt ein etwas höherer Nachttarif. Achtung: Wer mit dem Taxi über die Bosporusbrücke fahren will, muss als Fahrgast die Mautgebühr übernehmen. Sie wird nach Ende der Fahrt auf den Fahrpreis aufgeschlagen.

Straßenbahn (Tramvay)

Die Tramvay T1 verbindet das moderne Zentrum von Beyoğlu mit dem Goldenen Horn, der historischen Halbinsel und einigen der wichtigsten Sehenswürdigkeiten der Stadt. Ausstiegspunkte sind beispielsweise die Hagia Sophia und die Blaue Moschee, der Große Basar, der Topkapı-Palast, der Sirkeci-Bahnhof und der Fähranleger Eminönü. Endhaltestelle ist Kabataş am Bosporus, in der Nähe des Dolmabahçe Palasts. Von dort aus bestehen viele weitere Anschlussmöglichkeiten. Die Tramvay T1 verkehrt von 6 bis 24:00 Uhr im 5-Minuten-Takt auf ihrer eigenen Trasse und ist daher sehr zuverlässig und schnell. Sie dürfte das von Touristen meist genutzte Verkehrsmittel in Istanbul sein. Als Ticket dient ein

Jeton, der vor Antritt der Fahrt an einem Kiosk erworben und in einen der Automaten an den Sperrschranken gesteckt wird. Daraufhin öffnet sich die Schleuse.

Istanbul Kart

Die Istanbul Kart ist eine elektronische Fahrkarte, die für alle öffentlichen Verkehrsmittel in Istanbul gültig ist: Stadtbus, Straßenbahn, Metro, Stadtbahn, Seilbahn, S-Bahn und Fähren. Man bekommt sie an Schiffsanlegestellen, Fahrkartenkiosken, Servicestellen der städtischen Verkehrsbetriebe und an manchen Bushaltestellen Einmal erworben, kann man sie an Kiosken und Automaten an den Haltestellen immer wieder neu aufladen. Sie ermäßigt den Preis pro Fahrt, der beim Durchlaufen der Ticketsperre oder in den Bussen durch kontaktlose Lesegeräte elektronisch abgebucht wird.

Metro

Es gibt zwei U-Bahnsysteme. Für Touristen interessant ist besonders die Hafif Metro (T 4), keine U-Bahn im klassischen Sinne, sondern nach deutschen Maßstäben eher eine S-Bahn. Sie stellt die schnellste Verbindung zwischen Innenstadt und Atatürk Flughafen (Havalimanı) dar. Ausgangspunkt ist Aksaray auch der Busbahnhof (Otogar) hat seine eigene Haltestelle. An der Station Topkapı kann man in die von Osten nach Westen verlaufende Tramvay T1 (siehe oben) umsteigen.

Nostaljik Tramvay

Diese historische Straßenbahn verkehrt im 15-Minuten-Takt zwischen der Bergstation der Tünel-Standseilbahn und dem Taksim Platz auf der ca. 3 Kilometer langen Istiklal Caddesi, der Flaniermeile der Stadt.

Tünel und Füniküler

Der Tünel ist eine unterirdische Standseilbahn, die auf ihrem Weg von Karaköy nahe der Galatabrücke (ausgeschildert) bis zur Istiklal Caddesi knapp 62 Höhenmeter überwindet. 1875 eröffnet, ist sie die äl-

teste Standseilbahn Europas, die bis heute in Betrieb ist, und zugleich die zweitälteste U-Bahn der Welt. Der Fünikler hat die gleiche Funktion und bringt seine Fahrgäste von Kabataş zum Taksim Platz . Eine Strecke, die er in 1,5 Minuten bewältigt.

Fähren

Das zumindest bei Touristen beliebteste Fortbewegungsmittel in Istanbul sind die Fährschiffe (Vapur). Die Turkish Maritime Lines pendelt stündlich zwischen dem europäischen Ufer (Eminönü, Karaköy, Besiktaş) und dem asiatischen Ufer (Üsküdar, Kadıköy) . Aber auch die nördlich gelegenen Stadtteile am Bosporus und die Prinzeninseln werden angesteuert. Die günstigen Tickets sind an den Schaltern am Kai erhältlich.

Noch häufiger verkehren die Schiffe der Şehirhatları, die auch die am Goldenen Horn gelegenen Stadtteile bedienen. Bei ihnen wird die Überfahrt direkt an Bord bezahlt. Wasserbusse (Deniz Otobüsü) und Expressfähren (Hızlı Feribot) sind deutlich teuer, dafür aber auch schneller.

Die wichtigsten Fähranleger auf der europäischen Seite liegen an der Mündung zum Goldenen Horn, in Eminönü, Besiktaş und Kabataş.

Busse

Istanbul hat ein engmaschiges Busliniennetz, mit dem sich jeder beliebige Ort im Stadtzentrum gut erreichen lässt. Fahrscheine und Jetons sind an Kiosken in unmittelbarer Nähe der Haltestellen erhältlich, können aber auch im Bus gelöst werden. Zu beachten ist, dass jede Fahrt gleich viel kostet. Das heißt, dass man bei jedem Umsteigen ein neues Ticket (bilet) benötigt. Die

Endhaltestellen und einige weitere größere Haltestellen der Buslinien sind jeweils auf einem Schild an der Windschutzscheibe des Busses aufgelistet. Wenn man dem Fahrer beim Einsteigen sein Ziel nennt, wird man rechtzeitig informiert, wo man aussteigen muss. Zentrale Einstiegspunkte befinden sich in Eminönü an der Galatabrücke, in Beyazit, Aksaray und am Taksim-Platz. Die rot-beigen oder grünen Linienbusse verkehren bis ca. 22 Uhr. Sie sind häufig ziemlich überfüllt.

Neben diesen gewöhnlichen Bussen gibt es auch Metrobusse (Metrobüs), die auf einer eigenen Trasse über den Bosporus fahren und den europäischen mit dem asiatischen Teil der Stadt verbinden. Diese Busse sind bis nach Mitternacht unterwegs.

Dolmuş

Kleinbusse oder Sammeltaxis verkehren auf festgelegten Linien. Wohin es geht, zeigt ein Schild an der Windschutzscheibe an. Sie fahren ab, sobald sie voll sind, meistens muss man nicht lange warten. Bezahlt wird im Bus. Wer unterwegs zusteigen möchte, stellt sich an den Straßenrand und gibt dem Fahrer ein Handzeichen. Sinnvoll ist es in jedem Fall, dem Fahrer schon beim Einsteigen mitzuteilen, wo man aussteigen möchte. Dann kann man sich darauf verlassen, rechtzeitig informiert zu werden.

Mietwagen

Mietwagen können schon von Deutschland aus, am Flughafen oder in den meisten Hotels gebucht werden. Es lohnt sich, nicht nur auf den Preis zu achten, sondern auch nach dem Versicherungsschutz zu fragen. Bei Buchung oder Übergabe sind Führerschein und Ausweis vorzulegen, eine Kreditkarte ist für die Abwicklung ebenfalls von Vorteil. Das Mindestalter beträgt in der Regel 21 Jahre.

KAPITEL 1
Historische Altstadt

Historische Altstadt

Sultanahmet, Eminönü, Beyazıt und Fatih

Im Großraum Istanbul leben heute über 15 Millionen Menschen, und täglich werden es mehr. Die Strahlkraft dieser Metropole ist immens. Jahr für Jahr lockt sie Millionen Besucher aus aller Welt an. Für Touristen besonders interessant ist die historische Altstadt, übrigens die flächenmäßig größte Altstadt der Welt. Sie verbindet griechische, römische, byzantinische, osmanische und türkische Elemente miteinander und besitzt einen ganz speziellen Charme, der seinesgleichen sucht. Aufgrund ihrer Einzigartigkeit wurde die Historische Halbinsel von der UNESCO zum Weltkulturerbe erklärt. 2600 Jahre Stadtgeschichte grüßen hier an jeder Straßenecke, doch gleichzeitig präsentiert sich die Altstadt heute lebendiger denn je.

Highlights: Das Sultanahmet-Viertel darf sich mit der **Blauen Moschee**, der **Hagia Sophia** und dem **Topkapı Palast** schmücken. Nicht umsonst zählen diese drei Bauwerke zu den berühmtesten Sehenswürdigkeiten der Stadt, vielleicht sogar der Welt.

Tipps: Weitere Attraktionen sind die **Basilika Zisterne**, das **Archäologische Museum**, das **Museum für Geschichte der Wissenschaft und Technik im Islam** und der **Gülhane Park**, in dem man nach einem anstrengenden Besuchsprogramm gut ausspannen und neue Kräfte sammeln kann. Wer in einem der zahlreichen Hotels im Sultanahmet-Viertel wohnt, kann die Historische Halbinsel wunderbar zu Fuß erkunden.

Unterwegs: Die Fähranlegestellen von **Eminönü** im Süden der Galata-Brücke gehören zu den wichtigsten Verkehrsknotenpunkten der Stadt. Hier herrscht rund um die Uhr ein buntes Treiben, das Sie in aller Ruhe genießen sollten - vielleicht bei einem Brötchen mit gegrilltem frischem Fisch, das vom Boot aus verkauft wird. Und wenn es Ihnen allzu bunt wird, nehmen Sie eine Fähre zum asiatischen Ufer, und setzen Sie dort Ihren Erkundungszug durch die Stadt fort.

Außerdem bieten unterschiedliche Anbieter vom Fähranleger Eminönü aus eine **Bosporus-Tour** mit dem

Highlights

1 Topkapı-Palast
2 Hagia Sophia
3 Blaue Moschee

Kultur & Sehenswertes

1 Archäologisches Museum
2 Museum der Geschichte der Wissenschaft & Technik im Islam
3 Museum für türk. & islam. Kunst
4 Basilika-Zisterne
5 Sultanahmet-Platz
6 Kleine Hagia Sophia

Genießen

1 Sarayburnu
2 Golden Horn Sultanahmet
3 Sultanahmet Köftecisi

Schiff an. Auch wer nicht so viel Zeit hat, sollte sich eine solche Fahrt nicht entgehen lassen. Die zwei oder mehr Stunden sind ein absolutes Highlight jeder Istanbulreise.

Tipp: Bei einigen Touren besteht die Möglichkeit, einen Zwischenstopp an der Rumelischen Festung einzulegen und dann später wieder zuzusteigen.

3-4 Std.

Topkapı-Palast

Der Haupteingang des Palastes, das prächtige Herrschaftstor, durch das wir die Anlage betreten, befindet sich gegenüber dem Brunnen von Sultan Ahmet III. Es führt direkt in den Ersten Hof hinein. Dieses Tor wird eingerahmt von den Außenmauern, die sich rings um den Palast und den Turmkomplex ziehen.

ÖFFNUNGSZEITEN

Im Sommer von 9:00 - 18:45 Uhr
Im Winter von 9:00 – 16:45 Uhr
außer dienstags und am 1. Tag der religiösen Feiertage

Eintritt: 30₺ (ca. 10 €) für das Museum
weitere 15₺ (ca. 5 €) für den Harem

www.topkapisarayi.gov.tr

Der Brunnen von Ahmet III.

Der Sultanahmet-Brunnen steht direkt vor der Palastanlage, hinter der Hagia Sophia. Er wurde während der Regierungszeit von Sultan Ahmet III. im 18. Jahrhundert erbaut und ist unter anderem berühmt für das 14-zeilige Gedicht, das ihn umrandet. Dessen bekannteste Zeile lautet: „Trink dieses Wasser

im Namen Gottes, und sprich ein Gebet für Sultan Ahmet!" Die Nischen im Mauerwerk des Brunnens sind so angelegt, dass Vögel daraus Wasser trinken können; diese großzügige Bauweise spiegelt den Charakter der Osmanen wider. Der Brunnen hat an jeder Seite einen Wasserhahn. Auf den Tafeln hinter den Wasserhähnen steht *Maşallah* geschrieben. (Welch Wunder Gott doch gewirkt hat!/Möge Gott es schützen!)

Das Herrschaftstor

Das Herrschaftstor ist bogenförmig überwölbt. Links und rechts des Tores fallen die eingravierten *Tughras* (Monogramme) der Sultane Mahmut II. und Abdulaziz auf. In den Hohlräumen in der Fassade neben dem Tor standen früher die Torwächter der Palastgarde, der Janitscharen. Durch das Herrschaftstor betreten wir den Ersten Hof, den *Birun* (Außen-) oder auch *Alay Meydanı* (Regimentenplatz) genannten Bereich des Palastes. Er beherbergt unter anderem das Krankenhaus, die Bäckerei, das Holzdepot und die Münzprägeanstalt. Besonders markant ist jedoch die Irenenkirche zur Linken.

Die Irenenkirche

Nach dem Edikt von Mailand im Jahr 313 bekannten sich die Römer zum Christentum und begannen, überall in ihrem Reich Kirchen zu bauen. Kaiser Konstantin gründete die Stadt Konstantinopel und erweiterte sie nach dem Jahr 330 um viele Gebäude. Er ließ ein Forum, einen Palast und eine Pferderennbahn errichten, die später nach ihm benannt wurden. Außerdem befahl er den Bau der Hagia Irene, der ersten oströmischen Kirche, auf dem Grundriss eines alten römischen Tempels, in dem bis dahin Götzen verehrt worden waren. Hagia Irene bedeutet wörtlich übersetzt so viel wie Heiliger Frieden. Vor allem aber war Hagia Irene der Name einer Heiligen, die in der Gründungs- und Ausbreitungsphase des Christentums unter den Römern lebte. Ursprünglich hatte sie Penelope geheißen. Die heilige Irene/Penelope hat eine interessante Lebensgeschichte: Bei der Verbreitung der Lehren Jesu musste sie zahlreiche Hindernisse überwinden. Die Hei-

TOPKAPI-PALAST
ÜBERSICHTSPLAN

1 Erster Hof
2 Tor des Friedens (Babü's-Selam)
3 Zweiter Hof
4 Ot der Anbetung
5 Küchen
6 Schlafstatt der Hellebadiere
7 Gerechtigkeitsturm
8 Ratssaal
9 Alte Schatzkammer
10 Inschrift der Sukhumi-Festung
11 Tor der Glückseligkeit
12 Dritter Hof – Enderun Bezirk
13 Audienzsaal
14 Bibliothek von Sultan Ahmet III.
15 Moschee der Aghas
16 Herrschafltiche Kleiderkammer

17 Fatih Pavillon
18 Schatzkammer der Schwerttäger
19 Pavillon der heiligen Reliqiuen
20 Schlafstatt des Privatkabinetts
21 Brunnenhalle
22 Revan-Pavillon
23 Beschneidungspavillon
24 Iftar-Baldachin
25 Bagdad-Pavillon
26 Mustafa Pascha-Pavillon
27 Behandlungsraum des Oberarztes
28 Mecidiye Pavillon
29 Sofa Moschee
30 Harem

Irenenkirche

den warfen sie in eine Schlangengrube, aber sie überlebte. Dann setzte man sie einer Steinigung aus und schleifte sie mit Pferden über den Asphalt, und sie überlebte auch das. Am Ende konvertierten die Heiden zum Glauben an den einen Gott und sahen in ihr eine Heilige. Ihr zu Ehren benannte Kaiser Konstantin die erste Kirche seiner neuen Residenzstadt nach ihr: Hagia Irene.

Die hohen Außenmauern des Topkapı-Palastes wurden erst nach der Eroberung Istanbuls durch Mehmet II. aufgeschichtet. Sie trennen die Hagia Sophia von der Hagia Irene. Letztere liegt innerhalb der Palastanlage. Sultan Mehmet II. war ein gebildeter Mann. Er beherrschte mehrere östliche und westliche Sprachen und kannte die Geschichte der Hagia Irene. Als Zeichen des Respekts vor ihr und ihrem Lebenswerk verzichtete er auf die Umwandlung der Kirche in eine Moschee, obwohl er sie seinem Palast angliederte. Stattdessen wurde die Irenenkirche fortan als Lager für wertvolle Kriegsbeute und Waffen genutzt. Die Nachfolger von Sultan Mehmet II. hielten sich an diese Übereinkunft. 1869 wurde in der ehemaligen Kirche das Osmanische Reichsmuseum eingerichtet.

Weiter die Allee hinunter, auf der linken Seite, sehen Sie die Münzprägeanstalt des Sultans.

Die Münzprägeanstalt des Sultans

Das *Darphâne* oder *Darphâne-yi Hümayun* war die Münzprägeanstalt des Osmanischen Reichs. Leider sind die Ausstellungen zur Geschichte Istanbuls derzeit ausgelagert. Wir folgen weiter dem

Hauptweg und sehen rechts hinter den Kassenhäuschen den eigentlichen Palasteingang: das *Babüsselam* (Begrüßungstor). Der Topkapı-Palast liegt auf einer strategisch günstigen und offenen Landzunge, die *Sarayburnu* genannt wird. Sie verbindet das Marmarameer, das Schwarze Meer und den Bosporus miteinander. Der Bau der Palastanlage begann in den 1460er Jahren und wurde 1478 zunächst abgeschlossen. Im Laufe der Zeit kamen aber noch weitere Anbauten hinzu, die den Bedürfnissen der nachfolgenden Generationen angepasst waren. Das Palastgelände erstreckt sich über rund 7.000 Quadratmeter. Die 5 Kilometer langen Mauern, die den Palast umgeben, wurden von Sultan Mehmet II. selbst mit entworfen. In späteren Jahren wurden diese Mauern mehrmals durch Erdbeben beschädigt und dann von den Sultanen Beyazıt II., Süleyman dem Prächtigen, Murat IV. und Mehmet IV. wieder instandgesetzt. Angeblich hatte die Palastanlage früher einmal 13 Eingangstore, berühmt vor allem das *Topkapı*-Tor und das *Balıkhane*-Tor. Über die Mauern verteilt ragen 28 Türme in den Himmel. Das Begrüßungstor bildet den Abschluss des Ersten Hofes. Es trägt die Gravur der Sultanssiegel von Mahmut II. und Mustafa III. Die Sultane pflegten hoch zu Pferde durch dieses Tor und dann weiter zum *Divan Meydanı*, dem Platz der Ratsversammlung, zu reiten. Auch wir passieren das Tor und sehen auf der rechten Seite des Zweiten Hofes, den wir nun betreten, die Palastküchen.

Die Palastküchen

In den Palastküchen wurde Essen für 5.000 Menschen zubereitet. Besonders üppig wurde an Feiertagen, bei Auszahlung des Solds an

Harem

Gerechtigkeitsturm und Ra

die Janitscharen und am 15. Tag des Monats Ramadan gekocht: Reis, Suppe und Baklava. In einem *Helvahâne* genannten Bereich dieser Küchen wurden später auch Desserts, Marmelade, Sirup und *Majun* zubereitet und parfümierte Seife hergestellt. Dem Sultan hingegen wurden seine Mahlzeiten aus einem separaten Teil der Küche geliefert, der *Kuşhane Matbahı* oder *Matbah-ı Has*. Links vom *Babüsselam* sehen Sie die *Beşir Agha* Moschee und die Stallungen.

Die Stallungen

In den Stallgebäuden wurde das Pferdegeschirr aufbewahrt. Hier standen auch die Pferde des Sultans. Ebenfalls links vom Begrüßungstor, ein Stückchen weiter, befinden sich der Harem und der Diwan.

Der Harem

Der Harem bestand aus 200 Räumen. Einem weit verbreiteten Missverständnis zum Trotz war der Harem in erster Linie eine Ausbildungsstätte für Frauen des Palastes. Hier lebten die Sultane mit ihren Familien, hier wurde das Palastpersonal ausgebildet, hier wurden die künftigen Ehefrauen von prominenten Politikern geschult. In dieser Hinsicht ähnelte der Harem der Hofschule *Enderun*, an der Politiker ausgebildet wurden. Im Harem lernten die Frauen zu musizieren, zu kochen, zu stricken und zu nähen. Sie erfuhren, was von einer guten Ehefrau erwartet wurde, und erhielten auch Religionsunterricht. Zu den Hauptgebäuden des Harems gehören die Privatgemächer von Murat III., die Bibliothek von Ahmet III., die Privatgemächer von Ahmet

III. (auch als Obstzimmer bekannt), die Zimmer des Kronprinzen, der Sultansfrauen und von Sultan Selim III., die Kammer von Sultan Mihrişah I. und die Kammer von Sultan Abdülhamit I. Der Harem war einer der am besten bewachten Bezirke des Palastes. Zutritt besaßen nur Ärzte, die den Sultan oder die Konkubinen behandelten. Die Konkubinen durften den Harem nur unter sehr strengen Sicherheitsvorkehrungen verlassen, und sie mussten sich so kleiden, dass sie nicht von jedermann erkannt werden konnten. Selbst den Ärzten war es verboten, die Konkubinen anzuschauen; wenn sie ihnen zum Beispiel den Puls messen wollten, dann mussten sie dies durch einen dünnen Stoffvorhang hindurch tun.

Der Ratssaal

Der osmanische *Diwan* war der Hauptversammlungssaal des Palastes. Er wurde wegen seiner großen Kuppel auch *Kubbealtı* genannt: unter der Kuppel. Hier hielten die osmanischen Staatsdiener ihre Versammlungen ab und diskutierten über die wichtigsten Belange des Reichs. Meistens leitete der Großwesir (*Sadrazam*) die Sitzungen, während der Sultan die Möglichkeit hatte, sie von einem vergitterten Fenster (*Kafes*) aus mitzuverfolgen, das sich direkt über dem Stuhl des Großwesirs befand. Vom Diwan aus konnte hingegen niemand in das Gitter hineinschauen, sodass die Versammelten also nicht wussten, ob der Sultan ihnen zuhörte oder nicht. Folglich mussten sie stets davon ausgehen, dass er präsent war, und wenn er es für nötig hielt, griff er in die Sitzungen ein. Die Ratsversammlung tagte in der Regel viermal pro Woche, jeweils von nach dem Morgengebet bis zum Mittag. Am Nachmittag suchte der Großwesir dann den Sultan auf und erstattete ihm nach dem Gebet Bericht über die Sitzungen. Neben dem Diwan befindet sich eine sehr sehenswerte Ausstellung von Waffen. Nach Verlassen des Ausstellungsgebäudes gehen wir weiter zum Tor der Glückseligkeit. Dieses Tor, das aus dem Zweiten Hof hinaus führt, war Zeuge vieler historischer Ereignisse.

Das Tor der Glückseligkeit

Das Tor der Glückseligkeit wurde auch *Ak Ağalar Kapısı* (Tor der Weißen Eunuchen) genannt. Wir durchschreiten es und gelangen in den Dritten Hof, der die privaten Gemächer des Sultans beherbergt. Niemand durfte dieses Tor ohne die Erlaubnis des Sultans passieren. Vor diesem Tor wurden Thronbesteigungsfeierlichkeiten und religiöse Zeremonien abgehalten. Heerführer, die in den Krieg zogen, bekamen hier in einem feierlichen Akt das Banner des Propheten überreicht. Gleich gegenüber sehen Sie den beidseits von Springbrunnen flankierten Audienzsaal.

Der Audienzsaal

In diesem Saal empfingen die Mitglieder der Ratsversammlung ausländische Gesandte oder Botschafter. Außerdem ließ sich der Sultan hier vom Großwesir über die Ratssitzungen informieren. Gleich hinter dem Audienzsaal liegt die Bibliothek von Ahmet III., die berühmt ist für ihre prächtige Ausschmückung und ihre wunderbare Architektur. Auf der rechten Seite des Hofes befinden sich das Tor der Glückseligkeit, die Palastschule *Enderun*, der *Seferli Koğuşu* (der Schlafsaal der Expeditionspagen), die Reichsschatzkammer, der Keller und die Schlafsäle der Eunuchen. Das wichtigste Gebäude war naturgemäß die Schatzkammer.

Die Schatzkammer

Hier sind die wertvollsten Gold- und Silbergegenstände des Palastes ausgestellt, zum Beispiel der Thron von Murat IV., der Topkapı-Dolch (*Topkapı Hançeri*) - ein wunderbar gearbeiteter Dolch, besetzt mit wertvollen Smaragden und Diamanten - oder der *Kaşıkçı*-Diamant (Löffelmacher-Diamant). Außerdem werden hier und in den Nebengebäuden der Schatzkammer besonders wertvolle Geschenke aus Indien und China präsentiert. Herausragende Meisterwerke der Miniatur- und Porträt-Galerie sind die Porträts der Sultane. Diese stammen zumeist aus dem 19. Jahrhundert. In dem gleichen Bereich befindet sich auch die *Padişah Elbiseleri Koleksiyonu* (die Sammlung der Garderobe der Sultane) mit wertvollen Gewändern, darunter viele kostbare Kaftane.

Die Reliquiensäle

Diese Kammer beherbergt die Heiligen Reliquien, unter anderem den Mantel des Propheten Muhammad. Der Trakt wurde unter Sultan Mehmet II. erbaut und von Selim I. und Murat IV. später umgestaltet. Die Heiligen Reliquien wurden von Selim I. nach Istanbul gebracht, und von dem Tag an wurde hier auf Geheiß der Sultane Tag und Nacht aus dem Koran rezitiert. Dieser Brauch hielt sich bis zum Zusammenbruch des Osmanischen Reichs. Weitere Ausstellungsstücke sind: das Schwert des Propheten Muhammad, seine gesegneten Fußabdrücke und ein Haar seines Bartes (*Sakal-ı Şerif*) sowie einige Habseligkeiten seiner Gefährten und anderer Propheten, die vor seiner Zeit lebten. In diesem Teil des Palastes stoßen wir auch auf das älteste Gebäude der Anlage, den Fatih Köşkü (Fatih-Pavillon). Von hier aus hat man einen wunderbaren Blick auf den Bosporus.

Die Sultansterrasse

Der Vierte Hof beherbergt die Sultansterrasse, den Marmor-Pavillon, den großen Pool auf der unteren Terrasse und den *Sofa*-Pavillon; außerdem auch den *Revan Köşkü* (Revan-Pavillon) und den *Bağdat Köşkü* (Bagdad-Pavillon), die beide unter Sultan Murat IV. errichtet wurden. Diese beiden Pavillons sind sich recht ähnlich. Der Hauptunterschied ist, dass die goldene Kuppel im Revan-Pavillon mit Stuck ausgekleidet ist, während der Bagdad-Pavillon über Lederdekorationen verfügt. Weitere beeindruckende Gebäude dieses Vierten Hofes sind der Beschneidungspavillon, die Kammer für

Harem

Bagdad-Pavillon und Iftariye-Baldachin

den Oberarzt, die *Sofa* Moschee, der *Mecidiye*-Pavillon, der *Iftariye*-Baldachin und die *Esvap*-Kammer.

Der Beschneidungspavillon

Der Beschneidungspavillon hat an der Rückseite einen kleinen Anbau. Er wurde unter Sultan Ibrahim (1840-1648) erbaut und ist von innen wie auch von außen mit Fliesen ausgekleidet. Die meisten dieser blau-weißen Fliesen stammen aus dem 15., 16. und 17. Jahrhundert. In den Fensternischen befinden sich Brunnen mit fließendem Wasser, die einander zugewandt sind. In diesem Pavillon wurden einst die Söhne von Sultan Ahmet III. beschnitten.

Revan-Pavillon

Dieser Pavillon wurde zum Gedenken an die Eroberung von Eriwan durch Murat IV. im Jahr 1636 errichtet. Der Pavillon ist achteckig und hat drei Balkone. In einigen osmanischen Quellen wird der Pavillon auch als *Sarık Odası* (Turban-Raum) bezeichnet, weil hier die Turbane des Sultans aufbewahrt wurden. Und auch die Heiligen Reliquien wurden einmal im Jahr hierhin ausgelagert, jeweils im Monat Ramadan, wenn das *Has Oda* gereinigt wurde.

Bagdad-Pavillon

Der Bagdad-Pavillon soll an die Eroberung von Bagdad durch Murat

IV. im Jahr 1639 erinnert. Er ist von einem weiläufigen Säulenvorbau umgeben, der in Marmor gehalten ist. Die Säulen dieses Vorbaus ruhen auf runden Messingfüßen. Die Fliesen der Außenwände sind türkisfarben und dunkelblau, die Fensterrahmen sternförmig und die Motive der Kuppel in der Form von Granatapfelblüten gestaltet. Früher hing hier eine rote Kugel in einem goldbestickten Käfig von der Decke herab. Die Fliesen im Innern des Pavillons sind mit Koranversen verziert und die Türen und Schränke mit Intarsien aus Perlmutt und Schildpatt.

Iftariye-Baldachin

Der *Iftariye*-Baldachin wurde 1640 von Ibrahim I. gebaut. Seine Metallkuppel ruht auf vier Pfeilern. Von dem Baldachin aus hat man einen atemberaubenden Blick auf Istanbul. Unter dem Baldachin sollen die Sultane im Ramadan das Fasten gebrochen haben - daher auch der Name, denn *Iftar* heißt die Mahlzeit am Ende des Fastentages. Wenn religiöse Feiertage in den Sommer fielen, empfingen die Sultane hier Besucher, und von hier aus schauten sie sich auch Sportwettkämpfe an.

Die Oberarztkammer

Die 1,7 Meter dicken Grundmauern und alte Gravuren deuten darauf hin, dass dieses Gebäude ursprünglich als Turm gedacht war. In seiner gegenwärtigen Form wurde es für die Herstellung und Aufbewahrung von Medikamenten genutzt. Ein anderer Name für diese Kammer lautet *Başlala* Turm (Turm des Oberlehrers). Denn der Oberarzt arbeitete unter Aufsicht des Başlala, der seinerseits in erster Linie für die Ausbildung der Sultanskinder verantwortlich war.

Mustafa Pascha-Pavillon

Dieser Pavillon wurde von dem Großwesir Kara Mustafa Pascha aus Merzifon im 17. Jahrhundert erbaut und nach ihm benannt. Seit seiner Restaurierung durch Ahmet III. im Jahr 1704 weist ihn eine Inschrift als *Sofa*-Pavillon aus.

Mecidiye-Pavillon

Der *Mecidiye*-Pavillon liegt auf der rechten Seite des Vierten Hofes, auf der unteren Terrasse. In unmittelbarer Nachbarschaft des Pavillons befinden sich die *Esvap*-Kammer und die *Sofa* Moschee. Der Mecidiye-Pavillon und die Esvap-Kammer wurden 1859 unter Sultan Abdülmecit I. erbaut und im Rokoko-Stil möbliert. Man kann den Bau durch drei Holztüren betreten, die Tür in der Mitte führt ins Untergeschoss. Die Wände des Pavillons sind mit Sultansporträts, signiert von ausländischen Künstlern, und mit goldumrandeten Spiegeln und Kachelöfen geschmückt. An der Decke hängen Kronleuchter mit bis zu 30 Armen.

2 Std.

Hagia Sophia

Die Hagia Sophia ist ein einzigartiges Meisterwerk der Baukunst und ein Wahrzeichen der Stadt Istanbul. Sie wurde in der zweiten Hälfte des 4. Jahrhunderts von Constantinus erbaut, dem Sohn des oströmischen Kaisers und Stadtgründers Konstantin. Doch diese erste Kirche wurde bei einem Aufstand im Jahr 404 in Brand gesetzt. Auf ihren Grundmauern wurde eine zweite, schon viel größere errichtet, die 415 mit einer feierlichen Zeremonie eingeweiht wurde. Doch auch dieser Neubau fiel 532 den Flammen zum Opfer, als während des blutigen Nika-Aufstands viele Menschen ihr Leben ließen und viele Gebäude zerstört wurden. Nachdem es Kaiser Justinian mühsam gelungen war, den Aufstand zu unterdrücken, ließ er an gleicher Stelle eine Gebetsstätte erbauen, „wie es sie seit Adams Zeiten nicht gegeben hatte und nie wieder geben würde". Die Grundsteinlegung zu dieser damals größten Kirche der christlichen Welt erfolgte 532, auf den Relikten der alten Basilika. Nach 5 Jahren war der Rohbau fertiggestellt, 537 wurde die Kirche mit einem Festakt eröffnet. Die Architekten, Isidor von Milet und Anthemius von Tralles, wurden vom Kaiser üppig entlohnt. Der Kuppelbau wurde nach Vorbild der römischen Architektur entworfen, weil die Römer bereits über Jahrhunderte hinweg reichlich Erfahrungen mit Tragkonstruktionen gesammelt hatten. Allerdings setzten sie dabei auf römischen Beton, einen Werkstoff, der beim Bau der Hagia Sophia nicht verwendet wurde. Hier bediente man sich stattdessen einer typisch oströmischen Ziegelbauweise. Unter anderem deshalb darf die Hagia Sophia als Produkt einer kulturellen Synthese zwischen römischer, nahöstlicher, mesopotamischer und asiatischer Architektur verstanden werden. Zuweilen wird Hagia Sophia (türkisch: *Aya Sofya*) irrtümlich mit Heilige Sophie übersetzt. Aber die Kirche war nicht einer bestimmten Person oder einer Heiligen gewidmet, sondern dem ganzen Christentum. Ihr Name bedeutet: Heilige Weisheit.

ÖFFNUNGSZEITEN

Im Sommer von 9:00 - 19:00 Uhr
Im Winter von 9:00 - 17:00 Uhr
außer montags und am 1. Tag der religiösen Feiertage

Eintritt: 30₺ (ca. 10 €)

www.ayasofyamuzesi.gov.tr

Bei der Eröffnungsfeier ließ sich Kaiser Justinian von Erregung übermannen. Er fuhr mit seinem Pferdewagen direkt in die Kirche hinein, dankte Gott und erklärte sich kurzerhand für bedeutender als selbst der Prophet Salomo, weil er eine größere Gebetsstätte erbaut habe. Tatsächlich war das Bauwerk seinerzeit absolut konkurrenzlos, aber es wies auch einige schwerwiegendere Mängel auf, weil das technische Know-how noch zu wünschen übrig ließ. Als problematisch erwies sich vor allem die Größe der Kuppel, die starken Druck auf die Seitenwände ausübte und sie langsam nach außen drückte. 558 stürzte die Kuppel ein, anschließend wurde sie durch eine stärker gerundete und kleinere ersetzt. Doch es half alles nichts: Im 10. und im 14. Jahrhundert stürzten zunächst der westliche, dann der östliche Kuppelbogen erneut ein.

Um den Bestand der Hagia Sophia zu sichern, musste im Laufe der Jahrhunderte viel investiert werden. Als Sultan Mehmet II. 1453 die Stadt eroberte, glich das Bauwerk einer Ruine, da sich das Oströmische Reich Restaurierungsarbeiten zuletzt nicht mehr hatte leisten können. Nach der Eroberung wurde sie dann in eine Moschee umgewandelt und instandgesetzt. Zu den wichtigsten Restaurierungsarbeiten zählten die zusätzlichen Stützmauern, mit denen der berühmte Architekt Mimar Sinan sie im 16. Jahrhundert sicherte, die Renovierungen der Gebrüder Fossati Mitte des 19. Jahrhunderts, weitere Instandsetzungen in den 1930er Jahren und die Einfassung der Kuppel in ein Eisenkorsett.

1093 Jahre lang wurde die Hagia Sophia als Kirche genutzt, 480 Jahre lang als Moschee. Doch all diese Jahre hindurch beteten die Menschen hier zu ein und demselben Gott. Zwischen 1930 und 1935 schließlich wurde sie zu einem Mu-

seum umgebaut. Die Mosaiken, die von den Osmanen mit Putz übertüncht worden waren, wurden im Zuge dessen wieder freigelegt und gehören heute zu den bedeutendsten oströmischen Kunstwerken.

Der Eingang zum Museum führt durch das Originaltor, das selbst nach so vielen Jahrhunderten noch seinen Zweck erfüllt. In der Nähe des Eingangs sieht man noch Überreste des alten Gebäudes. Es gibt zwei Vorhallen, die äußere ist mit der inneren durch 5 Türen verbunden und die innere mit dem Hauptschiff durch 9 Türen. Das hohe Mitteltor ist das Kaisertor, das Mosaik darüber stammt aus dem 9. Jahrhundert. Bei den zahllosen Mosaiken an der Decke der

inneren Vorhalle handelt es sich um Originale aus der Zeit Justinians. Im Hauptschiff werden wir von einem faszinierenden offenen Raum empfangen und spüren sofort, welche Wirkung die riesige Kuppel entfaltet. Sie überspannt und umschließt das ganze Bauwerk. Die Wände und Decken sind mit farbenprächtigen Mosaiken verziert, die in drei unterschiedlichen Farbtönen leuchten - ein Indiz dafür, dass das Gebäude drei Restaurierungsphasen durchlaufen hat. Was ihren Durchmesser und ihre Höhe betrifft, war die Kuppel der Hagia Sophia die größte ihrer Zeit und gehört auch heute noch zu den größten Kuppeln der Welt. Bedingt durch die Restaurierungsarbeiten ist sie nicht ganz rund. Ihr Durchmesser von Norden nach Süden gemessen beträgt 31,87 Meter und von Osten nach Westen 30,87 Meter. Die Kuppel ist zwischen 55 und 60 Meter hoch. Auf den 4 mächtigen Pfeilern, auf denen sie ruht, sind vier Engel abgebildet. Ein Engelsgesicht wurde erst vor wenigen Jahren wiederhergestellt. Die Grundfläche der Hagia Sophia misst 7.570 Quadratmeter.

Die Kapitelle der Säulen sind charakteristische und klassische Elemente der byzantinischen Architektur des 6. Jahrhunderts. Der tief ausgeschnitzte Marmor inszeniert großartige Licht- und Schattenspiele. Die Porphyr-Säulen in den Ecken, die Mittelsäulen aus grünem Thessaloniki-Marmor und die Kapitelle aus weißem Marmor mit ihren üppigen Gravuren wissen zu beeindrucken. Man benötigt nicht viel Fantasie, um sich die Hagia Sophia in ihrer ursprünglichen Form als Kirche oder auch als Moschee zu vorstellen.

In der Spätphase des Osmanischen Reichs wurde die Hagia Sophia häufig als Veranstaltungsort für besondere Anlässe genutzt. Dank der Toleranz der Osmanen hat sie bis heute überdauert. Der islamische Glaube verbietet die Darstellung von Lebewesen. Daher überzogen die Muslime die Mosaiken und Bilder mit einer Schicht aus Putz, aber sie vernichteten sie nicht. Schon einen Tag nach der Eroberung der Stadt wurde die Hagia Sophia in eine Moschee umgewandelt. Das erste Freitagsgebet leitete Sultan Mehmet II. persönlich. Aber um das verfallene Gebäude auch in Zukunft als Moschee nutzen zu können, mussten noch viele Reinigungs- und Restaurierungsarbeiten durchgeführt werden. Erst später kamen ein *Mihrab* (eine zentrale Gebetsnische), ein *Minbar* (eine Kanzel) und die vier Minarette hinzu. Das erste, rötliche Minarett ragt auf der Ostseite der Moschee auf und geht auf Sultan Mehmet II. zurück. Das zum Topkapı-Palast zeigende Minarett wurde von Beyazıt II. erbaut und die anderen beiden von dem berühmten Architekten Sinan, auf Geheiß von Murat III. Sinan integrierte zudem alle vier Minarette in die Kuppelbaukonstruktion, indem er sie zu tragenden Säulen machte. Bricht eines der Minarette weg, besteht die Gefahr, dass auch die Kuppel einstürzt. Neben den hier genannten haben viele weitere Osmanensultane ihren Beitrag zu diesem Bauwerk geleistet.

Auf den 8 großen runden schwarzen Holztafeln mit den kalligraphischen Inschriften (Durchmesser: 7,5 Meter), die oben an den Wänden hängen, sind Namen dargestellt: „Allah" - Gott, „Muhammad" - der Prophet, „Abu Bakr", „Umar", „Uthman" und „Ali" - die vier rechtgeleiteten Kalifen, „Hasan" und „Hüseyin" - die beiden Enkel des Propheten. Diese Namen sind in goldener Schrift auf Kamelleder geschrieben. Die Kalligraphien wurden von dem berühmten Kalligraphen und Staatsmann Kazasker Mustafa Pascha angefertigt, der während der Regierungszeit von Mahmut II. lebte. Sie symbolisieren die Bedeutung der Hagia Sophia als Moschee.

Im 16. Jahrhundert wurden links und rechts vom Eingangstor innen zwei Marmoramphoren aus hellenistischer Zeit aufgestellt, die aus Pergamon stammten. Das nördliche Schiff beherbergt die „schwitzende Säule", einen Vierkantpfeiler mit einem Loch in der Mitte, das in Bronze eingefasst ist. Es soll Glück bringen, einen Finger in das Loch zu stecken und ihn um 180 Grad zu drehen. Die Säule ist daher auch unter den Namen „Wundersäule", „Weinende Säule" oder „Säule, in die Khidr (eine verehrte Gestalt im Islam) seinen Finger gelegt hat" bekannt. Der berühmte osmanische Reisende Evliya Çelebi schrieb, als die Hagia Sophia in eine Moschee umgewandelt wurde, habe man zum Verputzen der Wände vor der Säule unter anderem Erde und Wasser aus Mekka (Wasser aus dem *Zamzam*-Brunnen) verwendet. Diese Mixtur habe sich als so feucht erwiesen, dass die Säule zu schwitzen begann. Eine weitere Legende besagt, dass die *Qibla*, als die Kirche in eine Moschee umgewandelt wurde, nicht ganz genau in Richtung der Kaaba gewiesen habe. Das habe Khidr korrigiert und sich dabei an dieser Säule festgehalten. Somit sollen das Loch und die Konturen um das Loch, die einem Handabdruck ähneln, von ihm stammen. Aufgrund der Bedeutung der Hagia Sophia wurden hier viele Regierungsbeamte, Stadtobere und Sultane beigesetzt. Im Hofgarten befinden sich die Gräber der Sultane Mustafa I., Ibrahim, Selim II., Murat III. und Mehmet III.

1 Std.

Die Blaue Moschee

Gegenüber dem Ausgang des Topkapı-Palasts, hinter der Grünanlage, begrüßt uns schon von weitem die Blaue Moschee. Die Blaue Moschee (oder Sultanahmet Moschee) wurde zwischen 1609 und 1616 unter der Leitung des Hofarchitekten Sedefkar Mehmet Agha erbaut, einem Schüler des berühmten Architekten Sinan. Es heißt, dass Sultan Ahmet I. den ersten Spatenstich vornahm und selbst Steine für den Bau der Moschee schleppte. Außerdem bestand er darauf, dass die neue Moschee gegenüber der Hagia Sophia errichtet werden sollte. Am großen Festakt zur Eröffnung nahm auch der bedeutende Scheich Aziz

Mahmud Hudai teil. Wer vom Marmarameer kommt und in Richtung Bosporus fährt, nimmt den Topkapı-Palast, die Hagia Sophia und die Blaue Moschee als einheitliches Ensemble wahr. Ihre Silhouette prägt das Bild von Istanbul. Der Moschee angegliedert waren einst das *Hünkâr Kasrı* (der Königspalast), das *Imarethâne-i amire* (eine karitative Einrichtung), das *Sıbyan Mektebi* (eine Grundschule), das *Darüşşifa* (ein Krankenhaus), das *Darülkurra* (eine Schule für Koranrezitatoren), ein *Hamam* (türkisches Bad), eine Reihe von Brunnen, die Stallbauten der *Sipahi* (der osmanischen Kavallerie) sowie diverse Geschäfte. Die meisten dieser Bauten wurden abgerissen. Heute beherbergt der Moschee-Komplex lediglich noch einen Friedhof und eine Medresse (Koranschule).

Das Innere der Blauen Moschee ist in punkto Gestaltung und Ausschmückung noch beeindruckender als ihre Außenarchitektur. Über dem mit Inschriften verzierten Eingangsportal thront eine Kuppel. Eine weitläufige Marmortreppe führt in die Moschee hinein. Der Zutritt zum Hof wiederum erfolgt durch das sogenannte Eisenkettentor (*Zincirli Kapı*). Die schwere Kette über dem Tor wurde angeblich auf Befehl des Sultans dort aufgehängt, damit jeder, der die Moschee betreten wollte, den Kopf senken musste - als Zeichen des Respekts vor dem Haus Gottes.

INFO

Die meisten Moscheen in Istanbul haben vom Morgengebet bis zum Nachtgebet geöffnet. Für Touristen sind sie außerhalb der Gebetszeiten frei zugänglich. Frauen sollten in der Moschee keine Shorts und das Haar nicht offen tragen. Kopfbedeckungen sind aber an den Eingängen verfügbar. Dort sollten auch die Schuhe ausgezogen werden. An jeder Moschee gibt es öffentliche Toiletten, und an den Waschplätzen rund um die Gebäude kann man sich kurz erfrischen. Die Innenräume eignen sich ideal für Ruhepausen.

Die Mitte des großen marmornen Innenhofes ziert ein schöner überkuppelter Reinigungsbrunnen. Die Blaue Moschee ist die einzige Moschee in der Türkei mit 6 Minaretten. Die 4 Minarette an den Ecken der Moschee sind gleich groß und haben jeweils 3 Balkone. Die anderen beiden sind kürzer und haben nur 2 Balkone. Alle 6 sind geriffelt. Bis zur Zeit von Sultan Ahmet I. war es üblich, dass jeder Sultan eine Moschee in seinem Namen erbauen ließ, deren Minarett-Balkon-Anzahl seiner Positionierung innerhalb der Dynastie entsprach. Sultan Ahmet war der 16. Sultan des Reichs, entsprechend verfügte seine Moschee über 16 Balkone. Ein Problem stellten jedoch die 6 Minarette dar; denn die *Masdschid al-Haram*, die Moschee mit der Kaaba in Mekka, hatte ebenfalls 6 Minarette. Weil Sultan Ahmet fürchtete, dass man es ihm als Respektlosigkeit auslegen könnte, wenn er seine Moschee mit genauso vielen Minaretten schmückte, sorgte er dafür, dass die *Masdschid al-Haram* ein weiteres erhielt.

An die Hauptkuppel der Moschee schmiegen sich vier Halbkuppeln. Die zentrale Kuppel ist vollständig gefliest und wird von vier achteckigen Säulen gestützt, den sogenannten Elefantenfüßen. Die Moschee verfügt über 260 Fenster, durch die sehr viel Licht in den weitläufigen, 70 Meter langen und 68 Meter breiten Innenraum fällt. Der Durchmesser der Kuppel beträgt 23,5 Meter, ihre

Höhe 43 Meter. Insgesamt wurden 21.043 blaue Kacheln mit Pflanzenmotiven gezählt: Rosen, Hyazinthen, Nelken, Granatapfel- und Pflaumenblüten, Zypressen und Weinreben. Sie verleihen der Moschee ein naturalistisches Aussehen. Die Fliesen wurden in Iznik und Kütahya hergestellt. Insbesondere die vergoldeten Fliesen auf dem *Cümle Kapisi* (Haupttor) und in der *Hünkar Mahfili* (Sultansloge) sind wahre Kunstwerke. Als Blaue Moschee wird die Moschee bezeichnet, weil in ihr die Farbe Blau überwiegt.

Der *Mihrab* (die zentrale Gebetsnische) und der *Minbar* (die Hauptkanzel) gelten als Meisterwerke der Marmorbearbeitung. Tür- und Fensterrahmen sind mit Perlmutt- und Elfenbeinintarsien versehen, die *Vaiz Kürsüsü* (Kanzel) ist eine perfekte Holzarbeit. Der Mihrab wird von zwei Leuchtern flankiert. In die Nische selbst ließ Sultan Ahmet ein Bruchstück des *Hadschar al-Aswad*, des Schwarzen Steins der Kaaba, einsetzen. Der *Hünkâr Kasrı*, der erste seiner Art, ragt im Osten aus dem Gebäude heraus. Dieser Sultanspavillon hat zwei Räume. Ins obere Stockwerk gelangt man über eine erhöhte Plattform. Der Minbar ist vergoldet und unter Verwendung hochwertigster Materialien aus Marmara-Marmor gefertigt. Die Sultane beteten das erste Freitagsgebet nach ihrer Thronbesteigung entweder in der Blauen Moschee oder in der Hagia Sophia. Ähnlich wie letztere ist auch die Blaue Moschee ein Wahrzeichen und eine der Hauptsehenswürdigkeiten der Stadt, darüber hinaus symbolisiert sie die türkisch-islamische Architektur.

Museum für türkische und islamische Kunst

1 Std.

Seit 1983 ist das Museum für türkische und islamische Kunst im Ibrahim Pascha Palast beheimatet, dem einzigen Palast mit Ausnahme der Sultanspaläste, der bis heute erhalten geblieben ist. Das auf einem Gewölbemauerwerk aufliegende Gebäude umschließt eine Terrasse von drei Seiten. Von der Terrasse aus führt eine Treppe hinauf in den ersten Teil des Museums, in dessen Räumen und Sälen seltene und kostbare Kunstgegenstände aus verschiedenen Ländern der islamischen Welt ausgestellt sind - wunderbare Sammlungen von Steinarbeiten, Terrakotta, Metall- und Keramikobjekten, Glaswaren, Kalligraphien und Manuskripten. Die Ausstellung alter handgewebter türkischer Teppiche aus der Seldschuken- und der Osmanenära befindet sich im großen Saal. Sie gilt als eine der erlesensten Teppichsammlungen der Welt. Im unteren Bereich, gleich unter der Teppichausstellung, ist die ethnographische Abteilung mit Artefakten aus dem traditionellen türkischen Leben der letzten Jahrhunderte angesiedelt.

Binbirdirek-Zisterne *(Zisterne der 1001 Säulen)*

30 min.

Die *Binbirdirek*-Zisterne im Westen des Sultanahmet-Platzes wurde in den vergangenen Jahren restauriert und für Besucher freigegeben. Die inzwischen in ein Museum umgewandelte Zisterne misst 64 mal 56 Meter. Sie stammt aus dem 4. Jahrhundert n.Chr. und wurde unter Kaiser Konstantin angeblich von einem Baumeister namens Philoxenos gebaut. Von den ursprünglich 224 Säulen stehen heute noch 212. Der Originalboden ist nur noch in der Mitte des Wasserbeckens zu sehen, das während der Restaurierungsarbeiten angelegt wurde. Heute beherbergt die Zisterne diverse kleine Läden, außerdem finden hier zuweilen Ausstellungen statt.

Kleine Hagia Sophia und Werkstätten

15 min.

Die Kleine Hagia Sophia Moschee wurde unter dem byzantinischen Kaiser Justinian erbaut. Sie liegt am Ende der Kleinen Hagia Sophia Straße, zwischen Cankurtaran und Kadirga im Stadtteil Eminönü. Auch diese Moschee war ursprünglich einmal eine Kirche. Den Inschriften auf den kleinen Säulen im Innern des Gebäudes zufolge weihte Kaiser Justinian I. sie den beiden Heiligen Sergius und Bacchus. Unter Sultan Beyazıt II. wurde die Kirche von Hüseyin Agha, dem Obersten der weißen Eunuchen, in eine Moschee umgewandelt und mit einem Minarett versehen. Sein Grabmal liegt im Garten auf der linken Seite der Moschee. Gegenüber der Moschee befinden sich einige Werkstätten, in denen traditionelle türkische Handwerksgegenstände und dekorative Geschenkartikel hergestellt und verkauft werden. Hier bietet sich eine Besichtigung oder eine Teepause an.

SULTANAHMET-PLATZ

30 min.

Der Sultanahmet-Platz war in byzantinischer Zeit das sportliche und soziale Zentrum von Konstantinopel. Damals stand hier das Hippodrom, eine gewaltige Pferdewagenarena. 532 brach am Hippodrom der Nika-Aufstand aus, in dessen Verlauf 30.000 Menschen getötet wurden. Auch im Osmanischen Reich diente der Platz noch als Hippodrom. Doch von dieser Nutzung künden heute allenfalls noch die drei aus der oströmischen Epoche verbliebenen Säulen:

Ägyptischer Obelisk

Dieser Obelisk aus rosafarbenem Granit stand ursprünglich in Ägypten. Dort war er 1700 v. Chr. für den Pharao Thutmosis III. gemeißelt und vor dem Tempel von Luxor aufgestellt worden. 390 n. Chr. ließ ihn Kaiser Theodosius I. nach Konstantinopel verschiffen und in der Mitte des Hippodroms aufrichten. Der etwa 20 Meter hohe Obelisk ist das älteste Monument Istanbuls. Seine Hieroglyphen-Piktogramme singen ein Loblied auf den Pharao und den altägyptischen Gott Amon-Ra. Der Marmorsockel der Säule ist mit altgriechischen und lateinischen Inschriften sowie Reliefs versehen, die die Aufrichtung der Säule und Wagenrennen-Szenen zeigen. Die Entführung des Obelisken nach Konstantinopel diente nicht nur dekorativen Zwecken, sondern sollte vor allem die Macht des oströmischen Reichs und die Unterlegenheit Ägyptens demonstrieren. Gleiches galt auch für die Entwendung der Schlangensäule aus Griechenland. Die klare Botschaft lautete: Der neue Hort der Wissenschaft und der Philosophie war Byzanz.

Schlangensäule

Diese 8 Meter hohe Bronzesäule stand ursprünglich neben dem Apollo-Altar in Delphi und erinnerte dort an den Sieg der 31 griechischen Stadtstaaten gegen die Perser im 5. Jahrhundert v.Chr. Für ihre Herstellung wurden damals die Waffen und Schilde der Perser eingeschmolzen. Konstantin I. ließ sie im Jahr 324 ins Hippodrom von Konstantinopel schaffen. Dieses einzigartige Kunstwerk setzt sich zusammen aus drei ineinander verschlungenen Schlangen, zu denen ehemals auch drei Köpfe gehörten, die einen Dreifuß mit einer goldenen Vase trugen. Diese drei Köpfe der Schlangen fielen jedoch im 7. Jahrhundert ab. Einer von ihnen lässt sich noch im Istanbuler Archäologischen Museum bestaunen.

Gemauerter Obelisk

Aus welcher Zeit der Gemauerte Obelisk stammt, ist unklar. Im 10. Jahrhundert ließ Konstantin VII. ihn mit vergoldeten Bronze- und Kupferreliefs verkleiden. An dem Obelisk waren früher Sonnensegel angebracht, die den Zuschauern der Sportwettkämpfe im Hippodrom Schatten spendeten. Während des Vierten Kreuzzugs im Jahr 1204 wurden die vergoldeten Reliefs zerstört und entwendet.

Deutscher Brunnen

Der deutsche Brunnen war ein Geschenk des deutschen Kaisers Wilhelm II. an Sultan Abdülhamid II. zur Bekräftigung der deutsch-türkischen Freundschaft. Er wurde in Einzelteilen von Deutschland aus nach Istanbul transportiert, dort zusammengebaut und 1898 in Anwesenheit beider Herrscher mit einer feierlichen Zeremonie eröffnet. Die Kuppel ist mit Goldmosaiken verziert und trägt die Wappen beider Herrscher. Der deutsche Kaiser entschied sich für einen Brunnen als Geschenk an den Sultan, da er erfahren hatte, dass das Wasser bei den Osmanen und auch allgemein in der muslimischen Kultur einen besonderen symbolischen Stellenwert hatte. In der Osmanenzeit wurden hier an religiösen Feiertagen süße Getränke ausgeschenkt.

Deutscher Brunnen

Basilika-Zisterne

45 min.

Basilika-Zisterne

Die Basilika-Zisterne ist ein Beleg dafür, dass der äußere Schein oft trügt. Links vom Sultanahmet-Platz, am südwestlichen Ende der Hagia Sophia gelegen, verblüfft die Zisterne viele Besucher, weil ihr bescheidener, unscheinbarer Eingangsbereich kaum auf ihr prunkvolles Inneres schließen lässt. Türken kennen diese Zisterne unter dem Namen *Yerebatan Sarnıcı* (Versunkene Zisterne) und schätzen sie für ihre Ehrfurcht gebietende Atmosphäre. Der byzantinische Kaiser Justinian I. (527-565) ließ dieses Wasserreservoir an einem Ort errichten, der damals bereits über eine bewegte Vergangenheit verfügte: Im 3. oder 4. Jahrhundert hatte an gleicher Stelle eine Basilika gestanden, die in Diensten der Wissenschaft und der Kunst stand, in der außerdem gehandelt und Recht gesprochen wurde. Irgendwann jedoch war sie niedergebrannt, und auf ihren Grundmauern wurden nacheinander mehrere Kirchen errichtet, die ebenfalls niederbrannten. Der Bau der Basilika-Zisterne schließlich begann ungefähr zur gleichen Zeit wie die Restaurierung der Hagia Sophia, nämlich nach dem Nika-Aufstand von 532. Rund 7.000 Sklaven wurden dazu zwangsverpflichtet. Die Zisterne ist über den 971 Meter langen Valens-Aquädukt (Valens hieß der römische Kaiser, der den Bau 378 abschloss; auch *Bozdoğan Kemeri* - Bogen des Grauen Falken - genannt) mit dem 115,45 Meter langen Maglova-Aquäcukt verbunden, der schon unter Kon-

ÖFFNUNGSZEITEN

Basilika-Zisterne
Täglich 9:00 – 19:00 Uhr
außer am 1. Tag der religiösen Feiertage und an Neujahr

Eintritt: 20₺ (ca. 7 €)

www.yerebatan.com

IN DER UMGEBUNG

Das Milion
Das Milion wurde unter dem oströmischen Kaiser Konstantin I. als Monument und Meilenstein in der Mitte der Stadt errichtet. Von hier aus wurden die Entfernungen zu allen wichtigen Städten des Byzantinischen Reichs gemessen. Es markierte den Nullpunkt und gleichsam auch den Mittelpunkt der Erde. Von dem ehemals großen Gebäude ist heute nur noch eine Steinsäule erhalten. Ähnliche Säulen wurden überall entlang des umfangreichen Straßennetzes aufgestellt, um die Berechnung der Entfernungen zu erleichtern. Neben dem Stein sieht man einen Pegelstandsmesser - einen von vielen, die alle 60 bis 200 Meter entlang der Straßen aufgestellt wurden.

CAFÉ/RESTAURANT

Tarihi Sultanahmet Köftecisi
(212) 520 0566
www.sultanahmetkoftesi.com

Golden Horn Sultanahmet
(212) 518 1717
www.goldenhornhotel.com
Auf der Terrrasse lässt sich mit einer wunderbaren Aussicht frühstücken oder nachmittags ein Kaffee genießen, wobei die Preise nicht ganz günstig sind.

stantin I. erbaut worden war. Das Wasser der Zisterne wurde aus dem Belgrader Wald im nordöstlichen Teil der Stadt hergeleitet.

Die Zisterne ist ein rechteckiger, 140 Meter langer und 70 Meter breiter Bau. 52 Steinstufen führen hinab in ihr beeindruckendes Innengewölbe. Dort ragen wie in einem Zauberwald 336 Säulen majestätisch aus dem Wasser auf und nehmen unseren Blick gefangen. Sie tragen das Gewicht der Decke, das über Kreuzgewölbe und sphärische Bögen auf ihre ‚Schultern' verteilt ist; 12 Reihen mit je 28 Säulen, die im Abstand von jeweils 4,80 Meter nebeneinander aufgereiht sind. Jede der Säulen ist 9 Meter hoch. Viele von ihnen sind aus unterschiedlichen Arten von Marmor gefertigt, das angeblich teilweise aus älteren Bauwerken recycelt wurde. Andere wurden aus Granitblöcken gemeißelt. Die meisten Säulen sind aus einem Stück gearbeitet, andere aus zweien, die übereinander gestellt wurden. Die Kapitelle weisen unterschiedliche Formen auf. 98 von ihnen sind korinthischen, einige auch dorischen Stils. Das Mauerwerk der Zisterne ist 4,80 m dick, und der Boden wurde mit einer dicken Schicht aus speziellem Khorasan-Mörtel wasserundurchlässig gemacht.

Medusa-Kopf

Die Basilika-Zisterne verfügt über eine Grundfläche von 9.800 Quadratmetern und ein Fassungsvermögen von 100.000 Tonnen Wasser. Die große Mehrzahl der Säulen in der Zisterne besitzt eine zylindrische Form, einige wenige sind auch quadratisch. Sehr interessant sind vor allem die Säulen mit bildlichen Darstellungen, allen voran eine Säule, die Tränensäule genannt wird. Auf ihr sind Hühneraugen, herabhängende Äste sowie Figuren abgebildet, die aussehen wie Tränen und einer Überlieferung zufolge an die Sklaven erinnern sollen, die während des Baus der Zisterne zu Tode kamen. In den beiden als Säulensockel fungierenden Medusen-Köpfen in der Nordwestecke der Zisterne spiegelt sich die römische Steinbildkunst wider. Bis heute wurde die Zisterne mehrfach restauriert, zweimal auch in osmanischer Zeit; einmal 1723 unter der Herrschaft von Ahmet III. durch den Architekten Mehmet Agha aus Kayseri, und ein zweites Mal unter Sultan Abdülhamit II. (1876-1909) im 19. Jahrhundert.

Mit dem Wasser aus der Basilika-Zisterne wurde in byzantinischer Zeit vor allem der Kaiserpalast versorgt. Auch die Osmanen nutzten die Zisterne nach der Eroberung Konstantinopels zunächst noch weiter, zum Beispiel zur Bewässerung

der Gärten des Topkapı-Palastes. Grundsätzlich aber bevorzugten sie fließendes Wasser. Daher verzichteten sie auf die Zisterne nachdem sie ihre eigene Wasserversorgung aufgebaut hatten.

Gülhane Park

1 Std.

Der Gülhane-Park gehörte früher zu den Gärten des Topkapı-Palastes. Heute beherbergt er das Museum der Geschichte der Wissenschaft und Technik im Islam und das Archäologische Museum.

Museum der Geschichte der Wissenschaft und Technik im Islam

2 Std.

In dem Museum sind Nachbildungen von bedeutenden Erfindungen und Entdeckungen muslimischer Wissenschaftler aus der Zeit zwischen dem 8. und 16. Jahrhundert ausgestellt. Diese Repliken wurden auf der Grundlage von Informationen gefertigt, die man in den Handschriften ihrer Erfinder fand. Das Museum verdankt sich den umfangreichen Studien von Fuat Sezgin, der 1982 das Institut für Arabistik und Islamwissenschaft an der Frankfurter Goethe-Universität gründete. Ein Besuch ist absolut empfehlenswert, denn die Ausstellung beherbergt Exponate, die die oft unterschätzten Beiträge des Islams zur Zivilisationsgeschichte der Menschheit verkörpern - und das in ganz unterschiedlichen

ÖFFNUNGSZEITEN

Museum der Geschichte der Wissenschaft und Technik im Islam
9:00 – 17:00 Uhr außer dienstags

Eintritt: 10₺ (ca. 3,50 €)

www.ibttm.org

Disziplinen, unter anderem in Astronomie, Geographie, Chemie, Geometrie, Optik, Medizin, Architektur, Physik und Kriegstechnik.

Sarayburnu

Am Ende des Gülhane Parks befindet sich der Sarayburnu (Landzunge des Palastes), der Schauplatz vieler historischer Momente wurde. Hier salutierte die osmanische Flotte vor dem Sultan, hier wurden militärische Siege mit Kanonenschüssen gefeiert. Heute ist der Sarayburnu offen zugänglich, seine Cafés und Teegärten erfreuen sich großer Beliebtheit.

Gotensäule

Dieses älteste noch intakte Monument der Stadt aus der Römerzeit steht im Norden des Gülhane Parks. Die 15 Meter hohe monolithische Granitsäule wurde im 4. Jahrhundert n.Chr. auf einem dreistufigen Sockel errichtet. Sie ist mit einem Kapitell im korinthischen Stil überkrönt, das ein Wappen mit einem Adler trägt. Sie wird deshalb als die Säule der Goten bezeichnet, weil ihre Inschrift vom Sieg Ostroms gegen die Goten berichtet.

CAFÉ/RESTAURANT

Die Teegärten von Sarayburnu liegen am Ende des Gülhane Park und sind ebenfalls einen Besuch wert. Sie bieten einen faszinierenden Blick über den Bosporus. Genießen Sie frisch aufgebrühten Tee aus der Kanne, und gönnen Sie sich eine erholsame und belebende Pause.

Archäologisches Museum

2 Std.

Das Museum wurde 1891 als *Müze-i Humayun* (Imperiales Museum) gegründet. 1902 und 1908 kamen zwei Seitenflügel hinzu und 1991, zum 100. Jahrestag, eine weitere Abteilung. Architekt des ursprünglichen Baus war Alexander Vallaury. Rechts vom Eingang befindet sich die Antikensammlung mit einzigartigen Skulpturen aus der Antike bis zum Ende der Römerzeit.

Der erste Saal beherbergt antike Schnitzereien und Reliefs, gefolgt von Schätzen aus der Zeit der Perserherrschaft über Anatolien. Im Kenan Erim-Saal werden Relikte aus Aphrodisias präsentiert, ein Raum namens „Die drei Marmorstädte Anatoliens", zeigt Arbeiten aus Ephesus, Millet und Aphrodisias. In drei weiteren Sälen sind Exponate aus hellenistischer und römischer Zeit zu besichtigen.

Der Saal links vom Eingang, hinter den Geschenk- und Buchshops, ist dem Museumsgründer Osman Hamdi gewidmet. Von hier aus gelangt man zu den Kunstwerken, die er in der Nekropole von Sidon (im heutigen Libanon) entdeckte. Die ersten drei Sarkophage sind der Familie von König Tabnit von Sidon zuzuordnen.

Alexander-Sarkophag

Der einzigartige Lykiensarkophag und der Satrapensarkophag befinden sich ebenfalls in diesem Raum.

Noch beeindruckender sind jedoch im nächsten Saal der weltberühmte Sarkophag von Alexander dem Großen (so nimmt man zumindest an) und der Sarkophag der klagenden Frauen. Die vier Seiten des Alexandersarkophags sind mit Marmorreliefs verziert, die Szenen aus dem Krieg zwischen den Mazedoniern und den Persern sowie Jagdszenen zeigen.

An der Seitenwand des Eingangs zu dem neuen Anbau sehen wir eine maßstabsgetreue Reproduktion der Fassade des Athene-Tempels von Assos. In der Ausstellung zu den Nachbarkulturen Istanbuls werden außergewöhnliche Artefakte aus verschiedenen Epochen, die bei Ausgrabungen in der Umgebung der Stadt gefunden wurden, erstmals in einem modernen Ambiente präsentiert. Ein Raum zeigt Kunstwerke aus der byzantinischen Epoche der Stadt, in einem anderen geht es um die Stadt Istanbul im Wandel der Zeit. In den oberen Etagen sind die Ausstellung „Anatolien und Troja im Laufe der Jahrhunderte", in der moderne Kunstwerke gezeigt werden, und die Ausstellung „Nachbarkulturen Anatoliens" untergebracht, eine chronologisch geordnete Ausstellung von Arbeiten aus Palästina, Syrien und Zypern.

ÖFFNUNGSZEITEN

Archäologisches Museum
Täglich von 9:00-19:00 Uhr außer montags
Eintritt: 15₺ (ca. 5 €)
www.istanbularkeoloji.gov.tr

Eminönü

Eminönü

2 Std.

In der Osmanenzeit gab es drei Istanbuler Subzentren, die die Justiz, die Verwaltung und den Handel der Stadt beherrschten: Eminönü, Eyüp und Üsküdar. Der Name Eminönü (*emin* = sicher) spiegelt die Tatsache wider, dass in diesem Stadtteil sowohl das Zollamt als auch die Hafenbehörde ansässig waren. In Eminönü lassen sich einige der wichtigsten historischen Zeugnisse der osmanischen und der islamischen Zivilisation besichtigen.

ÖFFNUNGSZEITEN

Gewürzbasar
Mo.-Fr. 8:00-19:30 Uhr
Sa. 8:00-20:00 Uhr
So. 9:30-19:00 Uhr
außer am Nationalfeiertag, dem 29. Oktober, und am 1. Tag der religiösen Feiertage

Schon in der byzantinischen Epoche war Eminönü ein wichtiger Standort gewesen, aber unter den Osmanen entwickelte sich der Stadtteil endgültig zum Export-, Import- und mit dem Topkapı-Palast und dem Bab-ı Ali (der Hohen Pforte) auch zum Verwaltungszentrum Nummer Eins. Seine Bedeutung hat der Stadtteil bis heute nicht eingebüßt, allerdings hat sich sein Aussehen seither stark verändert. Rund um den Bahnhof Sirkeci und den Kai am Eingang zum Goldenen Horn drängen sich die Menschenmassen. Denn von hier aus starten die meisten Bosporus-Touren.

Gewürzbasar

Der Gewürzbasar liegt hinter der Neuen Moschee (*Yeni Cami*) und grenzt an die Blumen-Passage. Er ist einer der ältesten Basare der Stadt und wurde 1660 auf Befehl von Turhan Hatice, der Mutter von Sultan Mehmet IV., gebaut, um Gelder für die Instandhaltung der benachbarten Moschee zu generieren, deren Bau ebenfalls auf ihren Befehl hin abgeschlossen wurde. Der Architekt war Kazım Agha. Der Basar hat einen L-förmigen Grundriss und besteht aus 100 kleinen Geschäften oder Verkaufsräumen. Ursprünglich hatte der Basar einmal *Valide*-Basar (*Valide* = Mutter des Sultans) oder Neuer Basar geheißen. Später wurde er umbenannt in *Mısır-* (ägyptischer) Basar, weil viele Gewürzverkäufer, die hier ihre Stände hatten, ihre Gewürze aus Ägypten importierten. Der zur Moschee hin gelegene Teil des Basars ist von einer Kuppel überwölbt. Am Schnittpunkt der beiden Schenkel des L's steht das hölzerne Rednerpult des Sachwalters der Gilden, der von hier aus Neuigkeiten verkündete, die die Gilden oder andere Fragen betrafen. Der Basar wurde letztmals zwischen 1940 und 1943 vom Istanbul Metropolitan Council restauriert. (Dauer eines Rundgangs: 30 Minuten)

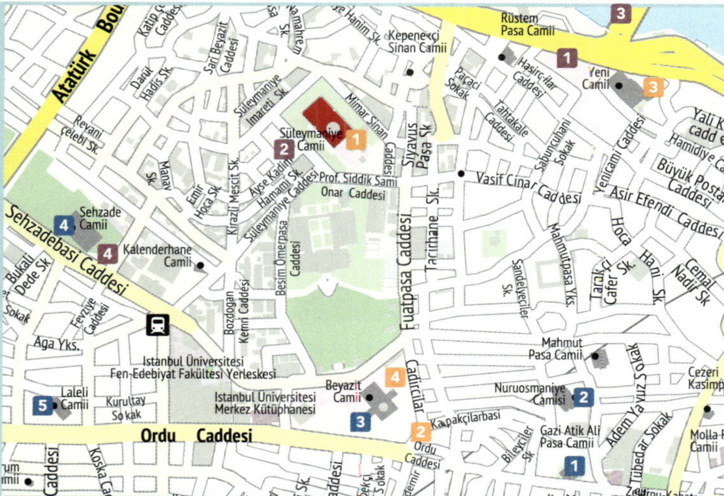

Highlights & Tipps

1 Süleymaniye Moschee

2 Großer Basar

3 Yeni Cami

4 Büchermarkt

Kultur & Sehenswertes

1 Çemberlitaş-/Konstantinsäule

2 Nuruosmaniye Moschee

3 Beyazıt Moschee und Platz

4 Şehzade Moschee

5 Laleli Moschee

Genießen

1 Gewürzbasar

2 Tarihî Süleymaniye Kurufasulyecisi

3 Yunus Balık

4 Şehzade Mehmed Sofrası

Yeni Cami

30 min.

Die Yeni Cami am Eminönü-Platz, direkt neben dem Gewürzbasar, ist zweifellos eine der prächtigsten direkt am Bosporus gelegenen Moscheen und ein Wahrzeichen der Stadt. Die Bauarbeiten an dieser Moschee begannen 1597 auf Anweisung von Safiye Sultan, der Frau von Sultan Murat III. und Mutter von Sultan Mehmet III. Ursprünglich war der Architekt Davut Agha mit dieser Aufgabe betraut worden, 1598 übernahm dann Dalgıç Ahmet Çavuş. Die Arbeiten wurden zunächst bis 1603 fortgeführt, dann aber nach Amtsantritt von Sultan Ahmet I. unterbrochen und erst 1661 auf Geheiß der Sultansmutter Hatice Turhan unter der Leitung von Mustafa Agha wieder aufgenommen. 1663 wurde der Bau fertiggestellt.

Die Moschee mit ihrem angeschlossenen Komplex war als *Külliye* konzipiert, sie beherbergte eine Grundschule, Wasserspender, öffentliche Bäder, ein Sultanspavillon und einen Friedhof. Die Grundschule existiert inzwischen nicht mehr. Für die Kalligraphien über den

Fenstern zeichnete der berühmte Kalligraph Tenekecizade Mustafa Çelebi verantwortlich. Rechts und links der Moschee steht jeweils ein schlankes Minarett mit zwei Balkonen. Drei Tore führen in den quadratischen Innenhof. Die Hauptkuppel ruht auf vier großen Säulen. Sie ist mit Fliesen ausgekleidet und hat vier Bögen. Verstärkt wird sie noch von vier Halb-Kuppeln. Der *Mihrab* (die zentrale Gebetsnische) und die Kanzel sind aus weißem Marmor. Das Mosaik auf der linken Seite des Mihrabs ist in Edelsteine eingefasst.

Auf dem Friedhof des Moschee-Komplexes liegen fünf Sultane begraben, und damit mehr als in jeder anderen Moschee: Mehmet IV., Osman III., Mustafa II., Ahmet III. und Mahmud I.; außerdem auch die Sultansmutter Hatice Turhan und weitere Mitglieder der Herrscherfamilie. Das Mausoleum misst über 15 Meter im Durchmesser.

Beyazıt Moschee und Platz

1 Std.

Einer der berühmtesten Plätze der Stadt in byzantinischer Zeit war das Forum Tauri. Heute heißt er Beyazıt Platz. Er liegt rechts von der *Ordu Caddesi*, die nach Aksaray führt, und grenzt an das Gelände der Universität und die gleichnamige Moschee, die zu den ältesten Sultansmoscheen der Stadt zählt.

Die Beyazıt Moschee gilt als die älteste Moschee im klassisch osmanischen Stil. Wer bei ihrem Bau als Architekt fungierte, ist umstritten. Fest steht hingegen, dass er 1505 von Sultan Beyazıt II. in Auftrag gegeben wurde. Der Moscheekomplex erstreckt sich über ein weitläufiges Gelände und besteht aus einer Medresse, einem Friedhof,

CAFÉ/RESTAURANT

Im ***Yunus Balık*** unter der Galata-Brücke herrscht eine sehr familiäre Atmosphäre. Eminönü - Istanbul
Fon: (212) 519 8591
Zu Fuß von Eminönü aus zu erreichen, auf der linken Seite der Brücke zum Goldenes Horn hin

einer Kantine, einer Grundschule, einem *Han* (Gasthaus), öffentlichen Bädern und einer Suppenküche. Er ist außergewöhnlich groß und wird in dieser Hinsicht nur vom Fatih-Moscheekomplex übertroffen. In der Suppenküche im Norden und in der Grundschule im Osten der Moschee ist derzeit die Beyazıt Bibliothek untergebracht, und in der alten Medresse das Kalligraphie Museum (*Vakıflar Hat Sanatı Müzesi*) mit vielen kostbaren Handschriften. Früher lehrte der *Scheich-ul-Islam* (die oberste religiöse Autorität) in dieser Medresse. Der alte Bau neben der Istanbuler Universitätsbibliothek beherbergt die öffentlichen Bäder. Diese Bäder wurden später nach dem albanischen Janitscharen Patrona Halil benannt, der die Rebellion anzettelte, die 1730 der Tulpenära ein Ende setzte. Er arbeitete eine Zeitlang in dem *Hamam* als Aufseher.

Die zwei Minarette der Beyazıt Moschee liegen auffällige 70 Meter auseinander - weiter als bei jeder anderen Moschee. Sie verfügen beide über je einen Balkon. Die Innenhoftore sind mit Inschriften der angesehensten Kalligraphen ihrer Zeit geschmückt. Der U-förmige Innenhof ist von Kuppeln mit einem Durchmesser von 18 Metern überwölbt und von einem Säulengang mit 20 prächtigen Säulen umgeben. Kanzel, Gebetsnische, Podest und Sultansloge sind stilistisch genau aufeinander abgestimmt. Das Innere der Moschee wirkt sehr geräumig.

Die kalligraphischen Inschriften auf den Wänden der Moschee stammen von dem berühmten Kalligraphen Scheich Hamdullah, der auch das Innengewölbe der Kuppel gestaltete. Die *Türbe* von Sultan Beyazıt II. befindet sich im Schatzkammerbereich der Moschee. Das unmöblierte und schlichte achteckige Gebäude wird von einer Kuppel überspannt. Neben dem Grab des Sultans liegen seine Tochter Selçuk Hatun und der Großwesir Mustafa Reşit Pascha begraben. Seine Türbe ist reich verziert.

Istanbul Darülfünunu *(Akademie der Wissenschaft)*

Mit der Zweiten Reform vom 20. April 1912 erhielt das *Darülfünunu* eine neue Struktur und entwickelte sich zu einer festen Größe. Abteilungen für Medizin, Recht, angewandte Wissenschaften, Literatur und Theologie entstanden. 1919 wurde ihm in einem weiteren Erlass Verwaltungsautonomie gewährt.

Am 21. April 1924 erkannte die Republik Türkei das *Istanbul Darülfünunu* als Rechtskörperschaft an, und am 7. Oktober 1925 wurde die Verwaltungsautonomie noch einmal bestätigt. Aus den Medressen wurden im Zuge dessen moderne, Fakultäten'.

Ab dem 1. August 1933 firmierte das *Istanbul Darülfünunu* unter dem Namen Universität Istanbul. Es wurden neue Mitarbeiter berufen und neue Strukturen verankert. Knapp einen

Monat später, am 10. Jahrestag der Türkischen Republik, nahm „die erste moderne Universität der Türkei" offiziell ihren Lehrbetrieb auf.

Auf dem Gelände der heutigen Universität stand unter Mehmet II. der Alte Palast (*Eski Saray*). Nach dem Bau des Topkapı-Palastes zog das Verteidigungsministerium hierhin um.

Der 50 Meter hohe Beyazıt Turm ragt auf dem Gelände des Hauptcampus auf. Er wurde als Aussichtsturm gebaut, um Brände frühzeitig zu erkennen, weil die Stadt bekanntlich immer wieder von verheerenden Feuersbrünsten heimgesucht wurde. Der alte Turm stürzte 1826 ein. Aber 1828 wurde er unter Sultan Mahmut II. von der Architekten-Familie Balyan wieder aufgebaut - in der Form, in der er noch heute zu besichtigen ist.

Unter Mahmut II. wurde der Turm vom Militär genutzt, heute beherbergt er das Büro des Universitätsdirektors. Das Eingangsportal der Universität Istanbul, das zum Symbol der Universität geworden ist, stammt aus dem 19. Jahrhundert. Die Inschriften auf dem Tor, das die Architektur jener Zeit widerspiegelt, werden dem berühmten Kalligraphen Kazasker Mustafa Pascha zugerechnet.

Universität Istanbul

Aufzeichnungen belegen, dass die Geschichte der Universität bis zur Eroberung Istanbuls im Jahr 1453 zurückreicht. Schon einen Tag später, am 30. Mai 1453, wurden Sitzungen abgehalten, in denen der Bau einer entsprechenden Institution beschlossen wurde. Nicht nur der angesehene russische Forscher Danishevski bezeichnet die Universität Istanbul als eine der ältesten medizinischen Hochschulen der Welt.

Im Osmanischen Reich besaßen die Medressen, die von Sultan Beyazıt, Sultan Selim I. und Sultan Süleyman gegründet wurden, den Status renommierter Universitäten. Besonders ihre Rechtsabteilungen und ihre literaturwissenschaftlichen und

Universität Istanbul

naturwissenschaftlichen Studien genossen einen ausgezeichneten Ruf.

Der Prozess der Verwestlichung, der Mitte des 19. Jahrhunderts mit den Reformen der Tanzimat-Epoche eingeläutet wurde, erfasste auch die Bildungseinrichtungen. Denn man nahm an, dass vor allem Unwissenheit für den Niedergang des Osmanischen Reichs verantwortlich war. Ein Dekret von höchster Stelle, in dem betont wurde, dass Fortschritt nur durch Bildung zu realisieren sei, zog den Bau einer Art von Universität nach sich: Darülfünun heißt übersetzt Haus der Wissenschaften. Dieses Dekret vom 23. Juli 1846 markiert heute das Gründungdatum der Universität Istanbul.

Einige Jahre später wurde diese Institution umbenannt und am 20. Februar 1870 als Darülfünun-u Osmani (Osmanisches Haus der Wissenschaften) neueröffnet. Eine dritte Eröffnung, diesmal als Darülfünun-u Sultani, fand 1874 in einem Galatasaray genannten Gebäude der alten Militärschule statt; nun wurden dort Literatur, Recht und angewandte Wissenschaften unterrichtet. Die vierte Eröffnung des Darülfünun als Darülfünun-u Şahane wurde am 1. September 1890 von Abdülhamit II. angeordnet. Auf dem Lehrplan standen fortan Seminare in Mathematik, Literatur und Theologie.

I Büchermarkt (Sahaflar Carşısı)

1 Std.

Im Büchermarkt Sahaflar Çarşısı zwischen der Beyazıt-Moschee und dem Großen Basar lässt es sich ganz hervorragend stundenlang in alten und neuen Büchern stöbern. Doch nicht nur Büchernarren kommen hier voll auf ihre Kosten. Angeboten und angepriesen werden auch Kalligraphien, Miniaturmalereien, Stiche mit alten Stadtansichten, Postkarten,

Büchermarkt

Großer Basar

Briefmarken, Münzen und mit Koransprüchen verzierte Schilde. Die Läden platzen schier aus allen Nähten. Der Bücherbasar hat zudem eine lange Tradition. Angeblich wurden hier schon zu Zeiten der Byzantiner Schriften verkauft.

Großer Basar

2 Std.

Der Große Basar (Kapalı Çarşı) im Zentrum der Altstadt ähnelt einem Labyrinth. Er ist der älteste und größte überdachte Markt der Stadt. Der Grundstein für den Bau wurde 1461 gelegt, kurz nach der Eroberung von Istanbul durch die Osmanen. Schon damals war er auf 60 Gassen und für 3.000 Läden ausgelegt - eine Stadt in der Stadt, die im Laufe der Zeit sogar noch erweitert wurde. Damals versprach man sich von dem Basar, dass er die Kosten für die Instandsetzung der Hagia Sophia wieder einspielen würde. Der Basar wird oben von der Nuruosmaniye Moschee und der Beyazıt Moschee und unten vom Goldenen Horn begrenzt. Nicht zuletzt aufgrund seiner zentralen Lage wurde hier seit dem Tag seiner Eröffnung bis heute ununterbrochen Handel getrieben. Von seiner Architektur her ähnelt der Basar der Großen Moschee in Bursa. Seine insgesamt 20 Kuppeln werden von 12 großen Säulen getragen. Immer wieder wurde er durch Brände und Erdbeben beschädigt und musste aufwendig restauriert wer-

ÖFFNUNGSZEITEN

Großer Basar
Täglich von 8:30 – 19:00 Uhr
außer sonntags, Ramadan und Opferfest und am Nationalfeiertag, dem 29. Oktober
Die Händler sprechen meist mehrere Sprachen. Feilschen ist um jeden Preis erwünscht.

IN DER UMGEBUNG

Çemberlitaş-Konstantinsäule: Die Çemberlitaş-Säule, auch als die Verbrannte Säule oder Konstantinsäule bekannt, wurde 330 von Konstantin dem Großen anlässlich der Feier zur Erhebung von Konstantinopel zur Hauptstadt des Oströmischen Reichs aufgestellt. Damals markierte sie das Zentrum des ovalen Konstantinforums auf dem zweiten Hügel der Stadt. Heute heißt der Stadtbezirk Çemberlitaş. Bei dem Großbrand, der 1779 hier tobte, wurde auch die Säule stark beschädigt. Daher ist sie heute nur noch 35 Meter hoch, früher waren es 50 Meter. Ursprünglich stand oben auf der Säule eine Statue von Kaiser Konstantin, dargestellt als Apoll. Im Laufe der Zeit forderten mehrere Erdbeben und Feuersbrünste ihren Tribut, und der Porphyr der Säule bekam Risse. Um sie vor dem Einsturz zu bewahren, wurde sie mit Eisenringen (Çember) umgürtet. Der Marmorsockel der Säule stammt aus dem 12. Jahrhundert, das Mauerwerk aus dem 18. Jahrhundert. Man nimmt an, dass sich unter der Säule eine kleine Kammer mit christlichen Reliquien befindet. Die Hauptstraße, die an der Säule vorbei führt, verläuft dort seit den Zeiten Konstantins in gleicher Richtung.

den. In seinen verwinkelten Gassen kann man sich schnell verlaufen. Doch eigentlich ist der Basar durchaus übersichtlich nach Handwerksberufen bzw. Gilden gegliedert. Diese Gliederung schlägt sich auch in den Straßennamen nieder. Doch während die Straßennamen nach wie vor existieren, sind manche der Berufe wie zum Beispiel der des Fezmachers oder des Pantoffelherstellers längst ausgestorben.

Die Kuppeln des Großen Basars sind mit Blei überzogen. In früheren Zeiten galt der Basar als besonders sicherer Ort, denn er war ummauert, und die Toren wurden bewacht. Daher hatten die Händler keine Bedenken, ihre Ware über Nacht hier zurück zu lassen.

Heute hat der Große Basar drei Haupttore: das Beyazıt-, das Fesçiler- und das Sahaflar-Tor. Hinzu

kommen das Kürkçüler-, das Nur-ı Osmaniye-, das Mahmut Pascha-, das Mercan-, das Tacirler- und das Örücüler-Tor. Er zieht Touristen in Scharen an.

Nuruosmaniye Moschee

30 min.

1748 ordnete Sultan Mahmut I. den Bau der Nuruosmaniye Moschee auf dem zweiten der sieben Hügel Istanbuls an, aber erst 1755 unter Sultan Osman III. wurden die Arbeiten abgeschlossen. Federführende Architekten waren Mustafa Agha und sein Assistent Simeon. Mit ihren dreidimensionalen Steinornamenten ist sie die erste Moschee Istanbuls im Stil des osmanischen Barocks. Den Abschluss ihrer einzigen Kuppel bildet eine Reihe mit 32 Fenstern. Auffällig sind die Kalligraphien im Innern der Kuppel und an den Wänden. Die beiden Minarette haben je zwei Balkone. Die Bibliothek der Nuruosmaniye verfügt über mehr als 5.000 Werke, sowohl Handschriften als auch Drucke.

Nuruosmaniye Moschee

1 Std.

Süleymaniye Moschee

Die wahrlich atemberaubende Süleymaniye Moschee krönt den dritten Hügel der Stadt. Sie wurde von Koca Mimar Sinan, dem berühmtesten aller osmanischen Architekten, auf Geheiß von Sultan Süleyman I. gebaut. Der Moschee angegliedert war ein ausgedehnter Komplex, in dem Gesundheits-, Bildungs- und andere Dienstleistungen angeboten wurden. Die Arbeiten an diesem Meisterwerk der türkisch-islamischen Kunst begannen 1550 und konnten bereits nach nur 7 Jahren abgeschlossen werden, weil über den gesamten Zeitraum hinweg unvorstellbare 4 Millionen Menschen mitgewirkt haben sollen. Architekt Sinan beaufsichtigte also ein riesiges Heer von Arbeitern, unter ihnen die damals angesehensten Fachleute. Nach der Selimiye Moschee in Edirne war die Süleymaniye Moschee seine bedeutendste Arbeit.

Die Materialien für den Bau wurden aus dem ganzen Osmanischen Reich herbeigeschafft. Zum Beispiel stammten zwei der vier Hauptsäulen im Innenraum der Moschee (die sogenannte Marcian-Säule und eine Säule aus dem Topkapı-Palast) aus der Stadt selbst, die dritte aus Alexandria und die vierte aus Baalbek, im heutigen Libanon. Alle vier

Säulen sind 9 Meter hoch. Weiterhin kamen die Steine aus Izmir und Istanbul, das Eisen aus Bulgarien und das Blei aus Serbien. Insofern darf die Moschee als ein Mosaik gelten, zu dem die unterschiedlichsten Regionen des Reichs ihren Beitrag geleistet haben.

Die Kosten des Komplexes sollen sich auf ca. 1 Million Goldstücke belaufen haben. Wenn man bedenkt, dass ein Goldstück damals 80 *Akçe* wert war und dass man für 80 *Akçe* 10 bis 13 Widder kaufen konnte, wird zumindest ungefähr klar, wie viel Geld dieser Bau heute verschlungen hätte. Der Innenhof der Moschee hat 10 Tore. Er wird von prächtigen Arkaden mit 28 Kuppeln eingerahmt. Die Bögen dieser Arkaden werden von 24 Säulen getragen. Der Brunnen ist aus Bronze gefertigt.

Über dem Hauptinnenraum der Moschee schwebt gleichsam eine Kuppel auf vier massiven Säulen. Sie ist 53 Meter hoch und hat einen Durchmesser von 26,5 Metern. Die Steinglasfenster der Moschee wurden von Hasan Çelebi gefertigt. Das Deckengewölbe der Moschee ist so konstruiert, dass der Ruß der zahllosen Öllampen über den Luftstrom zu speziellen Rillen in der Kuppel hingeleitet wurde. Dort traf er auf kühlere Luft, verflüssigte sich und lief dann in eigens dafür vorgesehene Gefäße ab, die zur Herstellung von Tinte verwendet wurden. Genau wie in anderen Bauwerken des genialen Architekten Sinan hängen auch hier halbierte Straußeneier von der Decke herab, um Spinnennetzen in der Moschee vorzubeugen. Interessanterweise schrecken Straußeneier Spinnen ab, ohne einen für Menschen unangenehmen Geruch abzusondern.

In den Ecken der Moschee erheben sich zwei Minarette mit jeweils zwei Balkonen, während die anderen beiden Minarette an der Ost-und Westseite der Moschee über je drei Balkone verfügen. Insgesamt 10 Balkone bedeuten, dass Süleyman der Prächtige der 10. osmanische Sultan war. Die vier Minarette symbolisieren die vier Monarchen, die das Reich nach der Eroberung von Konstantinopel bis zum Bau der Moschee regierten. Darüber hinaus stehen die vier Säulen im Innenraum der Moschee für die vier rechtgeleiteten Kalifen.

Die Sultansloge in der Moschee ist von schlichter Schönheit und wird von acht Säulen umgrenzt. Das Eingangstor zieren Rosenmotive, kunstvolle Pflanzenmotive finden sich auch auf den Fensterläden. Die Schnitzereien der Marmornische und der Kanzel sind von erlesener Anmut. In der Mitte des Moscheegartens liegen die Gräber von Süleyman und seiner Frau Hürrem Sultan, etwas abseits das des Architekten Sinan.

Der Medressen-Bereich der Moschee wird heute als Bibliothek genutzt. Das Gebäude an der Südseite war früher eine Anstalt für Geisteskranke. Das Gasthaus liegt in der Nordwestecke der Moschee. Die Suppenküche wurde restauriert und zum Darüzziyafe Restaurant umgebaut, während die Grundschule in eine Bibliothek für Kinder umgewandelt wurde. Die Karawanserei im Südteil des Komplexes ist zurzeit geschlossen. Bei den Restaurierungsarbeiten wurde darauf geachtet, den ursprünglichen Charakter des Komplexes zu bewahren.

IN DER NÄHEREN UMGEBUNG

Botanischer Garten der Universität Istanbul:

Dieser wenig überlaufene erste botanische Garten der Türkei versteckt sich im Schatten der Süleymaniye Moschee und bietet einen herrlichen Blick über das Goldene Horn. Hier ist auch das Istanbuler Amt für religiöse Angelegenheiten beheimatet. Im Jahr 1933 wurden drei jüdische Professoren - Alfred Heilbronn, Leo Brauner und Andre Naville -, die aus Hitler-Deutschland geflohen waren, von Atatürk eingeladen, Seminare in Botanik und Zoologie zu erteilen. Bereits ein Jahr später hatten sie diesen botanischen Garten angelegt. Er ist einer von zwei botanischen Gärten in der Welt, die von der World Botanical Association anerkannt werden; sein Samenkatalog wird regelmäßig veröffentlicht. Der Garten erstreckt sich über 20 Quadratkilometer. Zwischen 5.000 und 6.000 verschiedene Spezies aus 127 unterschiedlichen Familien sind hier beheimatet.

Besichtigungshinweis: Für Gruppen ist eine Terminvereinbarung erforderlich. Der Garten ist täglich von 9:00 Uhr bis 16:30 Uhr geöffnet. Für einen Besuch sollten mindestens 1 Stunde, besser aber 3 Stunden eingeplant werden.

Mausoleum von Sultan Süleyman dem Prächtigen:

Das Mausoleum ist achteckig und liegt in der *Qibla*-Richtung der Moschee. Es beherbergt ein Bruchstück vom *Hadschar al-Aswad* (dem Schwarzen Stein der Kaaba in Mekka). Als die Kontrolle über den Stein unter Sultan Süleyman neu geregelt wurde, fiel er angeblich einmal versehentlich zu Boden. Die Bruchstücke, die dabei herausbrachen, wurden auf Anordnung des Sultans nach Istanbul gebracht. Und das größte Bruchstück befindet sich nun in einer Einfassung über dem Eingangstor zu diesem Mausoleum.

Grabstätte von Mimar Sinan:

30 min.

Diese Grabstätte liegt außerhalb des Osteingangs der Süleymaniye Moschee. Im Vergleich zu den meisterhaften Bauwerken, die der Architekt errichtet hat, nimmt sich dieser Bau äußerst bescheiden aus. Sinan wurde um 1489 in dem Dorf Ağırnas in Kayseri geboren und während der Herrschaft von Selim I. im Zuge der Knabenlese (*Devşirme*) nach Istanbul verbracht. Dieses System sah vor, dass Jungen aus christlichen Familien rekrutiert und dort für Posten in der Verwaltung und in den *Kapıkulu*-Militärkorps ausgebildet wurden. Unter Sultan Süleyman dem Prächtigen wurde er ein Janitschar. Der Sultan zeigte sich beeindruckt von Sinans Arbeiten und ernannte ihn, auch auf Betreiben des Wesirs Lütfü Pascha hin, zum Hofarchitekten. Si-

Hinter der Süleymaniye Moschee hat man einen tollen Ausblick auf den Bosporus.

nans Bauten sind unübertroffen. Er selbst sprach davon, dass die Şehzade Moschee sein Lehrlingsstück, die Süleymaniye sein Gesellenstück und die Selimiye in Edirne sein Meisterstück gewesen sei. Daneben hatte er entscheidenden Anteil daran, dass die Hagia Sophia bis heute überdauert hat. Im Laufe seiner Karriere als Architekt realisierte Sinan viele ganz unterschiedliche Bauprojekte, unter anderem: 84 große und 52 kleine Moscheen, 7 Medressen, 20 Grabstätten, 17 Minarette, 3 *Darüşşifas* (Krankenhäuser), 5 Kanäle, 20 Karawansereien, 36 Paläste, 8 Aquädukte und 48 öffentliche Bäder - alles in allem 364 Bauten, auch seine eigene Grabstätte, ein sehr schlichter Bau mit einem Brunnen auf der Rückseite.

Şehzade Moschee

30 min.

Diese Moschee liegt gegenüber der Zentralverwaltung der Istanbul Metropolitan Municipality. Süleyman I. ließ sie zu Ehren seines ältesten Sohns, Prinz Şehzade Mehmet, errichten, der an den Pocken gestorben war. Die Bauzeit betrug 5 Jahre, von 1544 bis 1548. Genau wie bei den meisten anderen Sultansmoscheen ist auch an die Şehzade Moschee ein Komplex mit einer Medresse, einer Grundschule, einem Sultanspavillon und einer Grabstätte angeschlossen. Die Medresse und die Grundschule wurden inzwischen zu einem Restaurant umgebaut, das sich im Westen der Moschee, bei der alten Karawanserei befindet.

Der Bau der Moschee verschlang seinerzeit 15 Millionen *Akçes*. Die 16 Kuppeln im Innenhof ruhen auf 12 Säulen. In der Mitte des Hofes steht ein Brunnen, der unter Murat IV. errichtet wurde. Der Innenraum der Moschee misst 38 mal 38 Meter. Moschee und Hof sind fast gleich groß. Vier Halbkuppeln unterstützen die zentrale Kuppel, die einen Durchmesser von 18,5 Metern und 24 Fenster hat. Die Kombination der Hauptkuppel mit vier (statt sonst zwei) Halbkuppeln war damals eine Innovation und ließ die Moschee größer erscheinen. Im Gegensatz zu ihrem aufwendig gestalteten Äußeren ist das Innere der Moschee eher schlicht. Die Außenwände sind mit rotem Marmor verkleidet. Die beiden Minarette messen jeweils 41,5 Meter. Sie flankieren die Seiten der Moschee und weisen Tränendarstellungen auf, die das Leid von Sultan Süleyman I. nach dem Tod seines Sohnes Şehzade Mehmet symbolisieren. Die Nische und die Kanzel der Moschee sind aus Marmor gefertigt. Die Moschee zeichnet sich auch durch eine besonders gute Akustik aus. Ihr Mausoleum wurde für Şehzade

Mehmet errichtet, aber auch Prinz Cihangir, der Sohn von Mehmet III., Prinz Mahmut und Hatice Sultan liegen hier begraben. Die Wände der Grabstätte sind mit farbigen Steinen und Fliesen ausgekleidet, die Tür ist mit Elfenbein besetzt.

CAFÉ/RESTAURANT

Şehzade Mehmed Sofrası,
Şehzade Camii Külliyesi,
Fon: (212) 526 2668

Tarihî Süleymaniye Kurufasulyecisi,
Süleymaniye Moscheekomplex,
Darüzziyafe
Fon: (212) 511 8414-12 1100

Fatih Moschee

40 min.

Die Fatih Moschee thront auf dem vierten der sieben Hügel Istanbuls. Sie war eine der ersten Moscheen, die - unter Sultan

Fatih Moschee

Mehmet II. zwischen 1461 und 1470 - nach der Eroberung und raschen Neugestaltung der Stadt erbaut wurde. Früher hatte an gleicher Stelle eine byzantinische Apostelkirche gestanden, deren Ruine beim Bau der neuen Moschee als Steinbruch und Materiallager genutzt wurde. Über die ursprüngliche Architektur der Moschee ist wenig bekannt, da sie 1766 bei einem Erdbeben nahezu vollständig zerstört wurde. Die Moschee, wie wir sie heute kennen, wurde unter Sultan Mustafa III. im Barockstil neu aufgebaut. Federführender Architekt war Mehmet Tahir Agha.

Zu dem außergewöhnlich weitläufigen Komplex gehörten ehemals mehrere Medressen, eine Grundschule, eine Bibliothek, ein Gasthaus, eine öffentliche Küche, ein Krankenhaus, eine Karawanserei und ein Hamam. Die meisten dieser Gebäude existieren heute nicht mehr. Zwei große Tore führen in den Innenhof, in dessen Mitte ein oktogonaler Brunnen mit Zylinder-

Chora Kirche

Der Moschee angeschlossen ist ein Komplex mit verschiedenen Einrichtungen, unter anderem einer Schule. In dem achteckigen Mausoleum, dessen Fliesendekor ebenfalls erlesen ist, liegt Sultan Yavuz Selim begraben. Außerdem ruhen in dem Garten auch mehrere Prinzen und Sultan Abdülmecit I.

30 min.

Das Museum Kariye Moschee/Chora Kirche

In exponierter Lage auf dem sechsten Hügel Istanbuls im Stadteil Fatih liegt die ehemalige Chora-Kirche, die im 5. Jahrhundert außerhalb der ursprünglichen Stadtmauern errichtet wurde - daher wohl auch ihr Name, denn Chora bedeutete so viel wie „freies Gelände". Der Name blieb erhalten, auch als sie später durch die Verlegung der Stadtmauern in die Stadt einbezogen wurde, auch als sie zerstört und im Laufe der Zeit ein ums andere Mal durch eine neue Kirche ersetzt wurde. Der heute zu besichtigende Bau stammt entweder aus dem 11. oder aus dem 14. Jahrhundert und hat die Form eines Kreuzes. Er verfügt über eine große Kuppel mit 7 Metern Durchmesser und drei kleine Kuppeln. Die Mosaiken und Fresken im Innenraum sind Musterbeispiele der byzantinischen und der Renaissance-Kunst. 1511 wurde die Chora-Kirche vom osmanischen Großwesir Atik Ali Pascha in eine Moschee umgewandelt und diese dann 1935 in ein Museum, das täglich außer Mittwoch geöffnet hat.

30 min.

Laleli Moschee

Die Laleli-Moschee (auch Tulpenmoschee genannt) wurde 1764 von dem Architekten Mehmet Tahir Agha im Auftrag von Sultan Mustafa III. im osmanischen Barockstil gebaut. Ihre ungewöhnliche Architektur kündet von ersten westlichen Einflüssen auf das Reich. Im Gegensatz zu den traditionellen osmanischen Moscheen wurde hier der Höhe besondere Bedeutung beigemessen. Die Minarette sind groß und schlank, und das Sultanstor, das zur Sultansloge führt, ist reich verziert. Die Moschee wurde bei einem Erdbeben beschädigt und 1783 restauriert. Der zugehörige Komplex besteht aus Geschäften, einem Gästehaus, einem Brunnen und einem Friedhof. Die Kuppel der Moschee ruht auf einem Portikus mit acht Säulen. Die kleinen Kuppeln, die die Hauptkuppel umgeben, sind keine rein dekorativer Elemente, sondern besitzen auch eine Stützfunktion. Die Nische erweckt den Eindruck, als würde sie aus dem Gebäude heraus ragen. Der Name der Moschee geht auf Laleli Dede zurück, der Sultan Mustafa III. von schwerer Krankheit heilte und ihm dafür das Versprechen entlockte, dass die Moschee nach ihm benannt wird.

ÖFFNUNGSZEITEN

Chora Kirche
Im Sommer von 9:00-18:00 Uhr
Im Winter von 9:00-16:30 Uhr
außer mittwochs
Eintritt: 15₺ (ca. 5 €)

Mihrimah Moschee

30 min.

Mihrimah Moschee

Die Mihrimah Moschee liegt auf dem siebten Hügel Istanbuls, im geschäftigen Stadtteil Edirnekapı. Die Moschee wurde einst von Mihrimah Sultan in Auftrag gegeben, der Tochter von Sultan Süleyman dem Prächtigen, die 1566 starb. Der Architekt Sinan erbaute sie zwischen 1562 und 1565. Um den Bau der Moschee ranken sich zahlreiche Legenden. Sie ragt majestätisch auf und ist weithin zu sehen. Kein anderes Gebäude in ihrer Nähe kann ihr das Wasser reichen. Die Moschee hat einen quadratischen Grundriss, ist mit einer Kuppel gekrönt und von einem Säulengang umschlossen. 9 Treppenstufen führen zu ihrem erhöhten Plateau hinauf. Die Mihrimah Moschee gilt wegen ihrer vielen Fenster als eine besonders helle Moschee. Ihre Architektur ist für das 16. Jahrhundert charakteristisch. Vorne rechts steht ein Minarett mit einem Balkon, das nach einem Einsturz wiederaufgebaut wurde. Die Mitte der Moschee ziert ein Brunnen. An den Seiten des Hofes sieht man einige kleine Räume, die als Medresse genutzt wurden. Die Kuppel, die die gesamte Moschee zu überwölben scheint, hat einen Durchmesser von 9 Metern und ist 27 Meter hoch.

Einige Teile des Komplexes wurden während der Restaurierung verändert. Der zum Hamam gehörige Brunnen stammt aus einer anderen Epoche. Unter den Gräbern befinden sich das von Mihrimah Sultan und das ihres Ehemannes, Güzel Ahmet Pascha. Die Moschee ist auch als Edirnekapı Moschee bekannt.

15 min.

Pertevniyal Valide Sultan Moschee

Diese Moschee wurde 1871 auf Geheiß von Pertevniyal Valide Sultan, der Frau von Sultan Mahmut II. und Mutter von Sultan Abdulaziz, unter der Leitung des armenischen Architekten Serkis Balyan erbaut. Sie liegt im nördlichen Teil des Stadteils Aksaray. Ihr Außenbau ist im neogotischen Stil gehalten, wovon die aufwendigen Steinarbeiten künden. Die Moschee hat einen quadratischen Grundriss und zwei längsgeriffelte Minarette. Die Innenarchitektur kann keinem bestimmten Stil zugordnet werden, sondern stellt vielmehr eine kulturelle Synthese dar. Nichtsdestotrotz oder gerade deshalb ist sie sehr reizvoll. Die hohe und zugleich schmale Kuppel erinnert an die Kuppeln von Kirchen. Die kalligraphischen Koranmotive stammen von dem Kalligraphen Mehmet Efendi. Besonders beeindruckend ist neben den Fensterläden der Moschee auch das Eingangsportal, ein gutes Beispiel für die türkische Steinmetzkunst. Die Gebetsnische und die Kanzel sind beide aus Marmor gefertigt. Die Moschee liegt inmitten eines kleinen Komplexes, zu dem ein Brunnen, eine Bibliothek, ein Garten und das Grab von Pertevniyal Valide Sultan gehören.

30 min.

Murat Pascha Moschee

Die Murat Pascha Moschee wurde zwischen 1465 und 1471 von Hat Murat Pascha, dem Gouverneur von Rumelien - den osmanischen Ländereien auf der europäischen Seite des Bosporus - erbaut. Die beiden gleich großen Hauptkuppeln haben einen Durchmesser von 10,5 Metern und schweben 20 Meter über dem Boden. Der architektonische Stil der Murat Pascha-Moschee weist Elemente der frühen osmanischen Architektur auf. Die Wände sind aus geschliffenen Steinen und Ziegeln gemauert. Der Hof ist relativ weitläufig,

Pertevniyal Valide Sultan Moschee

PANORAMA 1453

Empfohlene Besuchszeit: 1 Std.

Dieses Museum im Topkapı Stadtpark versetzt seine Besucher direkt in die historische Schlacht um die Eroberung von Konstantinopel im Jahr 1453 hinein. Originalgetreue Musik und Geräusche aus jener Zeit sorgen für eine authentische Atmosphäre. Hauptattraktion ist jedoch ein riesiges 360°-Panoramagemälde, das die Besucherplattform in der Mitte umschließt und für ein beeindruckendes visuelles Erlebnis sorgt. Audioguides sind auch in deutscher Sprache verfügbar.

Öffnungszeiten:
täglich von 8:00 – 18:00 Uhr
Eintritt: 10₺ (ca. 3,50 €)
Topkapı - Zeytinburnu / Istanbul
(212) 415 14 53

www.panoramikmuze.com

mit einem Brunnen in der Mitte, der Innenraum der Moschee eher schlicht. Die Moschee verfügt über ein Minarett. Die Medresse und die öffentlichen Bäder des Komplexes wurden im Laufe der Geschichte zerstört. Der Portikus auf der Rückseite ist mit sechs Säulen ausgestattet. Die Moschee liegt an der *Kreuzung von Millet Caddesi* und Vatan Caddesi am Aksaray Platz.

Molla Fenari Isa Moschee (Lips-Kloster)

30 min.

Die Molla Fenari Isa Moschee an der *Vatan Caddesi* im Stadtteil Fatih steht auf einem Gelände, das in frührömischer Zeit zunächst als Friedhof diente, bevor der byzantinische Hofbeamte Konstantin Lips dort 907 unter Kaiser Leon VI. eine Kirche errichten ließ. Daher auch der Name Lips-Kloster. Im Gegensatz zu manch anderer byzantinischer Kirche wurde das Lips-Kloster nicht unmittelbar nach der Eroberung von Istanbul in eine Moschee umgewandelt. Erst zwischen 1481 und 1512, unter Beyazıt II., gaben die Christen die Kirche auf und räumten sie. Da-

nach wurde sie den Regularien der „Verjüngung der unbenutzten byzantinischen Kirchen“ entsprechend in eine Moschee umgewidmet. Der *Alim* (Religionsgelehrte) Fenari Ali Efendi eröffnete hier eine Derwisch-Loge. Unter Sultan Murat IV. erwirkte Scheich Isa Al Mahvi, dass sie fortan als ein Ort des Rückzugs und der stillen Gottesanbetung genutzt werden konnte - Elemente, die den islamischen Khalwati-Sufiorden auszeichnen. Der heutige Name der Moschee ist demnach eine Kombination aus den Namen Fenari und Isa.

Die Moschee weist einige architektonische Besonderheiten auf, zum Beispiel ist die Kuppel von vier kleinen Kapellen umgeben. In vielen renommierten Architekturschulen stehen der Bauplan dieses Gebäudes und seine bautechnischen Eigenschaften deshalb auf dem Lehrplan.

Das Gebäude hat fünf Apsiden. Archäologische Ausgrabungen haben zutage gefördert, dass die nachträglich angebauten Räume ursprünglich als Totenkapellen für verstorbene Mitglieder der Herrscherfamilie dienen sollten. Auch Prominenz aus der Osmanenära wurde hier beigesetzt, zum Beispiel Shah-i Hatun, die Frau von Sultan Murat III. In den Apsiden an den mit Fenstern besetzten Wänden finden sich Marmorarbeiten, geometrische Muster und Pfaudarstellungen. Auch diesem Bauwerk war ein Komplex angeschlossen, der jedoch größtenteils eingestürzt ist. Der Ostteil der Moschee diente unter Yavuz Sultan Selim als Medresse. In dem Anbau ist heute die Sadiye Hatun Medical Clinic untergebracht. Die Moschee ist für das öffentliche Gebet geöffnet.

Hırka-i Şerif Moschee

20 min.

Diese Moschee wurde 1851 von Sultan Abdülmecit in Auftrag gegeben und möglicherweise unter der Leitung der Architektenfamilie Balyan gebaut. Sie ist eines der schönsten Bauwerke im Karagümrük-Viertel von Fatih. Sie verdankt ihre Existenz und ihren Namen einem als heilige Reliquie verehrten Umhang (Hırka-i Şerif), den der Prophet Muhammad einst

Uways al-Qarani schenkte. In dieser Moschee wurde der Umhang aufbewahrt, und noch heute wird er im Fastenmonat Ramadan hier ausgestellt. Schon im 17. Jahrhundert war die Reliquie auf Anordnung von Sultan Ahmet I. nach Istanbul gebracht und dort zunächst an verschiedenen Orten aufbewahrt worden, bis man sich schließlich entschloss, eine eigene Moschee für sie zu errichten. Das Sultanszimmer im Obergeschoss der Moschee lag - als Zeichen des Respekts - direkt neben den Räumen der Familie Uways, der ehemaligen Hüter dieses Schatzes. Die Minarette der Moschee erinnern an klassische griechische Säulen, weil ihre Balkone wie Kapitelle geformt sind. Über drei Eingänge mit Holztor gelangt man in den Hof. Gebetsnische, Kanzel und Podest sind im Rokoko-Stil gehalten. Für die Schnitzereien und Gravuren zeichnete der berühmte Kalligraph Mustafa Izzet verantwortlich. Die Inschriftentafel an der Nische wiederum wurde von Sultan

Yedikule

Abdülmecit persönlich entworfen. Die Hırka-i Şerif Moschee ist eine der meistbesuchten Moscheen.

Yedikule

30 min.

Yedikule, die Burg der 7 Türme, diente zuerst Byzanz und später auch dem Osmanischen Reich als Befestigungsanlage. Durch ihr majestätisches Goldenes Tor kehrten einst die Kaiser nach siegreichen Feldzügen im Triumphzug in die Stadt zurück. Auf diesem reichverzierten goldverkleideten Tor, erbaut von Theodosius I., prangte unter anderem das Relief des zweiköpfigen byzantinischen Adlers.

In der Osmanenzeit diente die Festung eine Zeitlang als Schatzkammer, diese wurde später jedoch aus Sicherheitsgründen in den Palast verlegt. Der ursprünglich einzige Turm aus der Byzantinerzeit wurde unter den Osmanen um sechs weitere Türme ergänzt. Auch als Kerker fand die Festung Verwendung. In ihren Zellen, die heute noch besichtigt werden können, saßen einige zum Teil prominente politische Gefangene ein. Auch so mancher ausländische Gesandte und Spion wurde hier festgesetzt. Außerdem fanden in der Festung Hinrichtungen statt, deren prominentestes Opfer Sultan Osman II. (Osman der Junge) gewesen sein dürfte. Einige der Graffitis an den Wänden aus jener Zeit sind noch zu entziffern. Heute ist die ganze Anlage ein Museum.

ÖFFNUNGSZEITEN

Yedikule Zindanları
Täglich von 9:00-18:30 Uhr
Eintritt: 10₺ (ca. 4 €)

CAFÉ/RESTAURANT

Ziya Şark Sofrası, Aksaray Şubesi,
Fon: (212) 529 8836

Hatay Has Kral Sofrası,
Horhor, Fon: (212) 534 9707-08

Halil Ibrahim Şark Sofrası
Fon: (212) 621 7732

KAPITEL 2
Haliç - Das Goldene Horn

Haliç - Das Goldene Horn

Unkapanı, Fener, Balat und Eyüp

Eigentlich gibt es im Islam nur einen Ort, der von Pilgern aus aller Welt besucht wird, nämlich Mekka. Doch Wallfahrtsort-Charakter besitzen auch der Istanbuler Stadtteil Eyüp und vor allem die Moschee von Eyüp. Am interessantesten sind die Morgengebete gerade an den Wochenenden, wo mehrere tausend Menschen in die Moschee strömen, um in der spirituellen Atmosphäre zu beten. Im Fastenmonat Ramadan lohnt auch ein Besuch in der Nacht, weil die Straßen dann bis zum Morgengebet belebt sind.

Die Stadtviertel Fener und Balat am Südufer des Goldenen Horns existieren bereits seit Gründung der Stadt. Hier lebten Muslime und Nichtmuslime jahrhundertelang Tür an Tür. Fener war eines der Zentren der Istanbuler Griechen, und bis heute ist es Sitz des griechisch-orthodoxen Patriarchats. Die verträumten Hügelgassen des Viertels mit ihren alten, teilweise heruntergekommenen, teilweise restaurierten bunten Häusern sind wunderbare Fotomotive. Gleiches gilt auch für Balat, das schon immer ein sehr multikulturelles Viertel war. Hier wohnten früher die meisten Juden der Stadt, wovon heute noch einige Synagogen zeugen.

Highlights & Tipps: Ein wunderbarer Ort zum Entspannen und Teetrinken mit herrlichem Blick über die Stadt ist der **Pierre Loti Hügel** im Norden der **Eyüp Moschee**. Der Aufstieg führt über einen großen Friedhof, auf dem bedeutende historische Persönlichkeiten bestattet sind. Alternativ kann man aber auch die Seilbahn Telefrik nehmen, deren Talstation auf der dem Wasser zugewandten Seite der Moschee liegt. Spannend sind auch das **Koç Museum**, das von seinem technischen Schwerpunkt an das Deutsche Museum in München erinnert, und der Freizeitpark **Miniatürk**.

Unterwegs: Am einfachsten zu erreichen sind die Stadtteile des Goldenen Horns mit der **Haliç-Fähre**, die in Eminönü ablegt und im Zick-Zack-Kurs alle wichtigen Stationen ansteuert.

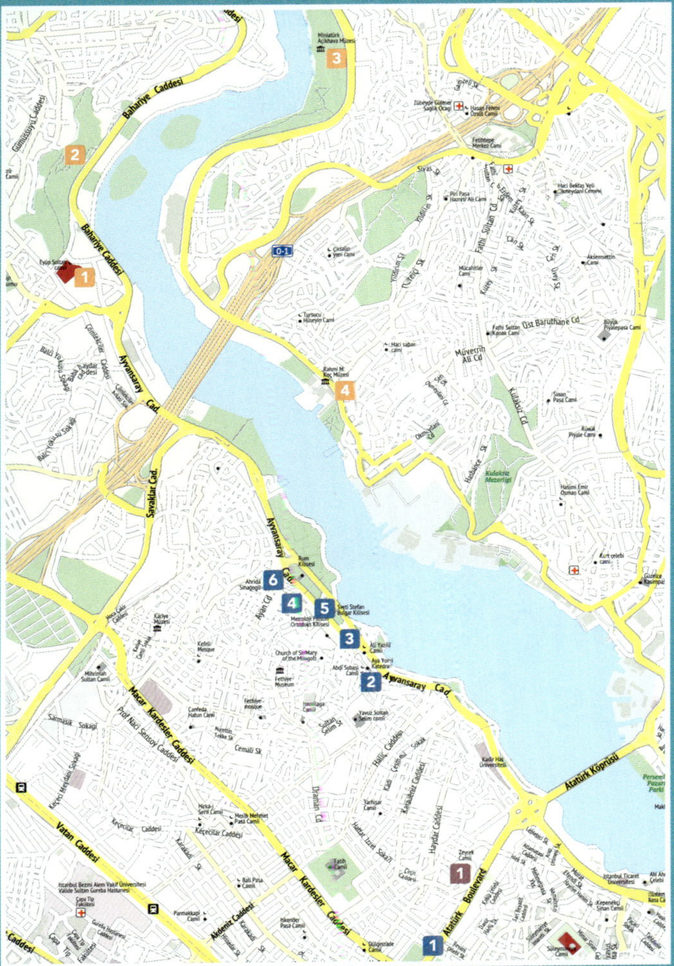

Highlights & Tipps

1 Eyüp Moschee

2 Pierre Loti Hügel

3 Miniatürk

4 Koç Museum

Genießen

1 Unkapanı Zerekhane

Kultur & Sehenswertes

1 Valens-Aquädukt

2 Ökumenisches Patriarchat

3 Fener

4 Balat

5 Sveti Stefan Kirche

6 Ahrida Synagoge

Valens-Aquädukt

Haliç Das Goldene Horn

Für den Besuch der 3 Stadtviertel Unkapanı, Fener und Balat sollte man mindestens 2 Stunden rechnen.

Unkapanı

Hier waren einst vier mit großen Waagen ausgestattete Handelskammern angesiedelt. (Das türkische Wort *Kapan* - große Waage - ist abgeleitet von dem arabischen *Qabban.*) Ihnen oblag die Kontrolle und Verteilung von Grundnahrungsmitteln und anderen wichtigen Produkten wie Mehl, Butter, Honig und Seide in der Stadt. Eine dieser Waagen nannte sich *Unkapanı* (Mehlwaage), sie wurde zum Namengeber für das ganze Viertel. Nicht weit von hier steht der Valens-Aquädukt.

Valens-Aquädukt *(Bozdoğan Kemeri)*

Die doppelstöckigen Bögen des Valens-Aquädukts überspannen den *Atatürk Bulvarı* im Stadtviertel Saraçhane. Über dieses Bau-

werk wurde 15 Jahrhunderte lang Trinkwasser aus Alibeyköy in die Stadt geleitet. Ursprünglich war der Aquädukt 1 km lang, heute misst er noch 800 Meter. Schon in vorosmanischer Zeit begann das von Kaiser Valens mutmaßlich 378 fertiggestellte Bauwerk zu verfallen. Nach der Eroberung der Stadt durch die Osmanen ließ es Mehmet II. wieder instandsetzen. Unter den Sultanen Beyazıt II. und Süleyman dem Prächtigen wurde der Aquädukt erneut generalüberholt. Daher weist er neben römischen und byzantinischen auch osmanische Elemente auf. Die letzten aufwendigen Restaurierungsarbeiten fanden 1988 statt. In unmittelbarer Nähe des Valens-Aquädukts liegt der Gazanfer Agha-Komplex.

Gazanfer Agha-Komplex

45 min.

Dieser Komplex, der aus einer Medresse, einem Friedhof und einem Brunnen besteht, liegt an der Kreuzung *Kırkçeşme Mahallesi/Atatürk Bulvarı* in Saraçhanebaşı. Er wurde im 16. Jahrhundert von Gazanfer Agha gebaut, einem der Schwarzen Eunuchen in Darüssaade. Architekt war möglicherweise Davud Agha. Der Komplex beherbergte bis 1945 die Hauptniederlassung der Istanbuler Stadtverwaltung. Im Jahr 1950 wurde er renoviert, und seit 1989 ist hier das Istanbuler Karikaturenmuseum untergebracht. Im Norden des Geländes, Richtung Valens-Aquädukt, stand einstmals die Medresse, im Nordosten der Brunnen und im Nordwesten der Friedhof. An der Architektur des Gazanfer Agha-Komplexes sind die Stagnation und der Niedergang des Osmanischen Reichs im 17. und 18. Jahrhundert abzulesen. Geht man von Unkapanı zum Goldenen Horn hinunter liegt auf der linken Seite die Molla Zeyrek Moschee.

Molla Zeyrek Moschee (Pantokratorkirche)

30 min.

Die eigentliche byzantinische Pantokratorkirche wurde im ersten Viertel des 12. Jahrhunderts erbaut. Um sie herum entstand im Laufe der Zeit ein Klosterkomplex, bestehend aus insgesamt drei Kirchen, den Sultan Mehmet II. nach der Eroberung von Istanbul in eine Moschee umwandeln ließ. Bald darauf erfolgte die Umwidmung zur

Kultur & Sehenswertes

1 Ökumenisches Patriarchat

2 Fener

3 Balat

4 Sveti Stefan Kirche

5 Ahrida Synagoge

Genießen

1 Unkapanı Zerekhane

Moschee. Diese Moschee - und neben ihr auch der ganze Stadtteil - wurde nach dem ersten Gelehrten der Medresse, Zeyrek Mehmet Efendi, benannt. Das Eröffnungsdatum der Medresse im Jahr 1453 wird mit dem Eröffnungsdatum der Universität Istanbul verknüpft. Das Gebäude verfügt über zwei Kuppeln. Derzeit ist ein Teil davon als Moschee für das Gebet freigegeben, was aber nicht darüber hinwegtäuschen kann, dass sich die Anlage insgesamt in baufälligem Zustand befindet.

30 min.

Zeyrekhane

Direkt neben der Molla Zeyrek Moschee in traumhafter Lage stoßen wir auf das Café/Restaurant Zeyrekhane, das zur *Divan*-Restaurant-Kette gehört, einer Stiftung, die von der Stadtverwaltung Fatih und der Rahmi Koç Museum- und Kulturstiftung gegründet wurde. Das Zeyrekhane (Haus der Weisheit) eröffnete nach der Restaurierung der Pantokratorkirche. Von der Terrasse aus hat man einen fantastischen Blick auf die Süleymaniye Moschee und das Goldene Horn, den Hafen Karaköy, den Mädchenturm und Kadıköy. Das Gebäude wurde sehr liebevoll restauriert und ist mit traditionellen türkischen Motiven ausgeschmückt. Das Restaurant verwöhnt seine Gäste mit klassischer osmanischer Küche. Aus Respekt vor der Moschee nebenan werden keine alkoholischen Getränke ausgeschenkt. Die leicht gehobenen Preise für das Abendessen werden durch die malerische Aussicht und das wunderschöne Ambiente mehr als ausgeglichen.

Bevor wir später dann die Unkapanı-Brücke überqueren werden, wenden wir uns nun zunächst in Richtung Eyüp. Durch das Cibali-Viertel kommen wir nach Fener.

Fener

Das Fener-Viertel liegt im Nordosten des Stadtteils Fatih, mit Blick auf das Goldene Horn. Es ist in der Region als auch als Erstes Istanbul oder Suriçi (innerhalb der Stadtmauer liegend) bekannt. Im Osten von Fener befinden sich das Cibali- und im Nordwesten das Balat-Viertel. Diese Stadtviertel existieren bereits seit Gründung der Stadt. Sie erwecken den Eindruck, als stehe die Zeit still. Hier lebten einst die nichtmuslimischen und die muslimischen Bürger des Osmanischen Reichs Haustür an Haustür nebeneinander. Daher entdecken wir armenische und griechische Kirchen, ebenso wie Moscheen und Synagogen. Auch nach der Eroberung durch die Osmanen blieb Fener die griechische Stadt, die sie schon in der Byzantinerzeit gewesen war. Damals hatte sie den Namen *Porta Phanari* oder *Porta del Pharo* getragen. Einem Dokument von 1351 ist zu entnehmen, dass die Straße neben dem Tor seinerzeit auch schon *Fanari* hieß. Auf diesem Teil des Kais stand einst ein *Fener* (Leuchtturm/Signalfeuer), der jedoch entweder durch ein starkes Erdbeben oder

ALTE STADTTORE VON FENER

Fener-Tor: Ein zwischen dem Goldenen Horn, Balat und Petrikapı gelegenes Tor in der Stadtmauer, das früher als Porta Phanari (Leuchtturm-Tor) bezeichnet wurde.

Petrikapı-Tor (Eisernes Tor): Dieses Tor in der Stadtmauer existiert nicht mehr. Es stand einst zwischen Goldenem Horn, Fener und Ayakapı - dort, wo heute die Abdülezel Pascha Caddesi auf die Mürsel Pascha Caddesi trifft. Sowohl bei der Invasion durch die Römer als auch bei der Eroberung von Konstantinopel zogen die Truppen durch dieses Tor in die Stadt ein.

Das Theodosia-Tor: Dieses Tor steht zwischen Petri am Goldenen Horn und Ayakapı. Es ist das Eingangsportal zur Gül Moschee (Aya Thedosia Kirche).

CAFÉ/RESTAURANT

Unkapanı - Zeyrekhâne
Fon: (212) 532 2778, Zeyrek Cafe

bei Angriffen auf die Stadt zerstört wurde. Der Name dieses Bezirks ist offenbar älter als die Stadt Istanbul selbst.

Die Geschichte des Viertels begann mit der Gründung von Konstantinopel. Als Kaiser Konstantin in die Stadt, die damals noch Byzantium hieß, einzog, begriff er sofort, welches Potenzial in ihr schlummerte. So zumindest beschrieb es der armenische Schriftsteller Lazar von Parb, der im 5. Jahrhundert lebte. Byzantium war auf drei Seiten vom Meer umgeben - eine einmalige strategische Lage. Konstantin machte die Stadt zu seiner Residenzstadt und baute sie großflächig aus. Allen Widrigkeiten zum Trotz investierte er in dieses Projekt sämtliche Mittel, die er aufbringen konnte. Er ließ im Westen eine Stadtmauer errichten, ansonsten begannen die Umbauarbeiten vom Zentrum aus die Hügel hinauf. Dem Geldverleiher Hovhannesyan zufolge siedelten sich zwischen Ayakapı und Fener vor allem wohlhabende Griechen und Adlige aus der Moldau und Walachei an. Nahe am Meer stand einstmals eine Kaserne der Janitscharen, und ein Stück weiter ein jüdisches Viertel. Hier lebten Griechen und Juden zusammen. Evliya Çelebi erwähnt in seinem Werk *Seyahatname*, dass Fener große Anziehungskraft auf Griechen ausübte. Offenbar war das Viertel schon im 17. Jahrhundert für seine Fischer und seine Gasthäuser berühmt.

15 min.

Ökumenisches Patriarchat *(Fener Rum Patrikhanesi)*

Das Ökumenische Patriarchat von Konstantinopel in der *Sadrazam Ali Pascha Caddesi* ist das höchste kirchliche Zentrum der Orthodoxen Kirche weltweit. Da diese Kirche 450 Millionen Seelen zählt, kann man sich vorstellen, welche Bedeutung ihm zukommt.

Das Patriarchat wurde 1602 erbaut und 1800 so restauriert, wie es sich auch heute noch präsentiert. Es hat drei Eingänge. Zum Haupteingang

Ökumenisches Patriarchat

führt eine breite Treppe hinauf. Dieses Tor ist dem Gedenken an Patriarch Grigorios und drei weiteren Bischöfen gewidmet, die 1821 hingerichtet wurden, weil sie den Aufstand der Griechen in Hellas unterstützten, und seitdem geschlossen. In den Komplex gelangt man durch das linke Tor, das auch in die Aya Yorgi (*Georgskathedrale*), die Patriarchatskirche, führt.

Dieses Gotteshaus war vor allen anderen Gebäuden da. Seine Geschichte reicht bis ins 12. Jahrhundert zurück. Bis ca. 1600 diente die Aya Yorgi Kirche als Nonnenkloster, bevor sie dann zum Amtssitz des Ökumenischen Patriarchats bestimmt und im Zuge dessen in den Rang einer Kathedrale erhoben wurde. Der Patriarch Timoteos II. ließ sie 1614 erneuern und vergrößern.

Zwei einander widersprechenden Darstellungen zufolge wurde die Kathedrale entweder 1701 unter Sultan Mustafa I. oder 1704 unter Sultan Ahmet III., auf Befehl des Großwesirs, abgerissen. Die Kirche, die hier heute zu bestaunen ist, wurde 1720 als traditionelle Basilika neu errichtet und musste 1798 noch einmal restauriert werden.

Die Kirche beherbergt drei transportable Mosaikikonen, die von einer Kirche in die andere gebracht werden konnten. Von dieser Art von Ikonen gibt es weltweit nur 15 Stück. Es heißt, zwei Handwerksmeister hätten über 40 Jahre an ihnen gearbeitet. In der rechten Ecke stehen drei Särge (einer von ihnen aus Silber), die die sterblichen Überreste der drei weiblichen Heiligen Euphemia, Theophano und Solomone bergen. Der silberne Sarg ist angeblich ein Geschenk aus Russland. Das Patriarchat hütet noch diverse andere wertvolle Reliquien der russisch-orthodoxen Gemeinde.

Der zentrale Gebetsraum der Kirche ruht auf 12 Säulen, die mit Beschreibungen und Darstellungen der 12 Apostel verziert sind. Die Patriarchatsbibliothek gehört mit ihren Handschriften, Sultans-*Firmanen* (Erlassen), Gemälden, Miniaturen, Stichen und Fotografien zu den bedeutendsten Archiven der Welt.

Das Patriarchat ist täglich zwischen 8:30 Uhr und 17:00 Uhr geöffnet. An Wochentagen findet jeweils um 16:30 eine Messe statt, an den Wochenenden um 16:00 Uhr. Der große Sonntagsgottesdienst beginnt um 9:30 Uhr. Besonders lohnenswert ist ein Besuch an den Feiertagen (zum Beispiel am 25.12, 6.1., 13.11. und Ostern.)

Abdi Subaşı Moschee

15 min.

Diese Moschee liegt an der *Abdi Subaşı Caddesi* hinter dem Fener Rum Patriarchat. Sie wurde von Abdi Subaşı unter Fatih Sultan Mehmet gebaut. Im Laufe der Zeit verfallen, wurde sie zu Herrschaftszeiten von Sultan Süleyman auf Anordnung von Mehmet Agha durch Mimar Sinan neu aufgebaut. Nachdem die Moschee 1941 bei einem Brand beschädigt worden war, konnte sie ab 1989 spendenfinanziert instandgesetzt und im Monat Ramadan 1996 als Gebetsstätte wiedereröffnet werden. Links der Moschee befindet sich ein frei stehendes Minarett. Die Moschee bietet einen schönen Blick auf das Goldene Horn. Angeblich war Abdi Subaşı, der auch unweit der Moschee begraben liegt, ein Nachfahre von Mewlana Dschelaleddin Rumi.

Süzgeççi Yusuf Moschee

15 min.

Diese Moschee liegt an der Uferstraße nach Fener. Sie wurde unter Sultan Mehmet II. erbaut. Auch sie fiel einem Feuer zum Opfer und wurde anschließend von Süzgeççi Yusuf und Hacı Reşit zwischen 1890 und 1891 wieder aufgebaut. Die Moschee ist aus Stein, die Decke und die Gebetsnische sind aus Holz. Unter der Moschee sind Geschäfte untergebracht. Die Sultansloge wurde umfunktioniert zum Gebetsbereich für Frauen. Das Ziegelminarett wird von einer Kuppel aus Blei gekrönt. Der Zugang zum Minarett führt durch die Moschee. Sultan Mehmet II. ließ die Moschee für seine diensthabenden Soldaten bauen, auch er selbst betete hier.

Darül-Mesnevi Moschee (Mesnevihane Scheich Murat Moschee)

15 min.

Die *Darül-Mesnevi* Moschee liegt an der *Mesnevihâne Sokak*, hinter dem *Rum Lisesi* (dem griechisch-orthodoxen Gymnasium). Sie wurde von Scheich Murat Nakşibendi gegründet und 1844 gebaut. Die große Zisterne im Hof wurde auf Anweisung von Nevfidan Hatun 1852 erbaut. Die überwölbte Moschee wartet mit einem rechteckigen Grundriss auf. Ihr Mauerwerk besteht aus Ziegeln und Stein, während die Kanzel aus Holz gefertigt ist. Im ersten Hof steht ein sechseckiger Brunnen mit einer Betonkuppel. Die Moschee wird *Darül-Mesnevi* genannt, weil hier *Mathnawi*-Dichtung, Sufismus und die persische Sprache unterrichtet wurden. Sultan Abdülmecit soll der Abschlussfeier der ersten Studenten beigewohnt und die Absolventen belohnt haben. Er galt als großer Förderer der persischen Sprache und der Mathnawi-Dichtung.

Mesnevihane

15 min.

Das Mesnevihane liegt an der *Tevkii Cafer Sokak*. Dieser Stiftungsbau, der auch unter dem Namen *Darülmesnevi Tekke* bekannt ist, wurde 1844 von Scheich el-Hac, dem dritten Postniş des Murat Molla-Ordens, der den Naqschbandis nahesteht, errichtet. Anschließend war es Mehmet Murat Efendi, der das Haus zu einem Derwischkloster machte, in dem *Mathnawi*-Dichtung unterrichtet wurde. Das Mesnevihane bestand ursprünglich aus einer Moschee, die auch als Unterrichtsraum genutzt wurde, einem unabhängigen *Tevhidhane*, Rückzugszellen für Derwische, einer Bibliothek, einem Brunnen, einem Wasserreservoir und wahrscheinlich einer Küche. Später wurde dem Unterrichtsraum ein Minarett hinzugefügt, und 1848 wurde Mehmet Murat Efendi auf dem Gelände des Komplexes begraben. Nevfidan Kadin Efendi, die Lieblingskonkubine von Mahmut II., spendete das Geld für den Bau des Brunnens. Das Derwischkloster unterstand bis 1925 dem Sufiorden der Naqschbandis. Bis dahin wurde es als Mathnawi-Schule genutzt, außerdem wurde hier das Freitagsgebet abgehalten. Mit der Schließung der Derwischkloster 1925 verlor das Hauptgebäude seine Bestimmung und begann zu verfallen. Auch andere Teile des

CAFÉ/RESTAURANT

Fener-Tarihi Haliç İşkembecisi
Fon: (212) 534 9414

Nev-i Cafe
(Közde Çay ve Kahve Keyfi
Fon: (212) 531 8602

Komplexes wie die Derwisch-Zellen, die Bibliothek und die Küche verkamen im Laufe der Zeit. Der Unterrichtsraum wurde 1968 renoviert und fortan nur noch als Moschee genutzt.

Das Haus von Dimitri Kandemir

15 min.

Dimitri Kandemir war ein in der Region Moldau geborener osmanischer Universalgelehrter. Er schrieb Bücher über die Geschichte des Osmanischen Reichs und über klassische türkische Musik. Haus und Garten gehörten einst einer der größten griechischen Familien, den Kantakouzenos.

Hagios Georgios Kirche *(Ayios Yeoryios Jerusalem Metakhion Kirche)*

Die Hagios Georgios Kirche liegt in der *Vodina Caddesi*. Das Gebäude stammt aus der Byzantinerzeit, es wurde um 1132 erbaut. 1640 brannte es aus, konnte aber durch Spenden, die die Kürschner-Gilde sammelte, wieder instandgesetzt werden. Mitte des 17. Jahrhunderts schloss sich die Gemeinde der Ayios Yeoryios Metakhion Kirche an, und noch heute untersteht sie dem Patriarchat von Jerusalem. 1708 wurde sie unter dem Jerusalemer Patriarchen Chrisanthos von Baumeister Pavlos umgebaut. Es folgten 1728 ein weiterer Brand, während der 1730er Jahre ein weiterer Umbau und 1913 schließlich abermals Renovierungsarbeiten. Quellen weisen darauf hin, dass hier bis Ende des 18. Jahrhunderts der Patriarch von Jerusalem residierte und Mitglieder der Kirche aus Jerusalem empfing und beherbergte. Die überwölbte Kirche ist aus grob behauenen Steinen gefertigt, wie eine frühchristliche Basilika angelegt und mit Silberikonen und Ölgemälden geschmückt.

Frauenbibliothek *(Kadın Kütüphanesi)*

30 min.

Auf dem Fener-Platz gegenüber der Fähranlegestelle Fener stoßen wir auf die Frauenbibliothek. Über die Geschichte des Gebäudes ist nur wenig bekannt, offenbar stammt es aus byzantinischer Zeit. 1989 ließ die Zentralverwaltung der Istanbul Metropolitan Municipality das heruntergekommene Gebäude renovieren, und am 14. April 1990 wurde es als Bibliothek eröffnet. Diese Bibliothek präsentiert ausschließlich Publikationen, die entweder von Frauen verfasst wurden oder mit Frauenthemen verknüpft sind. Hier findet man auch viele Werke über Frauen im Osmanischen Reich. Die Bibliothek ist montags bis freitags von 10:00 Uhr bis 17:30 Uhr geöffnet.

Fener Kais

30 min.

Ähnlich wie das Stadtviertel Fener blicken auch die Fener Kais auf eine überaus reiche Geschichte zurück. Gleich nebenan, in dem zweistöckigen Holzgebäude, befindet sich eine Polizeistation. Von der Anlegestelle verkehren zwei Fähren nach Üsküdar, Eyüp, Kasımpaşa, Balat, Sütlüce und Ayvansaray.

Balat

Der Name dieses Viertels geht vermutlich auf das griechische Wort *Palation* - Palast - zurück. Nach der Eroberung wurde es *Balat Kapusu* genannt, was von Palation abgeleitet sein dürfte. Schon in byzantinischer Zeit war Balat ein jüdisches Viertel, und das blieb es auch in der Osmanenzeit, wo es in Istanbul allerdings noch andere jüdische Viertel gab. Balat war bekannt für seine spezielle Architektur, seine Kirchen, Synagogen, Gilden, öffentlichen Bäder und sein vielgestaltiges gesellschaftliches Leben. Das Balat von heute erinnert jedoch kaum noch an jene Zeit.

Die Straßen in Balat und Fener bieten vielseitige Fotomotive

Alte Urkunden der Verwaltung in Fatih lassen darauf schließen, dass die ersten Ankömmlinge in Balat unter den Osmanen rund 100 verarmte jüdische Familien aus Kastoria, Mazedonien, waren. Sie siedelten sich hier an und bauten eine erste Synagoge, die Kastoria Synagoge (1453). In den Jahren nach 1492 folgten ihnen viele Juden, die vor der Inquisition aus Spanien und Portugal fliehen mussten. Andere kamen 1497 aus Italien oder 1599 aus Rhodos. Sie ließen sich in Balat nieder und errichteten dort im Laufe der Zeit weitere Synagogen: Geruş, Neve Şalom, Messina und Montias. Die letzte große Zuwanderungswelle erlebte Balat nach der großen Feuersbrunst von 1660, als zahlreiche Juden, die vorher in anderen Stadtbezirken (Bahçekapı, Tahtakale und am Yemiş Kai im Stadtteil Eminönü) gelebt hatten, hierher zogen.

Ab der zweiten Hälfte des 19. Jahrhunderts verließen die meisten Bewohner das Viertel und siedelten in den Stadtteil Galata um. Diese Entwicklung war vor allem einem Steuergesetz aus dem Jahr 1842 geschuldet. Auch die Gründung des Staates Israel 1948 blieb für Balat nicht folgenlos.

Sveti Stefan Kirche *(Demir Kilise)*

15 min.

Diese Kirche liegt auf der rechten Seite der *Mürsel Pascha Caddesi*, die am Goldenen Horn entlang von Fener nach Balat führt. Das bulgarische Wort *Sveti* bedeutet Heiliger.

Die Sveti Stefan Kirche ist unter anderem deshalb interessant, weil sie fast vollständig aus Gusseisen besteht. Man nennt sie daher auch Eisenkirche. Für ihren Bau wurde zunächst ein tragender Rahmen aus Stahl geschmiedet. Aber abgesehen von der Fassade des Gebäudes, die ebenfalls aus Stahl ist, und den Säulen und Kapitellen des Eingangsto-

IN DER UMGEBUNG

Balat Hospital

Das Or-Ahayim (Licht des Lebens) Hospital liegt an der Demirhisar Caddesi. Es wurde erstmals 1858 als kleine Klinik eröffnet, aber schon 1883 wieder geschlossen. Damals wurde die Or-Ahayim Stiftung gegründet, die Gelder sammelte, um an gleicher Stelle ein größeres Krankenhaus zu errichten. Die Grundsteinlegung für den Bau des Balat Or-Ahayim Hospitals, das heute eine Privatklinik ist, erfolgte 1886. Zwei Jahre später nahm das Krankenhaus seinen Betrieb auf. Später wurde in den Bau noch eine Synagoge integriert.

CAFÉ/RESTAURANT

Meşhur Balat İşkembe Salonu
Kebap, Izgara, Dürüm
Fon: (212) 631 7683

Sveti Stefan Kirche

res, die mit Marmor verkleidet wurden, um eine maximale Wirkung zu erzielen, bestehen alle Türen, Fenster und Fensterläden ebenso wie die Wände und Treppen im Innern aus Eisen.

Die einzelnen Teile wurden in Wien gegossen, per Zug und per Schiff nach Istanbul transportiert und dort zusammengefügt. Die Arbeiten dauerten nur 8 Monate und konnten 1896 abgeschlossen werden. Seit 1898 und auch heute noch werden dort Gottesdienste abgehalten. Es ist die erste gusseiserne Kirche der Welt. Ihr Architekt war Hovsep Aznavur. Vor dem Bau der Eisenkirche stand an diesem Ort eine Holzkirche, die dann abgerissen wurde.

Die hier ansässige bulgarisch-orthodoxe Gemeinde unterstand jahrhundertelang dem griechisch-orthodoxen Patriarchat in Fener, spaltete sich aber dann von diesem ab und wurde 1870 von Sultan Abdulaziz als unabhängiges Bulgarisches Exarchat anerkannt.

Tahta Minare Moschee *(Holzminarett)*

15 min.

Diese Moschee liegt ebenfalls in der *Vodina Caddesi*. Sie wurde 1458 auf Anordnung von Sultan Mehmet II. gebaut. 1865, in heruntergekommenem Zustand, wurde sie von Halil Agha aus Sivas, dem Vorsteher des Tahta Minare Hamams, renoviert. Eine weitere Renovierung war im 20. Jhdt. vonnöten und konnte 1957 über Spenden aus der Gemeinde realisiert werden. Die Moschee ist überwölbt und hat einen quadratischen Grundriss. Die Sultansloge ist für Frauen reserviert und mit einer Holzdecke ausgestattet. Die Kütahya-Fliesen sind mit Versen aus dem Koran verziert. Das alte Holzminarett, dem die Moschee ihren Namen verdankt, wurde aus Beton nachgebildet. Es hat eine Spitze aus Metall und nur einen Balkon. Der Brunnen neben der Moschee wurde unter Sultan Süleyman dem Prächtigen erbaut. Vor der Wand hinter dem Altar befindet sich das Grab von Hüseyin Efendi, der an der Eroberung von Istanbul teilnahm.

Ahrida Synagoge

15 min.

Die Ahrida Synagoge ist in der *Kürkcü Çeşme Sokak* beheimatet. Sie wurde im 15. Jahrhundert erbaut, und ihr Name leitet sich von der Stadt Ohri ab, aus der ihre Gemeinde nach Istanbul auswanderte. Die Synagoge wurde 1693 durch einen Brand zerstört und auf Befehl des Sultans wieder aufgebaut. Weitere Renovierungsarbeiten folgten in den Jahren 1709, 1823 und 1881. Der *Teva* (Gebetstisch) in der Synagoge ähnelt dem Bug eines Schiffes. Der Diese Form soll angeblich an die Stürme erinnern, denen die Juden, die aus Spanien ins Osmanische Reich auswanderten, ausgesetzt waren, oder auch an die Arche Noah. Schabbtai Zvi (türk. Sabetay Sevi), der sich im 17. Jahrhundert zum Propheten erklärte, hielt hier einmal eine Predigt.

Surp Hiresdagabed Kirche

15 min.

Ca. 500 Meter vom *Balat Kapısı* (Königstor) entfernt in der ehemaligen Bulgarenstraße gelegen, war die Surp Hiresdagabed Kirche ursprünglich eine russisch-orthodoxe Kirche, und als solche wurde sie im 16. Jahrhundert Hagios Eustratios Kirche genannt. 1627 wurde sie dann den Armeniern übergeben und noch im selben Jahr von Isdeponos von Bursa gesegnet. Die Inschrift an der Wand hinter dem Hauptaltar besagt, dass die Kirche im Jahr 1628 renoviert wurde.

Balat Moschee *(Ferruh Kethüda)*

15 min.

Diese Moschee liegt im Molla Aski Quartier des Balat-Viertels, in der *Mahkemealtı Caddesi*. Angeblich wurde sie vom Architekten Sinan entworfen. Die Moschee diente als Derwischkloster und steht in der Mitte eines kleinen Komplexes.

Balat Iskele Moschee *(Yusuf Şücaaddin)*

15 min.

Dieser Steinbau liegt außerhalb des *Balat Kapısı*. Er wurde unter Sultan Mehmet II. errichtet, 1892 durch Flammen zerstört und dann in seiner heutigen Form wieder aufgebaut. Der Eingang zur Moschee liegt nach Süden hin. Auf der linken Seite steht ein Brunnen und auf der rechten Seite eine Vorratskammer.

Balat Kais

Die Kais waren früher das Bindeglied zwischen dem Goldenen Horn und den anderen Stadtteilen Istanbuls: Über den Yemiş Kai wurden Trockenfrüchte in die Lagerhallen von Eminönü transportiert, über den Odun Kai war Eyüp mit Galata und über den Kayık Kai Hasköy mit Balat verbunden.

Da die Ufer des Goldenen Horns als sicher und geschützt galten, widmeten sich die Anwohner hier bis Ende der 1830er Jahre vor allem der Fischerei und dem Fährbetrieb. In den 1840er Jahren erfuhr der Seehandel jedoch bedeutende Veränderungen. Die alten hölzernen Handelskais, die sich von Sirkeci bis nach Balat erstreckten, und die Lagerhallen in der Umgebung büßten nach und nach ihre Bedeutung ein.

Feshane

Die Textilfabrik Feshane wurde 1839 auf Anordnung von Sultan Abdülmecit errichtet und sollte die Nachfrage nach Fezen und Filzbekleidung stillen. Dieser erste Industriebetrieb des Landes war gleichzeitig einer der ersten Stahlbauten der Welt. Die Stahlträger stammten aus Belgien und wurden dann hier montiert. 1866 wurde das Feshane zu einer der fortschrittlichsten Textilfabriken jener Zeit ausgebaut. Zu diesem Zweck importierte man modernste Webmaschinentechnik aus dem Ausland. Die in Feshane auf 8.000 qm² gewebten Stoffe gewannen Goldmedaillen bei der Weltausstellung in Paris 1855, bei der Istanbuler Ausstellung *Sergi-i Umum-i Osmanî* von 1863 und bei der Chicago International Exhibition von 1893. 1939 wurde das Feshane zunächst geschlossen und später als *Sümerbank Defterdar Fabrik* neueröffnet. 1986 musste die Fabrik abermals schließen, als am Goldenen Horn dringende Maßnahmen zum Schutz der Umwelt umgesetzt wurden. Die Halle wurde leergeräumt und renoviert, wobei darauf geachtet wurde, dass ihr ursprünglicher Charakter als Webhalle erhalten blieb. Heute finden hier Messen, Kongresse, Ausstellungen und andere Veranstaltungen statt.

Eyüp

1 Std.

Eyüp Moschee und das Grab von Abu Ayyub al-Ansari

Abu Ayyub al-Ansari (Khalid ibn Zayd) war ein berühmter Gefährte des Propheten Muhammad. Im Jahr 621, zwei Jahre vor der Hidschra (der Emigration des Propheten von Mekka nach Medina), bekannte er sich zusammen mit seiner Frau zum Islam. Als der Prophet Muhammad in Medina eintraf, rissen sich die Menschen förmlich darum, wer ihn bei sich zuhause aufnehmen durfte. Da bat der Prophet, die Zügel seines Kamels freizugegeben. Er werde sich für das Haus entscheiden, vor dem sich das Tier niederlegen würde. So vermied er es, jemanden zurückweisen zu müssen. Das Kamel

erwies dem Haus von Abu Ayyub al-Ansari die Ehre. Der Prophet bezog das Obergeschoss und wohnte dort sieben Monate lang. Daher wurde Abu Ayyub al-Ansari der Ehrenname Mihmandar-ı Nebi verliehen (Gastgeber des Propheten). Auch nachdem der Prophet sein eigenes Haus bezogen hatte, stattete er der Familie von Abu Ayyub noch häufig Besuche ab. Ihr Haus wurde später in eine Schule umgewandelt, an der der Islam gelehrt wurde. Abu Ayyub und den Propheten verband eine tiefe Freundschaft. Er ließ ihn auch in schwierigen Momenten nie im Stich. Als der Prophet sah, welche Mühen Abu Ayyub auf sich nahm, betete er zu Gott, ihn in dieser und der nächsten Welt zu segnen. Abu Ayyub war dem Propheten außerdem bei der Aufzeichnung der Offenbarung Gottes und bei der Sammlung der Koranverse behilflich.

Die letzte Schlacht, an der Abu Ayyub al-Ansari teilnahm, war die erste muslimische Belagerung von Konstantinopel. Trotz seines hohen Alters war er sehr zuversichtlich, weil der Prophet Muhammad die Eroberung der Stadt vorausgesagt hatte: „Konstantinopel wird erobert werden. Gesegnet sei der Befehlshaber, der es einnehmen wird, und gesegnet seien seine Truppen." (Ibn Hanbal, *Musnad*, 4:335). Abu Ayyub war schon über 80 Jahre alt, als er sich dem Heer anschloss, das 669 nach Konstantinopel zog. Er kämpfte bei der Belagerung in vorderster Front. Dann jedoch erkrankte er schwer. Der Heerführer und spätere Kalif Yazid besuchte ihn und fragte ihn nach einem letzten Wunsch. Abu Ayyub antwortete: „Ich wünsche mir nichts von dieser Welt. Ich wünsche mir nur, dass du mich soweit wie möglich im Feindesland, in der Nähe der Stadtmauern begräbst; denn ich habe gehört, wie der Prophet sagte, dass zu Füßen der Stadtmauern von Konstantinopel einst ein guter Muslim begraben wird. Ich hoffe, dass ich dieser Mensch sein werde."

Abu Ayyub al-Ansari starb, während die Belagerung noch im Gange war, und man erfüllte ihm seinen letzten Wunsch. Hinter den Stadtmauern verschanzt, schauten die Byzantiner dem Begräbnis verwundert zu. Als sie erfuhren, dass der Tote ein wichtiger Mann für die Muslime und den Prophet Muhammad gewesen war, drohte der byzantinische Kaiser den Muslimen, er werde den Leichnam wieder ausgraben lassen und den Raubtieren zum Fraß vorwerfen. Die Muslime aber warnten ihn, in dem Fall würden die Christen mit schweren Verlusten dafür bezahlen. Daraufhin lenkte der Kaiser ein und versicherte ihnen, das Grab zu respektieren. Und tatsächlich errichteten die Byzantiner ein Grabmal an der Stelle, das sie ehrten und besuchten. Nach der Eroberung der Stadt durch Mehmet II. viele Jahrhunderte später befahl der Sultan, umgehend nach dem Grab zu suchen. Nachdem sein Berater Akşemseddin es schließlich gefunden hatte, ließ Sultan Mehmet II. erst einen Schrein darüber errichten und dann auch eine Moschee und eine Medresse bauen; außerdem gründete er eine gemeinnützige Stiftung, die sich um die Verwaltung der Anlage kümmern sollte. Die Arbeiten an der Moschee und den anderen Bauten des Komplexes wurden im Jahr 1459 abgeschlossen. Die Eyüp Moschee ist die erste Sultansmoschee Istanbuls. Die Wertschätzung für Abu Ayyub spiegelt sich schon in der Tatsache wider, dass hier fortan eine der feierlichsten Zeremonien des Osmanischen Reichs stattfand: die Gürtung der Sultane bei der Thronbesteigung. Sultan Mehmet II. war der Erste, der sich am Grab von Abu Ayyub al-Ansari das Schwert Osmans umgürten ließ. Diese Tradition setzte sich bis zum letzten osmanischen Sultan fort.

Eyüp Moschee

Highlights & Tipps

1 Eyüp Moschee

2 Pierre Loti Hügel

3 Miniatürk

4 Koç Museum

Genießen

1 Halit Paşa Konağı

2 Pierre Loti Cafe

Grab von Abu'd Derda

15 min.

Geht man von der Eyüp Moschee parallel zum Ufer Richtung Süden, kommt man auf die *Zalpaşa Caddesi* und zur Kızılmescid Moschee. Ein Stück weiter, hinter der Zal Mahmut Paşa Moschee auf der linken Seite liegt das Grab von Abu'd-Derda (Abu d-Darda). Es ist 15 Minuten Fußmarsch vom Grab von Abu Ayyub entfernt.

Abu'd-Derda war ein weiterer Gefährte des Propheten. Ihm wurde die besondere Ehre zuteil, vom Propheten ausdrücklich gelobt zu werden und in seiner Gegenwart aus dem Koran rezitieren zu dürfen. Abu'd-Derda gehörte zu den Prophetengefährten, die den ganzen Koran auswendig kannten. In den letzten Jahren des Kalifats von Abu Bakr wurde er zum Militärrichter ernannt. Dann wurde er nach Damaskus entsandt, um die Menschen dort in den Grundlagen des Islams zu unterrichten, und schließlich auch zum Richter von Damaskus berufen - eine Position, die er während des Kalifats von Uthman ibn Affan durchgehend bekleidete.

Es gibt zwei Gräber, die Abu'd-Derdas Namen tragen: eines auf dem Karacaahmet Friedhof und das andere in Eyüp. Dieses hier in Eyüp liegt in Nişanca, in der *Zalpaşa Caddesi*, zwischen der Zalmahmut Paşa Moschee und der Cezeri Kasım Paşa Moschee. Wann oder zu welchem Anlass die zugehörige Grabstätte errichtet wurde, ist nicht bekannt. Insbesondere Muslime erkennen sie aber allen Ungewissheiten zum Trotz als Mausoleum im Namen dieses Prophetengefährten an und besuchen sie aus Respekt vor seinem Andenken. Den Inschriften auf dem Tor zufolge wurde die Grabstätte auf Befehl von Sultan Mahmut II. im Jahr 1835 renoviert. Der Text auf dem Grab selbst wurde von Sahaflar Şeyhizâde Es'ad Efendi verfasst und von dem berühmten osmanischen Kalligraphen Yesarizade Mustafa Izzet Efendi im *Ta'liq*-Stil niedergeschrieben.

Im Norden der Eyüp Moschee, etwa 10 Gehminuten entfernt, zieht sich ein Friedhof über den Hügel. Auf der vom Goldenen Horn abgewandten Seite liegen einige Schüler des großen muslimischen Denkers Bediuzzaman Said Nursi begraben: Zübeyir Gündüzalp, Mustafa Nezihi Polat, Tahiri Mutlu, Sadullah Nutku und Bekir Berk. Nach 3 bis 4 Minuten Fußmarsch den Hügel hinauf kommen zum Grab des berühmten Dichters Necip Fazıl Kısakürek. Hoch oben über dem Friedhof erwartet uns das Pierre Loti Cafè, in dem wir eine Tasse Tee und den herrlichen Blick auf die Stadt genießen.

CAFÉ/RESTAURANT

Halit Paşa Konağı
Halit Paşa Cad. Tülbentçi Muhittin Sk.
No: 4 Eyüp- Istanbul
Fon: 444 7212
www.halitpasakonagi.com.tr

Pierre Loti

45 min.

Namensgeber des Cafés war der französische Offizier und Schriftsteller Pierre Loti (mit richtigem Namen Louis Marie Julien Viaud; 1850-1923), der eine Zeitlang in Istanbul lebte. Pierre Loti nutzte seine Dienstzeit in der Marine, um sich im Nahen Osten und in Asien umzuschauen und sich mit den Kulturen dort vertraut zu machen. Die Kenntnisse, die er sich dabei erwarb, ließ er in seine Memoiren und Romane einfließen. Besonders am Herzen lagen ihm die Stadt Istanbul und die osmanische Kultur, die er bewunderte.

Das Pierre Loti Café hoch oben auf dem Hügel von Eyüp ist eine Oase der Lebensfreude. Es war das Lieblingscafé des Franzosen.

Der Aynalıkavak Pavillon

1 Std.

Der Aynalıkavak Pavillon ist das einzig erhalten gebliebene Gebäude des Tersane- oder Aynalıkavak-Sultanspalastes, der drei Jahrhunderte lang hier am Ufer inmitten eines Espenwäldchens stand. Historische Quellen, unter anderem der berühmte Reisende und Schriftsteller Evliya Çelebi, machen geltend, dass das Gelände, auf dem im 17. Jhdt. der Palast errichtet wurde, schon in der Byzantinerzeit dem Kaiser als Erholungsort diente. Nach der Eroberung der Stadt erfreuten sich auch die Osmanensultane an dem Wald und den Weinbergen, die sich längs der Ufer des Goldenen Horns bis hinauf auf die Hügel von Okmeydanı und Kasımpaşa erstreckten. Nach dem Bau

INFOBOX

Aynalı Kavak Kasrı
Täglich von 9:00 – 17:00 Uhr
außer montags und donnerstags
Eintritt: 5₺ (ca. 2 €)
www.millisaraylar.gov.tr

Miniatürk

und dem Aufstieg der kaiserlichen Werften wurde das Areal unter dem Namen Tersane Hat Bahcesi (Kaiserliche Schiffswerften) bekannt.

Die Besiedlung der Region begann unter Sultan Ahmet I. (1603-1617). Der Aynalıkavak Pavillon wurde wahrscheinlich unter Sultan Ahmet III. (1703-1730) errichtet. Unter Sultan Selim III. (1789-1807) wurde er restauriert und erhielt dabei sein heutiges Aussehen. Der *Divanhane* (Empfangsraum) und der *Beste Odası* (Kompositionsraum) verströmen prunkvolle Harmonie. Eine Inschrift des berühmten osmanischen Kalligraphen Yesarizade Mustafa Izzet Efendi im *Ta'liq*-Stil preist den Pavillon und Sultan Selim III. Auch Enderunlu Fazıl Efendi und Scheich Galib, zwei berühmte Dichter jener Zeit, haben hier Lobgedichte auf den Sultan hinterlassen.

Der Pavillon nimmt in der Architektur des 18. Jahrhunderts einen besonderen Platz ein. Er weist auf der Seeseite zwei Stockwerke und auf der Landseite ein Stockwerk auf und ist damit eines der letzten und gleichzeitig interessantesten klassischen osmanischen Bauwerke. Seine Ausschmückung reflektiert den Geschmack der Tulpenära zu Zeiten Sultan Selims III. Die Zimmer sind mit kulturellen Elementen aus jener Zeit dekoriert, so zum Beispiel

ÖFFNUNGSZEITEN

Miniatürk
Täglich von 9:00 – 18:00 Uhr
Eintritt: 10₺ (ca. 3,50 €)
www.miniaturk.com.tr

Koç Museum
Di.-Fr. 10-17 Uhr
Im Sommer: Sa.-So. 10-20 Uhr
Im Winter: Sa.-So. 10-18 Uhr
außer montags, an Silvester, Neujahr und am 1. Tag der religiösen Feiertage
Eintritt: 12.50₺ (ca. 4 €)
www.rmk-museum.org.tr

mit Polsterbänken, die sich an den Wänden und Erkern entlang ziehen, Kohlenbecken und gewaltigen Kronleuchtern - Symbolen eines Lebensstils längst vergangener Tage. Im Untergeschoss des Pavillons wird der Tatsache Rechnung getragen, dass sich Selim III. auch als Komponist betätigte. Dort sind heute das Forschungszentrum für türkische Musik und ein Instrumentenmuseum ansässig. Zur Gründung wurden dem Zentrum von verschiedenen Institutionen und Einzelpersonen diverse Musikinstrumente sowie Bildmaterial aus dem Topkapı Palast Museum als Geschenk überlassen. Der Pavillon ist täglich außer montags und donnerstags geöffnet.

Miniatürk

2 Std.

Der Freizeitpark Miniatürk wurde von der Zentralverwaltung der Istanbul Metropolitan Municipality angelegt und im Jahr 2003 eröffnet. Der Park präsentiert 105 Miniaturmodelle von berühmten Bauwerken, und ständig kommen neue Modelle hinzu. Ein Miniatürk-Besuch gleicht einer Rundreise durch die Türkei im Schnelldurchlauf.

Koç Museum

2 Std.

Dem Goldenen Horn und seinen Ufern wurde in den letzten Jahren neues Leben eingehaucht, rund um das Goldene Horn ziehen sich inzwischen Parks und Gärten. Einer der beliebtesten Ausflugsorte in dieser Gegend ist das Rahmi Koç Industriemuseum. Es zeichnet die industrielle Entwicklung nach und präsentiert Maschinen aus Vergangenheit und Gegenwart. Neben vielen interessanten Exponaten wie diversen Fahrzeugen, Oldtimern, Flugzeugen, Lokomotiven, Booten usw. gibt es im Museum auch ein zu Waser gelassenes U-Boot, das man besichtigen kann.

Das Museum liegt im Ortsteil Hasköy.

Koç Museum

KAPITEL 3

Beyoğlu

Beyoğlu

Beyoğlu, Galata und Taksim

Im kosmopolitischen Stadtteil Beyoğlu dominiert der westlich-moderne Lebensstil. Im 13. Jahrhundert gründeten Genuesen hier die Kolonie Pera, aber auch im Osmanischen Reich waren es vor allem Europäer, die sich hier niederließen. Schon damals unterschieden sich Kleidung, Lebensstil und Aussehen der Bewohner dieses Stadtteils deutlich vom Rest der Stadt. Heute sind hier das Goethe Institut, das Deutsche Gymnasium und die Deutsche Buchhandlung ebenso beheimatet wie die wichtigsten Konsulate. Die Flaniermeile Istiklal Caddesi ist die berühmteste Flaniermeile der Stadt. Auch wenn die alte Eleganz inzwischen ein wenig in die Jahre gekommen ist, versprüht die Vergangenheit hier noch reichlich Glanz.

Highlights: Der im 14. Jahrhundert als Teil der Stadtmauer erbaute **Galata Turm** dominierte jahrhundertelang den Hügel. Heute hat er von Hochhäusern Konkurrenz bekommen, ist aber nach wie vor weithin sichtbar. Obwohl die **Istiklal Caddesi** eine reine Fußgängerstraße ist, ist sie die Hauptverkehrsachse des Stadtteils. Einen Besuch lohnen auch die Seitenstraßen und -gassen der Istiklal, in denen sich der ganze Reiz des europäischen Istanbuls entfaltet.

Tipp: Das **Konak Café** bietet eine faszinierende Aussicht über die gesamte Altstadt und den Bosporus. Erleben Sie im **Galata Mevlevihanesi** einen mystischen Abend mit den Tanzenden Derwischen, und besuchen Sie das **Istanbul Modern in** Karaköy, ein bedeutendes Museum für Gegenwartskunst.

Unterwegs: Die von der Historischen Halbinsel kommende Tramvay fährt nur bis nach Kabataş, wo jedoch zahlreiche Anschlussmöglichkeiten bestehen - unter anderem mit der **Füniküler-Bahn** zum Taksim-Platz am Ende der Istiklal Caddesi hinauf. Nördlich der Galatabrücke, wenige Schritte den Hügel hinauf, liegt die Talstation einer weiteren kurzen Zahnradbahn, die **Tünel** genannt wird. Oben angekommen, kann man in die nostalgische Straßenbahn umsteigen, die ebenfalls bis zum Taksim-Platz fährt.

Highlights & Tipps

1 Galata Turm

2 Galata Mevlevihanesi

3 Istiklal Caddesi

4 St. Antonius Kirche

Kultur & Sehenswertes

1 Taksim

2 Istanbul Modern

3 Harbiye Militärmuseum

4 Nusretiye Moschee

Genießen

1 Konak Cafe

2 Hacı Abdullah Restaurant

3 Konditorei Inci

4 J'adore Chocolatier und Cafe

Galata

Für eine ausgedehnte Erkundungstour im Galata-Viertel und Umgebung sollten 3-4 Stunden eingeplant werden.

Galatas Historie

Zu Zeiten Konstantins I. (324-337) bestand Galata aus 431 Häusern, einem Kai, einer Kirche, einem Forum, öffentlichen Bäder und einem Theater, die von einer Stadtmauer umgeben waren. Die ursprünglichen Grenzen der Stadt sind nicht bekannt. Kaiser Justinian I. wertete Galata 538 weiter auf, indem er dort einige wichtige Gebäude errichten ließ. Konstantins Mauern von Galata zogen sich an den Ufern des Goldenen Horns und des Bosporus entlang, und zum Schutz gegen mögliche Angriffe von der Landseite her verband man sie mit den Mauern von Azapkapı, Sishane und Tophane. Auf der Landseite waren den Mauern tiefe Gräben vorgelagert, über die Holzhänge-

brücken führten. Die Stadtmauern von Galata waren etwa 2 Meter dick und 2.800 Meter lang, sie umgrenzten eine Fläche von 37 Hektar.

Bereits als die Muslime 717 mit Heer und Flotte nach Konstantinopel kamen, stand in Galata ein Turm. Am 6. und 7. Juli 1203 fielen die Kreuzzügler (des 4. Kreuzzugs) in Konstantinopel ein und bemächtigten sich auch des Galata Turms. Es gelang ihnen, die Sperrkette zu entfernen, die die Schiffe an der Einfahrt ins Goldene Horn hinderte, und Galata einzunehmen. Erst 1261 konnten die Byzantiner die Stadt und damit auch den Turm zurückerobern. Fortan achteten sie darauf, Galata vorm Zugriff der römischen Ansiedlungen in der Region abzuschirmen.

Den Genuesen war es vorbehalten, die Stadt über die Stadtmauern hinaus zu erweitern. Sie schützten sie zunächst vor den Venezianern und später vor den Osmanen. Sie bauten den Christea Turris, den Christus Turm, den heutigen Galata Turm. Die genuesische Kolonie erstreckte sich unterhalb des Galata Turms von Tophane die Stadtmauer entlang bis Azapkapı und den Hügel hinauf nach Şişhane.

Die Stadtmauern von Galata zierte ein Genueser Wappen in Form eines B's in der Mitte eines Kreuzes, das für die Unabhängigkeit von den Byzantinern stand, den offiziellen Herrschern von Galata. Eines dieser Wappen mit der Inschrift *Basileus Basileon Basileuon Basileousi* (der Herrscher der Herrscher, der die Herrscher beherrscht) überdauerte

INFO

Der Name Galata ist angeblich von der Pluralform des griechischen Wortes für Milch (Gala) abgeleitet. Früher sollen hier Molkereien gestanden haben, wie auch Evliya Çelebi bestätigt: „Weil Galata ein schönes, grünes, fruchtbares Stück Land war, pflegte man die Schafe und Kühe dorthin zu treiben und grasen zu lassen. Dann molk man die Tiere und servierte die Milch den Herrschern. Weil die Milch, die auf diesem fruchtbaren Land produziert wurde, von so guter Qualität war, nannte man es Galata."

bis ins 20. Jahrhundert. Die Tafel datiert aus dem Jahr 1335, sie zeigt drei nebeneinander angeordnete Kreuze. Das Kreuz in der Mitte symbolisiert Genua, die Kreuze links und rechts das Byzantinische Reich.

Der Galata Turm war zweifelsohne das wichtigste Bauwerk, das die Genuesen in Istanbul errichteten. Man geht davon aus, dass er 1349 erbaut wurde. Der nach 1316 erbaute Genueser Palast diente der genuesischen Kolonie als Verwaltungsgebäude. In den Kirchen und Klöstern, die von den Genuesen erbaut wurden - San Paola, San Francisco, San Domenico, San Giorgio, San Benedetto (St. Benoit), San Sebastian, San Nikola und Santa Maria - spiegelte sich ihr religiöser Leben wider.

Als die Osmanen erstarkten, nahmen die Genuesen von Galata Beziehungen zu ihnen auf, 1387 schloss man ein Handelsabkommen. Auch während der osmanischen Eroberungszüge wahrten sie Neutralität. Frankreich und Genua verständigten sich darauf, die Osmanen zu stoppen, aber die Galata-Genuesen sprangen ihnen dabei nicht zur Seite. 1403 schließlich unterzeichnete Süleyman, der Sohn von Sultan Beyazıt I. einen Vertrag mit Genua, Venedig, Rhodos und dem Byzantinischen Reich.

Im Zuge der Eroberung von Konstantinopel durch die Osmanen im Jahr 1453 ergriffen die Genuesen von Galata ebenfalls nicht Partei, stellten den Byzantinern allerdings 5 Schiffe zur Verfügung.

Nach der Kapitulation der Stadt setzte Sultan Mehmet II. einen Verwalter (*Subaşı* oder Woiwoden) und einen Richter für Galata ein und unterstellte die Stadt der osmanischen Verwaltung. Zudem ließ er Teile der Stadtmauer einreißen, weil er befürchtete, dass die christliche Bevölkerungsmehrheit sonst auf die Idee kommen könnte, den Turm den sich vom Meer her nähernden Kreuzrittern auszuliefern.

Im Laufe der Zeit siedelten sich mit Florentinern und umayyadischen Arabern zwei weitere Volksgruppen in Galata an, was das kosmopolitische Gepräge der Stadt noch verstärkte. Die Florentiner kamen 1463, waren vor allem im Handel tätig und kehrten der Stadt 1520 wieder den Rücken, als sie von Venezianern abgelöst wurden.

Die umayyadischen Araber hingegen blieben. Denn der osmanischen Regierung war aus Gründen der Sicherheit sehr daran gelegen, dass sich der Anteil der Muslime an der Bevölkerung erhöhte. Nach 1533 brachte Barbaros Hayreddin Pascha (Barbarossa) maurische Flottenoffiziere und Flüchtlinge aus Andalusien in die Stadt. Und 1610 wanderte eine weitere Welle umayyadischer Araber zu. Der Bezirk Galata war berühmt für sein Bankwesen und seinen ausufernden Geldmarkt.

Galata-Brücken

45 min.

Im 19. Jahrhundert brachten die Ausweitung der Handels-

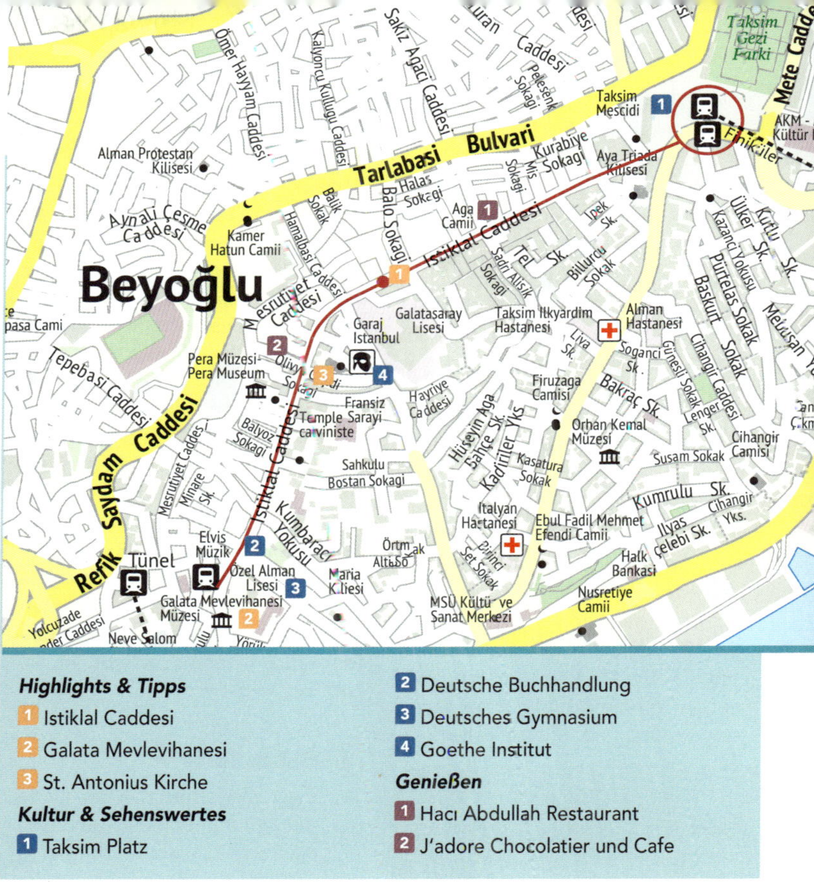

Highlights & Tipps

1 Istiklal Caddesi

2 Galata Mevlevihanesi

3 St. Antonius Kirche

Kultur & Sehenswertes

1 Taksim Platz

2 Deutsche Buchhandlung

3 Deutsches Gymnasium

4 Goethe Institut

Genießen

1 Hacı Abdullah Restaurant

2 J'adore Chocolatier und Cafe

beziehungen und der Transfer des osmanischen Palastes von der historischen Halbinsel nach Dolmabahçe in Beşiktaş ein höheres Verkehrsaufkommen zwischen Eminönü und Karaköy mit sich.

Aus Europa wurden immer mehr Pferdekutschen importiert, was den Bau einer zweiten Brücke über das Goldene Horn erforderlich machte. Die neue Holzbrücke sollte Karaköy und Eminönü miteinander verbinden und eine Alternative zur bereits bestehenden Hayratiye-Brücke darstellen. Sie wurde in einer Werft gefertigt und stand später Pate für noch drei weitere Brücken über das Goldene Horn. Sie ähnelte der Hayratiye Brücke, lagerte jedoch nicht auf nebeneinander aufgereihten Flößen, sondern auf Pontons.

Dieser 1845 errichtete erste Vorgängerbau der heutigen Galata-Brücke musste schon 1853 renoviert und schließlich 1863, auf Anordnung des Kapudan Paschas, Ateş Mehmet Pascha, durch einen weiteren Holzbau ersetzt werden. Die neue Brücke maß ca. 504 Meter und war 14 Meter breit. Kleine Schiffe von weniger als 5 Metern Höhe konnten unter ihr hindurch fahren.

Auch diese Brücke sollte nicht lange Dienst tun. Am 24. September 1869 wurde mit dem französischen Schiffbauunternehmen Forges et Chantiers de la Mediterranée ein Vertrag über den Bau einer widerstandfähigeren Eisenbrücke unterzeichnet, die dann 1872 mit einer feierlichen Zeremonie eröffnet wurde. Aber auch sie verschliss schnell, weil die immer höheren Geschwindigkeiten der Fuhrwerke ihr stark zusetzten. Daher einigte man sich am 18. Februar 1907 mit der deutschen Firma MAN auf den Bau einer neuen Stahlbrücke, die stark genug sein sollte, um Schienenverkehr zu ermöglichen. Diese Konstruktion, eine Pontonbrücke ohne feste Gründung, wurde am 27. April 1912 eingeweiht und erwies sich als die bis heute langlebigste aller Brücken über das Goldene Horn. Allerdings behinderten die Pontons, die sehr eng beieinander lagen, den natürlichen Wasseraustauch im Goldenen Horn, worunter die Qualität des Wassers stark litt. 1992 brannte sie ab, und noch im selben Jahr wurde an ihrer Stelle eine im Untergrund verankerte Brücke errichtet, über die wir auch heute noch gehen oder fahren können. Sie dient nicht nur der Bewältigung des Verkehrs, sondern beherbergt im Untergeschoss zahlreiche Restaurants, in denen man in pittoreskem Ambiente speisen kann. Überaus beliebt ist sie auch bei Anglern.

CAFÉ/RESTAURANT

Sucuk Evi
Rıhtım Caddesi 41
Karaköy (gegenüber dem Anleger)
Fon: (212) 245 4076 - 244 9515

Galata Konak Café
Berketzade Mah. Hacı Ali Sk. 2
Kuledibi-Beyoğlu
Fon: (212) 252 5346

Galata Turm

45 min.

Zwar siedelten sich im Laufe der Zeit immer mehr Genuesen auch jenseits der Stadtmauern von Galata an, doch den Bezirk rund um den Galata Turm, den sie dann umgehend errichteten, kontrollierten sie erst ab 1349.

In byzantinischen Quellen wird dieser Turm aus Stein als Großer Turm (Megolas Purgos) bezeichnet, in genuesischen dagegen als Christus Turm (Christea Turris). Tag und Nacht schufteten genuesische Männer und Frauen jeden Alters, um ihn so schnell wie möglich fertigzustellen. Das Byzantinische Reich durchlebte damals gerade eine turbulen-

Galata Turm

Galata Mevlevihanesi

te Phase und hatte andere Sorgen. Es war nicht glücklich über den Turmbau, aber es konnte ihn auch nicht verhindern. Die Genuesen von Galata unterhielten gute Beziehungen zu den Türken, weil sie genau wussten, dass sie im nahöstlichen Handel auf deren Unterstützung angewiesen waren, um mit ihren Rivalen zu konkurrieren können. Als sie dann 1445 oder 1446 den Plan fassten, den Turm noch weiter in die Höhe zu bauen, ersuchten sie den osmanischen Sultan Murat II. (1421-1451) um ein Darlehen zum Kauf von Baumaterialien. Im Gegenzug boten sie ihm an, seinen Namen auf dem Turm zu verewigen. Als die Zentralverwaltung in Italien davon Ersuchen erfuhr, schickte sie den Genuesen von Galata einen wütenden Brief und wies sie darauf hin, dass man selbst über genug Mittel verfüge, um die Befestigung und die Erweiterung des Turms zu finanzieren.

Nach der osmanischen Eroberung von Konstantinopel wurde der Turm bei einem Erdbeben, das die Stadt dem Erdboden gleichmachte, schwer beschädigt und später von dem Architekten Murat bin Hayrettin wieder instandgesetzt. Im 16. Jahrhundert wurde der Galata Turm als Gefängnis für Kriegsgefangene genutzt und der Werft angegliedert. Im 17. Jahrhundert gelang dem osmanischen Erfinder Hezarfen (Vielwissender) Ahmet Çelebi das Kunststück, mit Flügeln aus 2000 Adlerfedern vom Galata Turm über den Bosporus nach Üsküdar zu fliegen.

Ab 1717 beherbergte der Turm eine Militärkapelle der Janitscharen, die den Bewohnern bekanntgab, wann Mitternacht ist. Und auch eine Feuerbeobachtungsstation wurde im

Turm installiert. Brach ein Brand aus, informierte man die Bevölkerung mit riesigen Trommeln.

Heute bietet dieser wunderbare Turm, dessen Ursprünge sich ins Mittelalter zurückverfolgen lassen, Touristen einen herrlichen Blick über Istanbul.

Galata Mevlevihanesi *(Konvent der Tanzenden Derwische)*

30 min.

Der Konvent der Tanzenden Derwische liegt an der *Galib Dede Caddesi* in Sahkulu. Das Galata Mevlevihanesi ist auch unter den Namen Kulekapı Mevlevihanesi und Galib Dede Dergâhı bekannt. Dieses erste bedeutende Zentrum des Mevlevi-Sufiordens wurde 1491 in ein ehemaliges Jagdrevier gebaut - zu Ehren von Semai Mehmet Dede, einem Enkel von Dschelaleddin Mewlana Rumi, unter Sultan Beyazit II. (1481-1512) und auf Anweisung seines Wesirs Iskender Pascha. Später ging die Anlage auf den Khalwati-Orden über. Als Mevlevi-Konvent wurde sie dann Anfang des 18. Jahrhunderts von Sırrı Abdi Dede wieder instandgesetzt und restauriert. Nach einem Brand im Jahr 1765 musste sie neu aufgebaut werden, und unter den Sultanen Selim III. und Abdülmecit wurden weitere Renovierungsarbeiten vorgenommen. Dem Galata Mevlevihanesi angeschlossen waren die Halet Efendi Bibliothek, der Halet Efendi Brunnen und das Halet Efendi Mausoleum, der Hadikat-ül-Ervah (der Garten der Seelen, in dem sich die Derwische versammelten, um zu meditieren), ein *Hamuşhâne* (Haus der Stille - Friedhof), eine Küche, der Hasan Agha Brunnen, eine *Semahâne* (Derwischhalle), ein Harem und eine Waschküche.

Im Galata Mevlevihanesi wurden auch viele Musiker ausgebildet, unter anderem Nayi Osman Dede, Sırrı Abdülbaki Dede, Scheich Galib Dede, Ataullah Dede, Neyzen Şeyda Veli Dede und Leyla Hanım. Sogar osmanische Sultane bekamen hier Musikunterricht erteilt. Ibrahim Müteferrika, Ismail Ankaravi und Scheich Galip liegen auf dem Friedhof des Konvents begraben. 1925 wurde ein Gesetz verabschiedet, das

IN DER UMGEBUNG

Empfohlene Besuchszeit: 30 Min.

Museum der Osmanischen Bank

Die Osmanische Bank in der Bankalar Caddesi war einst die Staatsbank des Osmanischen Reichs. Das Gebäude wurde 1890 von dem renommierten französisch-türkischen Architekten Alexander Vallaury erbaut, zusammen mit der Tabakgeneralverwaltung Reji, und eröffnete 1892. Es diente bis vor kurzem als Hauptverwaltungsgebäude der Osmanli Bankasi. Nach der Fusion der Osmanischen Bank mit der Garanti Bank firmiert sie nun auch unter dem Namen Garanti Bank. Im Obergeschoss ist das Archiv und Forschungszentrum der Osmanischen Bank untergebracht. Das Museum präsentiert seinen Besuchern einen Überblick über die Geschichte des Bankwesens und ist täglich von 10 - 18 Uhr geöffnet.

die Schließung aller Derwisch-Klöster im Lande vorsah. Davon war auch das Mevlevihanesi betroffen. Heute beherbergt ein Teil des Komplexes das Verwaltungsamt von Beyoğlu, während ein anderer Teil als Museum genutzt wird.

Zu den wichtigsten Kunstwerken, die gegenwärtig dort ausgestellt werden, gehören Musikinstrumente, Derwisch-Gewänder, Banaluka-Gebetsteppiche aus dem 18. und 19. Jahrhundert, silberne Kronleuchter und Rednerpulte. Außerdem verfügt das Museum über eine kostbare Sammlung von 194 Handschriften osmanischer Dichter. Das Museum ist dienstags bis sonntags von 9:30 Uhr bis 17 Uhr geöffnet. [Samstags werden von Mai bis Oktober um 17 Uhr und von Oktober bis April um 15 Uhr Aufführungen der Tanzenden Derwische dargeboten.]

Arabische Moschee

15 min.

Diese größte Moschee auf der Galata-Seite des Goldenen Horns liegt an der Kreuzung *Tersane Caddesi* und *Galata Mahkemesi Sokak*. Zur Zeit der Eroberung Istanbuls stand hier eine Kirche, die 1475 auf Befehl von Sultan Mehmet II. in die Galata-Moschee umgewandelt wurde. 1492 emigrierten viele Araber aus Andalusien hierher und siedelten sich in der Nähe der Moschee an, daher wurde sie unter dem Namen Arabische Moschee bekannt. Im Laufe der Jahre fielen mehrfach ausgiebige Restaurierungsarbeiten und Umbauten an, die den Charakter der Moschee veränderten. Bei eben solchen Arbeiten wurden 1913 unter dem Boden Inschriften und zahlreiche Grabsteine der Genueser gefunden und ins Archäologische Museum gebracht. Die Moschee ist ein mit rechteckigem Grundriss konzipiertes gotisches Bauwerk. Das eckige Minarett wurde auf den Glockenturm der alten Kirche gebaut, es erinnert an die Minarette in Andalusien.

Neve Schalom Synagoge

15 min.

Dieses größte jüdische Gotteshaus in der Türkei liegt in der *Büyük Hendek Caddesi* in Kuledibi. Die Neve Schalom (Friedensoase) Synagoge diente nach ihrer Fertigstellung zunächst nicht nur als Gebetshaus, sondern auch als jüdische Schule. Ihr Bau wurde in den späten 1930er Jahren von der jüdischen Gemeinde beschlossen, als die Keneset Synagoge (Apollon) und die Zulfaris Synagoge nicht mehr in der Lage waren, den Bedarf an Gebetshäusern der rasch wachsenden jüdischen Bevölkerung in Galata und Beyoğlu zu decken. Am 26. September 1938, dem jüdischen Feiertag Rosch Haschana, fand die feierliche Eröffnung der Synagoge statt, die fortan insbesondere an religiösen Feiertagen genutzt wurde. Der heutige moderne Bau wurde von den Architekten Elyo Ventura und Bernar Motola entworfen.

Beyoğlu

Der Stadtteil Beyoğlu umfasst das Gebiet zwischen Taksim-Platz und Tünel, die Hauptachse *Istiklal Caddesi*, die zwischen Taksim und Tünel verläuft, und alle Nebenstraßen, die von ihr abzweigen.

Der früher unter dem Namen Pera bekannte Bezirk lag außerhalb der alten Stadtmauern von Galata, gehörte aber zu Galata. Bis ins 17. Jahrhundert hinein, als sich ausländische Botschaften hier anzusiedeln begannen, bestand Pera größtenteils aus Wäldern und Feldern. Zu den Bewohnern zählten vor allem Italiener, zudem standen hier einige Sommerresidenzen. Sultan Süleyman der Prächtige gab dem Bezirk dann im wahrsten Sinne des

INFO

Der Stadtteil Beyoğlu hieß zu Byzantinerzeiten Pera. Pera bedeutet auf Griechisch drüben, das heißt: gegenüber der Altstadt auf der anderen Seite des Goldenen Horns. Beyoğlu wurde der Bezirk erst nach der Eroberung Istanbuls genannt. Der Begriff steht wörtlich übersetzt für Sohn eines Bey (Gouverneurs oder Herrn) und verweist auf den Namensgeber des Stadtteils. Es gibt zwei Hypothesen, wer dieser Bey gewesen sein könnte: entweder Alexios Komnenos, der Prinz von Pontus, der unter Sultan Mehmet II. den Islam annahm und in Beyoğlu eine Villa besaß, oder aber Luigi Giritti, der Sohn des venezianischen Botschafters Andre Giritti, dem hier ebenfalls eine Villa gehörte.

Wortes ein neues Gesicht. Unter seiner Herrschaft besserten sich die Beziehungen der Osmanen zu Frankreich, weil er die Franzosen unterstützte und Handelsverträge (sogenannte Kapitulationen) mit ihnen schloss. Insbesondere der Bau der französischen Botschaft in Pera (auch als Palais de France - Französischer Palast - bezeichnet) erwies sich als treibender Faktor für die Umgestaltung dieses ländlichen Gebiets in ein florierendes Botschaften- und Handelsviertel. Ihr folgten die venezianische, die britische, die polnische und die niederländische Botschaft. Und im 18. Jahrhundert ließen sich weitere Botschaften und Konsulate hier nieder.

Der heute legendäre Charakter von Pera begann sich erst im 19. Jahrhundert herauszubilden. Dem Journalisten Çelik Gülersoy zufolge frönten die hier ansässigen Ausländer bis dahin einem türkischen Lebensstil. Sie besaßen keine luxuriösen Möbel und auch kein exquisites Porzellan, sondern aßen von *Sinis* (großen Tabletts) und bereiteten ihre Speisen im *Tandur* (einem mit Holzkohle geheizten Backofen) zu.

Einen weiteren Schub erhielt die Urbanisierung von Pera nach dem Feuer von 1831, weil Ausländer zu jener Zeit besondere rechtliche und ökonomische Sicherheiten und Freiheiten genossen, die ihnen durch Verträge garantiert wurden. Mit Beginn der *Tanzimat*-Ära wurde ihnen außerdem das Recht auf den Erwerb von Privateigentum eingeräumt. Dieser juristische Rahmen ermöglichte den Europäern, Pera zum Abbild einer europäischen Stadt zu machen - zu einem Zentrum von Unterhaltung und Luxus mit prunkvollen Gebäuden in ganz unterschiedlichen Stilen.

In der *Istiklal Caddesi* und ihren Seitenstraßen siedelten sich ein italienisches und ein französisches Theater, luxuriöse Residenzen, Hotels, Bars, exquisite Geschäfte und Unterhaltungsbetriebe an. In unmittelbarer

CAFÉ/RESTAURANT

Hacı Abdullah Restaurant

Die Geschichte des Hacı Abdullah Restaurants begann kurz vor Ende der Osmanenära, als am Karaköy Kai ein Restaurant namens Abdullah Efendi eröffnete, in dem Gesandte und Botschafter bewirtet und verköstigt wurden. Die Lizenz für das Gewerbe hatte Sultan Abdülhamit II. persönlich ausgestellt. 1915 zog das Hacı Abdullah Restaurant vom Karaköy Kai in den Stadtteil Beyoğlu um. Es empfängt seine Gäste im Erdgeschoss der Rumeli Passage.

Nachbarschaft der Botschaften wurden exotische Waren feilgeboten, es herrschte eine polyglotte Atmosphäre. Türkische Bauwerke suchte man in Pera lange Zeit vergebens. Seit 1913 verkehrten elektrische Straßenbahnen zwischen Beyoğlu und Şişli, und parallel dazu fühlten sich nun auch mehr und mehr Türken von dem Stadtteil angezogen.

Durch den Zuzug von Muslimen veränderte sich der Stadtteil abermals. Im Ersten Weltkrieg stagnierte das soziale Leben, bevor mit der Gründung der Türkischen Republik eine neue Phase eingeleitet wurde. 1914 verließen weite Teile der nicht-muslimischen Bevölkerung den Bezirk, was dessen Anziehungskraft kurzfristig schmälerte. Dann aber spülte die Russische Revolution von 1917 zahlreiche Flüchtlinge nach Beyoğlu, und auch andere Faktoren veränderten das alte Ambiente: die Verlagerung von Botschaften nach Ankara im Jahr 1929, die 1942 verabschiedete Vermögenssteuer, der 2. Weltkrieg, die Auswanderung der Juden in den neu gegründeten Staat Israel und die Abwanderung der Griechen nach den Übergriffen vom 6./7 September 1955.

Zu wichtigsten Bauten des Stadtteils Beyoğlu von heute zählen die Galatasarayı Ocağı (auch bekannt als Acemi Oğlanlar Kaserne), das Galata Mevlevihanesi die Şahkulu Moschee und die Agha Moschee.

I Istiklal Caddesi

1 Std.

Die vom Taksim-Platz bis zum Tünel verlaufende Geschäftsstraße *Istiklal Caddesi* ist eine der lebhaftesten, kosmopolitischsten und überfülltesten Örtlichkeiten

Istiklal Caddesi

in Istanbul. Hier pflegte man sich schon vor Jahrhunderten zu amüsieren und tut es auch heute noch.

Die Entwicklung der *Istiklal Caddesi* vollzog sich parallel zur Entwicklung des Stadtteils Beyoğlu. Anfänglich und bis ins 19. Jahrhundert führte sie vom Galata Turm nach Galatasaray. Bis ins 18. Jahrhundert war sie unbefestigt; ihr Aufstieg begann erst, als immer mehr Ausländer zuzogen. Diese nannten sie *Grande Rue*, während die Osmanen sie als *Cadde-i Kebir* bezeichneten. Beides bedeutet: Große Straße.

Ihren heutigen Straßenverlauf erhielt die *Große Straße* in der zweiten Hälfte des 19. Jahrhunderts. Damals wie heute schlug hier das Herz von Pera, dem Stadtbezirk der Ausländer aus dem Westen, der Attachés und der nicht-muslimischen Minderheiten. In den Schaufenstern der *Großen Straße* wurde Luxus und Glamour zur Schau gestellt. Zu Hotels, Restaurants und Bars gesellten sich Unterhaltungsbetriebe wie Kinos, Opern- und Balletthäuser und Zirkusse.

Französisches Kulturinstitut

15 min.

Vom Taksim-Platz kommend, gleich am Anfang der *Istiklal Caddesi*, liegt das französische Kulturinstitut. Das Institut Français bietet Sprachkurse an, in seinen kulturellen Aktivitäten spiegeln sich die französisch-türkischen Beziehungen wider. Es wurde im 17. Jahrhundert zeitgleich mit der französischen Botschaft, dem ersten ausländischen Botschaftsgebäude in Istanbul, erbaut und sollte ursprünglich als Krankenhaus dienen. Im 19. Jahrhundert musste das Holzgebäude gleich mehrmals Instandsetzungsarbeiten über sich ergehen lassen. 1898 wurde es aus Stein neu aufgebaut, und seit 1920 wird es als Konsulat genutzt.

Agha Moschee *(Hüseyin Ağa Camii)*

15 min.

Die Agha Moschee liegt auf der *Istiklal Caddesi*. Sie überblickt die *Sakızağacı Caddesi* im Westen und die *Maliyeci Caddesi* im Norden. Die Moschee wurde 1594 von Scheich-ul Islam Hüseyin, dem Agha von Galatasaray, erbaut und 1894 unter Mahmut II. restauriert. Von Osten her ist die Moschee mit der Rumeli Passage verbunden, und sie ist vollständig von einer Hofmauer umgeben.

St. Antonius Kirche

30 min.

Die St. Antonius Kirche liegt, wenn man von Galatasaray Richtung Tünel geht, auf der linken Seite der *Istiklal Caddesi*. Die Kirche und die Anlage, die sie umgibt, wurden von dem Architekten Giulio Mongeri gestaltet. Die Priester sind zum Großteil Italiener. Auf dem heutigen Gelände der Kirche stand früher einmal das *Concordia Theater an Garde*. Nach Abriss des alten Gebäudes erfolgte 1906 die Grundsteinlegung für die Kirche, und 1912 wurde sie fertiggestellt. Trotzdem reicht die Geschichte der Kirche schon viele Jahrhunderte zurück.

St. Antonius Kirche

Papst Johannes XXIII.

Ihr ursprünglicher Standort war Azapkapı gewesen (wo heute der Perşembe Pazarı angesiedelt ist), dort hatten Mönche des Franziskanerordens sie 1272 aus Holz erbaut. Dieser Bau überdauerte bis 1699, als er bei einem Brand zerstört wurde. Anschließend plante man, die Kirche wieder aufzubauen, aber Sultan Mustafa II. verweigerte dem Unternehmen aus politischen Gründen die Zustimmung und ließ stattdessen an gleicher Stelle eine Moschee errichten: die Neue Moschee (Yeni Camii). 1762 wurde auf dem Grundstück der französischen Botschaft die katholische Franziskanerkirche gebaut, die später aber wieder abgerissen wurde, weil sie den Straßenbahnlinien im Weg stand. Erst danach begannen die Arbeiten an der St. Antonius Kirche an ihrem heutigen Standort. Bis sie fertiggestellt werden konnte, sollten jedoch noch 6 Jahre vergehen, denn das Osmanische Reich hatte zur Auflage für den Bau der Kirche gemacht, dass zunächst die Wohnstätten der Franziskanermönche gebaut wurden. Die St. Antonius Kirche ist die größte katholische Kirche in Istanbul. 1967 feierte Papst Paul VI. hier die erste Heilige Messe eines Papstes auf türkischen Boden.

Vor der Kirche steht eine Statue von Papst Johannes XXIII., der das 2. Vatikanische Konzil eingeleitet hat. Er diente in Istanbul von 1934 bis 1944 als Apostolischer Delegat und Vikar. In der Türkei kennen ihn die Menschen noch heute als Papa Roncalli.

Galatasaray Hamam

15 min.

Das *Hamam* (türkisches Bad) befindet sich links neben dem Galatasaray-Gymnasium, an der Kreuzung *Turnacibasi Caddesi/ Sadri Alışık Sokak*. Es wurde 1481 auf Geheiß von Sultan Beyazıt II. auf dem Gelände der Galatasaray-Schule gebaut, die dem Stadtbezirk den Namen gab. Bis zur Gründung der Republik war das Hamam dem Galatasaray-Gymnasium angegliedert, dann wurde das Tor zum hinteren Garten der Schule verriegelt. Das Hamam wurde unabhängig und zu einem öffentlichen Bad umfunktioniert. Die letzten Renovierungsarbeiten fanden 1965 statt.

Galatasaray Gymnasium

15 min.

Diese Schule trug ursprünglich den Namen *Galata Sarayı Mekteb-i Sultanisi* oder *Mekteb-i Sultani* - Schule des Sultans -, weil sie vom Sultan gegründet wurde. Sie nahm am 1. September 1868 den Lehrbetrieb auf, ihr türkisch-französischer Lehrplan war ein bildungspolitisches Symbol der *Tanzimat*-Ära. Das Galatasaray Gymnasium wurde auf den Grundmauern der Galata Palastinnung (Galata Sarayı Ocağı) errichtet, die der Sultan für die *Enderun*-Ausbildung, die Ausbildung von Christenjungen für höhere Ränge in der osmanischen Armee oder im Verwaltungssystem, hatte bauen lassen. Die Existenz der Schule ist den Bemühungen des damaligen französischen Botschafters Bourée, vor allem aber den Inspirationen einer Reise zu verdanken, die Sultan Abdulaziz mit seinem Großwesir und Außenminister Keçecizade Fuad Pascha und Bildungsminister Saffet Pascha 1867 nach Europa unternahm.

Die Eröffnung des Mekteb-i Sultani

CAFÉ/RESTAURANT

Konditorei Inci

Diese schon legendäre Konditorei an der Istiklal Caddesi, in der Nähe vom Atlas-Kinos, ist berühmt für ihre Windbeutel. Die Grundsteinlegung für das Gebäude erfolgte bereits 1910, die Konditorei eröffnete in den 1930er Jahren.
Zunächst wurde sie von Luka Zigoris und Lefter Ilyadis geführt, bevor sie dann in ein großes Feinkostgeschäft namens Balkan Tereyağları unter der Leitung von Aleko Pilarinos integriert wurde. In der Konditorei werden bis heute ausschließlich Windbeutel, selbstgemachte Limonade und Wasser verkauft. Die Süßspeise wird in einer Küche hinter der Konditorei frisch zubereitet, und an ihrer hervorragenden Qualität hat sich all die Jahre nichts geändert.

Beyoğlu-Barcelona Cafe&Patisserie
Fon: (212) 292 4321

Bereket Döner
Fon: (212) 251 4221

J'adore Chocolatier&Cafe
Taksim İstiklal Caddesi Emir Nevruz Sok. No: 22

zielte ursprünglich darauf ab, hochqualifiziertes Personal für wichtige Positionen in der Regierung auszubilden. Die neuen Beamten mussten in die Lage versetzt werden, den Modernisierungsprozess des Osmanischen Reichs aktiv zu begleiten und die geplanten Strukturreformen in die Tat umzusetzen. Diesen Zweck erfüllte das Mekteb-i Sultani viele Jahre lang. Es orientierte sich dabei am französischen Bildungssystem, der Unterricht wurde auf Französisch und Türkisch erteilt. Die Schule nahm Schüler im Alter zwischen 9 und 12 Jahren auf. Diejenigen von ihnen, die das türkische Programm durchliefen, erhielten ein Abschlusszeugnis namens *Ehliyetname*, während diejenigen, die nach französisch-türkischem Lehrplan studierten, mit einem Diplom namens *Şahadetname* ausgezeichnet wurden. 1924 wurde die Mekteb-i Sultani in Galatasaray Gymnasium (*Galatasaray Lisesi*) umbenannt. Sie hat sich ihren hervorragenden Ruf als Bildungseinrichtung bis heute bewahrt, und noch immer wird dort nach türkisch-französischem Lehrplan unterrichtet.

Anadolu Passage

30 min.

Die Anadolu Passage liegt an der *Istiklal Caddesi*, neben dem Atlas Kino. Sie führt zur *Alyon Geçidi*, einer der berühmten alten Straßen von Beyoğlu. Die Passage wurde im 20. Jahrhundert für die Öffentlichkeit freigegeben. Zuvor befanden sich die Anadolu Passage sowie noch zwei weitere Passagen in dem Viertel - die Rumeli Passage und die Afrika Passage - im Privatbesitz von Ragıp Pascha, einem der Kämmerer von Sultan Abdülhamit II. Ragıp Pascha finanzierte den Bau der Passagen aus eigener Tasche, weil er damit einen Beitrag zur wirtschaftlichen Entwicklung der Stadt leisten wollte. Das Gebäude an der *Istiklal Caddesi* repräsentiert die typische Beyoğlu-Architektur.

Rumeli Passage

30 min.

Die Rumeli Passage liegt vom Taksim Richtung Galatasaray gehend rechts von der *Istiklal Caddesi*, zwischen *Sakız Ağacı Sokak* und *Imam Adnan Sokak*. Sie ist eine von insgesamt drei Passagen, die auf Initiative und mit Geldern von Ragıp Pascha in Beyoğlu gebaut wurden. Die Namen der drei Passagen standen für die drei Kontinente, über die sich das Osmanische Reich einst erstreckte: Europa, Asien und Afrika. Alle drei Passagen wurden aus Stein errichtet. Die Arbeiten an dieser Passage begannen in der zweiten Hälfte des 19. Jahrhunderts.

Afrika Passage

15 min.

Diese Passage liegt zwischen der *Büyük (Großen) Parmakkapı Sokak* und der *Küçük (Kleinen) Parmakkapı Sokak*. Auch die Afrika Passage gehörte Ragıp Pascha. Sie ist die neueste der drei Passagen. Das Obergeschoss des sechsstöckigen Bauwerks beherbergte eine Wohnung, in der Levantiner lebten.

Taksim

Das Taksim-Viertel gehört zu den neueren Vierteln von Istanbul. Vor Jahrhunderten gab es hier nur einen armenischen Friedhof auf einer großen Wiese und einen von Zypressen gesäumten muslimischen Friedhof. Im Laufe der Zeit wurden dort herrschaftliche Gärten angelegt, von denen aus man einen atemberaubenden Blick auf das Goldene Horn und den Bosporus genießen konnte. Aber noch lange wurden die Freiflächen des Hügels von Levantinern, Russen, Armeniern und Muslimen als Friedhof genutzt. Während die Muslime ihre Toten in Ayazpaşa beerdigten, lagen die Friedhöfe der Minderheiten auf der Harbiye-Seite in Talimhane.

INFO

Am Taksim-Platz, dem höchsten Punkt Beyoğlus, endete eine von Norden kommende, 23 km lange Fernwasserleitung. Von hier aus wurde das Wasser dann auf diverse Leitungen verteilt, die es anderen Stadtteilen zuführten. Die Wasserinfrastruktur - das Leitungssystem, die Reservoire und die Verteiler, die die Stadt mit Wasser versorgten -, war so konstruiert, dass zuerst die öffentlichen Bäder und die Brunnen und Zisternen gespeist wurden, aus denen die Bevölkerung ihr Wasser entnahm. Abgesehen von den nahe gelegenen Palästen waren noch gegen Ende des 19. Jahrhunderts erst sehr wenige Privathaushalte an das Wassernetz angeschlossen. Ab dem 18. Jahrhundert ließen sich immer mehr Menschen im Norden des Goldenen Horns nieder, und an den Ufern des Bosporus entstanden Sommervillen und -residenzen (sogenannte Yalıs). Der gestiegene Wasserbedarf wurde durch die Taksim Wasserwerke gedeckt. Das 25 Meter lange Bauwerk und der Verteiler belieferten alle Viertel von Maslak bis Taksim und auch die an Taksim angrenzenden Viertel mit Wasser. Die technisch anspruchsvolle Wasserversorgung ist also ein Erbe der Osmanenzeit. Der Verteiler und das Leitungssystem wurden inzwischen zwar ersetzt, aber die Stauseen im Belgrader Wald im Norden der Stadt sind auch heute noch ein unverzichtbarer Bestandteil der Wasserversorgung.

In späteren Jahren wurde hier eine Artillerie-Kaserne für die osmanischen Janitscharen gebaut, die ab den 1880er Jahren von Gärten im englischen Stil umfasst wurden. Mit der Zeit verfielen die Barracken und wichen einem Park. Heute ist das Taksim-Viertel eines der zentralsten, geschäftigsten und überfülltesten Viertel von Istanbul.

Der Name Taksim bedeutet wörtlich Verteilung und verdankt sich einem Wasserverteiler, der hier im 18. Jahrhundert unter Sultan Mahmut I. errichtet wurde. Der klassische steinerne Kuppelturm markiert die höchstgelegene Stelle von Beyoğlu. Über kilometerlange Leitungen wurde Wasser aus den Bergen im Norden hierhin geleitet und in die umliegenden Stadtteile weiterverteilt.

Taksim-Platz

15 min.

Der unaufhaltsame Aufstieg der einstmaligen Wiese zwischen dem Taksim Maksemi (dem Wasserverteiler) und der Artillerie-Kaserne zu einem der wichtigsten Verkehrsknotenpunkte der Stadt begann mit der Errichtung des Denkmals der Republik und dem Ausbau des Transportwesens. In den frühen Jahren der Republik entwickelte sich der Taksim-Platz zu einem Symbol der Republik. Heute platzt er fast aus allen Nähten, weil hier eine Straßenbahn-, eine U-Bahn- und sogar eine Seilbahnstation angesiedelt wurden, ganz zu schweigen von zig Bushaltestellen.

Hagia Triada Kirche

Denkmal der Republik

30 min.

Das 1928 errichtete Denkmal wurde von dem italienischen Bildhauer Pietro Canonica entworfen und erinnert an die Gründung der Republik. Die Anfertigung der Bronzefiguren nahm 2,5 Jahre in Anspruch. Finanziert wurde sie durch Gelder, die man in der Bevölkerung sammelte.

Hagia (Aya) Triada Kirche

15 min.

Die historische griechisch-orthodoxe Kirche Hagia Triada liegt in der *Meşelik Sokak*, zwischen der *Istiklal Caddesi* und der *Sıraselviler Caddesi*. Vom Eingangsbereich der Kirche aus schaut man auf die Häuser und Geschäfte in der *Sıraselviler Caddesi*, die der Stiftung der Kirche gehören. [Diese Kirche ist die erste Kirche mit einem Kuppeldach, die in Istanbul gebaut werden durfte.]

Atatürk Kulturzentrum

30 min.

Auf der Suche nach einem geeigneten Standort für ein modernes Kulturzentrum fiel die Wahl der Stadtverwaltung geradezu selbstverständlich auf das Taksim-Viertel. Nach dem Abriss des Ayazpaşa-Friedhofs in den 1920er Jahren wurden auf einem Teil des Geländes Wohnhäuser errichtet, während auf einem anderen Teil eine Große Oper entstehen sollte. Die Planungen zu diesem Bau konkretisierten sich in den 1930er Jahren, doch dann kam der Zweite Weltkrieg dazwischen, sodass der erste Spatenstich erst 1946 erfolgte. Aber auch danach verzögerten sich die Arbeiten immer wieder, weil die Finanzierung Probleme bereitete und die Architekten ständig wechselten. Die Eröffnung der Oper fand 1969 statt, doch schon ein Jahr später musste sie wieder schließen. Am Ende weiterer umfangreicher Restaurierungs- und Umbauarbeiten stand 1977 schließlich ein stilvolles und vielseitiges Kulturzentrum mit einem großen Veranstaltungssaal für über 1.300 Besucher, einer Konzerthalle für 500, einem Theater für 200 und einem Kino für 250 Besucher. Hinzu kommen eine Kunstgalerie, eine Werkstatt, Lager- und Technikbereiche. Die Säle sind durch großzügige Foyers miteinander verbunden. Noch heute ist das Atatürk Kulturzentrum das beliebteste Zentrum für Kunst und Kultur in Istanbul.

Kazancı Moschee

15 min.

Diese auf dem Kazancı Hügel von Taksim gelegene Moschee wurde im 17. Jahrhundert im osmanischen Stil errichtet. Sie verfügt über einen quadratischen Grundriss und ein Ziegelsteinminarett.

Sirkecibaşı Moschee

15 min.

Auch diese Moschee gegenüber dem Taksim Sıraselviler Ilkyardım Krankenhaus hat einen quadratischen Grundriss. Sie stammt aus dem 18. Jahrhundert, das Mauerwerk besteht aus Stein und Backstein. Die Kanzeln sind aus Holz gefertigt.

Taksim Hamam

15 min.

Hygiene und Sauberkeit sind wichtige Elemente der türkischen Kultur. Das Konzept der Reinlichkeit existierte bereits, als die Türken noch ein nomadisches Leben führten, und mit dem Islam verfeinerte es sich weiter. Besonders viel Wert auf Reinlichkeit legten die Osmanen, und aus diesem Verständnis heraus entwickelte sich im Laufe der Zeit ihre Hamam-Kultur. Hamams - oder türkische Bäder - sind heiße Dampfräume mit angeschlossenen kühleren Erholungsräumen. Sie wurden an zentralen Orten gebaut, waren zum Teil auch Moscheen angegliedert und standen auch dem einfachen Volk offen. Schon im Register der Stadt aus dem Jahr 1734 ist für Taksim ein Bad namens Tepebaşı Hamamı verzeichnet, jedoch ohne genaue Adressenangabe. Die Überreste des alten Taksim Hamams auf der *Istiklal Caddesi* beherbergen derzeit ein Ladenlokal. Im Obergeschoss befinden sich Gewerberäume.

Taksim Maksemi
(Wasserverteiler/Wasserreservoir)

Der Taksim Maksemi liegt am südlichen Ende des Taksim-Platzes. Er wurde erbaut, um die Wasserversorgung zu sichern, und diente lange Jahre als zentraler Wasserverteiler der Stadt. Die Arbeiten an dem Bau begannen unter Sultan Ahmet III. und wurden unter Mahmut I. 1731 abgeschlossen. Der Taksim Maksemi ist ein runder Turm aus Kalkstein mit einem achteckigen pyramidenförmigen Dach. Über dem überwölbten Eingangstor ist eine aus drei Versen bestehende Inschrift aus dem Jahr 1732 zu erkennen. Das Fenster über dem Tor ist links und rechts jeweils von einem Vogelhäuschen im klassisch türkischen Stil flankiert. Geht man vom Maksem in Richtung Harbiye, kommt man zu einer langgezogenen Mauer, die zu einem Wasserreservoir gehört, das den Maksem mit Wasser versorgte, wenn dieser einmal von den Leitungen abgeschnitten war.

Maksem Brunnen

Der Brunnen von Mahmut I., rechts neben dem Eingangstor des Maksem, spiegelt den architektonischen Stil seiner Zeit wider. Leider ist er derzeit außer Betrieb und wirkt verwahrlost.

Hafız Ahmet Pascha Brunnen

Unmittelbar gegenüber von Taksim, an der Kreuzung *Kazancı Ali Cami Sokak* und *Başkurt Sokak*, stoßen wir auf einen weiteren Brunnen. Er trägt den Namen seines Erbauers: Hafiz Ahmet Pascha Brunnen. Der im klassischen Stil gestaltete Brunnen aus behauenem Stein gehört zu den schönsten Brunnen Istanbuls mit Wasserreservoir. Er wurde von Taksim aus mit Wasser versorgt, infolge von Renovierungsarbeiten jedoch von der Wasserversorgung abgeschnitten.

1 Std.

Harbiye Militärmuseum (*Askeri Müze*)

In den Räumlichkeiten der früheren Militärakademie an der *Cumhuriyet Caddesi* im Harbiye-Viertel ist das Militärmuseum untergebracht.
Die Anfänge des Museums reichen bis ins 15. Jahrhundert zurück. Nach der Eroberung Konstantinopels durch die Türken im Jahr 1453 wurde die Irenenkirche im Außenhof des Topkapı-Palasts zu einem Depot für wertvolle Waffen und Kriegsmaterial umfunktioniert. Und 1726 wurde eine Organisation namens *Dar-ül Esliha* (Haus der Waffen) gegründet, die die Objekte dieses Waffenlagers ordnete und katalogisierte.

IN DER UMGEBUNG

Öffentliche Mehter-Konzerte

Das Museum hat täglich außer montags und dienstags von 9:00 Uhr bis 17:00 Uhr geöffnet. Von 15:00 bis 16:00 Uhr tritt im Atatürk Saal des Museums eine Mehter-Kapelle auf (eine traditionelle Janitscharen-Kapelle). Die Mehter-Kapellen begleiteten die Sultane früher auf ihre Feldzüge und sprachen dem Heer mit Marschmusik Mut zu. Bevor die Kapelle in traditioneller Tracht und mit traditionellen Instrumenten aufspielt, werden im Auditorium im Obergeschoss Informationen zur osmanischen Geschichte gegeben (auch auf Englisch). Zum Repertoire des Orchesters gehören Musikstücke aus dem Osmanischen Reich und auch aus dem 20. Jahrhundert. Übrigens waren angeblich auch Beethoven und Mozart von dieser Musik begeistert und haben Elemente davon in ihre Kompositionen mit einfließen lassen.

CAFÉ/RESTAURANT

Saray Muhallebicisi
Fon: (212) 292 3434

1846 war es dann soweit, und auf Initiative von Damat Ahmet Fethi Pascha öffnete das nach heutiger Definition erste Museum in der Türkei seine Pforten. Zwischen den Arkaden der ehemaligen Irenenkirche wurden Schaukästen und Vitrinen aufgestellt und neben alten Kriegswaffen, Uniformen, Feldzelten etc. auch archäologische Objekte präsentiert. Diese Ausstellung in der Irenenkirche trug den Namen Müze-i Hümayun (Imperiales Museum). Als das Gebäude zu klein wurde, zog das Museum 1993 in die restaurierte alte Militärakademie in Harbiye um.

In dem Museum in Harbiye sind auf mehreren Etagen 5.000 von insgesamt 45.000 Objekten ausgestellt. Die reichhaltige Sammlung ist nach Themenbereichen, Daten und Epochen geordnet. Sie besteht aus Waffen, Uniformen, Zelten, Fahnen, Medaillen, Gemälden und anderen Militaria. Auch die Sperrkette, mit der die Byzantiner vor der Eroberung von Konstantinopel das Goldene Horn überzogen, um den osmanischen Schiffen die Einfahrt zu verwehren, ist dort zu sehen. Die Ausstellungsstücke zeugen von der Macht der osmanischen Armee und veranschaulichen die Entwicklung des osmanischen Militärs. Ein Themenkomplex ist außerdem dem türkischen Unabhängigkeitskrieg gewidmet.

Taksim Topçu Kışlası
Artillerie Kaserne

Nach einer Phase der Stagnation im 17. Jahrhundert sahen sich die Osmanen gezwungen, diverse Reformen in die Wege zu leiten. Neue Schulen eröffneten, unter anderem auch die Taksim Artillerie Kaserne. Sie wurde im 19. Jahrhundert zu Herrschaftszeiten von Sultan Abdülmecit (1839-1861) unter der Aufsicht von Halil Pascha gebaut. Doch schon in den Jahren zwischen 1860 und 1870 verlor sie allmählich an Bedeutung. Während der Besetzung von Istanbul quartierten sich die Truppen der Entente-Mächte in der Kaserne ein. Nach 1939 wurde die Kaserne dem Erdboden gleichgemacht und das Taksim-Viertel in ein beliebtes Ausflugsziel verwandelt.

Nişantaşı

1 Std.

Dort, wo die Viertel Osmanbey und Harbiye ineinander übergehen, an der Kreuzung zwischen *Teşvikiye Caddesi* und *Valikonagi Caddesi*, steht ein Stein mit der Inschrift „Dieses Kunstwerk wurde von Sultan Mecit gestiftet". Nach diesem Stein ist das Viertel Nişantaşı benannt. Er erinnert daran, dass der Sultan, dem im Osmanischen Reich alles Land gehörte, diese Fläche zur öffentlichen Nutzung freigab. Sie sollte fortan als Wohnviertel dienen. Das einstmals aus großen Orchideen- und Erdbeerfeldern bestehende Viertel beginnt am Fuße des Hügels hinter dem Dolmabahçe Palast und erstreckt sich über die *Maçka*, die *Teşvikiye* und die *Rumeli Caddesi* bis zur Residenz des Gouverneurs.

Im Osmanischen Reich wurden Wettbewerbe im Bogenschießen veranstaltet, bei denen man die am weitesten geschossenen Pfeile mit Steinen markierte. Auf diese Markierungssteine geht der Name des Viertels Nişantaşı (Markerstein) zurück. Schon zu Römerzeiten pflegte man Entfernungen mit Steinen zu kennzeichnen, und Steine dieser Art ließ Sultan Abdülmecit auch aufstellen, um das Areal von Teşvikiye zu markieren. In der Frühphase der *Nizam-ı Cedid* (der Neuen Ordnung, dem ersten Versuch einer Annäherung des Osmanischen Reichs an den Westen im 18. Jahrhundert) wurden hier Schießübungen veranstaltet und außerdem eine kleine Holzmoschee gebaut, in der sich die Schützen erholen konnten und der Sultan seine Gebete verrichtete. Diese Moschee war das erste Gebäude von Nişantaşı. Auf ihren Fundamenten wurde später die Teşvikiye Moschee errichtet, die heute noch steht. Auch die Errichtung des Vorgängerbaus der modernen Sait Çiftçi Grundschule ging auf einen Befehl des Sultans zurück.

Der Umzug der Sultansresidenz in den Dolmabahçe Palast wertete das Viertel auf; vor allem bei Angehörigen der Herrscherfamilie und führenden Staatsmännern erfreute es sich fortan großer Beliebtheit. Pera war damals bereits ein bedeutendes Handelszentrum, und weil Nişantaşı in unmittelbarer Nachbarschaft lag, dauerte es nicht lange, bis in dem Viertel ebenfalls geschäftiges Treiben herrschte. Heute gehört Nişantaşı mit seinen noblen Cafés, Restaurants, Bars und Boutiquen zu den wohlhabendsten Vierteln der Stadt. Der Lebensstil der Bewohner von Nişantaşı war von Anfang an westlich geprägt, wovon auch die Architektur des Viertels kündet.

Teşvikiye Moschee

15 min.

Es braucht schon viel Fantasie, um sich vorzustellen, dass Nişantaşı irgendwann einmal aus nichts als Feldern bestand. Eine kleine Moschee aus Holz war das erste Gebäude, das damals hier gebaut wurde. Schnell platzte sie aus allen Nähten und wurde den Bedürfnissen der Bewohner nicht mehr gerecht. Daraufhin wurde an ihrer statt die Teşvikiye Moschee errichtet, die auch heute noch steht - der Inschrift auf dem Tor der Sultansloge zufolge auf Geheiß von Sultan Abdülmecit. Im Hof der Moschee sind zwei Markierungssteine (*Nişantaşı*) zu besichtigen. In den einen ist eingraviert, dass es Sultan Selim III. gelang, einen Pfeil 1.260 *Gez* weit zu schießen, in den anderen, dass Sultan Mahmut II. dasselbe Kunststück vollbrachte. (Ein *Gez* entsprach einer Pfeillänge.)

Cihangir Moschee

15 min.

Die Cihangir Moschee ist die Perle des Cihangir Viertels. Ihrem Besucher liegt die Stadt regelrecht zu Füßen. Von dem charmanten Innenhof aus hat man einen unvergleichlich schönen Blick auf Istanbul und den Bosporus, der die 400 Jahre alte Pracht dieser Moschee auf das Vortrefflichste abrundet. Cihangir ist ein bezauberndes, stolzes und gebildetes Viertel von Istanbul, das sich seiner Schönheit sehr wohl bewusst ist. Und wahrlich bezaubernd thront auch die Cihangir Moschee über dem Ufer - dort, wo das Meer auf das Land trifft, mitten im Zentrum von Istanbul. Erstaunlicherweise ist diese Moschee relativ unbekannt. Wer dennoch den Weg hierher findet, wird von ihrer friedlichen Atmosphäre und dem malerischen Panorama schwärmen: Zwischen der historischen Halbinsel und der asiatischen Seite der Stadt hindurch kann man bis zu den Prinzeninseln sehen. Der Hof der Moschee ähnelt in seiner Pracht einem Sultansgarten, er ist - genau wie die Moschee - täglich von frühmorgens ab dem Morgengebet bis spätabends zum Nachtgebet geöffnet. Die Moschee wurde von 1559 bis 1560 errichtet und nach einem Brand auf Geheiß von Sultan Abdülhamit II. neu aufgebaut. Die Gebetsnische, die Kanzel und die Sultansloge sind aus Holz gefertigt und schmeicheln dem Auge. Die 39 Tafeln, die das Innere der Moschee zieren, datieren aus den Jahren zwischen 1868 und 1890. Sie wurden von so renommierten osmanischen Kalligraphen wie Rakım, Şevki, Hasan Rıza, Sabri Şefik, Muhammed Fehmi, Mehmet Tahir, Arif und Seyyid Ali entworfen. Der architektonische Stil der Moschee ist vergleichbar mit dem der Mihrimah Sultan Moschee in Edirnekapı, die unter der Leitung von Mimar Sinan erbaut wurde. Der Friedhof der Moschee beherbergt 28 Gräber, unter anderem das von Hasan Burhaneddin Cihangir, einem Scheich des Khalwati-Sufiordens.

15 min.

Yeraltı Moschee *(Unterirdische Moschee)*

Die Yeraltı Moschee ist die einzige Moschee der Stadt, die unter der Erde liegt. Einige Treppenstufen führen in die Tiefe hinab. Der Innenraum ist völlig untypisch für eine Moschee, da das finstere Gewölbe ursprünglich nicht als Gebetshaus (weder als Moschee noch als Kirche) gedacht war. In byzantinischer Zeit diente es vielmehr als Verlies. In dem Turm über diesem Verlies, der heute nicht mehr existiert, war einst die kolossale Sperrkette befestigt, mit der Schiffe daran gehindert werden konnten, ins Goldene Horn einzudringen. Die Yeraltı Moschee ist auch unter dem Namen *Kurşunlu Mahzen* (Bleikeller) bekannt. Denn nach einer vergeblichen Belagerung von Byzanz durch das Umayyaden-Reich soll dessen Oberbefehlshaber Maslama Waffen in dem Kellerverlies zurückgelassen und alle Türen verriegelt haben, indem er sie mit geschmolzenem Blei übergießen ließ. Unter Sultan Ahmet III. wurde das Verlies 1725 von Mustafa Bahir Pascha aus Çorlu, einem der seinerzeit höchsten Beamten, in eine Moschee umgewandelt. Für diese Entscheidung spielte eine wichtige Rolle, dass in dem Verlies angeblich zwei Gefährten des Propheten begraben lagen.

Istanbul Modern

1 Std.

Das Istanbul Modern ist eine aufwendig umgebaute alte Lagerhalle am Pier von Karaköy und gilt als Symbol für die Weltoffenheit der Stadt. Es zeigt in wechselnden Ausstellungen türkische Gegenwartskunst und konzentriert sich ganz auf junge einheimische Künstler. Bekannt ist es vor allem für seine Videoinstallationen, Fotoausstellungen und Collagen. Außerdem verfügt es über eine Bibliothek und einen Filmsaal. Einen Besuch wert sind definitiv auch das moderne Terrassen-Cafe und der Museumsshop.

Tophane

15 min.

Die Tophane-i Amire (Kanonengießerei) war eine der ersten Produktionsstätten für Waffen, die die Osmanen errichten ließen. [Ihr verdankt der Stadtteil Tophane (Kanonenhof) seinen Namen.] Sultan Mehmet II., der bei der Eroberung von Konstantinopel vor allem auf Kanonen gesetzt hatte, bestand darauf, dass die Tophane außerhalb der Stadtmauern von Galata an der Pforte zum Bosporus gebaut wurde. Über das Bauwerk selbst ist nur wenig bekannt, jedoch war die Kanonengießerei aufgrund des großen Bedarfs an Waffen und Waffentechnologie bis in die Regierungszeit von Sultan Abdülaziz

ÖFFNUNGSZEITEN

Istanbul Modern
Di. – So. 10:00 – 18:00 Uhr
Do. 10:00 – 20:00 Uhr
außer an Neujahr und am 1. Tag der religiösen Feiertage
Eintritt: 17 ₺ (ca. 6 €)
www.istanbulmodern.org

CAFÉ/RESTAURANT

Cihangir-Kahvedan
Fon: (212) 292 4030

Tophane-Erzurum Çay Evi
Fon: (212) 252 2469

hinein gut ausgelastet. Im Laufe der Jahre kamen diverse Anbauten hinzu, die aber nach Bränden mehrfach restauriert werden mussten.

Im Hauptgebäude siedelten sich nach 1958, im Anschluss an eine aufwendige Renovierung, eine Reihe von kleineren Ladenlokalen an. Abgesehen davon aber stand die ehemalige Kanonengießerei 40 Jahre lang leer, weil man sich nicht auf einen sinnvollen Nutzungsplan einigen konnte. 1998 wurde die Tophane der Mimar Sinan Universität der Schönen Künste übergeben. Seitdem finden in der ehemaligen Fabrikhalle regelmäßig Ausstellungen und Präsentationen statt.

15 min.

Tophane Pavillon *(Tophane Kasrı)*

Das Tophane Kasrı liegt heute an der *Necatibey Caddesi* in Tophane, gleich neben der Nusretiye Moschee, und früher direkt an dem alten Tophane-Platz. Der Bau des Pavillons wurde von Sultan Abdülmecit in Auftrag gegeben und unter der Leitung des englischen Architekten James Smith 1852 fertiggestellt. Hier logierten die Sultane, wenn sie ihre Armee in Tophane besuchten, hier wurden die Gesandten ausländischer Staaten empfangen, wenn sie in der Stadt eintrafen. So quartierte Sultan Abdülmecit beispielsweise den Bruder des russischen Zaren, Großfürst Konstantin, vorübergehend in dem Gebäude ein. Zudem wurde der Pavillon Zeuge wichtiger historischer Ereignisse: In seinen Räumlichkeiten fand 1897 die internationale Konferenz zur Beendigung des osmanisch-griechischen Krieges statt, und nach dem Abkommen von Lausanne tagte hier die Commission des Détroits (die Internationale Meerengenkommission). Der Pavillon ist rechteckig und hat zwei Stockwerke, er liegt parallel zum Meer. Sehenswert sind seine Schnitzereien, sein im Barockstil gehaltener Säulenbalkon, die Deckenmalereien und der Kamin aus Marmor.

Nusretiye Moschee

15 min.

Diese barocke Moschee wurde zwischen 1823 und 1826 auf Befehl von Sultan Mahmut II. errichtet und verfügt über zwei elegante Minarette. Es lohnt sich, die Sultansloge, die Räumlichkeiten des Sultans, den Brunnen im Hof und das *Muvakkithane* (ein Observatorium für gebetsrelevante Zeit- und Kalenderberechnungen) zu besichtigen. Der Innenraum ist großartig gestaltet, die Kuppel mit von Gold überzogenen Holzornamenten verziert. Die Gebetsnische und die Kanzel sind aus Marmor und mit feinen Gravuren geschmückt. Die Kalligraphien stammen von den berühmtesten und besten Kalligraphen des Osmanischen Reiches.

Kılıç Ali Pascha Komplex

30 min.

Dieser kleine Komplex, bestehend aus Moschee, Medresse, Schrein, Brunnen und Hamam liegt am Tophane-Platz. Er wurde 1581 von dem Kapudan Pascha (dem ranghöchsten Marineoffizier) Kılıç Ali Pascha in Auftrag gegeben und vom Meisterarchitekten Sinan gebaut. Es ist eines seiner letzten Bauwerke. Als Kılıç Ali Pascha Sultan Murat III. um ein Stück Land ersuchte, um eine Moschee darauf zu errichten, beschied dieser ihm angeblich, er solle doch mit dem Meer vorliebnehmen, schließlich sei er doch Kapudan Pascha. Kılıç Ali Pascha kam dieser Empfehlung nach und ließ die Moschee auf einem Stück Land bauen, das dem Meer abgewonnen wurde. Im Innenhof steht ein Brunnen mit einer Kuppel, die auf acht Marmorsäulen ruht. Die rechteckige Moschee gilt als Miniaturversion der Hagia Sophia. Von der zentralen Kuppel hing einst eine Sturmlaterne hinunter, die 1948 dem Schifffahrtsmuseum übergeben wurde. Das Minarett auf der rechten Seite der Moschee verfügt über nur einen Balkon. Das Grabmal von Kılıç Ali Pascha im Hof ist in Richtung der Kaaba von Mekka ausgerichtet. An der Gartenmauer zur Straße hin befindet sich ein weiterer Brunnen. Das Hamam auf der rechten Seite der Moschee ist auch heute noch in Betrieb. Die Medresse liegt auf der dem Meer zugewandten Seite der Moschee.

KAPITEL 4

Beşiktaş

Besiktaş

Ortaköy und Yıldız

Highlights & Tipps

1 Dolmabahçe Palast

2 Ortaköy

3 Schifffahrtsmuseum

Besiktaş gehört zu den lebendigsten und am dichtesten besiedelten Stadtteilen Istanbuls. An diesem Ort der Gegensätze gibt es üppige Paläste und Parks, Künstler- und Studentenviertel und unzählige gemütliche Cafés und Restaurants. Gleich daneben aber auch luxuriöse Shopping-Malls, Wolkenkratzer, Hotels der Superlative und Zentren der Hochfinanz. Eine bunte Mischung, die dem alten Stadtteil am Bosporusufer ein unverwechselbares Flair verleiht.

Highlights: Die Hauptsehenswürdigkeiten dieses Stadtteils liegen fast alle direkt am Bosporusufer: mehrere Paläste samt riesigen Parkanlagen, die **Rumelische Festung** sowie das **Schifffahrtsmuseum**. Der sicherlich berühmteste Palast von Besiktaş ist der **Dolmabahçe Palast**, der jedoch nur in Gruppen besichtigt werden kann. Die Führungen dauern ca. 2 Stunden und gewähren eindrucksvolle Einblicke in das Leben bei Hofe im Osmanischen Reich.

Tipp: In gut 30 Minuten Fußweg, vorbei am **Yıldız Park**, den man auch als den Central Park von Istanbul bezeichnet, erreicht man den Nachbarstadtteil **Ortaköy** zu Füßen der Bosporus Brücke. Ortaköy ist ein ehemaliges Fischerdorf, das sich oberhalb der Meerenge an den Hügel schmiegt. Mit seinen bunten Häusern, schmalen Gassen, Kunsthandwerksläden, Cafés und Bars

Kultur & Sehenswertes

1 Çırağan Palast
2 Barbarossa Denkmal
3 Rumelische Festung
4 Yıldız Palast
5 Yıldız Stadtmuseum
6 Malta Pavillon
7 Ortakköy Moschee

Genießen

1 Dolmabahçe Teegarten
2 Cafe Antik Laterna
3 Kale Cafe

zählt es heute zu den beliebtesten Open-Air-Treffpunkten der Stadt.

Einen Besuch lohnt auch das **Istanbul Sapphire**, einer der höchsten Wolkenkratzer Europas mit einer vollverglasten Aussichtsplattform. Wer möchte, kann dort einen simulierten Helikopter-Flug über die reizvollsten Orte der Stadt unternehmen.

Unterwegs: In Besiktaş empfiehlt es sich, gemächlich von einer Sehenswürdigkeit zur nächsten zu schlendern. Wer weniger Zeit hat, nimmt sich ein Taxi oder fährt mit dem Bus. In Reichweite liegt auch das asiatische Ufer. Vom Ableger Besiktaş verkehren regelmäßig Fähren nach Üsküdar. Die Überfahrt dauert gut 20 Minuten.

Beşiktaş

Das auf der europäischen (Rumeli-) Seite des Bosporus zwischen Tophane und Ortaköy gelegene Beşiktaş ist einer der ältesten Stadtteile außerhalb der Stadtmauern von Istanbul. Beşiktaş grenzt im Westen an den Stadtteil Şişli und im Norden an Beyoğlu und Sarıyer. Bis 1930 gehörte Beşiktaş offiziell zu Beyoğlu. Früher hieß der Stadtteil *Kune Petro* - Steinwiege. Der berühmte osmanische Reiseschriftsteller Evliya Çelebi wusste von einem steinernen Becken zu berichten, in dem Jesus als Kind gebadet worden sein soll; dieses sei von Jerusalem hierher gebracht worden, und ein Priester namens Yaschla habe um das Becken herum eine große Kirche gebaut. Historiker hingegen gehen davon aus, dass Beşiktaş zunächst *Beştaş* (5 Steine) hieß, weil Barbaros Hayrettin Pascha (Barbarossa) hier 5 steinerne Pfeiler im Meer errichtete, an denen Schiffe vertäut wurden; im Laufe der Zeit sei daraus dann Beşiktaş geworden.

Beşiktaş war schon in der Byzantinerzeit vom 4. bis zum 15. Jahrhundert eine der wichtigsten Ansied-

lungen am Bosporus, berühmt vor allem für drei Bauwerke: die Kirche Hagios Mikhail, der Palastkomplex Hagios Mamas (die Sommerresidenz der Kaiser) und das Fokas Kloster.

Die Hagios Mikhail Kirche wurde von Kaiser Konstantin, dem Gründer von Konstantinopel, zwischen 305 und 337 gebaut. Sie beherbergte eine berühmte Mosaikikone des Erzengels Michael und zog als wichtiger Wallfahrtsort viele christliche Pilger an.

Im Osmanischen Reich war Beşiktaş ein Seefahrts- und Marinezentrum, was insbesondere darauf zurückzuführen war, dass sich der Flottenkommandeur Barbarossa hier heimisch fühlte. Ihm gehörte nicht nur ein *Yalı* (eine Sommerresidenz) in Beşiktaş, sondern er ließ dort auch eine Moschee, eine Medresse und ein Grundschule bauen. Nach seinem Tod wurde er in dem Stadtteil begraben. Alte Stadtchroniken belegen, dass Beşiktaş unter Süleyman dem Prächtigen aufblühte und sich seine Bedeutung auch unter Sultan Selim II. bewahrte.

Die Gegend um das Grab von Barbarossa, ein ehemaliger Sklavenmarkt, war auch unter dem Namen Deve Meydanı (Kamel-Platz) bekannt. Hier zogen die Karawanen auf dem Weg von Anatolien nach Rumeli (Europa) durch. In späteren Zeiten war Beşiktaş das Tor nach Üsküdar für Soldaten, die von Anatolien nach Rumeli oder von Rumeli nach Anatolien abkommandiert wurden.

Arnavutköy

Das Viertel Arnavutköy liegt zwischen Bebek und Kuruçeşme. Zu Byzantinerzeiten hieß es nacheinander Hestai, Promotu und Anaplus. Wann und warum es in Arnavutköy (Albanerdorf) umbenannt wurde, ist unklar. Möglicherweise gab Sultan Mehmet der Eroberer den Anstoß dazu; denn er sorgte dafür, dass sich Albaner hier niederließen. Das Viertel ist für seine schönen osmanischen Holzvillen und seine Fischrestaurants bekannt.

Aşiyan

Das Viertel Aşiyan zwischen Bebek und der Festungsanlage Rumelihisarı liegt auf einem Friedhofshügel. Im Griechischen kannte man es unter dem Namen Lomekopi und im Türkischen unter dem Namen Boğazkesen - Abschneider der Meerenge, Halsabschneider -, weil dieses hervorspringende Stück Land den Bosporus verengt. Der heutige Name geht auf das ehemalige Wohnhaus des osmanischen Dichters Tevfik Fikret zurück, das vom Friedhof umgeben und mit Blick auf das Meer hoch oben auf dem Hügel thront. Das Haus wurde aufgrund seiner exponierten Lage Aşiyan genannt, was im Persischen Vogelnest bedeutet. Heute beherbergt es ein kleines Museum mit Ausstellungsstücken, die an den Dichter erinnern. Ruhetage: Sonntag und Montag.

Bebek

Einer Theorie zufolge ist das Viertel Bebek nach Bebek Çelebi benannt, einem Leutnant von Sultan Mehmet I. Wahrscheinlich handelte es sich um seinen Spitznamen, denn Bebek bedeutet auf Türkisch eigentlich Baby. Jedenfalls wurde Bebek Çelebi hierher entsandt, um die Rumeli-Festung zu errichten, der die Kontrolle über den Bosporus obliegen sollte. Sich selbst baute Çelebi in Bebek außerdem ein Haus mit Garten. Von Ende des 18. Jahrhunderts bis Mitte des 19. Jahrhunderts erstreckte sich das befestigte Ufer von Bostancıbaşı Defterleri am Arnavutköy Kai entlang bis zur Rumeli-Festung. Direkt am Wasser standen ungefähr 40 Villen von osmanischen Staatsmännern, zum Beispiel die des *Scheich-ul Islam* (des höchsten religiösen Würdenträgers im Osmanischen Reich), des *Kazasker* (Militärrichters) von Rumeli, des *Reisülküttab* (Außenministers) und des obersten Arztes.

Kuruçeşme

Kuruçeşme erstreckt sich von der Landspitze Defterdarburnu in Ortaköy am Meeresufer entlang und die steilen Hügel dahinter hinauf bis zum Ortseingang von Arnavutköy in Sarrafburnu und der Çorlulu Ali Pascha Villa (dem Eingang zum Robert College). Die grünen Haine von Kuruçeşme wurden vielfach in Stichen dargestellt. In den Başvekâlet-Archiven aus den frühen 1800er Jahren sind sie als einer von insgesamt

Bosporus Brücke

28 Gärten aufgeführt. Die Konzeption und Pflege der Ufer- und Villengärten, die den Mitgliedern der Sultansfamilie und hochrangigen staatlichen Würdenträgern gehörten, wurde sehr ernst genommen und oftmals sogar eigens zu diesem Zweck engagierten Gärtnern aus Europa anvertraut.

Dolmabahçe Palast

2 Std.

Der Legende nach sollen Jason und seine Argonauten am heutigen Standort des Dolmabahçe Palasts auf der Suche nach dem Goldenen Vlies Anker geworfen haben. Außerdem ließ Sultan Mehmet II. während der Eroberung von Konstantinopel an dieser Stelle angeblich seine Schiffe anlegen, um von hier aus zum Goldenen Horn vorzustoßen. Später ankerten in dieser Bucht, die als Naturhafen genutzt wurde, die *Kabudan Paschas*, und hier fanden auch die Zeremonien der Kriegsmarine statt. Das Land, auf dem der Dolmabahçe Palast steht, wurde im 17. Jahrhundert

abreißen, da die Holzgebäude allmählich verfielen. 1843 gab er den Auftrag zum Bau des Dolmabahçe Palasts als neue Sultansresidenz.

Das Anwesen des Palasts (*Dolmabahçe Sarayı* - Palast der vollen Gärten) umfasst samt seiner Umschließungsmauern rund 11 Hektar. Der Bau wurde 1856 fertiggestellt und ruht auf einem Sockel aus Eichensäulen. Der Palast besteht aus einem Hauptgebäude und 16 Nebengebäuden mit unterschiedlichen Funktionen: Stallungen, Mühlen, Apotheken, Küchen, Vogelvolieren, Glasbläserei, Gießerei und Konditorei. Unter Sultan Abdülhamit II. (1876-1909) kamen der Uhrturm und im hinteren Garten die Räumlichkeiten der Kronprinzen hinzu.

Das Hauptgebäude wurde von den osmanischen Architekten Karabet und Nikogos Balyan erbaut. Es ist in drei Bereiche unterteilt: *Mabeyn-i Humayun* (der traditionelle Empfangsraum für Männer), *Muayede Salon* (der Zeremoniensaal) und *Harem-i Humayun* (der Harem des Sultans - die Räumlichkeiten für die Familie des Sultans). Der Mabeyn-i Humayun diente als Verwaltungsgebäude, in diesem wichtigsten Bereich des Palasts wickelte der Sultan

dem Meer abgewonnen und anfänglich als Garten für den Sultan genutzt.

Im Laufe der Jahre bauten hier mehrere Sultane Villen und Pavillons, die in ihrem Gesamtbild einer Palastanlage ähnelten, weshalb man sie auch als den Uferpalast von Beşiktaş bezeichnete. Sultan Abdülmecit ließ diesen Uferpalast jedoch

ÖFFNUNGSZEITEN

Dolmabahçe Palast
Täglich 9:00 – 16:00 Uhr
außer montags und donnerstags
Nur mit Führung
Eintritt: 30₺ (ca. 10 €)
www.millisaraylar.gov.tr

seine Staatsangelegenheiten ab. Der Harem-i Humayun hingegen war ausschließlich dem Sultan persönlich und seiner Familie zugänglich. Der Muayede Salon, das Scharnier zwischen den beiden anderen Bereichen, fungierte als Empfangs- oder Festsaal, in dem der Sultan hochrangige Beamte begrüßte und Feierlichkeiten abgehalten wurden. Zwischen 1910 und 1912 wurde der Palast an das Stromnetz angeschlossen und mit einer Zentralheizung ausgestattet. Er verfügt über drei Stockwerke, 285 Zimmer, 46 Säle, 6 Balkone, 68 Toiletten und 6 türkische Bäder. Auf den Parkettfußböden des Palastes liegen auf einer Fläche von knapp 4.500 Quadratmetern die kostbarsten Teppiche der Welt aus, hergestellt in den Fabriken von Hereke (am nördlichen Ufer des Golfs von Izmit).

Der *Medhal* Salon, der Empfangssaal am Eingang, heißt Besucher willkommen, und über die Kristalltreppe gelangt man in den ersten Stock. Dort warten der *Süfera* Salon, in dem früher ausländische Botschafter bewirtet wurden, und der Rote Salon, in dem sie vom Sultan empfangen wurden. Beide Räume sind in einem Stil dekoriert, der vom verblichenen Glanz des Osmanischen Reichs kündet.

Der *Zülvecheyn* Salon - der nach zwei Seiten offene Saal - im Obergeschoss ist ein Privatgemach des Sultans, ausgestattet mit einem üppigen türkischen Bad, dessen Marmorverkleidung eigens aus

Ägypten hergebracht wurde, einem Studierzimmer und weiteren Empfangsräumen.

Der riesige *Muayede Salon* zwischen Harem und Mabeyn misst über 2.000 Quadratmeter. Der Audienzsaal ist der mit Abstand höchste Raum des Palasts, er ruht auf 56 Säulen und wird von einer 36 Meter hohen Kuppel überragt. Die aus England importierten Kronleuchter

Dolmabahçe Palast

in der Halle wiegen zwischen vier und fünf Tonnen. Beheizt wird der Saal von Heißluft, die aus dem Keller zu den Sockeln der Säulen nach oben strömt. Dadurch konnten hier auch in der kalten Jahreszeit Zeremonien in angenehmer Atmosphäre abgehalten werden. Weitere wichtige Bereiche des Palasts sind die Suite der *Valide Sultan* (der Mutter des Sultans), der Blaue Saal und der Rosafarbene Saal, die Schlafgemächer der Sultane Abdülmecit, Abdülaziz und Mehmet Reşat, der Bereich für die unterrangigen weiblichen Bediensteten (das *Cariyeler Dairesi* - Konkubinenzimmer), die Zimmer der *Kadınefendis* (der Ehefrauen des Sultans) sowie das Arbeits- und Schlafzimmer Atatürks. Im Haremsbereich sind zahllose kostbare Wert- und Kunstgegenstände wie Teppiche, Vasen und Kronleuchter zu bewundern.

Barbarossa Denkmal

Die Bronzeskulpturen wurden von Ali Hadi Bara und Zühtü Müridoğlu angefertigt. Das Denkmal ist 11,5 Meter hoch. Es wurde am 25. März 1944 enthüllt.

Barbarossa Grab

Barbaros Hayrettin Pascha, im Westen besser bekannt unter dem Namen Barbarossa, wurde 1534 von Sultan Süleyman dem Prächtigen zum Großadmiral der osmanischen Kriegsflotte ernannt. Als er 1546 starb, fand er in einem eigens für ihn neben einer Medresse errichteten Mausoleum in Beşiktaş seine letzte Ruhestätte, so wie er es in seinem Testament verfügt hatte. Das Mausoleum gegenüber der Sinan Pascha Moschee wurde von dem Architekten Sinan erbaut. Dessen eigene Villa ganz in der Nähe des Mausoleums wurde 1541 oder 1542 abgerissen, um Platz für die Grabstätte des bedeutendsten osmanischen Marineadmirals zu schaffen. Das Mausoleum ist im klassischen osmanischen Stil des 16. Jahrhunderts gestaltet: ein überkuppeltes achteckiges Bauwerk aus Stein mit einem kleinen Vorbau. Im Innern befinden sich auch die Gräber von Kapitän Cafer Pascha, von Barbarossas Sohn und von seiner Ehefrau. In das grüne Seidenbanner über dem Sarkophag ist eine Abbildung von *Zulfikar*, dem berühmten Schwert des Kalifen Ali ibn Abi Talib, eingearbeitet.

Schifffahrtsmuseum

1 Std.

Hinsichtlich seiner Fläche ist das Schifffahrtsmuseum das größte Museum in der Türkei, und mit seinen 20.000 Exponaten zählt es sogar zu den führenden Museen der Welt. Es untersteht der türkischen Marine und war das erste Militärmuseum in der Türkei.

Das Schifffahrtsmuseum wurde 1897 auf Anweisung des Oberbefehlshabers der Kriegsmarine, Hasan Hüsnü Pascha von Bozcaada, und mit Unterstützung des Kommandanten des Kaiserlichen Marinearsenals, Admiral Hikmet Bey, von dem Marinegeschichtsschreiber Süleyman Nutki im Kaiserlichen Marinearsenal (der heutigen Taşkızak Werft in Hasköy, Istanbul) als Museums- und Bibliotheksverwaltung gegründet. In der Folge diente es allerdings vor allem als Lagerstätte für nicht klassifizierte Objekte, bis Cemal Pascha, der Minister für Marineangelegenheiten, es 1914 im Zuge von umfassenden Reformmaßnahmen in allen Bereichen wieder seiner ursprünglichen Bestimmung als Museum und Verwaltung zuführte. Der Künstler Ali Sami Boyar wurde zum Direktor ernannt, und er ordnete die Sammlungen neu und mit wissenschaftlicher Methodik. Er etablierte eine Werkstatt für Schiffsmodelle, in der türkische Schiffe nachgebaut wurden, und eine Werkstatt für die Anfertigung von lebensgroßen Puppen für das Museum. Dies waren wichtige Schritte in der Entwicklung zu dem

Schifffahrtsmuseum

Museum, wie es sich uns heute präsentiert. 1961 schließlich wurde es an seinen heutigen Standort in der Nähe des Denkmals und der Grabstätte des osmanischen Großadmirals Barbarossa am Iskele Platz im Stadtteil Beşiktaş transferiert.

In dem Museum gibt es einige traditionelle Kajiks zu bestaunen, jene prunkvollen Schiffe, mit denen sich die Sultane ans asiatische Ufer des Bosporus übersetzen ließen. Das wertvollste Exponat ist die Exkursionsgaleere von Sultan Mehmet IV., der von 1648 bis 1687 herrschte. Dieses im Museumsgarten ausgestellte Schiff misst 40 Meter in der Länge, ist 5,90 Meter breit und wiegt 140 Tonnen. An 44 Riemen mühten sich 144 Ruderer, für die auch an einen Erholungsraum gedacht war. Der Pavillon des Schiffs ist ein Meisterwerk türkischer Handwerkskunst. Ebenfalls im Garten zu besichtigen sind die Mosaikreproduktion einer legendären Karte des Kartographen Piri Reis, drei Wandkarten, die die Grenzen des osmanischen Herrschaftsbereichs nachzeichnen, Büsten berühmter türkischer Seefahrer, wetterfeste Objekte wie Minen, Torpedos und Seekanonen sowie alte Logbücher. Das Schifffahrtsmuseum verfügt über 3.742 Ausstellungsstücke und die Bibliothek über rund 20.000 Bücher, darunter auch einige Handschriften. Darüber hinaus lagern im Historischen Seefahrtsarchiv ungefähr 25 Millionen handschriftliche Dokumente.

ÖFFNUNGSZEITEN

Schifffahrtsmuseum
Täglich 9:00 – 17:00 Uhr
außer montags, Neujahr und 1. Tag der religiöser Feiertage
Eintritt: 6₺ (ca. 2 €)
www.denizmuzeleri.tsk.tr

Sinan Pascha Moschee

15 min.

Diese Moschee gegenüber dem Fähranleger Beşiktaş wurde von dem Architekten Sinan auf Befehl des Wesirs Sinan Pascha erbaut, der von 1548 bis 1550 *Kabudan Pascha* war. Sie hat einen rechteckigen Grundriss und nur ein Minarett. Die zentrale Kuppel wird von Gewölben und sechseckigen Säulen getragen und zusätzlich von zwei seitlichen Kuppeln gestützt. Die Räumlichkeiten um den Portikus auf der Rückseite der Moschee beherbergten einst eine Medresse, die Sultansloge wurde zerstört.

Çırağan Palast

Die schönsten Flecken am Bosporusufer waren schon immer für die Pavillons und Residenzen der Sultane und hochrangigen Würdenträger reserviert. Doch die meisten dieser Bauten hatten nicht lange Bestand, bis sie verfielen, abbrannten oder aus anderen Gründen abgerissen wurden. Ein gutes Beispiel dafür liefern der Çırağan Palast und seine Vorgängerbauten an der Uferfront des Bosporus.

Das Grundstück, auf dem der Çırağan Palast - heute umgebaut zum 5-Sterne-Luxushotel - steht, wurde im 17. Jahrhundert Kazancıoğlu-Garten genannt. Schon in der zweiten Hälfte des 16. Jahrhunderts hatte Admiral Kılıç Ali Pascha in dem Garten die erste Residenz am Wasser errichten lassen. 1648 vermachte Sultan Murat IV. den Garten seiner Tochter Kaya Sultan und ihrem Ehemann Großwesir Melek Ahmet Pascha, die sich dort eine kleine Holzvilla bauten, in der sie die Sommermonate verbrachten. Zu Beginn des 18. Jahrhunderts schenkte Ahmet III. Haus und Grundstück seinem Schwiegersohn Großwesir Ibrahim Pascha aus Nevşehir, der zusammen mit seiner Frau Fatma Sultan in exquisitem Ambiente Feste mit Fackelbeleuchtung veranstaltete, sogenannte *Çırağan Senlikleri*s. Von diesen Festen rührt der Name Çırağan Palast her.

Lady Mary Wortley Montagu, die Gattin des englischen Botschafters Edward Wortley Montagu, lebte von 1717 bis 1718 in Istanbul und schrieb von dort aus Briefe an Freunde und Bekannte. Darin erwähnt sie auch den alten Çırağan Palast: „Er liegt in einer der reizendsten Gegenden der Meerenge und hat einen schönen Wald am Abhang eines Hügels, der dahinter ansteigt. Er ist ungeheuer groß. Der Hüter versicherte mir, es wären 800 Zimmer darin; ich will für diese Zahl nicht einstehen, weil ich die Räume nicht zählte, aber es sind gewiss sehr viele, und das Ganze ist verschwenderisch mit Marmor, Vergoldung und den auserlesensten Malereien von Blumen und Früchten verziert. Die Fenster sind alle aus feinstem Kristallglas, das aus England gebracht worden ist. Durchgehends herrscht die verschwenderischste Pracht, die man sich nur in einem Palast denken kann, den ein junger, üppiger Mann, dem der Reichtum eines großen Reiches zu

Çırağan Palast

Gebote steht, aufgebaut hat."

Nach dem Aufstand von 1730, der die Tulpenära beendete, wurde der Palast ausgeräumt und verfiel, bis ihn Sultan Mahmut wieder instandsetzen ließ, um dort Bankette für ausländische Botschafter abzuhalten. Schließlich kaufte Yusuf Ziya Pascha, der Großwesir von Selim III., den Palast, riss ihn ab und beauftragte Kirkor Balyan mit dem Bau eines neuen Palasts aus Marmor, den er 1805 dem Sultan zum Geschenk machte. Dieser bot ihn anschließend seiner Schwester Beyhan Sultan an, die aber ablehnte.

Mahmut II. nutzte den Palast zunächst als Sommerresidenz, ebnete ihn dann aber erneut ein, um zwischen 1835 und 1843 von Garabed Balyan einen noch größeren und prachtvolleren Bau errichten zu lassen. Obwohl auch diesmal wieder große Mengen an Holz verbaut wurden, bestand das Hauptgebäude mit seinen 40 klassischen Säulen nun erstmals vorwiegend aus Marmor und Stein.

1855 beschloss Sultan Abdülmecit, seinen offiziellen Wohnsitz in den Dolmabahçe Palast zu verlegen, was zur Folge hatte, dass der Çırağan Palast abermals abgerissen wurde. Unter der Leitung des Architekten Nikogos Balyan wurde nun ein imposanter Steinpalast gebaut, der jedoch aufgrund von finanziellen Problemen und wegen des sogenannten Kuleli-Vorfalls (einer aufgedeckten Verschwörung zur Ermordung des Sultans) nur zur Hälfte fertiggestellt werden konnte.

Weitergebaut wurde erst unter dem nächsten Sultan Abdülaziz, der verlangte, dass der Palast als Symbol seiner Regentschaft im arabischen Stil erbaut werde. Also wurden Künstler nach Spanien und Nordafrika entsandt, um dort Zeichnungen von berühmten Gebäuden anzufer-

GEMÄLDE- UND SKULPTURENMUSEUM

Empfohlene Besuchszeit: 45 Min.

Das Resim Heykel Müzesi ist im Kronprinzentrakt auf der Rückseite des Dolmabahçe-Palasts beheimatet. Auf Wunsch von Atatürk öffnete es am 10. September 1937 seine Tore und war der Istanbuler Akademie der Bildenden Künste (der heutigen Mimar Sinan Universität) angeschlossen. Der Eingang liegt gegenüber der Fähranlegestelle Beşiktaş. Das dreistöckige, in viele Zimmer und Säle unterteilte Gebäude beherbergt einige kleinere Ausstellungsräume, sogenannte Hareket Pavyons, in denen Sonderausstellungen stattfinden. Das Istanbuler Gemälde- und Skulpturenmuseum zeigt Exponate von berühmten türkischen Künstlern wie Osman Hamdi Bey, Şeker Ahmet Paşa, Ibrahim Çallı, Bedri Rahmi, Abidin Dino und Sabri Berkel. Im Besitz des Museums befinden sich 495 Skulpturen und über 7.200 Zeichnungen. Das Museum ist mittwochs, donnerstags und freitags von 9:00 Uhr bis 17:00 Uhr geöffnet. Der Eintritt ist frei. Fon: (212) 261 429

CAFÉ/RESTAURANT

Dolmabahçe Teegarten
(neben dem Dolmabahçe Palast)

tigen. Es heißt, der Sultan habe so stark in die Planungen eingegriffen, dass die Entwürfe 20-mal überarbeitet werden mussten, bevor er zufriedengestellt war. Die Tore des Palasts, jedes von ihnen 1.000 Gold-*Akçe* wert, begeisterten den deutschen Kaiser Wilhelm derart, dass man ihm einige davon zum Geschenk machte. (Diese sind heute im Berliner Museum zu besichtigen.) Feinster Marmor und Perlmutt wurden aus der ganzen Welt herangeschafft. Die Inneneinrichtung war purer Luxus, die Fassade kunstvoll mit mehrfarbigem Marmor verkleidet, und die verspielten Säulen zeugten von außerordentlicher Steinmetzkunst. In den Zimmern lagen die kostbarsten Teppiche aus, und die Möbel waren mit Gold beschlagen oder mit Perlmuttintarsien verziert. Ein Steg verband den Palast mit dem Yıldız Park oben auf dem Hügel. Die der Straße zugewandte Seite des Palasts war von abweisenden, hohen Mauern umgeben. Genau wie die anderen Paläste am Bosporus wurde auch der Çırağan Palast Zeuge vieler wichtiger Konferenzen.

Insgesamt verschlang der Bau fünf Millionen osmanische Goldlira. Doch trotz alledem zog Abdülaziz schon nach wenigen Monaten wieder aus, weil er ihn als zu feucht befand, um auf Dauer darin zu leben. Stattdessen wurden dort nach der Thronbesteigung von Sultan Abdülhamit 1876 der geistig umnachtete Sultan Murat V. und seine Familie bis zu seinem Tod im Jahr 1905 unter Hausarrest gehalten. Danach tagte ab dem 14. November 1909 das Parlament in dem Palast - aber nur zwei Monate lang, dann brach von der Zentralheizung ausgehend ein Feuer aus, das binnen nicht einmal 5 Stunden den gesamten Palast zerstörte und nichts als ein steinernes Gerippe hinterließ. Neben unermesslich wertvollen Antiquitäten, Gemälde und Büchern gingen in den Flammen auch zahlreiche wichtige Dokumente verloren.

1946 übergab das Parlament den Palast samt Nebengebäuden und Grundstück der Stadtverwaltung Istanbul, die das Gelände zunächst als Abladeplatz für Sand und andere Baumaterialien nutzte, später auch als Schwimmbad und als Fußballplatz. Es schien nur eine Frage der Zeit, bis auch die letzten Überreste des ehemaligen Palastes verschwunden sein würden. Dann aber wurde der Palast doch noch umfassend restauriert und zu einem Luxushotel umgebaut.

Ortaköy

2 Std.

Ortaköy war seit jeher ein sehr kosmopolitisches Viertel mit türkischen, griechischen, armenischen und jüdischen Gemeinden. Unterschiedliche Ethnien und Glaubensrichtungen lebten hier in Frieden miteinander, und diese Toleranz zeichnet das Viertel auch heute noch aus. Zu Füßen der Bosporusbrücke gelegen, ist Ortaköy mit seiner imposanten Moschee direkt am Pier auch vom Wasser aus kaum zu übersehen. Besonders beliebt ist der Flohmarkt von Ortaköy, der jeden Sonntag zum Bummeln und Stöbern einlädt.

In den Straßen um die Moschee gibt es zahlreiche Kunstgalerien und -händler, die einen Besuch wert sind. Zudem kann man am Kai in gemütlicher Atmosphäre mit Sicht auf die Bosporus-Brücke Kumpir (Backkartoffeln) essen. Mit seinem mediterranen Flair gehört der Stadtteil zu unseren Geheimtipps.

Ortaköy Moschee

15 min.

Die Ortaköy Moschee liegt auf der Rumeli-Seite des Bosporus im Stadtteil Beşiktaş, auf einer kleinen Landzunge direkt an der Fähranlegestelle Ortaköy. Sie ist im Westen und Süden vom Meer umgeben und auch unter dem Namen Büyük Mecidiye Camii (Große Sultansmoschee) bekannt. Die Moschee gehörte zu jenen Neubauten, mit denen parallel zur Errichtung des Dolmabahçe Palasts signalisiert werden sollte, dass fortan der Bosporus Istanbuls Zentrum sein würde. Zuvor hatte an dieser Stelle eine kleinere Moschee gestanden, die auf Anweisung von Mahmut Agha erbaut worden war, dem Schwiegersohn des Wesirs Ibrahim Pascha. Diese kleinere Moschee datierte aus dem frühen 18. Jahrhundert. Angeblich soll sie nach dem Tod von Mahmut Agha, der während des sogenannten Patrona Halil-Aufstands ums Leben kam, stark beschädigt und anschließend

noch einmal neu aufgebaut worden sein. Die heutige Moschee wurde aber erst 1853 auf Geheiß von Sultan Abdülmecit unter der Leitung des Architekten Nikogos Balyan errichtet. Genau wie alle anderen Sultansmoscheen aus dem 19. Jahrhundert besteht auch diese Moschee aus zwei Bereichen, der Hauptgebetshalle und einer Sultansloge vor dem Eingang. Die Inschrift auf dem Eingangstor trägt die Signatur von Abdülmecit und nennt als Datum der Fertigstellung der Moschee das Jahr 1856.

CAFÉ/RESTAURANT

Cafe Antik Laterna
Fon: (212) 287 2121

Kale Teegarten
Fon: (212) 257 5578

Kale Café und Konditorei
Fon: (212) 265 0097

1 Std.

Rumelische Festung (Rumeli Hisarı)

Das Rumeli Hisarı im Stadtteil Sarıyer ist eine gewaltige osmanische Festungsanlage, die sich über eine Fläche von 30.000 Quadratmetern erstreckt. Aus der Luft betrachtet ähneln ihre Umrisse dem arabischen Schriftzug des Namens des Propheten: Muhammad. Die Festung wurde 1452 durch Sultan Mehmet II. errichtet, an der schmalsten Stelle des Bosporus, direkt gegenüber dem Anadolu Hisarı (der Anatolischen Festung). Sie sicherte ihm die Kontrolle über den Schiffsverkehr im Bosporus und ermöglichte ihm, Konstantinopel vom Schwarzmeerhandel und damit von einer wichtigen Versorgungsquelle abzuschneiden. Da die Belagerung der Stadt möglichst schnell beginnen sollte, musste die Festung schnell einsatzbereit sein.

Rumelische Festung

Die Bauarbeiten begannen am 15. April 1452 und endeten am 31. August desselben Jahres, nach nur 139 Tagen. Diese extrem kurze Bauzeit war das Resultat einer perfekten Arbeitsteilung. Der Sultan persönlich überwachte den Bau der Mauern und der Meeresbastionen der Festung. Mit dem Bau der Türme hingegen betraute er seine Wesire: Saruca Pascha zeichnete für den Turm auf der vom Meer aus gesehen rechten Seite verantwortlich, Zağanos Pascha für den Turm auf der linken Seite und Halil Pascha für den Turm direkt am Wasser. Nach ihnen sind die drei Türme auch benannt.

Das Holz für Festung kam aus Izmit und vom Schwarzen Meer, während die Steine aus verschiedenen Orten in Anatolien und aus Bauruinen in der Umgebung herangeschafft wurden. Der Architekt E. H. Ayverdi schreibt, dass rund 300 Handwerkermeister, 800 Bauarbeiter und 200 Fuhrleute, Bootsmänner, Transporteure usw. in den Bau involviert waren; hinzu kamen eine große Anzahl von Schiffen, Fuhrwerken und weiteren Arbeitern.

Das Massivvolumen der Festung dürfte ca. 57.700 Kubikmetern betragten. Die Außenmauer, die die großen Türme der Festung miteinander verbindet, misst in der Länge 250 Meter und in der Breite 125 Meter. Die Festung hat vier Haupttore und ein Nebentor, das Mezarlik Tor. In der Nähe des südlichen Turms, am Ende des Gangs, der zu

den Speicherräumen für Munition und Nahrungsmittel führt, befinden sich zwei Geheimtüren. Dort verliefen zwei Wasserleitungen, von denen eine inzwischen verstopft ist, und standen drei Brunnen, von denen zwei mittlerweile nicht mehr existieren. Auch von der Moschee der Festung sind nur die Überreste eines Minaretts erhalten geblieben.

Die Rumeli Festung beherbergt heute ein Museum und wird als Open Air-Theater genutzt. Im Garten werden die Kanonen, Kanonenkugeln und Ketten präsentiert, mit denen - so wird zumindest behauptet - damals das Goldene Horn blockiert wurde. Jedes Jahr im Sommer finden hier Konzerte statt.

Yıldız

Das in der Nähe der Bosporusbrücke, zwischen Beşiktaş und Ortaköy auf einem steilen bewaldeten Hügel gelegene Viertel Yıldız ist berühmt für seinen gleichnamigen Palast und seine ausgedehnte Parkanlage mit altem Baumbestand und exotischen Sträuchern. Die Wohnbezirke des Viertels sind zwischen der *Yıldız Caddesi* und der *Yıldız Posta Caddesi* westlich des *Barbaros Bulvarı* angesiedelt.

Yıldız Palast

1 Std.

Hoch oben auf einem steilen Hügel über dem Bosporus thront der Yıldız Palast: eine von hohen Mauern umgebene Ansammlung von Herrschaftshäusern und Pavillons inmitten einer riesigen Parkanlage. Das einstmalige Waldgelände gehörte früher zum Privatbesitz der Sultane, es war in den Grundbüchern als *Hazine-i Hassa* (Imperiale Schatzkammer) verzeichnet. Seit den Regierungszeiten von Süleyman dem Prächtigen (1520 bis 1566) diente es als Jagdrevier. Sultan Ahmet I. (1603-1617) baute hier die erste Villa, in der auch Sultan Murat IV. (1617-1640) gern logierte, wenn er auf die Jagd ging. Ende des 18. Jahrhunderts ließ Sultan Selim III. (1789-1807) für seine Mutter Mihrişah Sultan eine weitere Villa entrichten: Die Villa Yıldız (Stern) gab der Anlage ihren Namen. Später ordnete er außerdem den Bau eines Brunnens im Rokokostil an.

ISTANBUL SAPPHIRE

Das 261 Meter messende Istanbul Sapphire zählt zu den höchsten Wolkenkratzern Europas und ist das höchste Gebäude der Türkei. Es gilt als besonders umweltfreundlich. Mit dem Fahrstuhl geht es zügig auf eine vollverglaste Aussichtsplattform und von dort aus zu Fuß durch ein Treppenhaus auf eine weitere Ebene mit Rundum-Panoramablick über die ganze Stadt. Doch nicht nur diese Aussicht lohnt den Besuch. Denn das Sapphire beherbergt neben Luxuswohnungen, einem Einkaufszentrum und sogar einem Golfplatz auch ein 4-D Kino, in dem man einen simulierten Helikopter-Flug über die reizvollsten Plätze der Stadt unternehmen kann. Im Erdgeschoss des Turms befindet sich eine Metro-Station. Die Fahrzeit von Taksim aus beträgt ca. 10 Minuten.

Für den Turmbesuch sind 6 Euro Eintritt zu zahlen, für die 10-minütige Kinoshow weitere 3 Euro.

Malta zurück, weil in der Osmanenzeit einige Paläste nach eroberten Gebieten benannt wurden.

Sultan Abdülhamit II. schloss den Pavillon an den Yıldız Palast an, nutzte ihn zur Erholung und zur Zerstreuung. Genau wie die anderen Pavillons im Yıldız Palast kann auch der Malta Pavillon von sich behaupten, Zeuge bedeutender historischer Ereignisse geworden zu sein.

1878 versuchte Ali Suavi, Sultan Abdülhamit zu stürzen und Murat V. zurück an die Macht zu bringen - die sogenannte Çırağan-Erhebung. Nach Scheitern dieses Putsches quartierte Abdülhamit Murat V. aus Sicherheitsgründen im Malta Pavillon ein und stellte ihn dort faktisch unter Hausarrest.

Ihlamur (Linden-) Pavillon

45 min.

Hohe Mauern schirmen diesen am Ihlamur Yolu in Beşiktaş gelegenen Pavillon vom Lärm der Außenwelt ab. Er besteht aus zwei Sommerresidenzen, die in einem Bezirk namens Ihlamur Mesiresi liegen, einer einstmaligen Sommerfrische, die lange Zeit unter dem Namen Haci Hüseyin-Weinberge bekannt war. Schon Sultan Ahmed III. (1703-1730) beanspruchte das Gelände als seinen Privatgarten. Noch lieber hielt sich allerdings Sultan Abdülmecit hier auf, um sich zu erholen und in einem kleinen Weinberghäuschen Gäste zu empfangen, darunter auch den berühmten französischen Dichter Lamartine. Später ließ er das bescheidene Häuschen dann abreißen und zwischen 1849 und 1855 von Nikogos Balyan, dem Architekten des Dolmabahçe Palasts, zwei Schlösschen errichten.

In dem größeren und vornehmeren Merasim Schlösschen wurden offizielle Zeremonien abgehalten, während in dem kleineren Maiyet Schlösschen das Gefolge des Sultans und gelegentlich seine Familie wohnten. Beide Schlösschen zusammen werden als Linden Pavillon bezeichnet.

Der Linden Pavillon untersteht dem Amt für Nationale Paläste. Sein Merasim Schlösschen lässt sich als Museum besichtigen, während im Maiyet Schlösschen und einem Teil des Gartens ein Café untergebracht ist. Wie bei allen anderen Palästen und Pavillons gilt auch hier, dass die Einnahmen aus dem Betrieb der Restaurants und Cafés Renovierungs- und Restaurierungsarbeiten zugute kommen.

Yahya Efendi Derwischkonvent

30 min.

Der Yahya Efendi Derwischkonvent ist unterhalb des Yıldız Parks gelegen, auf der rechten Seite der Sackgasse *Yahya Efendi Sokak*. Er wurde 1538 von Scheich Yahya Efendi gegründet und bestand ursprünglich aus einem Komplex mit einer Moschee, einem *Tevhidhane*, einer Medresse, einem türkischen Bad, einem Friedhof und einigen Häusern. Später kamen weitere Gebäude hinzu. Die Architektur der Anlage harmoniert vorzüglich mit der Natur, in die sie eingebettet ist.

Der Yahya Efendi Derwischkonvent war zunächst dem Uwaysi-Sufiorden, dann dem Qadiri- und dem Naqschbandi-Orden angegliedert. Doch der Uwaysi-Einfluss ging im Laufe der Zeit nie verloren. Der Konvent wurde von dem Architekten Sinan mit quadratischem Grundriss und nur einer Kuppel erbaut. Neben Yahya Efendi liegen auf dem Friedhof seine Frau Şerife, seine Mutter Afife Hatun, sein Sohn Ali, einige Scheichs und weitere Angehörige der Sultansfamilie begraben. Der Schrein wurde mehrfach restauriert: von Sultan Mahmut II., von Pertevniyal Sultan (der Mutter von Sultan Abdülaziz) und schließlich von Sultan Abdülhamit II. Die Inschrift über dem Tor zu den Gräbern bestätigt die Restaurierung durch Pertevniyal Sultan im Jahr 1873. Außerdem besagt sie, dass Yahya Efendi aus Beşiktaş von dem Hügel seines Konvents aus die osmanische Flotte verabschiedete, als sie Segel setzte und in den Krieg zog.

KAPITEL 5
Asiatisches Ufer

Asiatisches Ufer

Üsküdar, Kadıköy und Beykoz

Wer vom europäischen Ufer mit der Fähre zum asiatischen Ufer übersetzt, fährt am Bahnhof Haydarpaşa vorbei, dem Start- und Zielpunkt der Züge aus Asien. Dieser neoklassische Bau ist nur einer von vielen majestätischen Bauten, die diese Seite des Bosporus schmücken.

In Üsküdar und in Kadıköy geht es nicht ganz so hektisch zu wie auf der europäischen Seite. Diese Stadtteile bieten viele Grünflächen, Boulevards, die zum Bummeln einladen, nette Cafés und Restaurants und einige im Barockstil errichtete Museen und Paläste. Kadıköy ist bekannt für seinen Lebensmittelbasar, für seine guten Restaurants und Imbissbuden, und für seine Gehwege, die direkt am Bosporusufer entlangführen, ohne dass man von Autos gestört würde. Üsküdars Wahrzeichen ist der sogenannte Mädchenturm, keine 200 Meter vom Ufer entfernt.

Highlights & Tipps: Oberhalb von Üsküdar liegt der **Çamlıca-Hügel**, die mit 261 Metern höchste Erhebung der Stadt. Vom Büyük Çamlıca aus hat man bei klarer Sicht einen fantastischen Blick auf die Skyline der Stadt und den Bosporus, im Norden sogar bis aufs Schwarze Meer. Hier lässt es sich unter Ahorn- und Kastanienbäumen gut picknicken. Außerdem lädt eine Aussichtsterrasse zum Verweilen ein.

Den Sonnenuntergang genießt man am besten an der Uferpromenade vor dem **Mädchenturm**.

Unterwegs: Das asiatische Ufer ist über den **Marmaray** Tunnel und die Bosporusbrücke zu erreichen. Wir empfehlen aber eine langsamere Annäherung mit der **Fähre**. Anlegestellen befinden sich zum Beispiel in Eminönü, Karaköy und Besiktaş.

Highlights & Tipps

1 Kız Kulesi - Mädchenturm

2 Beylerbeyi Palast

3 Kuzguncuk

Genießen

1 Filizler Köftecisi

2 Fethi Paşa Korusu

Kultur & Sehenswertes

1 Mihrimah Sultan Moschee

2 Karaca Ahmet Friedhof

3 Beylerbeyi Moschee

4 Şakirin Cami

5 Kuleli Militärakademie

Üsküdar

Üsküdar liegt am asiatischen Ufer des Bosporus. Der Stadtteil grenzt im Osten an Ümraniye, im Süden an Kadıköy, im Westen und Nordwesten an den Bosporus und im Norden an Beykoz. Er erstreckt sich über eine Fläche von 58 Quadratkilometern.

Üsküdar wurde im 7. Jahrhundert v.Chr. von den Einwohnern der griechischen Kolonie Chaldeon (Kadıköy) gegründet und hieß zunächst Chrysopolis - Goldene Stadt. Die Herkunft des Namens ist unklar, es gibt unterschiedliche Theorien: Eine Interpretation lautet, er stamme daher, dass hier das Gold gesammelt wurde, das den Stämmen in Anatolien und während der Invasion der Perser den griechischen Städten als Tribut abverlangt wurde. Eine andere besagt, er gehe auf Agamem-

nons Sohn Krösus zurück, der nach Anatolien geflohen und schließlich in Üsküdar gestorben sei. Zuweilen wird auch behauptet, dass Üsküdar deshalb als Goldene Stadt bezeichnet wurde, weil die Häuser hier vom gegenüberliegenden Ufer aus bei Sonnenuntergang aussehen wie von Gold überzogen, oder dass Üsküdar von dem persischen Wort *Eskudari* - Bote - abgeleitet.

Nach der Eroberung von Istanbul ermunterte Sultan Mehmet II. die Türken, sich in diesem ehemals griechischen Bezirk anzusiedeln, der nun verlassen dalag, weil die Griechen vor den Osmanen geflohen waren. Allerdings liegen uns aus der Zeit der Eroberung keine offiziellen Dokumente zur Bevölkerungsentwicklung vor, sodass sich nicht überprüfen lässt, ob sein Appell fruchtete oder nicht. Sultan Mehmet II. ernannte Üsküdar zu einem von insgesamt vier Rechtszentren von Istanbul, nachdem er die Stadt in Bezirke aufgeteilt hatte, um sie besser verwalten zu können.

In der Osmanenzeit brach von Üsküdar aus alljährlich nach feierlicher Verabschiedung die *Surre-i Humayun* (eine große Pilgerkarawane) nach Mekka und Medina auf.

Kız Kulesi - Mädchenturm (Leanderturm)

1 Std.

Auf einer winzigen Insel, keine 200 Meter vom Üsküdar-Ufer entfernt, steht ein kleiner, charmanter Turm, der den Schiffen schon vor Jahrhunderten als Leuchtturm den Weg in den Bosporus gewiesen hat und inzwischen mit Fug und Recht als eines der Wahrzeichen der Stadt Istanbul bezeichnet werden darf. Heute zieht der Turm mit seinem Restaurant Touristen aus aller Welt an, früher wurde er auch als Wachturm, Quarantänestation oder Alterssitz für Offiziere genutzt.

Den Namen Mädchenturm verdankt er einer Legende: Ein Wahrsager prophezeite einst einem König, dass er seine geliebte Tochter im Alter von 18 Jahren durch einen

Kız Kulesi - Mädchenturm

Schlangenbiss verlieren werde. Also ließ der König den Turm mitten im Meer instandsetzen und die Tochter dort einquartieren. Weil aber niemand seinem Schicksal entrinnen kann, schlängelte sich irgendwann eine Schlange aus einem Korb Trauben, der der Prinzessin zum Turm geschickt worden war, und tötete sie. Daraufhin befahl der tieftraurige König, dass ein Eisensarg für den Leichnam seiner Tochter angefertigt und dann in das Gewölbe über dem Tor der Hagia Sophia eingelassen werde. Weil dieses Gewölbe zwei Löcher aufweist, erzählt man sich, die Schlange habe das Mädchen selbst nach ihrem Tod nicht in Ruhe gelassen.

Nach aufwendigen Reparatur- und Restaurierungsarbeiten erstrahlt der Turm heute in voller Pracht und ist aus der Silhouette des Bosporus

CAFÉ/RESTAURANT

Kız Kulesi Restaurant
(216) 342 4747
Filizler Köftegici,
direkt an der Uferpromenade gegenüber vom Mädchenturn gelegen
Fon: (0216) 342 0000
www.filizler.com

kaum wegzudenken. Von Üsküdar und Kabataş aus wird er regelmäßig mit der Fähre angesteuert. Tagsüber hat in der Regel nur das kleine Café im Turm geöffnet, abends sollte man für das Restaurant besser reservieren.

Wir empfehlen Ihnen die Sitzplätze an der Uferpromenade. Von hier aus kann man den Sonnenuntergang genießen und hat zugleich einen atemberaubenden Blick auf den Leanderturm und die Altstadt im Hintergrund.

Mihrimah Sultan Moschee

15 min.

Viele Moscheen wurden von weiblichen Mitgliedern der Osmanendynastie gestiftet. Eine dieser Frauen war Mihrimah Sultan, die Tochter von Sultan Süleyman dem Prächtigen. Sie beauftragte den Architekten Sinan mit dem Bau eines Moscheekomplexes gegenüber der Fähranlegestelle von Üsküdar. Dieser Komplex bestand ursprünglich aus Moschee, Medresse, Mausoleum, Grundschule, Karawanserei, Suppenküche und einem kleinen Krankenhaus, aber nur wenige Gebäude sind bis heute erhalten geblieben. Mimar Sinan orientierte sich in der Gestaltung der Moschee an der Hagia Sophia Moschee. Das heißt, er verzichtete auf die sonst übliche Halbkuppel über dem Eingang. Sobald man die Moschee betritt, dominiert die Hauptkuppel. Der Brunnen im Vorhof ist sehr ansprechend gestaltet. Die Fensterläden und das Podium sind mit feinen Holzschnitzereien verziert, die Kanzel und die Nische aus Marmor gearbeitet. Die Medresse befindet sich im Norden der Moschee, und zwischen Moschee und Medresse stößt man auf die beiden Gräber von Mihrimahs Söhnen und dem Großwesir Ibrahim Adham Pascha. Die Grundschule liegt auf der *Qibla*-Seite der Moschee. Das Hospiz, die Suppenküche und die Karawanserei existieren nicht mehr.

Mihrimah Sultan empfand die Moschee als zu düster, und als Sinan viele Jahre später in Edirnekapı eine weitere Moschee für sie errichtete, achtete er darauf, den Innenraum so zu konstruieren, dass möglichst viel Licht einfallen konnte. Von den Gebäuden, die bis heute überdauert haben, wird die Medresse als Klinik und die Suppenküche als Bibliothek genutzt. Achtung: Die Mihrimah Sultan Moschee ist leicht zu verwechseln mit der Mihrimah Moschee in Edirnekapı.

Grabstätte von Aziz Mahmut Hüdayi

15 min.

15 Gehminuten vom Zentrum von Üsküdar entfernt liegt eine der am häufigsten besuchten Grabstätten in Üsküdar und Istanbul - das Grab von Aziz Mahmut Hüdayi, dem Gründers eines Sufiordens.

Mahmut Hüdayi war einer der bedeutendsten anatolischen Religionsgelehrten. Er wurde 1572 in Şereflikoçhisar geboren. Um seiner religiösen Ausbildung wegen ging er nach Istanbul und lernte dort an der Medresse der Küçük Hagia Sophia. Schon in jungen Jahren erwarb er sich umfassende Kenntnisse in *Tafsir* (Koranexegese), *Fiqh* (Rechtswissenschaft) und den Naturwissenschaften. Er stieg zur rechten Hand seines Meisters, Hazırzade Ramazan Efendi, auf und folgte ihm im Alter von 33 Jahren nach Bursa. Dort wurde er nach dessen Tod zum *Qadi* (Richter) ernannt. Dann aber empfing er ein spirituelles Zeichen, gab sein Amt auf und wurde Schüler von Scheich Uftade.

Als dieser starb, hatte Mahmut Hüdayi abermals eine Vision, die ihn dazu veranlasste, nach Rumeli zu gehen. Später kehrte er nach Istanbul zurück, ließ sich dort nieder, kaufte das Grundstück, auf dem heute seine Grabstätte steht, und baute hier einen Sufikonvent. Er bildete Hunderte von Studenten aus und sein Ruhm verbreitete sich sehr schnell. Zu den Verwaltern des Ordens gehörten Menschen aus den reichsten und den ärmsten Schichten sowie hochrangige Beamte. Die Sultane brachten ihm großen Respekt entgegen. Murat III., Mehmet III., Ahmet I., Osman II. und Murat IV. ließen sich alle von ihm beraten. Mahmut Hüdayi wurde

Selimiye Kaserne

auch die Ehre zuteil, Sultan Murat IV. bei seiner Thronbesteigung mit dem Schwert Osmans zu gürten. Er starb im Jahr 1628. Viele Menschen besuchen sein Grab, weil sie sich von Mahmut Hüdayis Hingabe und Spiritualität Inspiration erhoffen.

Ayazma Moschee

15 min.

Diese Moschee liegt auf dem Hügel zwischen Salacak und Şemsipaşa mit Blick auf den Mädchenturm. Ihr Bau wurde von Sultan Mustafa III. 1760 oder 1761 in Auftrag gegeben, der damit seine Mutter Mihrişah Emine Sultan und seinen Bruder Prinz Şehzade Süleyman ehren wollte. Architekt war Mehmet Tahir Agha. Ihren Namen verdankt sie dem Ayazma Palast, der früher an gleicher Stelle stand. Diese Moschee weist unverkennbar europäische Stilelemente auf. Vom Innenhof mit seinen drei Toren führt eine Treppe in die Moschee hinauf. Das Minarett verfügt über nur einen Balkon. Die Kanzel ist mit Marmorarbeiten verziert und der Innenraum aus rotem Porphyr gefertigt. Die Inschriften wurden von den Kalligraphen Seyyid Abdullah und Seyyid Mustafa gestaltet. Der Brunnen in der linken Ecke ist mit einer Inschrift des Dichters Zihni versehen, und auf dem Friedhof befinden sich zahlreiche Gräber.

Selimiye Kaserne

15 min.

Die Selimiye Kaserne wurde 1799 unter Selim III. für die Truppen der *Nizam-i Cedid* (Neuen Ordnung) gebaut, als Holzgebäude auf einem Steinfundament. Bei einem Aufstand brannten die Janitscharen die Kaserne nieder, bevor Sultan Mahmut II. sie aus Stein wieder aufbauen ließ. Unter Sultan Abdülmecit musste sie später zweimal renoviert werden, und

Beylerbeyi Moschee

im Zuge dieser Arbeiten wurde die Anlage mit vier sieben-stöckigen Ecktürmen ausgestattet. Während des Krimkriegs (1853-1856) wurde die Kaserne der britischen Armee als Militärhospital zur Verfügung gestellt. Ab 1854 arbeitete Florence Nightingale, die Begründerin des Roten Kreuzes und damit auch der modernen westlichen Krankenpflege, hier als Krankenschwester und versorgte verwundete britische Soldaten. Im Nordwestturm des Gebäudes, in dem Florence Nightingale und ihre Schülerinnen wohnten und Operationen durchführten, ist heute das Florence Nightingale Museum untergebracht, das 1954 seine Pforten öffnete.

Noch heute wird die Selimiye Kaserne militärisch genutzt, sie dient der 1. Türkischen Armee als Hauptquartier. Im Außengarten der Kaserne steht der weithin sichtbare höchste Fahnenmast der Türkei (68 Meter hoch). Er wiegt 12 Tonnen, und die Fahne, die am 20. Juli 2005 aufgezogen wurde, misst 15 x 10 Meter.

Beylerbeyi Moschee

15 min.

Diese Moschee, unweit der Fähranlegestelle Beylerbeyi direkt am Wasser, wurde 1778 von Sultan Abdülhamit I. in Erinnerung an seine Mutter Rabia Sultan in Auftrag gegeben und von dem Architekten Tahir Agha im Barockstil gebaut. Die Moschee ist aus behauenem Stein, hat eine zentrale Kuppel, 2 Minarette und 55 Fenster. Der Bereich vor dem Mihrab ist von einer Halbkuppel überwölbt, und der ganze Innenraum ist mit Kalligraphien sowie mit Kacheln verziert, die aus unterschiedlichen Epochen und aus unterschiedlichen osmanischen und europäischen Fertigungsstätten stammen. In diesem Sinne verschmelzen hier verschiedene Kulturen zu einer Einheit.

Yeni Valide Komplex

30 min.

Der Yeni Valide Komplex (Neue Moschee der Sultansmutter) liegt an der *Hakimiyeti Milliye Caddesi* in der Nähe der Fähranlegestelle Üsküdar, direkt gegenüber der Mihrimah Sultan Moschee. Sultan Ahmet III. ließ ihn zwischen 1708 und 1710 von dem Architekten Bekir zu Ehren seiner Mutter Gülnuş Emetullah errichten. Der Komplex besteht aus einer Moschee, einem Mausoleum, einem Brunnen, einer Grundschule, Ladenlokalen, einer Suppenküche und einem Brunnen. Die Moschee ragt in einem äußeren Hof auf, der etwas tiefer gelegen ist als der Innenhof. An dem Brunnen im Innenhof werden die rituellen Waschungen vollzogen. Die Moschee selbst mit ihrer zentralen Kuppel, die von vier kleineren Kuppeln gestützt wird, ist ebenso im klassischen Stil erbaut wie ihre beiden Minarette, die über je zwei Balkone verfügen. Die Moschee ist außerdem reich mit Fliesen ausgeschmückt. Der Sultanspavillon auf der Ostseite der Moschee kam erst später hinzu und erweckt derzeit leider einen etwas heruntergekommenen Eindruck. Der offene Schrein der Sultansmutter Emetullah Gülnuş hingegen gilt als kunsthistorisches Kleinod. Man findet ihn in der Südostecke des äußeren Hofs, direkt neben dem Brunnen und dem Uhrzimmer. Die Grundschule, die Suppenküche und die Ladenlokale befinden sich im Norden des äußeren Hofs.

Karaca Ahmet Friedhof

1 Std.

Der Karaca Ahmet Friedhof (Karacaahmet Mezarlığı) am südöstlichen Rand von Üsküdar ist ein malerischer, verwilderter Ort, der an einige der ältesten Straßen von Üsküdar angrenzt: *Nuhkuyu-*

ÇAMLICA

Empfohlene Besuchszeit: 1 Std.

Das Stadtviertel Çamlıca ist nach den Kieferwäldern auf den Hügeln von Büyük (Groß-) Çamlıca und Küçük (Klein-) Çamlıca benannt (Çam bedeutet auf Türkisch Kiefer.). Mittlerweile ist der Kieferbestand jedoch ziemlich geschrumpft. Ein paar alte Bäume stehen dort zwar, die meisten in Büyük Çamlıca wurden aber erst in den letzten Jahren gepflanzt. Küçük Çamlıca hieß früher Yeni (Neu-) Çamlıca und wurde unter Sultan Mehmet IV. in eine Parkanlage umgewandelt. Murat IV. ließ dort eine Moschee und einen Pavillon errichten. Büyük Çamlıca war zu jener Zeit noch ein entlegener Wald, der allerdings damals schon einen Konvent mit angeschlossenem Garten namens Bağ-ı Cihan beherbergte. Beide Hügel von Çamlıca sind weithin sichtbar, man erkennt sie an den riesigen Funksendern. Die Parks von Büyük Çamlıca und Küçük Çamlıca zeichnen sich beide durch ihre vielen Pavillons und Gärten aus. Die Pavillon Restaurants werden von der Istanbul Metropolitan Municipality geleitet. Sie sind unter folgenden Rufnummern erreichbar: (0216) 443 21 98 und (0216) 443 21 99.

su Caddesi, *Tunusbağı Caddesi*, *Çiçekçi Sokak*, *Talimhane Sokak*, *Haydarpaşa* und *Harmanlık Sokak*.

Karaca Ahmet war der Sohn von Süleyman Bey aus Khorasan. Er kam mit den großen türkischen Nomadengruppen nach Anatolien, die im 14. Jahrhundert einwanderten, um sich vor den Mongolen in Sicherheit zu bringen. Zu diesem Zeitpunkt war das Seldschuken-Sultanat bereits im Niedergang begriffen. Sultan Ahmet Karaca schloss sich den Truppen an, die versuchten, Byzanz zu erobern. Später war er in Anatolien als Arzt tätig.

INFO

Grabsteine
Die Grabsteine aus der Osmanenära auf dem Karaca Ahmet Friedhof sind wahre Kunstwerke. Ihre Eleganz verleiht dem Ort eine sehr erhabene und würdevolle Ausstrahlung.

Heute jedoch gemahnt der Name Karaca Ahmet die Menschen in Istanbul vor allem an den Tod. Denn der Friedhof, der seinen Namen trägt, ist einer der größten muslimischen Friedhöfe in der Türkei. Vermutlich wurden hier schon Soldaten, die bei der Belagerung von Konstantinopel starben, begraben. Auch wenn der Friedhof wohl bereits im 14. Jahrhundert eingerichtet wurde, finden sich hier keine römischen oder byzantinischen Gräber. Die wichtigsten historischen Relikte auf dem Karaca Ahmet Friedhof sind folgende:

Grabstätte von Sultan Ahmet Karaca

Die Grabstätte des Namensgebers des Friedhofs liegt in der *Nuhkuyusu Caddesi*, Ecke *Gündoğumu Caddesi*, gegenüber der Ahmet Agha Moschee. Der Sadeddin Efendi Brunnen zur Linken datiert aus dem Jahr 1741, er bildet eine Einheit mit der Moschee und dem Grab von Sadeddin Efendi. Wiederum links davon befindet sich das Grab von Rum Mehmet Paşazade Nişancı Hamza Pascha. Von dieser Kuppeltürbe mit sechs Säulen nahm man lange Zeit an, dass dort das Lieblingspferd von Karaca Ahmet Pferd beerdigt sei.

Die Grabstätte von Sultan Ahmet Karaca wurde offenbar im 19. Jahrhundert von Ziya Bey, einem Beschäftigten der Sultansküche, in Erinnerung an seine Frau errichtet. Sultan Ahmet Karaca selbst liegt also gar nicht hier begraben, sondern in dem Dorf Horoz, 5 Kilometer nordwestlich von Manisa.

Karaca Ahmet Friedhof

Grabstätte von Sadeddin Efendi

Unweit des Grabes von Karaca Ahmet erhebt sich dieser offene Schrein mit seinem Steinsockel über die Straße. Der Trinkbrunnen wurde von Sadeddin Efendi gestiftet, zum Gedenken an seine 1741 verstorbene Tochter. Die Grabsteine von Sadeddin Efendi und seinen Verwandten dürfen als Meisterwerke der Steinmetzkunst betrachtet werden.

Grabstätte von Melek Baba

Die Grabstätte von Melek Baba findet man an der Kreuzung der beiden Straßen, die vom Gebäude der Friedhofsverwaltung zum Yanik Ömer Tor führen. Sie ist von einem Eisengitter umzäunt. Die Inschrift auf dem Grabstein stammt aus dem Jahr 1705. Wer Melek Baba eigentlich war, ist nicht bekannt.

Grabstätte von Kaygusuz Ibrahim Baba

Die Grabstätte von Kaygusuz Ibrahim Baba liegt hinter dem Duvardibi Polizeirevier, im 7. Sektor des Friedhofs, vor der Friedhofsmauer. Auch sie ist mit einem Eisengitter umzäunt. Kaygusuz Ibrahim Baba war ein Scheich des Qadiri-Sufiordens, dessen Konvent in der Nähe der Hagia Sophia Moschee, ein Holzgebäude, heute noch existiert.

Grabstätte von Hasan Efendi

Die Grabstätte von Hasan Efendi befindet sich im 9. Sektor des Friedhofs und ist ebenfalls mit einem Eisengitter umzäunt. Ihre Inschrift verweist auf das Jahr 1877. Der Grabstein ist mit unverwechselbaren Reliefemblemen des Naqschbandi-, des Badawi- und des Mawlawi-Sufiordens versehen. Die

Şakirin Moschee

einzigartigen Kalligraphien und die Tafel neben dem Grab von Hasan Efendi wurden von Scheich Osman Şems Efendi angefertigt.

Hacı Faik Bey Brunnen

Der Hacı Faik Bey Brunnen liegt an der Kreuzung *Tunusbağı Caddesi/ Ethem Pascha Sokak* am *Arakiyeci Hacı Cafer Mahallesi*, gleich eingangs des Karaca Ahmet Friedhofs. Die Inschrift, eine schöne dreizeilige Komposition im sogenannten *Thulut*-Stil, verrät, dass der Brunnen 1681 gebaut wurde. Im Laufe der Jahre wurde er allerdings stark beschädigt. Bei Restaurierungsarbeiten 1907 wurde die alte Inschrift ersetzt und durch eine neue ersetzt. Hacı Faik Bey war einer der Verantwortlichen für die Restaurierung des Brunnens, und weil niemand den ursprünglichen Bauherrn kannte, benannte man ihn schlicht und einfach nach dem Hauptrestaurateur: Faik Bey Brunnen.

Isa Agha Brunnen

Der Isa Agha Brunnen liegt hinter der Straße, die Karaca Ahmet und Ibrahim Agha verbindet, und grenzt an den Friedhof an. Er wurde von Hafiz Isa Agha, dem Schatzmeister von Sultan Mahmut II., 1811 gebaut. Der Text der Inschrift stammt von dem Dichter Vasif und wurde von dem Kalligraphen Mustafa Rakim niedergeschrieben.

Ahmet Agha Moschee

Die Ahmed Agha Moschee (auch Karaca Ahmet Moschee genannt) gegenüber der Türbe von Karaca Ahmet gehört zum Karaca Ahmet Friedhof. In das schöne epigraphische Monument an der Nordwestecke der Moschee, zwischen der Imam-Kammer und dem Fenster, sind 14 Zeilen eingraviert. Die Moschee wurde ursprünglich offenbar als Holzbau von einem der Pferdepfleger von Hacı Hafiz Ahmet Agha aus Rhodos gebaut. Dokumentiert ist außerdem, dass das Denkmal von seinem Sohn Fethi Ahmet Pascha 1857 umgebaut wurde.

Şakirin Moschee

30 min.

Die lichtdurchflutete Şakirin-Moschee gilt manchen als die modernste Moschee der Türkei. Sie wurde von der türkischen Innenarchitektin Zeynep Fadıllıoğlu entworfen, die mit diesem Bau nicht zuletzt zeigen wollte, dass den Frauen ein gleichberechtigter Platz in der Moschee gebührt. Die Wände der Moschee sind nahezu vollständig verglast, und das einfallende Sonnenlicht wird durch Gitter aus Eisen gefiltert. Der in Blau und Gold gehaltene auffällige Mihrab gleicht einem Eingangsportal. Im Innenhof der Moschee plätschert ein Brunnen in Form einer rollenden schwarzen Kugel.

Cevriusta (Nuhkuyusu) Moschee

15 min.

Diese Moschee in der *Nuhkuyusu Caddesi* wurde angeblich zum Gedenken an Cevri Usta gebaut, der Sultan Mahmut II. einmal das Leben rettete. Aber sie hat keine Inschriftentafel, die Aufschluss über ihren Architekten geben würde. Sie ist auch als Nuhkuyusu Moschee bekannt und wurde 1884 restauriert und renoviert.

Iranlılar (Perser-) Moschee

15 min.

Diese Moschee im Osten des Karaca Ahmet Friedhofs liegt in dem Abschnitt mit den Persergräbern am Ende der *Seyyid Ahmet Deresi Sokak*. Sie wird auch Seyyid Ahmet Deresi Mescidi genannt. Das alte Gebäude war aus Holz, kam aber bei einem Großfeuer zu Schaden. Daher ist unklar, wann genau sie ursprünglich erbaut wurde. Das neue Steingebäude stammt den Inschriften auf den Tafeln zufolge aus dem Jahr 1854 und ist in einem neo-klassizistischen Stil gehalten. Die Gemeinde der sehr gepflegten Moschee besteht hauptsächlich aus Aserbaidschanern aus dem Iran.

Cüzzamhane Lepra Krankenhaus

15 min.

Das erste Lepra Krankenhaus des Osmanischen Reichs - *Miskinler Tekkesi* oder *Miskinler Dergahı* genannt - wurde unter Sultan

IN DER UMGEBUNG

Zeynep Kamil Krankenhaus

Dieses Krankenhaus in der Nuhkuyusu Caddesi wurde von Zeynep Hanim, der Tochter des Gouverneurs von Ägypten und Frau des Großwesirs Yusuf Kamil Pascha, mit der Unterstützung ihres Mannes gebaut. Die Arbeiten begannen 1860 und wurden 1862 abgeschlossen. Aber erst 1895 nahm es die ersten Patienten auf. Nach der Eröffnung des Haydarpaşa Numune Krankenhauses im Jahr 1936 spezialisierte sich das Zeynep Kamil Krankenhaus auf die Bereiche Gynäkologie/Geburtshilfe und Pädiatrie.

Murat II. in Edirne gebaut und blieb bis 1627 bestehen. Bedeutender jedoch war das Cüzzamhane Miskinler Tekkesi, das 1514 im Karaca Ahmet-Viertel von Istanbul seine Pforten öffnete. Es war mit 9 Zimmern, einer Moschee, einem Brunnen, einem Hamam (türkisches Bad) und einer Wäscherei ausgestattet und lag inmitten eines Gartens. Die Fenster und Türen der Zimmer gingen auf einen zweiten Garten hinaus, der als Innenhof genutzt wurde. Jedes Zimmer hatte seinen eigenen Ofen.

Das Krankenhaus wurde von einem Kuratorium verwaltet, das von einem *Qadi* (Richter) berufen wurde. Die Mutter des Sultans pflegte dem Spital täglich 40 Laibe Brot, Suppe und Reis aus ihrer Suppenküche zukommen zu lassen, und der Kavak Schlachthof schickte Fleisch. Alle weiteren Aufwendungen des Hauses wurden mit Geldern bestritten, die in sogenannte Spendensteine gesteckt wurden. Diese an der Spitze ausgehöhlten ca. 1,5 bis 2 Meter hohen Steine standen vor dem Konvent, damit die Leute Geld hineinstecken konnten. Wenn der *Gözcü Dede* (Aufseher) den Patienten mitteilte, dass jemand dort etwas hinterlassen hatte, beteten sie alle zusammen für den Spender. Von insgesamt 8 dieser Steine ist jedoch keiner erhalten geblieben.

In dem Krankenhaus wurden noch bis 1927 Leprapatienten behandelt, dann beschädigte ein Feuer das Gebäude schwer. 1938 wurde es schließlich abgerissen. Die Moschee des Krankenhauses, die Dedeler Moschee, fiel dem Bau der *Ibrahim Agha Sokak* zum Opfer. Die Inschriftentafel des Lepra Krankenhauses befindet sich heute im Museum für türkische und islamische Kunst. Von dem Krankenhaus steht nur noch der Brunnen.

CAFÉ/RESTAURANT

Fethi Paşa Korusu
Fon: (0216) 391 6560

Çinaralti Café
Çarşı Caddesi Nr. 3, Kuzguncuk

Ismet Baba Restaurant
Çarşı Caddesi No: 1/A Kuzguncuk

Dilim Konditorei
Paşalimanı Cad. No: 138 Kuzguncuk

Çinili Moschee

15 min.

Die Çinili Moschee (Fayencen-Moschee) liegt auf den Hügeln von Üsküdar, an der Kreuzung *Allame Caddesi/Çinili Hamam Sokak*. Ihre Tore führen hinaus in die *Çinili Mescit Sokak* bzw. die *Çinçinli Hamam Sokak*. Die von außen unauffällige, innen aber prachtvoll mit türkis-blauen Iznik-Fayencen ausgeschmückte Moschee wurde 1640 im Auftrag von Mahpeyker Kösem Sultan, der Frau von Sultan Ahmet I. und Mutter der Sultane Murat IV. und Ibrahim, erbaut. Zu ihr gehören eine Medresse, eine Schule, ein Brunnen, ein Hamam und ein Reinigungsbrunnen. Nur 100 Meter von der Moschee entfernt, auf der linken Seite, liegt der Ummi Ahmet Efendi Konvent.

Kuzguncuk

1 Std.

Kuzguncuk war früher ein kleines Dorf in dem Tal zwischen Beylerbeyi und Üsküdar, das möglicherweise zunächst Kosnitza hieß. Der osmanische Reisende Evliya Çelebi erwähnt den Namen eines Bewohners des Dorfes, dem zu Ehren es in Kuzguncuk umbenannt wurde. Der Mann hieß Kuzgun Baba. Offizielle Dokumente belegen, dass Kuzguncuk im 17. Jahrhundert eine jüdische Siedlung war. Die Juden von Istanbul betrachteten das Dorf als zu Jerusalem gehörig und maßen dieser Tatsache große Bedeutung bei: Wer nicht in der Lage war, das Gelobte Land zu besuchen, ließ sich auf dem jüdischen Friedhof in Kuzguncuk begraben. Griechen sollen ebenfalls hier gewohnt haben. Ab dem 18. Jahrhundert siedelten sich Armenier in Kuzguncuk an, ab Mitte des 20. Jahrhunderts dann auch Türken.

In dem Viertel gibt es zwei orthodoxe Kirchen, ein armenische Kirche, eine Synagoge, eine Moschee und eine *Mescit* (ein kleineres islamische Gebetshaus) sowie zwei türkische Bäder, außerdem einen muslimischen, einen griechischen und einen jüdischen Friedhof. Ein Grund dafür, dass die Juden Kuzguncuk für einen Teil von Jerusalem hielten, war der, dass auch hier die drei abrahamitischen Religionen Seite an Seite lebten. Die Toleranz, die Anatolien im Laufe der Jahrhunderte ausgezeichnet hat, spiegelte sich in diesem Viertel schon immer in besonderem Maße wider.

Diese multikulturelle Atmosphäre schlägt sich auch in der vielgestaltigen, pittoresken Architektur des Viertels nieder, was dazu geführt hat, dass die Film- und Fernsehindustrie Kuzguncuk als ideale Kulisse für ihre Produktionen entdeckte. Dennoch hat sich das Viertel viel von seinem ursprünglichen Charme bewahren können. In Kuzguncuk lässt es sich auch vorzüglich speisen. Großer Beliebtheit erfreuen sich das Çınaraltı Cafe, das Ismet Baba Restaurant am Bosporus und die Dilim Konditorei.

Einen Besuch lohnt auch der Fethi Pascha Park, der sich für schöne Spaziergänge anbietet. Namensgeber dieses Parks, der sich über die Hügel bis nahe der ersten Bosporusbrücke erstreckt, war Damat Fethi Ahmet Pascha, der unter den beiden Sultanen Mahmut II. (1808-1839) und Abdülmecit (1839-1861) in Tophane als Sekretär diente. Die Restaurants und Cafés in dem Park werden zum Teil von der Istanbul Metropolitan Municipality, zum Teil auch privat geführt.

Beylerbeyi Palast

1 Std.

Das Viertel Beylerbeyi wurde erstmals in byzantinischer Zeit besiedelt. Der berühmte Reisende und Historiker des 18. Jahrhunderts Inciciyan schreibt, dass das Gebiet damals nach einem von Kaiser Konstantin am Ufer aufgerichteten großen Kreuz Istavroz Bahçeleri (Kreuzgärten) genannt wurde. In osmanischer Zeit entstand dort eine Parkanlage für die Sultane. Inciciyan zufolge wurde der Name Beylerbeyi dem Bezirk im 16. Jahrhundert verliehen, als sich der Beylerbeyi (Generalgouverneur) Mehmet Pascha hier eine Villa baute. Im Laufe der Zeit folgten einige Sultane seinem Beispiel und errichteten weitere Villen und Pavillons. Bekannt wurde vor allem der 1829 erbaute Holzpalast von Sultan Mahmut II. an der Uferpromenade, den Abdülaziz schon nach wenigen Jahren wieder abreißen ließ. Stattdessen erteilte er dem berühmten osmanischen Architekten Sarkis Balyan 1861 den Auftrag, am gleichen Standort einen noch stattlicheren Palast zu errichten. Und so wurde 1865 der prunkvolle Beylerbeyi Palast oder Sommerpalast eingeweiht, der heute besichtigt werden kann. [Führungen finden stündlich auch auf Deutsch statt.]

Der Palast war in erster Linie als Sommerresidenz für den Sultan und als Gästehaus für ausländische Staatsoberhäupter vorgesehen, die die osmanische Hauptstadt besuchten. Hier übernachteten zum Beispiel der Prinz von Serbien, der König von Montenegro, der Schah von Persien und Kaiserin Eugenie von Frankreich. Sultan Abdülhamit II. verbrachte in dem Palast die letzten sechs Monate seines Lebens, bevor er 1918 starb.

Das Gebäude besteht aus drei Etagen mit 26 Zimmern und 6 Hallen. Die Fußböden sind mit Binsenmat-

ÖFFNUNGSZEITEN

Beylerbeyi Palast
Täglich 9:00 – 17:00 Uhr
außer montags und donnerstags

Eintritt: 20₺ (ca. 7 €)

www.millisaraylar.gov.tr

Beylerbeyi Palast

ten aus Ägypten ausgekleidet, die im Winter vor Feuchtigkeit und im Sommer vor Hitze schützen. Darüber liegen große Teppiche und Kelims, die größtenteils in Hereke hergestellt sind. Zur Ausstattung gehören außerdem imposante böhmische Kristallkronleuchter, französische Uhren und chinesische, japanische, französische und türkische (Yılız-) Vasen aus Porzellan.

Interessant ist der Beylerbeyi Palast nicht zuletzt aufgrund seines historischen Tunnels, der unter den *Set Bahçeleri* (Terrassengärten) her führt. Durch diesen Tunnel verlief damals die alte Küstenstraße; somit verhinderte er, dass der Palast von den Terrassengärten abgeschnitten wurde. Auf dem Brunnen in der Mitte des Tunnels ist der Name von Sultan Mahmut II. verewigt, was Aufschluss über den Zeitpunkt seiner Erbauung gibt (zwischen 1808-1839). [In dem Tunnel werden heute wechselnde Kunstausstellungen präsentiert.] Genau wie der Marmorpavillon stammt auch das große Wasserbecken im oberen Garten aus der Zeit von Mahmut II.

Kuleli Militärakademie

15 min.

Eines der wichtigsten historischen Gebäude in Üsküdar ist die Kuleli Militärakademie zwischen Çengelköy und Vaniköy. Das direkt am Wasser gelegene imposante Bauwerk ist wegen seiner strahlendweißen Fassade vom Boot aus nicht zu übersehen. Als Sultan Mehmet II. Konstantinopel eroberte, erstreckte sich hier ein Waldgebiet namens Papaz Korusu

Kuleli Militärakademie

(Priesterwald) mit einem Kloster und einem Turm darin. Sultan Selim I. (1512-1520) widmete dieses Kloster in eine Janitscharen-Kaserne, die Bostancıbaşı Odaları, um. Das Gelände wurde später zu einer Parkanlage - dem Kuleli Bahçesi (Turmgarten) - umgestaltet, die Sultan Süleyman der Prächtige als junger Prinz häufiger aufsuchte. Damals wurde hier Blumen- und Pflanzenzucht betrieben.

In seiner Zeit als Sultan (1520-1577) setzte Süleyman eine neunstöckige Villa in den Garten, die er aber nur in den Sommermonaten zu nutzen pflegte. Jedes Geschoss war mit einem Wasserbecken ausgestattet. Unter Ahmet III. (1703-1730) gin-

gen der Turm und das Gelände in den Besitz des Sultans über. Sultan Abdülmecit ließ die alte Kaserne abreißen und 1843 ein neues Steingebäude errichten. Da dieses von zwei Türmen - *Kulelis* - flankiert war bezeichnete man es fortan als Kuleli Kaserne. Als militärische Hochschule öffnete sie 1845 ihre Pforten.

Abdülaziz (1861-1876) baute die Kaserne erneut um. 1871 erhielt sie Außenmauern aus Beton, während die Innenwände, die Fußböden und die Decken nach wie vor aus Holz bestanden. Der neue Bau hatte zwei Stockwerke.

Im 1. Weltkrieg musste die Hochschule für ein Semester in ein griechisches Waisenhaus auf der Prinzeninsel Büyükada umziehen. Am Ende des Kriegs wurde das Schulgebäude gemäß den Bedingungen, die die Engländer den Osmanen im Waffenstillstand von Mudros stellten, geräumt und am 5. November 1920 armenischen Waisen und Immigranten zur Verfügung gestellt. Nach der Gegenoffensive der türkischen Truppen unter Atatürks Führung (*Büyük Taarruz*), die am 26. August 1922 begann und in den Vertrag von Lausanne mündete, mussten die Briten die Kuleli Kaserne wieder an das türkische Militär abtreten. Nach 3 Jahren Unterbrechung kehrte die Hochschule am 6. September 1923 in ihr altes Gebäude zurück.

Mit dem *Tevhid-i Tedrisat*-Gesetz (dem Gesetz zur Vereinheitlichung der Bildung) wurde die militärische in eine zivile Hochschule umgewandelt und bekam einen neuen Namen - Kuleli Hochschule -, was aber noch im selben Jahr nach Ende des Semesters wieder rückgängig gemacht wurde. Seit 1925 bis heute trägt sie nun den Namen Kuleli Militärakademie und wird auch als solche genutzt.

Kadıköy

Etwa 1000 v.Chr. gründeten die Phönizier in dieser Gegend ein Dorf, das später zu einer griechischen Kolonie heranwuchs. Als sich die Ausläufer der Hafenstadt mit der Zeit bis nach Moda erstreckten, wurde sie von Charcedon in Chalcedon umbenannt (oder von Harkedon in Halkedon).

Im Namen der Stadt Chalcedon wurde sogar Geld geprägt, aber im 7. Jahrhundert v.Chr. verlor die Stadt an Anziehungskraft. Byzanz auf der europäischen Seite gegenüber, das rund 1.000 Jahre später in Konstantinopel oder Neues Rom umbenannt werden sollte, lief ihr immer mehr den Rang ab. Dem Historiker Herodot zufolge verspottete das Orakel von Delphi Chalcedon als das „Land der Blinden" und meinte damit offenbar, dass blind sein müsse, wer sich dort niederlässt, weil das Ufer gegenüber (das spätere Byzanz) doch viel günstiger gelegen sei.

Im Jahr 451 n.Chr. fand in der Stadt ein bedeutendes Ereignis in der Historie des Christentums statt: das Konzil von Chalcedon, auf dem

die Entscheidung getroffen wurde, in Konstantinopel ein Patriarchat zu gründen. Ein ums andere Mal wurde die Stadt von Armeen der Reiche der Umayyaden, Abbasiden und Sassaniden angegriffen, bis die Türken sie 1080 schließlich eroberten. Ihr Heerführer Kutalmışoğlu Süleyman Bey ernannte sich zum Sultan der Rum-Seldschuken und machte die Stadt Iznik (Nicäa) zu seiner Hauptstadt. 1331 fiel Chalcedon dann an Orhan Gazi und die Osmanen, die sich erbitterte Kämpfe mit dem byzantinischen Kaiser lieferten. In ihrem Gefolge kamen Anhänger der Derwische Geyikl Baba aus Bursa, Gözcü Baba aus Göztepe, Eren Baba aus Erenköy, Kartal Baba aus Kartal und Sarı Gazi aus Sarıgazi nach Kadıköy, siedelten sich dort an und eroberten mit der Zeit auch die Herzen der einheimischen Bevölkerung.

Der heutige Name Kadıköy geht darauf zurück, dass Sultan Mehmet II. nach der Eroberung von Konstantinopel Hızır Bey Çelebi zum *Qadi* (Richter) für den Bezirk der ehemaligen Stadt Chalcedon und ihres Umlands ernannte. Von da an hieß der Bezirk Kadı Köyü (Dorf des Richters), woraus später Kadıköy wurde. Im 19. Jahrhundert zogen immer mehr Menschen hierher und bescherten Kadıköy ein sehr kosmopolitisches Flair. Ab Mitte des 19. Jahrhunderts verkehrten regelmäßige Fähren zwischen Eminönü und Kadıköy, was die Entwicklung des Stadtteils ganz entscheidend vorantrieb. Als kaum weniger wichtig erwies sich die Eröffnung der Bahnlinie Haydarpaşa-Izmit.

Haydarpaşa Bahnhof

30 min.

Dieser Kopfbahnhof wurde unter Sultan Abdülhamit II. von den deutschen Architekten Otto Ritter von Kühlmann und Hellmuth Cuno in zwei Jahren Bauzeit errichtet und 1908 eröffnet. Er war Startpunkt der legendären Hidschaz- und der Bagdadbahn.

Der 5-stöckige Haydarpaşa Bahnhof hat die Form eines Hufeisens. Die dem Bosporus zugewandte Front wird von zwei Türmen eingerahmt. Nur wenige der alten in Handarbeit gefertigten Verzierungen an den Decken haben bis heute überdauert.

Haydarpaşa Bahnhof

Einige der bunten Glasfenster zerbarsten bei der Explosion eines Tankers im Jahr 1979. Im Jahr 2010 gab es hier einen großen Brand. In der Zukunft sollen in dem Gebäude ein Museum und ein Hotel entstehen.

Medizinische Fakultät der Marmara Universität

15 min.

Wenn man mit der Fähre von Eminönü auf die asiatische Seite Istanbuls übersetzt, ziehen an der Küste zwischen Kadıköy und Üsküdar zwei imposante Bauten die Aufmerksamkeit auf sich: die Selimiye Kaserne und die Medizinische Fakultät der Marmara Universität.

CAFÉ/RESTAURANT

EKO - Natural Çiğ Köfte
Fon: (216) 545 0055

Mit der Eröffnung einer Schule für Allgemeinmedizin und Chirurgie (mit einem *Tıphane*- und einem *Cerrahhane*-Zweig) am 14. März 1827 wandte sich das Osmanische Reich von der klassischen Medressen-Ausbildung ab und der modernen medizinischen Ausbildung zu. In verschiedenen Landesregionen entstanden moderne medizinische Fakultäten, die später *Mekteb-i Tıbbiye-i Adliye-i Şahane* genannt wurden. Der 14. März wurde zum nationalen Tag der Medizin ausgerufen und wird bis heute feierlich begangen.

Der beeindruckende Haydarpaşa Campus der Marmara Universität von heute wurde ab 1894 unter Sultan Abdülhamit II. erbaut. Er war von Beginn an als Medizinische Fakultät konzipiert und wurde 1903 eröffnet. Diese moderne Institution vereinigte die Schulen für Medizin, die zuvor über die ganze Stadt verstreut gewesen waren, unter einem Dach. Sie war für die Geschichte der modernen medizinischen Ausbildung von größter Bedeutung und hat schon viele erfolgreiche Ärzte hervorgebracht.

Iskele Moschee

15 min.

Diese Moschee wurde 1760 von Mehmet Tahir Agha, dem führenden Architekten seiner Zeit, auf Geheiß von Sultan Mustafa III. errichtet. 1853 brannte sie bis auf die Grundmauern nieder, bevor sie 1858 unter Sultan Abdülmecit aus Stein wieder aufgebaut wurde. Sie ist vom osmanischen Barockstil beeinflusst. Die Grundschule, die einst neben der Moschee stand, existiert heute nicht mehr.

Die Moschee wird deshalb Iskele (Kai) Moschee genannt, weil sie einst sehr nah am Pier lag. Diese Nähe ist heute kaum noch wahrnehmbar, denn im Zuge von Landgewinnungsmaßnahmen wurde die Moschee ins Hinterland zurückgedrängt. Auf der Fläche, die dem Meer abgerungen wurde, drängen sich heute Scharen von Fußgängern und Autos.

Osman Agha Moschee

15 min.

Diese Moschee liegt an der Straße von Kadıköy nach Söğütlüçeşme. Zu Zeiten von Sultan Mehmet II. hatte dessen *Qadi* (Richter) Khidr Çelebi Efendi hier eine Moschee erbaut, die zusehends verfiel, bis Osman Agha 1612 an gleicher Stelle eine neue Moschee errichtete. Diese überdauerte bis 1811, wurde dann unter Mahmut II. abgerissen und abermals neu aufgebaut. 1878 wurde sie bei einem Feuer beschädigt und noch im selben Jahr restauriert. Die majestätische Platane im Garten ist über 130 Jahre alt.

Bahariye

15 min.

Wenn man von der Fähranlegestelle Kadıköy zu Fuß der *Söğütlüçeşme Caddesi* folgt, ist die Verkehrsinsel Altıyol kaum zu verfehlen. Sie beherbergt eine Bronzestatue, die als Wahrzeichen des Stadtteils gilt: einen Stier mit gesenkten Hörnern (Boğa Heykeli). Der deutsche Kaiser Wilhelm II. machte sie 1917 Enver Pascha zum Geschenk, und 1969 wurde sie hier aufgestellt. Wenn man auf die Statue zugeht, liegt rechts davon die Fußgängerzone *Bahariye Caddesi*. Ähnlichkeiten zur *Istiklal Caddesi* im Stadtteil Beyoğlu sind unübersehbar. Besonders bei Jugendlichen ist sie wegen ihrer zahlreichen Cafés, Kinos und Restaurants sehr beliebt. Auf der *Bahariye Caddesi* herrscht praktisch jeden Tag Hochbetrieb.

Ein interessantes Gebäude auf der *Bahariye Caddesi* ist das Süreyya Pascha Kino aus der Zeit von Sultan Abdülhamit II., das mit seiner Innenarchitektur, seinen Logen, seiner Deckendekoration und seinen Statuen an alte barocke Opernhäuser erinnert.

Ein ganz besonderes Flair verströmt die ausgedehnte Uferpromenade von Kadıköy. Schon der große Istanbuler Dichter Yahya Kemal Beyatlı (1884-1958) beschrieb die Halbinsel als den „beliebtesten und meist frequentierten Ort des Heimatlands". Diese Einschätzung trifft auch heute noch zu und gilt vor allem für den Fenerbahçe Park im Süden, der früher von byzantinischen und osmanischen Herrschern als Sommerfrische genutzt wurde. Seit dem 19. Jahrhundert ist das Gelände ein frei zugänglicher öffentlicher Park, bei Jung und Alt gleichermaßen populär. Eine negative Begleiterscheinung dieser Beliebtheit war die zunehmende Verschmutzung der Grünanlage. Nach 1990 wurde sie deshalb dem privaten Turing Klub übergeben, der sie restaurierte und umgestaltete. Heute laden ihre Bänke und Picknickstellen zu längerem Verweilen ein. Unter mächtigen Bäumen führen geschwungene Wege durch die Grünflächen. Verschiedene Oleanderarten und die vielen Blumen sorgen für ein farbenfrohes und harmonisches Gesamtbild.

Yachthafen auf der Fenerbahçe Halbinsel

Beykoz

Beykoz ist einer jener charmanten Stadtteile von Istanbul, in denen das üppige Grün der Wiesen direkt auf das tiefe Blau des Meeres trifft. Die Geschichte dieser Region reicht vermutlich bis ins 8. Jahrhundert v.Chr. zurück. Über die ersten Siedler von Beykoz wissen wir nicht viel. Bekannt ist allerdings, dass es zu Römerzeiten am Schwarzmeerende des Bosporus in Anadolu Kavağı eine Kultstätte gab, in der Reisende auf dem Weg zum Schwarzen Meer Zeus und Poseidon Opfer darbrachten, damit sie ihnen günstige Winde schickten.

In der Byzantinerzeit war Beykoz ein Fischerdorf. Nach der Eroberung von Konstantinopel siedelten sich zunehmend auch Muslime hier an. Im 18. Jahrhundert begann der Aufstieg von Beykoz zur Perle am Bosporus. Geschätzt wurde es für seine schönen Wiesen, Naturquellen und Uferpaläste, für seine Flüsschen Kanlıca, Küçüksu und Göksu und für seine Gärten Çubuklu und Tokat. Im 19. Jahrhundert etablierte sich Beykoz dann endgültig als Ausflugs- und Erholungsort, der auch von Reisenden und Staatsgästen frequentiert wurde. Im ersten Viertel des 19. Jahrhunderts kam die Industrialisierung nach Beykoz. Der Stadtteil, insbesondere das Viertel Paşabahçe, war lange Zeit Zentrum der anatolischen Glasverarbeitung.

Anatolische Festung

15 min.

Die Anatolische Festung liegt an der Mündung des Flusses Göksu in den Bosporus. Sultan Yıldırım Beyazıt ließ sie 1395 errich-

Anatolische Festung

ten, und Sultan Mehmet II. verstärkte ihre Außenmauern, nachdem er 1452 auf der europäischen Seite gegenüber die Rumelische Festung (das Rumeli Hisarı) errichtet hatte. Nach der Eroberung von Istanbul wurde die Anatolische Festung militärisch bedeutungslos, und im Umland siedelten sich langsam immer mehr Menschen an.

Die Festung besteht aus inneren und äußeren Höfen und ist von Mauern umgeben. Ursprünglich hatte sie gar kein Eingangstor: In die inneren Höfe gelangte man über eine Hängebrücke und in die oberen Stockwerke des Turms über eine Holztreppe. Die 2,5 Meter dicken Mauern der Hauptburg messen von Ost nach West 65 Meter und von Nord nach Süd 80 Meter. Hinter den Schießscharten der Außenmauer standen einst Kanonen. Teile der Festung wurden inzwischen abgerissen, und eine Straße verläuft mitten hindurch.

CAFÉ/RESTAURANT

Hidiv Manor, Çubuklu Korusu
Çubuklu Yolu No: 32 Beykoz
Fon: (216) 413 9644; (216) 4139664

Belediye Beykoz Tesisleri,
Burunbahçe
Fon: (216) 322 3379 – 322 6769

Khedivenpalast

1 Std.

Zu den Hauptsehenswürdigkeiten von Beykoz gehört der Khedivenpalast (Hidiv Kasrı) oberhalb von Çubuklu.

Unter Sultan Mahmut II. (1808-1839)

genossen die osmanischen Gouverneure von Ägypten einen Sonderstatus. Sie bildeten eine Dynastie und führten den Titel Khedive. Ende des 19. Jahrhunderts bat der Khedive Abbas Hilmi Pascha die Osmanen und die Deutschen um Unterstützung gegen die Besetzung Ägyptens durch die Engländer. Um diese Unterstützung zu erhalten, musste sich der junge Pascha eine Zeitlang in der osmanischen Hauptstadt aufhalten, und aus diesem Grunde kaufte er sich 1903 zwei Herrenhäuser in Çubuklu. Anschließend erwarb er auch die Hügel hinter den Häusern und das obere Plateau, ein 27 Hektar großes Grundstück. 1907 erteilte der Pascha dem italienischen Architekten Delfo Seminati den Auftrag, dort einen Palast im Jugendstil zu bauen.

Das prächtige Bauwerk thront auf 1.000 Quadratmetern und wuchert mit einer traumhaften Aussicht auf das Meer und die grünen Wälder des Bosporus. Der Ort ist ein beliebtes Ausflugsziel, das den Bewohnern von Istanbul gestattet, dem Stress der Großstadt für eine Weile zu entfliehen. Heute beherbergt der Palast ein Restaurant und ein Gartencafé, außerdem werden hier häufig Hochzeiten und andere Feiern ausgerichtet.

Beykoz Park

15 min.

Ein Ausflug in den Beykoz Park, auch Yalıköy Park genannt, war lange Zeit fester Bestandteil des Lehrplans der militärischen und zivilen Schulen, die der modernisierungsfreudige Sultan Mahmut II. gegründet hatte. In diversen literarischen Werken wird erwähnt, dass die Schüler anlässlich des Opferfests vor den Prüfungen oder an den Feiertagen Exkursionen in diesen Park unternahmen. Auch heute noch dient der Beykoz Park ähnlichen Zwecken. Denn in Anlehnung an diese alte Tradition veranstaltet die Stadtverwaltung dort gelegentlich internationale Kultur- und Folklorefestivals, mit denen sie Menschen und Kulturen zusammenbringen möchte.

Unterhalb des Beykoz Park, zwischen Meer und Hügel gelegen, steht der Mecidiye Palast (oder Beykoz Palast). Das Wiesental am Fuße des Hügels trägt den Namen Hünkar Iskelesi. An dem Pier einigten sich die Osmanen und die Russen 1833 auf einen Vertrag, in dem sie sich wechselseitige Unterstützung für den Fall zusicherten, dass eine der beiden Vertragsparteien angegriffen würde.

Kanlıca

1 Std.

Das hübsche ehemalige kleine Dorf Kanlıca zu Füßen der Fatih Sultan Mehmet Brücke (der zweiten Bosporusbrücke) ist für seinen Joghurt berühmt. Am Wochenende ziehen die zahlreichen Lokale vor Ort Scharen von Ausflüglern an, die sich die mit Puderzucker bestreute Spezialität aus Kuh-, Schaf- und Büffelmilch schmecken lassen.

30 min.

Küçüksu Schlösschen

Eines der auffälligsten Bauwerke am Bosporus ist das Küçüksu Schlösschen (*Küçüksu Kasrı*). Das Grünland von Küçüksu (Kleines Wasser) zog in der Osmanenzeit die Aufmerksamkeit der Sultane auf sich, und so war es nur folgerichtig, dass auch hier ein Sultansgarten angelegt wurde, der *Kandil Bahçesi* (Laternengarten). Vor allem Murat IV. (1623-1640) begeisterte sich für die Anlage und nannte sie *Gümüş Selvi* (Silberne Zypresse; in anderen Quellen aus dem 17. Jahrhundert ist hingegen vom *Bahçe-i Göksu* die Rede). Ab dem 18. Jahrhundert war es aber vorbei mit der Abgeschiedenheit, denn immer mehr Menschen siedelten sich im Umkreis an, und die Bautätigkeit nahm zu.

Das Küçüksu Schlösschen wurde von Nikogos Balyan im Neobarock-

Küçüksu Schlösschen

stil ganz aus weißem Marmor gebaut und 1857 fertiggestellt. Die Sultane nutzten es als Jagdvilla, übernachteten hier jedoch nicht. Nach Gründung der Republik fand das Schlösschen eine Zeitlang als Staatsgästehaus Verwendung. Heute beherbergt es ein Museum. Restaurierungsarbeiten begannen 1994 und dauern bis heute an. Die Abteilungen des Gebäudes, in denen sie schon abgeschlossen werden konnten, stehen Besucher offen.

I Josua Hügel (Yuşa Tepesi)

1 Std.

Möglicherweise ist der Prophet Josua in Istanbul gestorben und begraben worden. Es gibt zwar keine Belege dafür, dennoch besteht großes Interesse an seinem vermeintlichen Grab auf dem Hügel. Der Legende zufolge war es dem Sufischeich Yahya Efendi vorbehalten, das Grab des Propheten Josua zu entdecken. Und das kam so: Als Yavuz Sultan Selim I. Gouverneur von Trabzon war, kam sein Sohn, der spätere Sultan Süleyman I., zur Welt, und man engagierte eine Amme für ihn. Scheich Yahya Efendi war der Sohn dieser Amme. Die beiden verband eine tiefe Freundschaft, aber ihre Lebenswege trennten sich schon bald. Süleyman wurde Sultan und Yahya Efendi ein bedeutender Gelehrter und Sufimeister. Im Alter von ca. 40 Jahren reiste Yahya Efendi nach Istanbul, um seinen Freund Sultan Süleyman zu besuchen. Dieser ließ eigens für ihn zwei Häuser erbauen, ein Winterhaus in Beşiktaş und ein Sommerhaus in Anadolu Kavağı. In dem Sommerhaus träumte Yahya Efendi eines Nachts davon, ganz in der Nähe das Grab des Propheten Josua zu finden. Am nächsten Mor-

ÖFFNUNGSZEITEN

Küçüksu Schlösschen
Täglich 9-17 Uhr
außer montags und donnerstags
Eintritt: 5₺ (ca. 2 €)
www.millisaraylar.gov.tr

gen kletterte er mit Freunden auf den Hügel, um Nachforschungen anzustellen. Als er einem Hirten begegnete, fragte er hin, ob ihm dort oben irgendetwas Außergewöhnliches aufgefallen sei. Da führte der Hirte ihn zu einem Ort, der ihm merkwürdig erschien: „Sehen Sie diese Stelle, mein Herr? Hier ist das Gras grün und üppig, und trotzdem halten sich die Schafe davon fern und verschmähen es." Da wusste Yahya Efendi, dass er das Grab gefunden hatte, und informierte den Sultan. Dieser ließ dort eine Gedenkstätte errichten. 1755 baute Großwesir Mehmet Said Pascha auf dem Gelände eine Moschee, die 1863 unter Sultan Abdülaziz umgebaut wurde.

Der Josua Hügel ist mit knapp 200 Metern eine wichtige Landmarke für Schiffe, die vom Schwarzen Meer in den Bosporus einfahren. Von der Anhöhe hat man eine fantastische Aussicht auf die Meerenge bis hin zur Schwarzmeer-Mündung. Neben einigen religiösen Buchhandlungen gibt es dort oben auch einige Shops, die Snacks anbieten.

Anadolu Kavağı

Empfohlene Besuchszeit: ein halber Tag

Das Fischerdorf Anadolu Kavağı markiert den Übergang vom Schwarzen Meer zum Bosporus, es ist für seine Wälder und Fischrestaurants berühmt. Vor allem zur Blaubarschsaison, an den angenehm kühlen Herbsttagen im September und Oktober, wenn sich Istanbul langsam vom Sommer verabschiedet, trifft sich die Stadtbevölkerung an den Tischen der örtlichen Fischrestaurants. Anadolu Kavağı ist sowohl auf dem See- als auch auf dem Landweg bequem zu erreichen: am besten mit einer der zahlreichen Bosporusfähren oder aber über die Küstenstraße von Üsküdar nach Beykoz.

Hoch oben auf dem Hügel über dem Ort thront die Ruine der Burg

Yoros, die 1190 von den Genuesen gebaut wurde. Von hier aus hat man ebenfalls einen einzigartigen Blick auf den Bosporus, doch lohnt sich ein Besuch schon aufgrund der Architektur des Bauwerks und der Wappen an den Wänden. Anadolu Kavağı wurde mehrmals in seiner Geschichte angegriffen - von Bithyniern, Goten und Russen -, und eine Zeitlang wurde es von den Genuesen kontrolliert, die eben diese Burg bauten. Anschließend fiel die Burg an die Byzantiner, bevor sie im 14. Jahrhundert von den Osmanen erobert wurde. Angeblich standen früher noch 25 Häuser in unmittelbarer Nachbarschaft. Evliya Çelebi erwähnt einen schwarzen Turm, der von Yıldırım Khan erobert und dann von Sultan Mehmet II. wieder instandgesetzt worden sei. Letzterer habe hier auch Soldaten einquartiert. Çelebi beziffert den Umfang dieses Turms auf 200 Meter und schreibt, er habe inmitten von Kastanienwäldern gestanden.

Anadolu Kavağı

KAPITEL 6
Die Prinzeninseln

Prinzeninseln

Büyükada, Heybeliada, Burgazada und Kınalıada

Die Prinzeninseln sind offiziell tatsächlich ein Stadtteil von Istanbul, obwohl man vor Ort ganz sicher nicht auf die Idee käme. Denn auf diesen Inseln - vier davon werden mit dem Schiff angesteuert - geht es mehr als beschaulich zu. Sie sind nicht nur für Touristen ein beliebtes Ziel, sondern auch für alle Stadtbewohner, die dem Smog der Stadt entfliehen und frische Luft tanken möchten. Ruhe und Erholung, eine reiche Vegetation, nostalgische Holzhäuser und gepflegte Gärten - all das schätzt inzwischen auch die Filmindustrie als einzigartige Kulisse. Untrennbar mit einem Besuch auf den Prinzeninseln verbunden ist schon die Überfährt. Die Erholung beginnt mit Ablegen der Fähre im Hafen. Wer die Möglichkeit hat, sollte sich den Besuch der Prinzeninseln in die Mitte seines Istanbulaufenthalts legen und nicht unbedingt am Wochenende dorthin fahren. Am besten lassen sich die Inseln mit der Pferdekutsche, dem Leihfahrrad oder zu Fuß erkunden. Autos sind dort nicht zugelassen.

Highlights & Tipps: Wenn möglich sollte man für jede Insel einen Tag einplanen. Wer nicht so viel Zeit hat, konzentriert sich entweder auf **Büyükada** oder auf **Heybeliada**. Für einen Besuch empfehlen wir Ihnen besonders den Frühling und Herbst.

Unterwegs: Die **Fähren** zu den Inseln starten in **Kabataş**. Wir empfehlen Ihnen, so früh wie möglich am Kai zu sein und an Bord zu gehen. Die erste Fähre legt um **8:30 Uhr** ab. Von Kabataş aus steuert sie zunächst Kadıköy an, wo man ebenfalls zusteigen kann. Weitere Zwischenstopps auf dem Weg nach Büyükada sind die Inseln Kınalıada, Burgazada und Heybeliada. Steigt man dort aus, findet man am Hafen auch die Fährzeiten für die Rückfahrt angeschlagen. Von Kabataş nach Büyükada braucht die Fähre ca. **1,5 Stunden**.

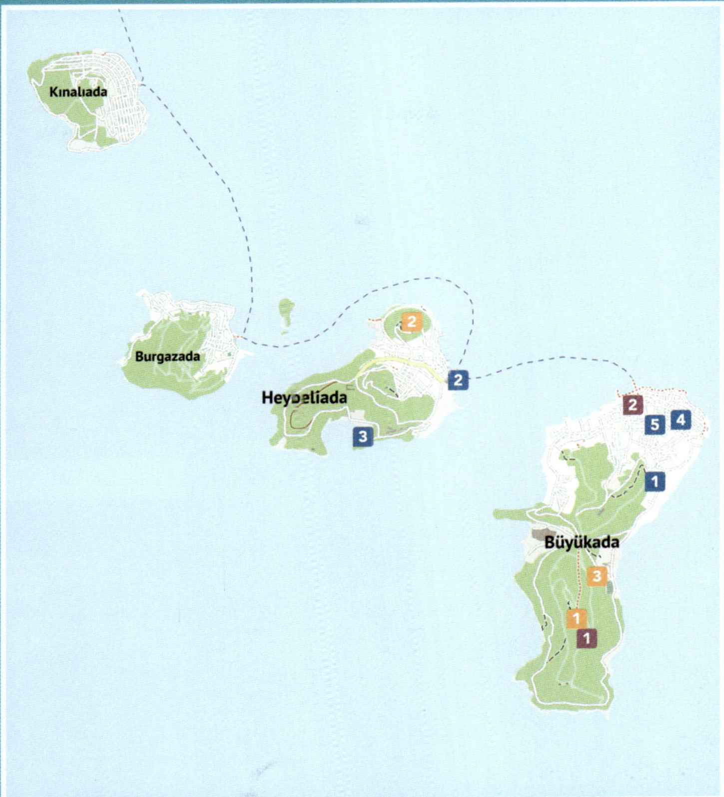

Highlights & Tipps

1 Hagia Yorgi Kloster
2 Hagia Triada Kloster
3 Hagios Nikolaos Kloster

Genießen

1 Restaurant im Klostergarten des Hagios Yorgi Klosters
2 Dilburnu Cafe

Kultur & Sehenswertes

1 Griechisches Waisenhaus
2 Marineakademie
3 Heybeliada Sanatorium
4 Hesed Le Avraam Synagoge
5 Hamidiye Moschee

Die Prinzeninseln

Empfohlene Reisesaison: *Frühling und Herbst*

Wenn möglich, sollte man für jede Insel einen Tag einplanen. Wer nicht so viel Zeit hat, konzentriert sich entweder auf Büyükada oder auf Heybeliyada.

Büyükada

Büyükada ist die größte der Prinzeninseln, sowohl hinsichtlich ihrer Fläche (5,4 Quadratkilometer) als auch in Bezug auf die Einwohnerzahl. [Mit dem Schiff ist sie von Bostanci aus in 35 und von Sirkeci aus in 70 Minuten zu erreichen.] Die Insel besteht aus zwei Hügeln, die durch eine Schlucht voneinander getrennt sind. Im Süden erhebt sich der 203 Meter hohe Yücetepe (Hoher Hügel) und im Norden der 164 Meter hohe Isa Tepesi (Jesus Hügel). Das Dilburnu (das Zungen-Kap) ragt an der Westküste in 500 Meter Länge und 100 Meter Breite ins Meer. Südlich dieser Landzunge liegt der Yörükali Strand und nördlich von ihr die Bucht Nizamkoyu. Das Dorf Karacabey befindet sich an der Ostküste.

Büyükada ist weiter als die anderen Prinzeninseln vom Festland entfernt. Sobald man die Fähre verlässt, wird man von ihrem historischen Hafen und einem großen Marktplatz willkommen geheißen. Linker Hand werben die berühmten Fischrestaurants der Insel und rechter Hand zahlreiche Teegärten um Kunden. Ebenfalls rechts angesiedelt sind die Unterstände der Fischer; sie ziehen sich die Promenade entlang bis zum Anadolu Kulübü.

Auf den Inseln fahren keine privaten Autos und Taxis, dafür umso mehr Pferdegespanne und Fahrräder. Die nostalgisch anmutenden Droschken warten unter dem weithin sichtbaren Uhrturm auf Fahrgäste. Sie offerieren kleine und große Touren, auf denen man sich von der Schönheit der Insel überzeugen kann. Eine große Tour einmal um die Insel dauert etwa zwei Stunden. Fahrräder werden auf dem Platz in der Nähe der Kutschen vermietet. Die Insel hat viele schöne Ausflugsziele zu bieten. Empfehlenswert ist zum Bei-

Büyükada

spiel das Picknickgelände von Dilburnu. Dort kann man Tee, Kaffee oder ein kühles Getränk genießen und sogar einen Grill samt Zubehör ausleihen.

Hamidiye Moschee

Die Prinzeninseln verbindet eine gemeinsame Geschichte. Vor der Eroberung Konstantinopels lebten vor allem Griechen auf den Inseln. Die ersten muslimischen Siedler kamen erst nach 1850. Sie benötigten schon bald eine Moschee, und so wurde unter Sultan Abdülhamit II. die Hamidiye Moschee gebaut, die 1895 eingeweiht wurde. Sie zeichnet sich durch ihr sehr elegantes Erscheinungsbild aus.

Panayia Kirche

Die Tore der Panayia Kirche (Kirche der Heiligen Jungfrau; Meryem Ana Kirche) führen auf den Arabacılar Platz und die *Çarşı Caddesi* hinaus. Aufgrund ihrer Lage wird sie von den Inselbewohnern auch Arabacılar Kirche genannt. Panayia (Heilige der Heiligen) ist in der Orthodoxie ein anderer Name für die Jungfrau Maria. Der Glockenturm wurde im 19. Jahrhundert erbaut und hat eine knollenförmige Kuppel. Festtag der Kirche ist der 15. August. An diesem Tag starb die Mutter Jesu.

Hagios Yorgi Kloster

Auf dem höchsten Punkt von Büyükada thront das griechisch-orthodoxe Hagios Yorgi Kloster (die Georgskirche). Sein Name geht auf den Heiligen Georg zurück, von dem man annimmt, dass er im 3. Jahrhundert in Kappadokien geboren und als Kommandant der römischen Armee in Palästina getötet wurde.

Angeblich reicht die Geschichte des Klosters über 1000 Jahre zurück. Es wird vermutet, dass es im Jahr 963 von dem byzantinischen Kaiser Nikiforos Fokas gebaut wurde.

In dem charmanten Klostergarten laden Holztische, Stühle und kleine Lauben zum Verweilen ein. Die Preise im Restaurant sind angemessen. Auf der Speisekarte stehen Shish Kebab, Pommes Frites, Salate und Kuchen.

Griechisches Waisenhaus

Das griechische Waisenhaus auf dem Isa Tepesi wurde zwischen 1898 und 1899 von einer französischen Firma unter der Leitung von Graf Moris Bostari erbaut und war ursprünglich als Hotel konzipiert. Als Architekt fungierte Alexandre Vallaury, einer der berühmtesten Architekten seiner Zeit. 1902 wurde das Gebäude an das Ökumenische Patriarchat verkauft und in der Folge als Waisenhaus genutzt, bis es für baufällig befunden und 1997 vom türkischen Staat konfisziert wurde. Erst 2012 wurde es per Gerichtsentscheid erneut dem Patriarchat zugesprochen. Künftig soll es als Sitz einer internationalen Um-

CAFÉ/RESTAURANT

Restaurant im Klostergarten des Hagios Yorgi Klosters
Fon: (216) 382 1333

Dilburnu Cafe
Fon: (216) 382 2486

Büyükada

weltstiftung unter der Schirmherrschaft des Ökumenischen Patriarchen Bartholomaios I. dienen. Dann werden dort regelmäßig Symposien im Zeichen des Dialogs der Religionen über Fragen der Bewahrung der Schöpfung stattfinden

Hesed Le Avraam Synagoge

Diese einzige Synagoge von Büyükada wurde unter Sultan Abdülhamit II. errichtet, um die spirituellen Bedürfnisse der damals hier ansässigen jüdischen Bevölkerung zu stillen. Vorher hatten sich die Juden, die die Sommermonate hier verbrachten, freitags und samstags abends in den Häusern ihrer Rabbiner versammelt. Das Grundstück machte ein Mann namens Abram Fresko Efendi der Gemeinde zum Geschenk, daher heißt die Synagoge heute Hesed Le Avraam Synagoge - Synagoge der guten Tat des Avram. Sie wurde der Öffentlichkeit am 30. März 1904 übergeben.

Büyükada

Hagios Dimitrios Kirche

Zu den historischen Kirchen auf Büyükada gehört auch die Kirche des Heiligen Dimitrios, die am 7. Mai 1856 mit einem Gottesdienst feierlich eröffnet wurde. Architekt des Steingebäudes mit Ziegeldach war Fistiki (Fistikos) Kalfa.

Hagios Nikolaos Kloster

Dort, wo heute das Hagios Nikolaos Kloster steht - an der Ostküste von Büyükada, gegenüber der kleinen Insel Sedef (Perlmuttinsel) -, befand sich früher eine byzantinische Siedlung namens Karya (oder Karyes). Wahrscheinlich wurde diese Siedlung von Römern, die gegen den Kaiser Andronikos Komnenos revoltierten, niedergebrannt. Im 14. und im 15. Jahrhundert wurde Karya dann von Piraten geplündert, und im 16. Jahrhundert richteten ein weiterer Brand und ein Erdbeben schwere Schäden an. Insbesondere das Erdbeben von 1509 zog alle Prinzeninseln arg in Mitleidenschaft. Das Fundament des Klosters bekam Risse und versank im Boden. Deshalb bezeichnet man die Anlage auch als das Versunkene Kloster.

Heybeliada

Heybeliada

Diese Insel wird Heybeliada (Satteltascheninsel) genannt, weil sie aus der Ferne wie eine zu Boden gefallene Satteltasche aussieht. Sie gehört zu den beliebtesten Ausflugsorten Istanbuls und wird für ihre unberührte Natur und ihr angenehmes Klima gerühmt.

Auf Heybeliada leben rund 7.000 Menschen, im Sommer sind es aber um ein Vielfaches mehr. Mit den Besuchern summiert sich die Zahl dann auf bis zu 50.000. Heybeliada wird, genau wie die anderen Prinzeninseln auch, seit dem 19. Jahrhundert von Fähren angesteuert. Zu den Sehenswürdigkeiten der Insel gehören der in einer schönen kleinen Bucht gelegene Çam Limanı (Pinienhafen) und der Bahriye Limanı (Marinehafen), die Marineakademie, die Aye Ofemya Ayazması (eine Quelle, die von der griechischen Orthodoxie als heilig betrachtet wird), das 1924 gegründete Heybeliada Sanatorium (das erste Sanatorium in der Türkei), das Hüseyin Rahmi Gürpınar Gymnasium, der Abbas Halim Pascha Palast, ein Kloster und weitere religiöse und weltliche Bauten.

Auf Heybeliada kann man auf einem Esel reiten oder mit der Pferdedroschke fahren. Es werden eine große Tour und eine kleine Tour angeboten. Außerdem stehen zahlreiche Fahrradverleihs zur Verfügung. Auch auf Heybeliada läuft man nicht Gefahr, von einem Privatfahrzeug oder einem Taxi von der Straße gedrängt zu werden.

Der türkische Schriftsteller Ahmet Rasim starb zwar auf Heybeliada, erwähnte die Insel aber nicht in seinen Texten. Das bekannte Lied

Hagia Triada Kloster

Biz Heybeli'de her gece mehtaba çıkardık (Ein Heybeli-Spaziergang im Mondschein) stammt von seinem Enkel, Yesari Asım. In vielen Werken anderer Autoren findet Heybeliada aber durchaus Erwähnung.

Hagia Triada Kloster

Zu den bedeutendsten historischen Sehenswürdigkeiten von Heybeliada zählt zweifellos die Klosterkirche Hagia Triada. Sie unterscheidet sich dadurch von den anderen Gebetshäusern auf den Prinzeninseln, dass es lange Zeit als Priesterseminar fungierte.

Die Klosterkirche liegt im nördlichen Teil der Insel, auf dem Papaz Tepesi (Priesterhügel). Aufgrund ihrer Verbindungen zum Erzbistum Sinai und weil sie wahrscheinlich dem Patriarchat von Jerusalem angegliedert war, hieß sie ursprünglich Sionskirche. Später wurde sie in Triada Kirche - Dreifaltigkeitskirche - umbenannt. Die Klosterkirche Hagia Triada ist das älteste christliche Gotteshaus auf der Insel. Sie soll im 9. Jahrhundert vom Heiligen Photios, dem Patriarchen von Konstantinopel, gegründet worden sein. Aus diesem Grunde wird alljährlich am 6. Februar mit dem Geburtstag des Heiligen Photios auch die Gründung der Klosterkirche gefeiert.

Die in griechischer Sprache verfasste Marmorinschrift auf der rechten Seitenwand der Klosterkirche verrät, dass die Kirche am Montag, den 1. Mai 1844 eingeweiht wurde. Im selben Jahr eröffnete mit Unterstützung durch den Patriarchen Germanos IV. das Priesterseminar, in dem zwischen 1844 und 1971 rund 1.000 Priester ausgebildet wurden.

1963 geriet das Kloster in den Mahlstrom des Zypern-Konflikts zwischen der Türkei und Griechenland. Die Studenten erhielten kein Visum mehr - ein Problem, das bis heute nicht gelöst ist. Die Bibliothek war von Anfang an ein wichtiger Bestandteil des Klosters, sie enthält mehr als 120.000 Werke.

Hagios Nikolaos Kirche

Die orthodoxe Hagios Nicholas Kirche wurde an dem Ort errichtet, an dem Patriarch Samuel I. (Byzantios) die letzten vier Jahre seines Lebens verbrachte. Als er am 10. Mai 1775 starb, begrub man ihn unter der Kirche. 1894 wurde die Kirche bei einem Erdbeben beschädigt, Sultan Abdülhamit II. ließ sie anschließend umfassend renovieren.

Deniz Lisesi (Marineakademie)

Bis Mitte des 18. Jahrhunderts gab es keine Institution oder Organisation, die für die Ausbildung der Kapitäne der osmanischen Flotte verantwortlich gewesen wäre. Vielmehr wurde das nötige Fachwissen vom Vater an den Sohn oder vom erfahrenen Seemann an den Kadetten weitergegeben. Dies änderte sich mit der Eröffnung der Ingenieurschule in Üsküdar 1734. Damals begann die Reformierung des osmanischen Bildungssystems. Unter Sultan Selim III. wurde die Marinekaserne (*Bahriye Kışlası*) von Hey-

Deniz Lisesi (Marineakademie)

beliada zur *Mühendishâne-i Bahri Hümayun* (Ingenieurschule der Sultansmarine) umgebaut. Von 1824 bis Ende des 1. Weltkrieges wurde dort unterrichtet. Zu den Absolventen dieser Schule zählten auch zwei berühmte Dichter: Necip Fazıl Kısakürek und Nazım Hikmet Ran. Die Akademie wird heute noch von der Marine genutzt.

Heybeliada Sanatorium

Patienten mit Tuberkulose werden behandelt, indem man ihnen Ruhe und Erholung in reiner Meeresluft verschreibt. Und genau das hatte Heybeliada schon immer reichlich zu bieten. Daher ließ Atatürk nach Ausrufung der Republik auf einer Anhöhe über dem *Çam Limanı* (Pinienhafen) und dem *Yeşil Burun* (Grünen Hafen) ein kleines Sanatorium mit 16 Zimmern bauen, das am 1. November 1924 seine Pforten öffnete. Anfangs akzeptierte das Sanatorium nur männliche Patienten, später kam auch eine Abteilung für Frauen hinzu. In dem Sanatorium wurden auch viele namhafte Persönlichkeiten des öffentlichen Lebens behandelt, unter anderem Ismet Inönü, ein Weggefährte Atatürks. Bei dem großen Erdbeben vom 17. August 1999 wurde das Gebäude beschädigt, 2001 jedoch wieder instandgesetzt. Auf eine Entscheidung des Gesundheitsministeriums hin wurde das Sanatorium 2005 in die Herz-Kreislauf-Klinik Süreyya Pascha in Kartal verlegt.

Heybeliada Sanatorium

Burgazada

Burgazada

Burgazada ist die zweite Insel, die die Fähre von Eminönü aus ansteuert, und mit einem Durchmesser von 2 Kilometern sowohl in der Länge als auch in der Breite die drittgrößte Prinzeninsel. Auch dort sind keine Kraftfahrzeuge zugelassen. Nach der Eroberung von Konstantinopel nannten die Türken diese Insel Burgaz, nach dem griechischen Wort *Pirgos* (oder *Prygos*) - Bastion. In osmanischer Zeit war Burgazada ein beliebtes Ausflugsziel für Nichtmuslime.

Auch auf dieser Insel eröffnete 1927 ein Sanatorium. Bis 1953 gab es nur eine Moschee auf der Insel. Eine zweite kam anlässlich der Feiern zum 500. Jahrestag der Eroberung von Istanbul hinzu. Auf Burgazada wurde der erste private Zoo der Türkei gegründet. Außerdem lebte hier einer der bedeutendsten türkischen Schriftsteller, Sait Faik Abasıyanık.

Ayyani Kirche

Thedora, die Ehefrau des byzantinischen Kaisers Theophilos, ließ diese Kirche an der Stelle errichten, wo zuvor der Heilige Methodius gefangen gehalten worden war. Die Kirche wurde bei der Eroberung von Konstantinopel beschädigt und in den Jahren 1759 und 1817 restauriert. Trotzdem verfiel das Gebäude zusehends, sodass es irgendwann nicht länger genutzt werden konnte. 1896 baute man eine neue Kirche, die heute von der gesamten griechischen Bevölkerung der Insel genutzt. Aus dem hinteren Bereich der Kirche führen 10 Treppenstufen in die Zelle hinab, in der der Heilige Methodius einst inhaftiert war.

Hagios Yorgi Klosterkirche

Diese Kirche ist für ihre drei Kirchenglocken bekannt. Sie wurde im 19. Jahrhundert erbaut und liegt im Westen der Insel, in der *Cennet Yolu* (Himmelsstraße) auf einem steilen Hügel. Ein Vorgängerbau stand hier angeblich bereits im 16. Jahrhundert. Zwischen 1920 und 1923 nahmen weißrussische Einwanderer die Klosterkirche in Beschlag, bis sie bei einem Feuer schwer beschädigt wurde. Heute wird sie von den griechischen Inselbewohnern genutzt.

Kinalıada

Kınalıada

Kınalıada

Kınalıada ist die erste Anlegestelle, an der die Fähren von Eminönü oder Bostancı Halt machen. Die Herkunft des Namens Kınalıada (Hennafarbene Insel) ist umstritten. Eine Theorie besagt, dass er von dem rötlichen Gestrüpp der Insel abgeleitet ist, eine andere beruft sich auf das rote Felsgestein.

Im Gegensatz zu den anderen Prinzeninseln gibt es auf Kınalıada keine Pferdedroschken, sondern nur Fahrräder. Bevorzugtes Fortbewegungsmittel sind hier jedoch die eigenen Füße, denn die Insel ist nicht einmal 1,5 Quadratkilometer groß. Wenn man einen Spaziergang unternimmt und sich vom Strand von Ayazma aus Richtung Hügel wendet, sieht man noch oben das Hristo Kloster (Christus Kloster) prangen. Dieses Kloster auf dem höchsten Punkt von Kınalıada stammt noch aus der Zeit, als der byzantinische Kaiser Romanos IV. Diogenes auf die Insel verbannt wurde. Es ist nur freitags frei zugänglich, an anderen Tagen braucht man eine Sondergenehmigung.

Kleines Sprachlexikon

Aussprache

Die Aussprache der türkischen Buchstaben unterscheidet sich nicht wesentlich vom Deutschen. Einige abweichende Buchstaben gibt es jedoch:

c
Weiches dsch -
Dschungel, Job, Ingenieur

ç
Scharfes tsch -
Deutsch, Kutsche, Rutsche

ğ
Dehnungs-h, nicht ausgesprochen -
wie in *Zahn*

h
Stimmloses h -
Haus, Hoffnung

ı
Angedeutetes e -
Tasche, bitte, danke

j
Deutsches g -
leger, Regime

s
Scharfes s, wie ß -
außen, Rast

z
Weiches s -
Saison, Rasen

ş
Deutsches sch -
Schule, schlank

v
Deutsches w -
Vase, Waffel

y
Deutsches j -
Jubel, Jacke

Erste Schritte

ja	evet
nein	hayır
danke	teşekkürler
..., bitte.	..., lütfen
Bitte!/Bitteschön!	Bir şey değil!
okay	tamam
richtig	doğru
falsch	yanlış
Achtung!	Dikkat!
Türkei	Türkiye
Deutschland	Almanya

An der Grenze

Visum	vize
Reisepass	pasaport
Vorname	ad / isim
Nachname	soyad / soyisim
Nationalität	uyruk
Geburtsdatum	doğum tarihi
Geburtsort	doğum yeri
Geschlecht	cinsiyet

Begrüßung und Verabschiedung

(Herzlich) Willkommen!	Hoş geldin! (pl. Hoş geldiniz!)
Guten Tag!	İyi günler!
Guten Abend!	İyi akşamlar!
Guten Morgen!	Günaydın!
Hallo!	Merhaba!
Tschüss!	Güle güle!
Auf Wiedersehen!	Görüşmek üzere! Allahaısmarladık!
Bis dann! Bis später!	Görüşürüz!
Bis morgen!	Yarın görüşmek üzere!
Mach's gut!	Hoşçakal!
Gute Nacht!	Iyi geceler!
Schlaf gut!	Iyi uykular!
Gute Besserung!	Geçmiş olsun!
Viel Spaß!	Iyi eğlenceler!
Gesundheit!	Çok yaşa!

Im Gespräch

Sprechen Sie Türkisch?	Türkçe biliyor musunuz?
Ich spreche kein Türkisch.	Türkçe konuşamıyorum.
Ich weiß nicht.	Bilmiyorum.
Wie spät ist es?	Saat kaç?
Entschuldigen Sie!, Verzeihung!	Affedersiniz!
Wie geht's?	Nasılsınız?
Danke, gut.	Teşekkür ederim, iyiyim.
Und Ihnen?	Siz nasılsınız?
Gern geschehen!	Bir şey değil.
Sprechen Sie Deutsch/(Englisch)?	Almanca/(Ingilizce) biliyor musunuz?
Ich verstehe Sie nicht.	Anlamadım.
Wie bitte?	Efendim?
Sagen Sie das bitte noch einmal.	Tekrar söyler misiniz.

Keine Ursache	Bir şey değil
Entschuldigen Sie!	Pardon.
Wie heißen Sie?	Adınız (İsminiz) ne?
Ich heiße ...	Adım ...
Wie alt sind Sie?	Kaç yaşındasınız?
Ich bin ... Jahre alt.	Ben ... yaşındayım.
Wo wohnen Sie?	Nerede kalıyorsunuz?
Ich wohne in ...	... oturuyorum.
Entschuldigung! / (Es) tut mir leid!	Özür dilerim!

Fragewörter

was/wer	ne / kim /hangi
wie	nasıl
wie viel	ne kadar
Wann/wie...lange	ne zaman/ ne zamana kadar
Wo (ist …)?	… nerede?
warum	niçin
Wie heißt das auf Türkisch?	Bunun Türkçesi ne?
Können Sie mir bitte helfen?	Bana yardım eder misiniz?

Zeiten

Morgen	sabah
Nachmittag	öğleden sonra
Abend	akşam
Nacht	gece
morgen	yarın
heute	bugün
gestern	dün
Woche	hafta
Jahr	yıl

Unterwegs in der Stadt

Hafen	liman
Anleger	iskele
Toilette	tuvalet
Hotel	otel
Pension	pansiyon
Eingang	giriş
Ausgang	çıkış
Museum	müze
Ausstellung	sergi
Moschee	cami
Markt	pazar / çarşı
Supermarkt	süpermarket
geöffnet	açık
geschlossen	kapalı
Wo ist ...?	... nerede?
Wo bekomme ich …?	… nerede bulabilirim?
Geben Sie mir …	… verir misiniz.
Haben Sie …?	…var mı?
Was kostet …?	… kaça?
teuer	pahalı
Das ist zu teuer.	Çok pahalı.
Ich schaue mich ein bisschen um.	Sadece bakıyorum.

Das gefällt mir/ gefällt mir nicht	tamam / kalsın
Das ist schlechte Qualität.	Kalitesi iyi değil.
mehr	daha fazla
weniger	daha az
Das nehme ich.	Bunu alıyorum.
Gibt es hier eine Touristen-information?	Burada turizm danışması var mı?
Ich hätte gern einen Stadtplan.	Şehir planı var mı?
Wo kann man hier telefonieren?	Nereden telefon edebilirim?
Wo bekomme ich eine Telefonkarte?	Nereden Telefon kartı alabilirim?
E-Mail	e-posta
Internetcafé	internetkafe

Unterwegs mit Bus und Bahn

Fahrplan	tarife
Ticket	bilet
Ticketschalter	bilet gişesi
Haltestelle	durak
(Straßen)bahn	tramvay
Bus	otobüs
Bahnhof	gar / istasyon
Ein Ticket bitte!	Bir bilet lütfen!
Einfache Fahrt	tek gidiş
Hin und zurück	gidiş dönüş
1./2. Klasse	birinci /ikinci sınıf
verspätet	ertelendi
Bahnsteig	peron

Unterwegs mit dem Fahrzeug

Auto	araba
Tankstelle	benzin istasyonu
Benzin	benzin
Diesel	dizel
Volltanken, bitte!	Depoyu doldurun, lütfen!
Führt diese Straße nach...	...giden yol bu mu?
(Wie lange) darf man hier parken?	Buraya ne kadar park edibilirim?
geradeaus	düz
nach links	sola
nach rechts	sağa
Ich habe einen Platten.	Lastiğim patladı.
Ich habe keinen Sprit mehr.	Benzinim bitti.
Mein Auto wurde aufgebrochen.	Arabam soyuldu.
Ich hatte einen Unfall.	Kaza yaptım.

Geld

Geld	para
Bank	banka
Wechselstube	döviz bürosu
Wo gibt es hier eine Bank / Wechselstube?	Bu yakınlarda banka / döviz bürosu var mı?
Ich suche einen Geldautomaten.	Bankamatik arıyorum.
Akzeptieren Sie Kreditkarten?	Kredi kartı kabul ediyormusunuz?
Information	danışma

Im Hotel, auf Zimmersuche

Gepäck	bagaj
Frühstück	kahvaltı
Mittagessen	öğle yemeği
Abendessen	akşam yemeği
Ich habe ein Zimmer reserviert.	Bir oda ayırtmıştım.
Ich suche ein Zimmer für... Personen.	... kişilik bir oda arıyorum.
mit Dusche und Toilette	duşlu ve tuvaletli
mit Balkon/ Meerblick	balkonlu / deniz manzalı
Ich suche ein gutes / preiswertes Hotel.	Uygun fiyatlı bir otel arıyorum.
Wie viel kostet das Zimmer pro Nacht?	Geceliği ne kadar?
mit Frühstück?	Kahvaltı dahil mi?
Kann ich mir das Zimmer anschauen?	Odayı görebilir miyim?
Haben Sie noch ein anderes Zimmer?	Başka odanız var mı?
Das Zimmer gefällt mir.	Odayı beğendim.
Das Zimmer gefällt mir nicht.	Odayı beğenmedim.
Kann ich mit Kreditkarte zahlen?	Kredi kartıyla ödeyebilirmiyim?
Einzelzimmer	tek kişilik
Doppelzimmer	iki kişilik
Schlafsaal	yatakhane
kaputt	bozuk
Klimaanlage	klima
Zimmerservice	oda servisi

Kinder

Kind / Kinder	çoçuk / çoçuklar
Kindermenü	çoçuk menüsü
Kinder- /Babysitz	çocuk / bebek koltuğu
Wickelraum	alt değiştirme odası
Windeln	bebek bezi
Hochstuhl (im Restaurant)	bebek oturağı
Wo kann ich hier stillen?	Emzirmek için müsait bir yer var mı?

Bei Problemen

Ich bin krank.	Hastayım.
Hier tut es mir weh.	Burası ağrıyor.
Medikament	ilaç
Durchfall	ishal
Übelkeit	mide bulantısı
Diabetes	şeker hastalığı
Allergie	alerji
Antibiotika	antibiyotik
Apotheke	eczane
Krankenhaus	hastane
Ich brauche einen Arzt /Zahnarzt.	Bana bir doktor / diş hekimi lazım.
Polizei	polis
Rufen Sie bitte einen Krankenwagen / die Polizei.	Bir ambulans / polis çağırır mısınız?
Wo ist die nächste Polizeistation?	En yakın polis karakolu nerede?
Hilfe!	Imdat!

Wochentage / Monate

Montag	Pazartesi
Dienstag	Salı
Mittwoch	Çarşamba
Donnerstag	Perşembe
Freitag	Cuma
Samstag	Cumartesi
Sonntag	Pazar
Woche	hafta
Januar	Ocak
Februar	Şubat
März	Mart
April	Nisan
Mai	Mayıs
Juni	Haziran
Juli	Temmuz
August	Ağustos
September	Eylül
Oktober	Ekim
November	Kasım
Dezember	Aralık

Zahlen

0	sıfır
1	bir
2	iki
3	üç
4	dört
5	beş
6	altı
7	yedi
8	sekiz
9	dokuz
10	on
11	on bir
12	on iki
20	yirmi
30	otuz
40	kırk
50	elli
60	altmış
70	yetmiş
80	seksen
90	doksan
100	yüz
1.000	bin
10.000	on bin
100.000	yüz bin
1.000.000	bir milyon
ein Viertel	çeyrek
ein Halb(es)	yarım
ein Ganzes	tam

Im Café / Restaurant

Getränke	içecekler
Kaffee	kahve
Türkischer Mokka	türk kahvesi
Tee	çay
Tee mit Milch /Zucker	sütlü / şekerli çay

Wasser	su
Saft	meyve suyu
Mineralwasser	maden suyu
mit / ohne Kohlensäure	Soda / Şişe Suyu
Limonade	gazoz
Orangensaft	portakal suyu
Frühstück	kahvaltı
Brot	ekmek
Butter	tereyağı
Marmelade	reçel
Honig	bal
Käse	peynir
Wurst	sucuk
Ei	yumurta
Rührei	çırpılmış yumurta
Omelette	omlet
Tomaten	domates
Gurke	salatalık
Suppe	çorba
Linsensuppe	Mercimek çorbası
Fischsuppe	Balık çorbası
Fleischbrühe	Et çorbası
Kuttelsuppe	Işkembe çorbası
Vorspeisen	mezeler
Salat	salata
Tsatsiki	cacık
Tomaten- und Pepperonipüree	domates / biber ezmesi
Hirtensalat	Çoban salatası
Kichererbsenpüree	Humus
Auberginenpüree	Patlıcan ezmesi
Püree aus Joghurt, Schafskäse, Kräutern	Haydari
Gebratene Aubergine	Kızartılmış patlıcan
Pommes Frites	cips / patates kızartması
Gefüllte Weinblätter	sarma
Teigröllchen gefüllt mit Schafskäse	(Sigara) Kalem böreği
Oliven	yeytin
Teiggerichte	hamur işi
Dünner Teig mit Schafskäse	Gözleme
Türkische Pizza	Lahmacun
Türkische Ravioli	Mantı
Rührei mit Tomaten, Paprika und Zwiebeln	Menemen
Spinat in Blätterteig	Börek
Fleisch vom Grill	ızgara
Fleisch am Spieß	Şiş kebap
Hackfleisch am Spieß	Adana kebap
Frikadellen	köfte
Filet	Bonfile
Döner Kebab	Döner Kebap
Gegrilltes Huhn	kızartılmış tavuk
Lammkotelett	kuzu pirzola

Aus dem Topf

Weiße Bohnen in Tomatensoße	Kuru fasulye
Verlorene Eier auf Spinatgemüse	Ispanaklı çılbır

Gulasch	Gulaş
Auberginen mit Hackfleisch	Musakka
Auberginen-, Fleischeintopf	Türlü
Okraschoten mit Lammfleisch	Etli bamya
Mit Hackfleisch gefüllte halbe Auberginen	İmam Bayıldı
Im Tontopf gegartes Lammfleisch	Tandır
Fleisch mit Gemüse	Sebzeli et
Fisch	balık
Forelle	alabalık
Makrele	uskumru
Oktopus	ahtapot
Muscheln	midye
Meerbarsch	levrek
Thunfisch	Ton balılığı

Desserts

Blätterteig mit Nuss- oder Pistazienfüllung in Honig	baklava
Türkischer Honig	helva
Eis	dondurma
Süße Fadennudeln	kadayıf
Geleekonfekt	lokum
Milchreis	sütlaç

Obst

Honigmelone	kavun
Wassermelone	karpuz
Banane	muz
Weintrauben	üzüm
Pfirsich	şeftali
Aprikose	kayısı
Kirsche	kiraz
Pflaumen	erik
Apfel	elma
Feigen	incir
Die Speisekarte, bitte!	Mönüyü alabilirmiyim?
vegetarische Gerichte	etsiz yemekler
nicht scharf	acısız
heiß	sıçak
kalt	soğuk
eine Portion	bir porsiyon
Salz	tuz
Pfeffer	karabiber
Guten Appetit!	Afiyet olsun!
Serviette	peçete
Glas	bardak
Flasche	şişe
Teller	tabak
Messer	bıçak
Löffel	kaşık
Gabel	çatal
Rechnung	hesap
Ich möchte zahlen.	Hesabı alabilirmiyim?
Es war sehr lecker.	Çok lezizdi.

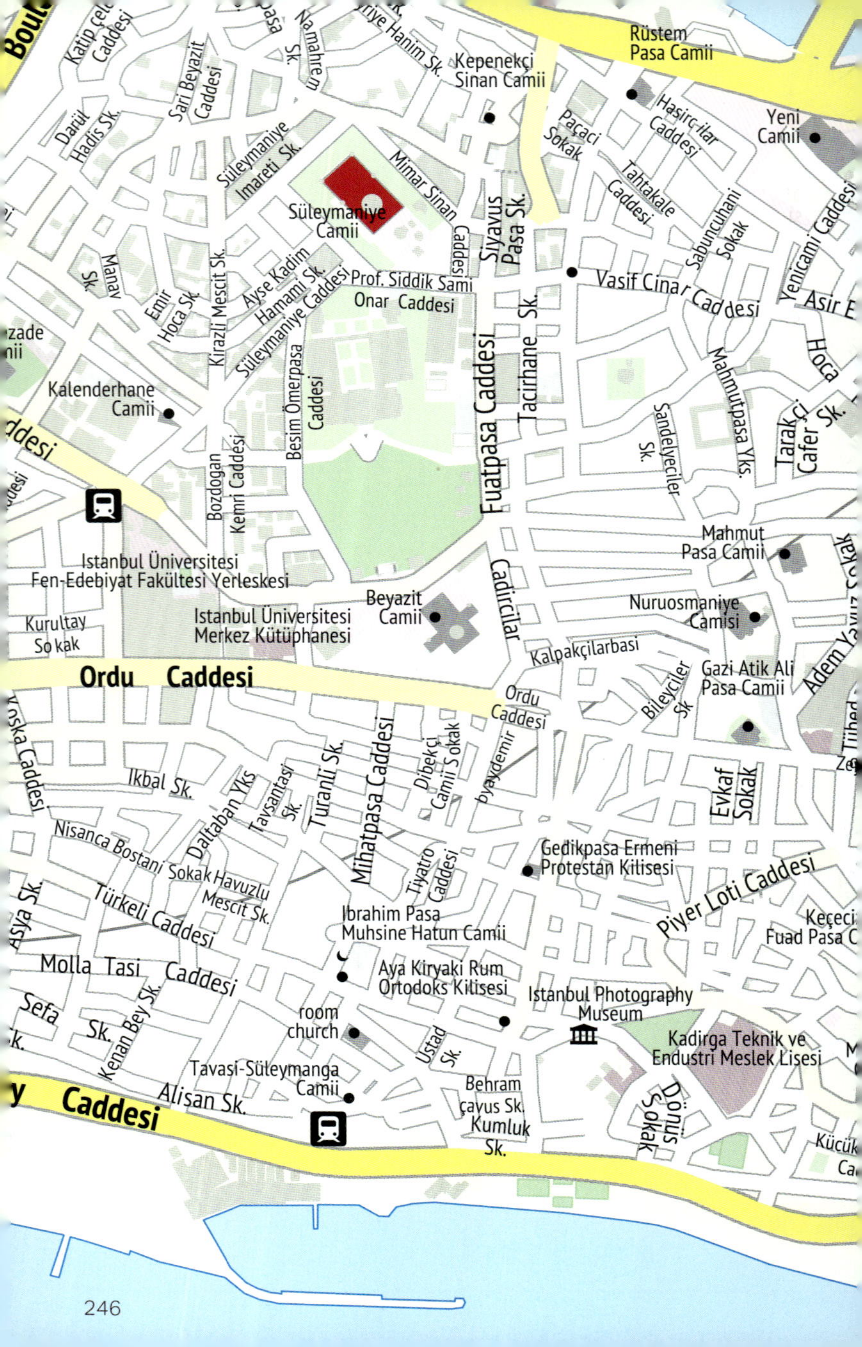
Rüstem Pasa Camii
Kepenekçi Sinan Camii
Yeni Camii
Katip Çelebi Caddesi
Sari Beyazit Caddesi
Namahrem Sk.
Darül Hadis Sk.
Süleymaniye Imareti Sk.
Mimar Sinan Caddesi
Süleymaniye Camii
Paçaci Sokak
Hasircilar Caddesi
Tahtakale Caddesi
Sabuncuhani Sokak
Yenicami Caddesi
Siyavus Pasa Sk.
Vasif Cinar Caddesi
Manav Sk.
Emir Hoca Sk.
Kirazli Mescit Sk.
Ayse Kadim Hamami Sk.
Süleymaniye Caddesi
Prof. Siddik Sami Onar Caddesi
Tacirhane Sk.
Fuatpasa Caddesi
Mahmutpasa Yks.
Hoca
Tarakçi Cafer Sk.
Kalenderhane Camii
Besim Ömerpasa Caddesi
Bozdogan Kemri Caddesi
Sandelyeciler Sk.
Istanbul Üniversitesi Fen-Edebiyat Fakültesi Yerleskesi
Mahmut Pasa Camii
Cadircilar
Beyazit Camii
Istanbul Üniversitesi Merkez Kütüphanesi
Kurultay Sokak
Nuruosmaniye Camisi
Kalpakçilarbasi
Adem Yavuz Sokak
Ordu Caddesi
Bileyciler Sk
Gazi Atik Ali Pasa Camii
Ordu Caddesi
Tavsantasi Sk.
Turanli Sk.
Mihatpasa Caddesi
Dibekçi Camii Sokak
Evkaf Sokak
Ikbal Sk.
Daltaban Yks
Nisanca Bostani Sokak
Havuzlu Mescit Sk.
Tiyatro Caddesi
Gedikpasa Ermeni Protestan Kilisesi
Piyer Loti Caddesi
Türkeli Caddesi
Ibrahim Pasa Muhsine Hatun Camii
Keçeci Fuad Pasa
Molla Tasi Caddesi
Aya Kiryaki Rum Ortodoks Kilisesi
Istanbul Photography Museum
Sefa Sk.
Kenan Bey Sk.
room church
Ustad Sk.
Kadirga Teknik ve Endustri Meslek Lisesi
Tavasi-Süleymanga Camii
Behram çavus Sk.
Alisan Sk.
Caddesi
Kumluk Sk.
Dönüs Sokak

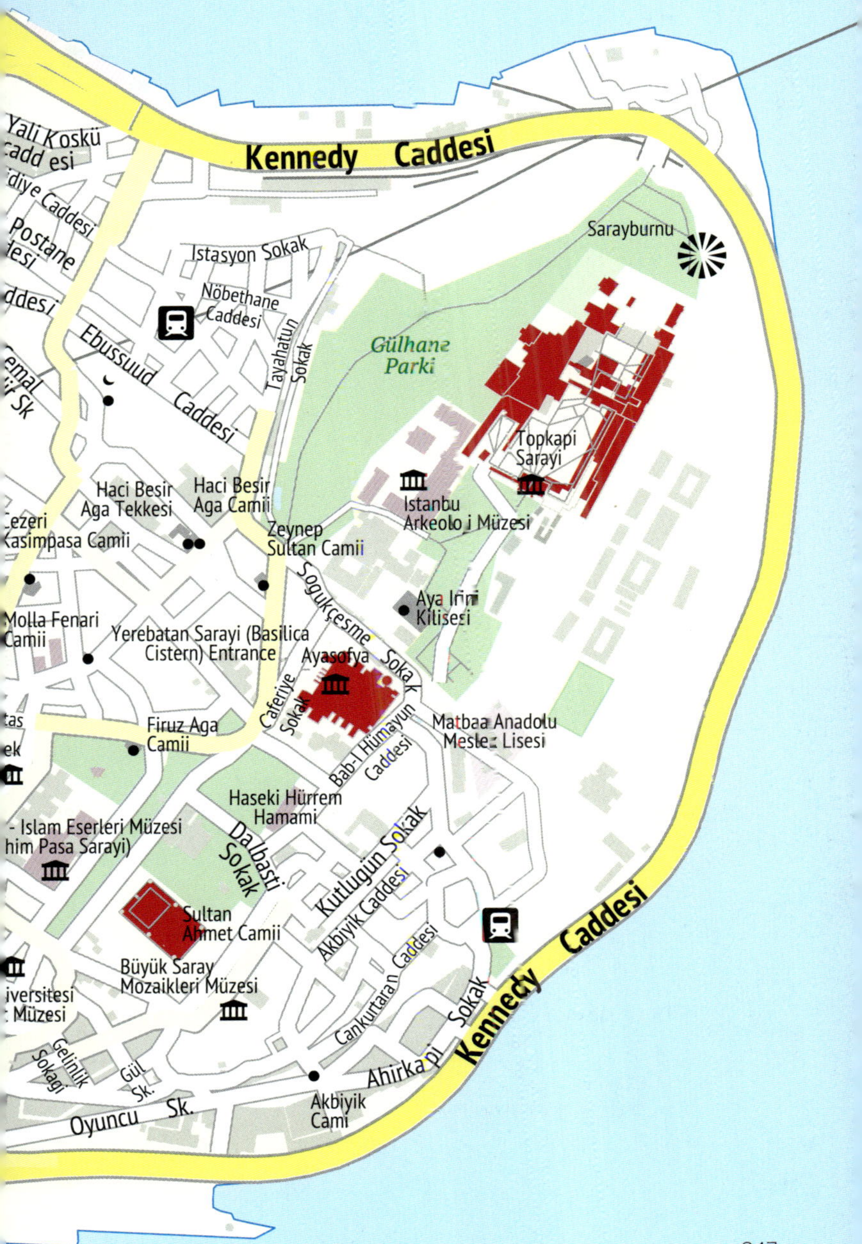
Yali Koskü
Cadd esi
Hamidiye Caddesi
Postane
Caddesi
Kennedy Caddesi
Istasyon Sokak
Nöbethane
Caddesi
Tayahatun
Sokak
Ebussuud
Caddesi
Gülhane
Parki
Sarayburnu
Topkapi
Sarayi
Istanbu
Arkeolo i Müzesi
Haci Besir
Aga Tekkesi
Haci Besir
Aga Camii
Zeynep
Sultan Camii
Kasimpasa Camii
Molla Fenari
Camii
Sogukçesme Sokak
Aya Irini
Kilisesi
Yerebatan Sarayi (Basilica
Cistern) Entrance
Ayasofya
Caferiye
Sokak
Firuz Aga
Camii
Bab-I Hümayun
Caddesi
Matbaa Anadolu
Meslek Lisesi
Haseki Hürrem
Hamami
- Islam Eserleri Müzesi
him Pasa Sarayi)
Dalbasti
Sokak
Kutlugün Sokak
Akbiyik Caddesi
Sultan
Ahmet Camii
Büyük Saray
Mozaikleri Müzesi
Cankurtaran Caddesi
Sokak
Kennedy Caddesi
Ahirkapi
Gelinlik
Sokagi
Gül
Sk.
Oyuncu Sk.
Akbiyik
Cami
versitesi
Müzesi

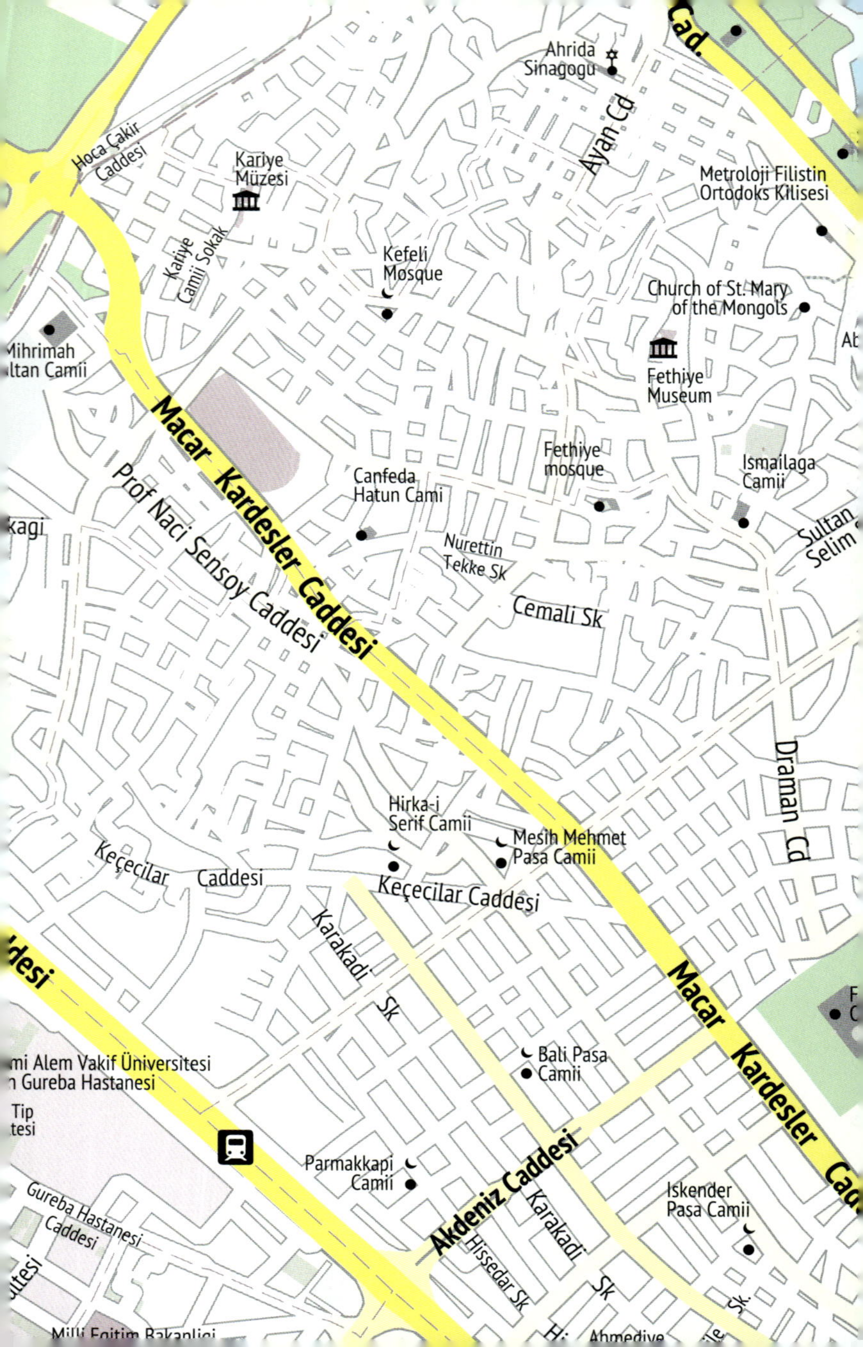

Cad.
Ahrida Sinagogu
Ayan Cd
Hoca Çakir Caddesi
Kariye Müzesi
Kariye Camii Sokak
Metroloji Filistin Ortodoks Kilisesi
Kefeli Mosque
Church of St. Mary of the Mongols
Mihrimah
Fethiye Museum
Macar Kardesler Caddesi
Prof Naci Sensoy Caddesi
Fethiye mosque
Canfeda Hatun Cami
Ismailaga Camii
Sultan Selim
Nurettin Tekke Sk
Cemali Sk
Draman Cd
Hirka-i Serif Camii
Mesih Mehmet Pasa Camii
Keçecilar Caddesi
Keçecilar Caddesi
Karakadi Sk
Macar Kardesler
Bali Pasa Camii
Gureba Hastanesi
Tip
Parmakkapi Camii
Akdeniz Caddesi
Karakadi Sk
Iskender Pasa Camii
Hissedar Sk
Gureba Hastanesi Caddesi

fan
lisesi
Ali Yazici
Camii
Aya Yorgi
Katedrali
Ayvansaray Cad.
Yavuz Sultan
Selim camii
Haliç Caddesi
Kadi Çesmesi Sokak
Karadeniz Caddesi
Kadir Has
Üniversitesi
Atatürk Köprü
Yarhisar
Camii
Haydar Caddesi
at Izzet Sokağı
Zeyrek
Camii
Çirçir
Caddesi
Atatürk Boulevard
Leblebici Sk.
Atlamatasi
Caddesi
Arap çesmesi Sk.
Islek Sk.
Mehmetpasa Yks.
Murat
Efendi Sk.
Hayriye Hanim Sk.
Namahrem Sk.
Katip çelebi Caddesi
Sait Beyazit Caddesi
Kepen
Sinan
Darül Hadis Sk.
Süleymaniye
Imareti Sk.
Mimar Sinan Cadd
Süleymaniye
Camii
Siyavus
Dülgerzade
Camii
Revani
çelebi Sk.
Medical

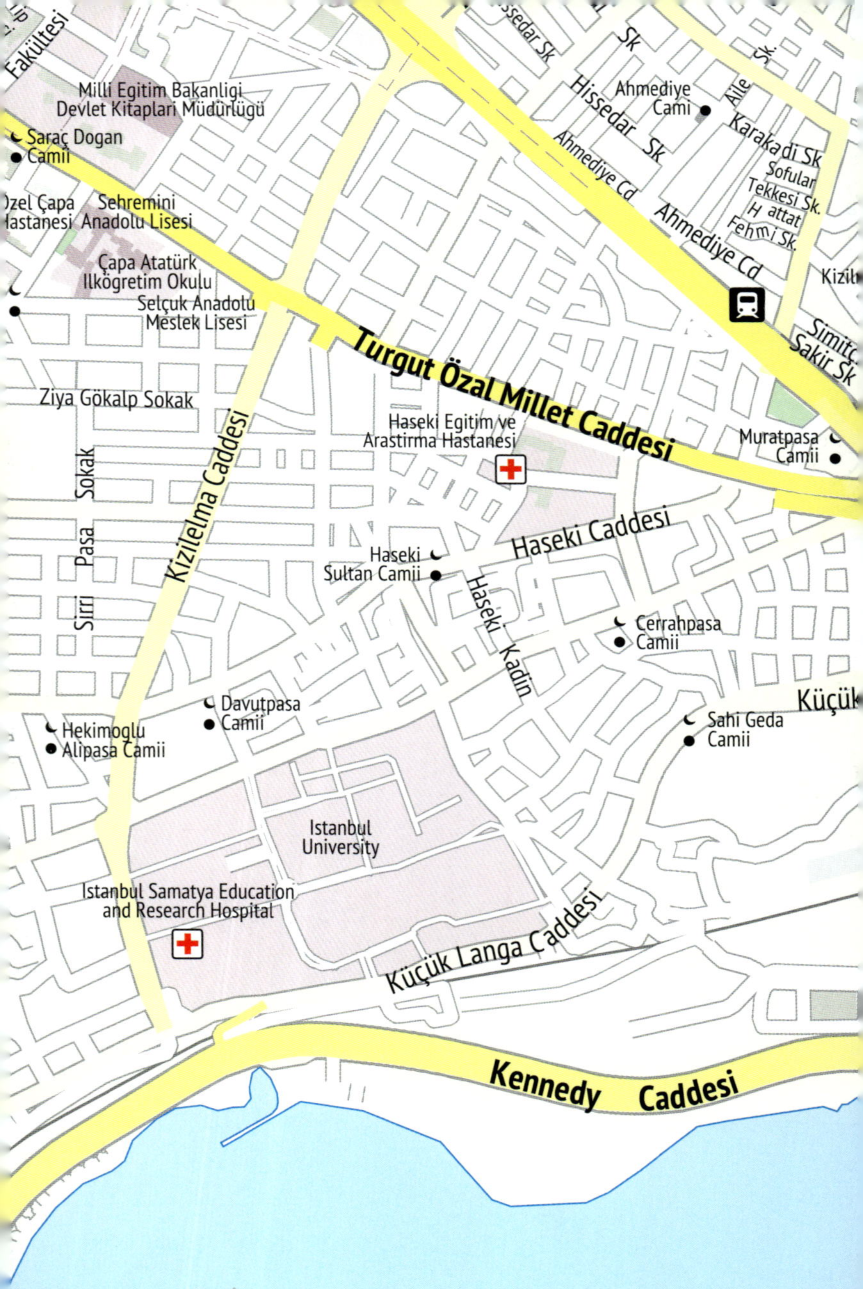
Fakültesi
Milli Egitim Bakanligi
Devlet Kitaplari Müdürlügü
Saraç Dogan
Camii
Özel Çapa
Hastanesi
Sehremini
Anadolu Lisesi
Çapa Atatürk
Ilkögretim Okulu
Selçuk Anadolu
Meslek Lisesi
Ziya Gökalp Sokak
Sirri Pasa Sokak
Kizilelma Caddesi
Turgut Özal Millet Caddesi
Haseki Egitim ve
Arastirma Hastanesi
Haseki Caddesi
Haseki
Sultan Camii
Haseki Kadin
Cerrahpasa
Camii
Davutpasa
Camii
Hekimoglu
Alipasa Camii
Sahi Geda
Camii
Küçük
Istanbul
University
Istanbul Samatya Education
and Research Hospital
Küçük Langa Caddesi
Kennedy Caddesi
Hissedar Sk
Sk
Ahmediye
Cami
Aile Sk.
Karakadi Sk
Sofular
Tekkesi Sk.
Hattat
Fehmi Sk.
Ahmediye Cd
Ahmediye Cd
Simitçi
Sakir Sk
Muratpasa
Camii

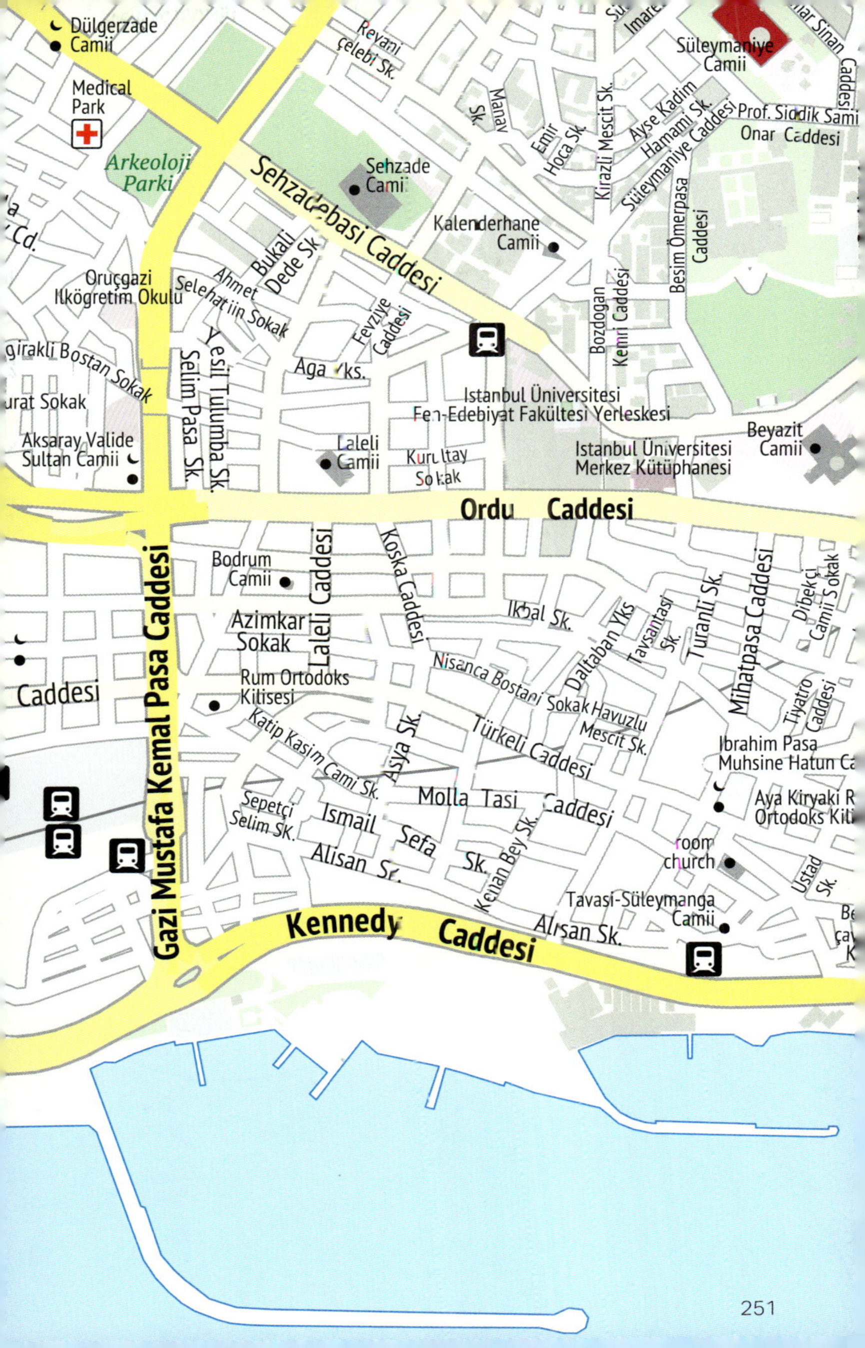
Dülgerzade Camii
Medical Park
Arkeoloji Parki
Revani çelebi Sk.
Manav Sk.
Emir Hoca Sk.
Kirazli Mescit Sk.
Ayse Kadim Hamami Sk.
Süleymaniye Caddesi
Süleymaniye Camii
Prof. Siddik Sami Onar Caddesi
Sehzade Camii
Sehzadebasi Caddesi
Kalenderhane Camii
Besim Ömerpasa Caddesi
Bozdogan Kemeri Caddesi
Oruçgazi Ilkögretim Okulu
Bukali Dede Sk.
Ahmet Selehatiin Sokak
Fevziye Caddesi
Yesil Tulumba Sk.
Selim Pasa Sk.
Aga Yks.
Istanbul Üniversitesi Fen-Edebiyat Fakültesi Yerleskesi
Laleli Camii
Kurultay Sokak
Istanbul Üniversitesi Merkez Kütüphanesi
Beyazit Camii
Aksaray Valide Sultan Camii
urat Sokak
Ordu Caddesi
Bodrum Camii
Laleli Caddesi
Koska Caddesi
Azimkar Sokak
Ikbal Sk.
Daltaban Yks
Tavsantasi Sk.
Turanli Sk.
Mihatpasa Caddesi
Dibekçi Camii Sokak
Caddesi
Rum Ortodoks Kilisesi
Nisanca Bostani Sokak
Havuzlu Mescit Sk.
Tiyatro Caddesi
Gazi Mustafa Kemal Pasa Caddesi
Katip Kasim Cami Sk.
Asya Sk.
Türkeli Caddesi
Ibrahim Pasa Muhsine Hatun Ca
Molla Tasi Caddesi
Aya Kiryaki R Ortodoks Kili
Sepetçi Selim SK.
Ismail Sefa Sk.
Kenan Bey Sk.
room church
Alisan Sk.
Ustad Sk.
Tavasi-Süleymanga Camii
Kennedy Caddesi
Alisan Sk.

Kurt çelebi cami
Güzelce Kasimpasa Cami
Yolcuzade Iskender Caddesi
Harup Sk.
Tutsak Sk.
Bugulu Sokagi
Fütuhat Sk.
Persembe Pazari Parki
Makbul Ibrahim Pasa Camii
Kadir Has Üniversitesi
Atatürk Köprüsü
Leblebici Sk.
Atlamatasi Caddesi
Arap çesmesi Sk.
Islek Sk.
Zeyrek Camii
Boulevard
Mehmetpasa Yks.
Murat Efendi Sk.
Hayriye Hanim Sk.
Namahrem Sk.
Katip çelebi Caddesi
Sari Beyazit Caddesi
Darül Hadis Sk.
Süleymaniye Imareti Sk.
Istanbul Ticaret Üniversitesi
Ahi Ahmet Çelebi Camii
Rüstem Pasa Camii
Kepenekçi Sinan Camii
Hasircilar Caddesi
Paçaci Sokak
Yeni Camii

oğlu
Mesrutiyet Caddesi
Istiklal Caddesi
Galatasaray Lisesi
Garaj Istanbul
Taksim Ilkyardim Hastanesi
Alman Hastanesi
Sadri Alisik Sokagi
Billurcu Sokak
Pürtelas Sokak
Baskurt Sokak
Mebusan Yokusu
Cihangir Caddesi
Güneşli Sokak
Soganci Sk.
Liva Sk.
Bakraç Sk.
Lenger Sk.
Pera Müzesi-Pera Museum
Oliviya Geçidi
Sokagi
Fransiz Temple Sarayi calviniste
Hayriye Caddesi
Firuzaga Camisi
Hüseyin Aga Bahçe Sk.
Kadirler Yks
Orhan Kemal Müzesi
Cihangir Camisi
Susam Sokak
Balyoz Sokagi
Sahkulu Bostan Sokagi
Kasatura Sokak
Minare Sk.
Kumruluk Sk.
Cihangir Yks.
Italyan Hastanesi
Ebul Fadil Mehmet Efendi Camii
Ilyas çelebi Sk.
Kumbaraci Yokusu
Elvis Müzik
Örtmeli Sokak
Birinci Set Sokak
Halk Bankasi
Özel Alman Lisesi
Maria Kiliesi
Galata Mevlevihanesi Müzesi
MSÜ Kültür ve Sanat Merkezi
Nusretiye Camii
Sahkulu Sokak
Yörük çk.
Hoca Ali Sokak
Getronagan Kilisesi
Kiliç Ali Pasa
Istanbul Modern
Galata Kulesi
Ali Pasa Degirmeni Sk.
Mumhane Caddesi
Yuva Sk.
Sinagog Neve-Shalom
Sen Bönuva
Kemankes Caddesi
Felek Sokagi
turkuaz insaat elektrik - atik elektrik ve yapi malzemesi
Finansbank
Kemankes Karamustafa Pasa Camii
bej karaköy - cam ve ambalaj atigi
Köprüsü
Yali Koskü Caddesi
Caddesi

Beyoğlu
Tarlabasi Bulvari
Dolapdere Caddesi
Istiklal Caddesi
Istanbul Bilgi Üniversitesi
Istanbul Bilgi Üniversitesi Dolapdere Kampüsü
Alman Protestan Kilisesi
Kamer Hatun Camii
Aga Camii
Aya Triada Kilisesi
Taksim Mescidi
Surp Ag Hastan
Galatasaray Lisesi
Garaj Istanbul
Pera Müzesi-Pera Museum
Taksim Ilkyardim Hastanesi
Alman Hastanesi
Firuzaga Camisi
Fransiz Temple Sarayi
Yay Meydani Cad
Cin Deresi Caddesi
Kuyulubag Sk.
Savas Sk.
Bozkurt Caddesi
Kurtulus Caddesi
Sadri Maksudi Arsal Sk.
Baysungur Sokak
Seymen Sokak
Bilezikçi Sk.
Esref Efendi Sk.
Dericiler Sk.
Bayir Sokak
Küçük Çimen Sokak
Çayiri Sokak
Roncalli Sokak
Papa
Harbiye
Elmadag Caddesi
Nizamiye Caddesi
Taksim Caddesi
Feridiye Caddesi
Lamartin Caddesi
Turan Caddesi
Pelesenk Sokagi
Sakiz Agaci Caddesi
Kalyoncu Kullugu Caddesi
Ömer Hayyam Caddesi
Kurabiye Sokagi
Mis Sokagi
Halas Sokagi
Balo Sokagi
Balik Sokak
Hamalbasi Caddesi
Aynali Çesme Caddesi
Mesrutiyet Caddesi
Tel Sk.
Sadri Alisik Sokagi
Ipek Sk.
Billurcu Sokak
Liva Sk.
Soganci Sk.
Günesli Sk.
Bakraç Sk.
Oliviya Geçidi Sokagi
Hayriye Caddesi
Tepebasi Caddesi

Askeri Müze
Kemal Caddesi
Tesvikiye Camisi
Sokak
Deryadil Sokagi
Göknar Sokagi
Kemal Türe Sokagi
Ömer Rüstü Pasa Sokagi
Kalipçi Sokagi
Atiye Sokak
Abdi Ipekçi Caddesi
Maçka Caddesi
Bronz Sokak
Hüsrev Gerede Caddesi
Kalipçi Sokagi
Sair Nazim Sokagi
Nüzhetiye Caddesi
Misirlibahçe Sokagi
Sokagi
Gazi Refik
Dizi Sokagi
Misirli Sokag
Sehit Mehmet Sk
Harbiye Muhsin Ertugrul
Kadirgalar Caddesi
ITÜ Maçka Yerleskesi
Haremagasi Sokagi
Senlikdede Dere Sk
Armagan sk
Enis Akaygen Sk
Hattat Ta Sokag
Maçka Parki
Taskisla Caddesi
Acisu Sokak
Istanbul Teknik Üniversitesi
Bayildim Caddesi
Kadirgalar Caddesi
Dolmabahçe
Dolmabahçe Sarayi
Mete Caddesi
ITÜ Gümüssuyu Yerleskesi
Istanbul Teknik Üniversitesi Gümüssuyu
Valide Sultan Camii
AKM - Atatürk Kültür Merkezi
Emektar Sk.
Haci Izzet Pasa Sokagi
Inebolu Sokagi
Çiffevav Sk.
Leyla Ildir Sk.
Muhtar
Saray Ar. Sk.
Kutlu Sk.
Molla Bayiri Sokak
Mebusan Yokusu
Findikli Parki
Can feda

Fulya
Acibadem
KALI
Setüstü Sokak
Gazi Mustafa Kemal
Ilk Ögretim Okulu
Dikilitas Sokak
Yenidogan Sokak
Eftelya Sokak
Dilek Sokak
Mine Sokak
Azerbaycan Dostluk Parki
Besiktas Sait Çiftçi Hastanesi
Yildiz Teknik Üniversitesi
BESIKTAS
Baris Sokagi
Fulya Deresi Sokak
Ihlamur Kasri
Sakip Sabanci Anadolu Lisesi
Dünya Baris Parki
YE
Istanbul Museum
Kemal Türel Sokagi
Bostanüstü Dere Sokagi
Mektebi Sokagi
Jandarma
Yildiz Caddesi
Hüsnü Sayin Sokagi
Akdogan Sokagi
Saray Caddesi
TESVIKIYE
CIHANNÜMA
Çadir Köskü
Nüzhetiye Caddesi
Misirtibahçe Sokagi
Bozcakeskül Sk
Selalti Sokagi
Salhaneci Sokagi
Masuklar Yokusu
Serencebey Yokusu
Müvezzi Caddesi
YILDIZ
Büyük Esma Sultan Ilkögretim Okulu
Ertugrul Tekke Camii
Asmasalkim Sokagi
Sair Naifi Sokagi
Asariye Caddesi
Tuzbaba Camii
Abbasaga Camii
Abbasaga Sokagi
Mehmet Ali Bey Sokagi
Asariye Camii
Hattat Tahsin Sk
Sinanpasa Mescidi Sokagi
Enis Akaygen Sk
Çiragan Sarayi
SINANPASA
Besiktas Anadolu Lisesi
Sinan Pasa Camisi
Çiragan Caddesi
Deniz Müzesi
Bahçesehir Üniversitesi
Dolmabahçe Caddesi
Hayrettin Iskelesi Sokagi

Mustafa Izzet Efendi Sokak
Muhter Sokagi
Yolu
Esk itüt Sokagi
Portakal Yokusu
Kaypakoglu Sokagi
Yildiz Sokagi
Amcabey Sokagi
Bestekar Ahmet Çagan Sokagi
Ortabayir Sokagi
Siraci Sokagi
Sokagi
Sokagi
Portakal Yokusu
Çevirmeci Sokagi
Bulgurcu Sokagi
Sehit Nuri Pamir Sokagi
Aydinlik
Sair N.
0-1
Badem Sokagi
Caddesi
Ortaköy Meryemana Ermeni Kilisesi
Özel Tarkmanças Ermeni Ilkögretim Okulu
Gaziosmanpasa Ilkögretim Okulu
Kilercibasi Sokagi
Tasbasamak Sokagi
Ortaköy Etzahayim Musevi Sinagonu
Ortaköy Sahil
Esma Sultan Yalisi
Kabatas Egitim Vakfi Anaokulu
Kabatas Erkek Lisesi
Büyük Mecidiye Camii
Yahya Efendi Sokagi
Galatasaray Üniversitesi
Ziya Kalkavan Denizcilik Anadolu Teknik Lisesi
Caddesi

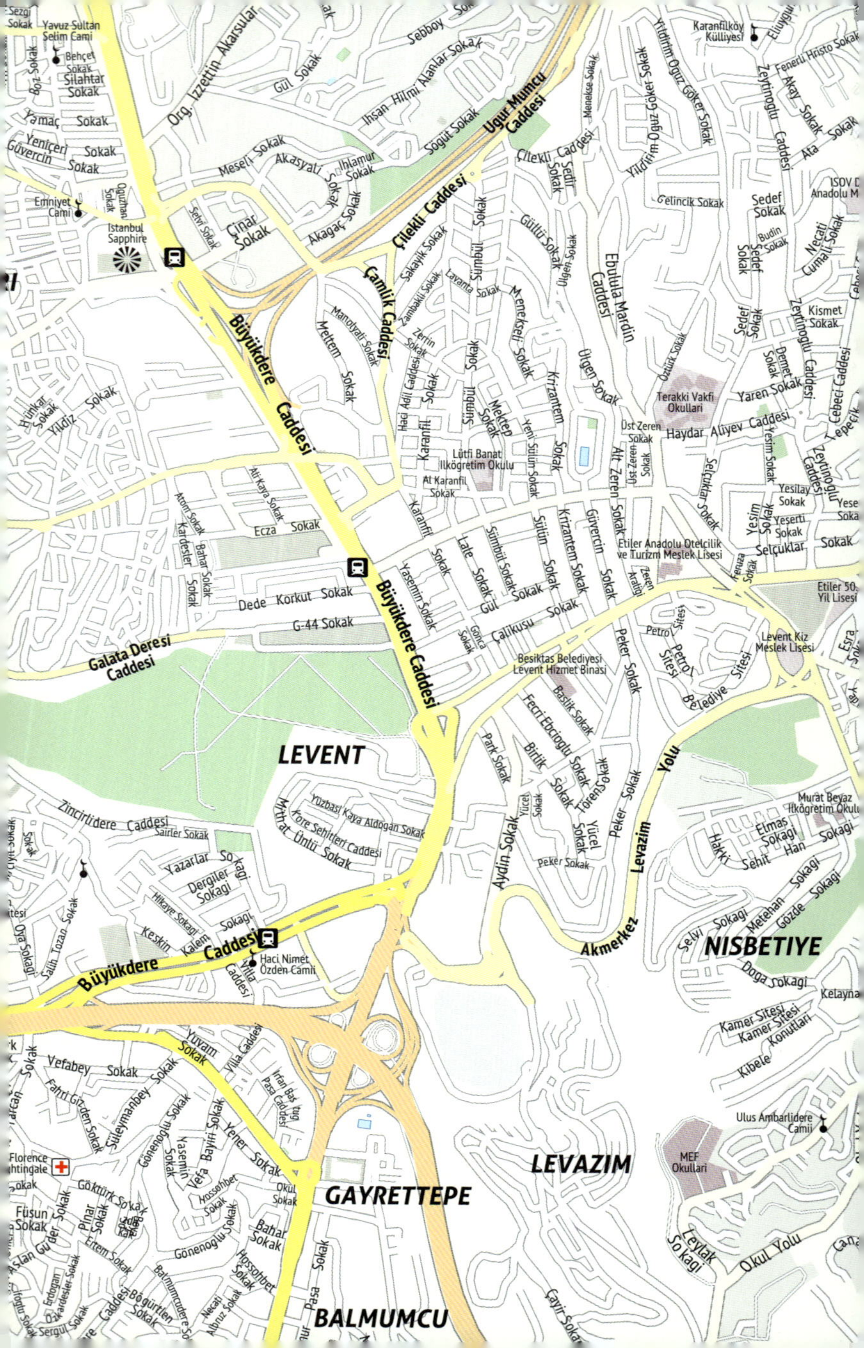
LEVENT
GAYRETTEPE
LEVAZIM
NISBETIYE
BALMUMCU
Büyükdere Caddesi
Galata Deresi Caddesi
Zincirlidere Caddesi
Levazim Yolu
Akmerkez
Ugur Mumcu Caddesi
Çilekli Caddesi
Çamlik Caddesi
Ebulula Mardin Caddesi
Haydar Aliyev Caddesi
Zeytinoglu Caddesi
Kore Sehitleri Caddesi
Org. Izzettin Akarsular
Dede Korkut Sokak
G-44 Sokak
Ecza Sokak
Çalikusu Sokak
Peker Sokak
Selçuklar Sokak
Okul Yolu
Yavuz Sultan Selim Cami
Emniyet Cami
Istanbul Sapphire
Karanfilköy Külliyesi
Terakki Vakfi Okullari
Lütfi Banat Ilkögretim Okulu
Etiler Anadolu Otelcilik ve Turizm Meslek Lisesi
Etiler 50. Yil Lisesi
Levent Kiz Meslek Lisesi
Besiktas Belediyesi Levent Hizmet Binasi
Murat Beyaz Ilkögretim Okulu
Haci Nimet Özden Camii
Ulus Ambarlidere Camii
MEF Okullari
Florence Nightingale

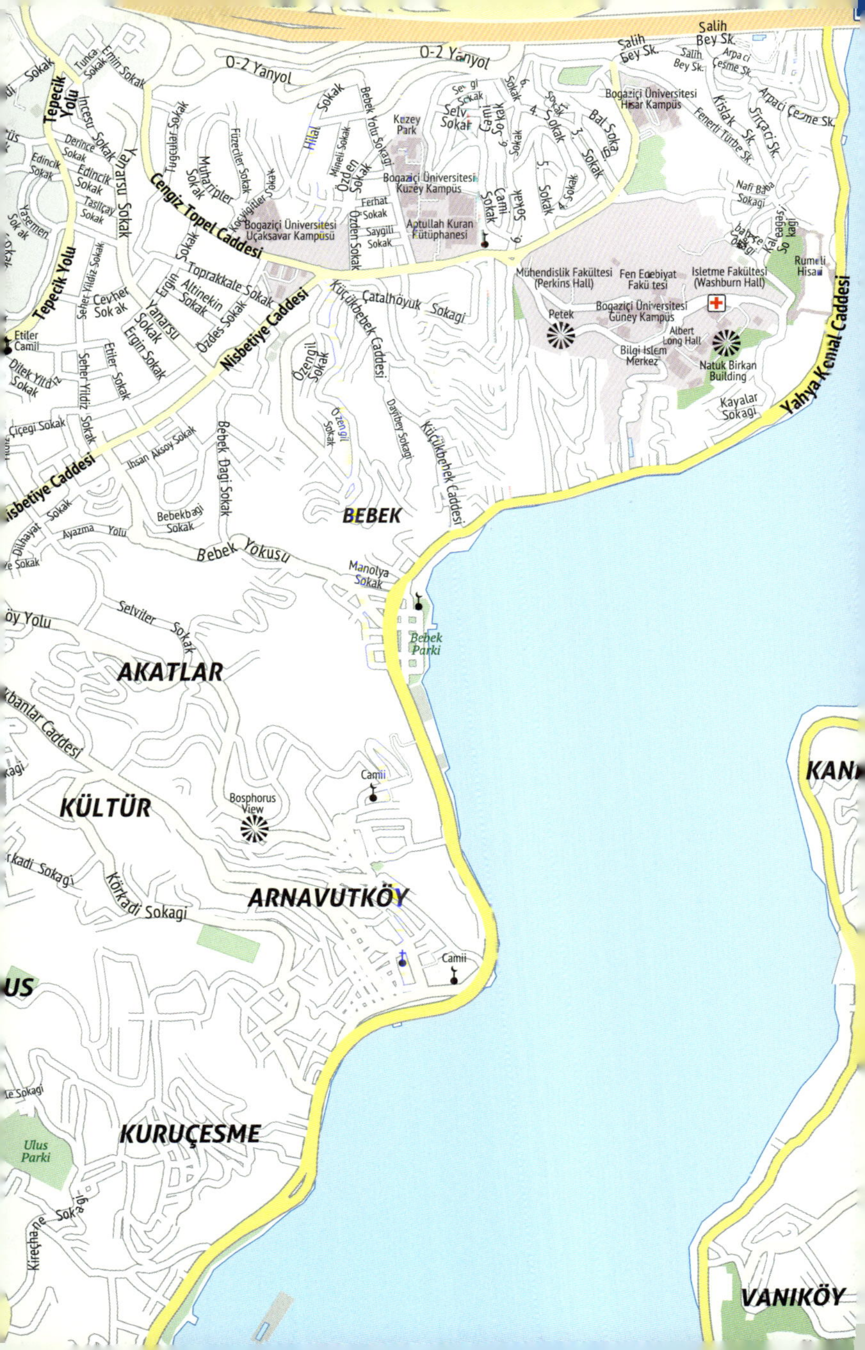

O-2 Yanyol
Salih Bey Sk.
Arpa ci Çesme Sk.
Boğaziçi Üniversitesi Hisar Kampüs
Arpaci Çesme Sk.
Kislak Sk.
Sırçacı Sk.
Fenerli Türbe Sk.
Nafi Baba Sokagi
Yaleagasi Sokagi
Rumeli Hisarı
Bal Sokagi
Kuzey Park
Boğaziçi Üniversitesi Kuzey Kampüs
Aptullah Kuran Kütüphanesi
Boğaziçi Üniversitesi Uçaksavar Kampüsü
Cengiz Topel Caddesi
Tepecik Yolu
Tunca Sokak
Emin Sokak
Incesu Sokak
Derince Sokak
Edincik Sokak
Tasılçay Sokak
Yasemen Sokak
Yanarsu Sokak
Tuğcular Sokak
Muharipler Sokak
Füzeciler Sokak
Koçyiğitler Sokak
Hilal Sokak
Mineli Sokak
Bebek Yolu Sokağı
Özden Sokak
Ferhat Sokak
Saygili Sokak
Cami Sokak
Mühendislik Fakültesi (Perkins Hall)
Fen Edebiyat Fakültesi
Isletme Fakültesi (Washburn Hall)
Petek
Boğaziçi Üniversitesi Güney Kampüs
Albert Long Hall
Bilgi Islem Merkez
Natuk Birkan Building
Kayalar Sokagi
Yahya Kemal Caddesi
Toprakkale Sokak
Altinekin Sokak
Ergin Sokak
Özdes Sokak
Nisbetiye Caddesi
Küçükbebek Caddesi
Çatalhöyük Sokagi
Özengil Sokak
Dayıbey Sokagi
Cevher Sokak
Seher Yildiz Sokak
Etiler Sokak
Etiler Camil
Dilek Yildiz Sokak
Çiçegi Sokak
Ihsan Aksoy Sokak
Bebek Dagi Sokak
Bebekbagi Sokak
Dilhayat Sokak
Ayazma Yolu
Bebek Yokusu
BEBEK
Manolya Sokak
Bebek Parki
Selviler Sokak
AKATLAR
Kurbanlar Caddesi
KÜLTÜR
Bosphorus View
Camii
Körkadi Sokagi
ARNAVUTKÖY
ULUS
KURUÇESME
Ulus Parki
Kireçhane Sokagi
KANDİLLİ
VANIKÖY

Pasa
Mihrimah Camii
Semsi Pasa Camii
Üsküdar Evlendirme Dairesi
Yeni Valide Camii
Rum Mehmet Pasa Camii
Ogdül Sokak
Aziz Mahmut
Efendi Sk
Karadavud Pasa Camii
Ayazma Camii
Ogdül Sokak
Açik Türbe Çikmazi
Kiz Kulesi
Salacak Fatih Camii
Ahmediye Camii
Sehit Süleyman Pasa Camii
Tunus Bagi
SALACAK
Caddesi
Sokak
Özel Dogan Lisesi
Bestekar Selahattin Pinar
Dönmedolap
Musahipzad
Tunus
Tibbiye

Fethi Pasa Korusu
ÜSKÜDAR
Hospital Türk
Selanikliler Sk
Selanikliler Sk
Tophanelioglu Sokak
Murat Reis Sokak
Üzüm Kizi Sokak
Gazi Caddesi
Koncagül Sokak
Yeni Dersane Sokagi
Kutlu Sokak
Tiknefes Sokak
Vasiyet Sokak
Vasiyet Sokak
Teyyareci Muammer
Çavusdere Caddesi
Atik Valide Camii
Köprülü Fazil Pasa Sokak
Eski Toptasi Sokak
Kartalbaba Caddesi
Duduoglu Sokak
Devran Sokak
Hasod Çikm
Kör Bakkal Sokagi
Bagci Odalari Sokak
Kartalbaba Caddesi
Hasan Bey Sokagi
Hünnap Sokak
Yokusu
Balcilar
Ahçibasi Mektebi Sokak
Katip Sokak
Mehmet

Ortaköy Etzahayim
Musevi Sinagonu
Ortaköy Sahil
Esma Sultan
Yalisi
Büyük
Mecidiye Camii
Beylerbeyi
Sarayi
KUZGUNCU
Pasa Limani Caddesi
Fethi Pasa
Korusu
ÜSKÜDAR

Beylerbeyi Cami
Olgunlastirma
nstitüsü
Beylerbeyi
C Blok
B lok
A Blok
Mehmet Akif Ersoy Caddesi
Beylerbeyi Küplüce Yolu
Eski Çinar Sk
Pala Sokak
Cennet Cami
Yeniyol Sokagi
Atasoy Sokagi
Atasoy Sokagi
Pala Sokak
KÜP
Beylerbeyi Bayiri Sk
Sera Sokak
Özel Küplüce Tip Merkez
Duygu Sokagi
Cennet Cami Yolu
Küplüce löo
Sera Sokak
Reis Sokak
NATO Y
Üstü So
Beylerbeyi Stadi
Cami Çikmazi
Rençber Sokak
Semsibey Sokak
Atlas Sokak
Elif Sokagi
Çigdem Sokak
Saray Caddesi
sampiyon hali saha
Orkide
Çiçegi Caddesi
Saray Camii
Sampiyon Halisaha
Ayazma Alti Sokak
Nuri Bey Sk.
Münevver Ayasli Ilkögretim Okulu
Senter Sokak
Bahçeler Sokak
Talat Pasa Sokak
Kiroglu Camii
Taslik sk.
Senler sk.
Nuri Bey
Bahadir Sokak
Evliya Çelebi Sokak
Kagitçibasi Sokak
Bakkalbasi Sokak
Akat e Camii
Bahçe Sokak

Haydarpasa Protokol Camii
Kemal Atatürk Lisesi
Karakolhane
Çeltikçi Sk.
Osmangazi Ilkokul
Iskele
Nemlizade Sokak
Hemdat Israel Sinagogu
Duatepe
Uzun
Izzettin Sokak
Recaizade Sokak
Haydarpasa Nur
Yeldegirmeni Se
OSMANAGA
Misaki Milli Sokak
Resit Efendi Sokak
Kivanç Sokak
Yogurtçu Sükrü Sokak
Haldun Taner Sahnesi
Osman Aga Cami
Sultan Mustafa Iskele Camii
Kadiköy Iskele Polis Merkez Amirligi
Surp Le Ermeni
Aya Efimia Rum Ortodoks Kilisesi
Serasker Caddesi
Cafer Aga Camii
Anadolu Protestan Kilisesi
Surp Takavor Ermeni Kilisesi
Kadiköy Sifa Hastanesi
KADIKÖY
Mühürdar Basi Sokak
Sarraf Ali Sokak
Süreyy Opera
Dr. Sakir Pasa Sokak
Zuhal Sokak
Nevze Sokak
Cemal Süreyya Sokak
Oyun Atölyesi Tiyatrosu
Nese Sokak
Kilaptanci Sokak
Ak'la Kara Tiyatro
CA
Gürbüz Türk Sokak
Dalga Sk
Moda Poliklinigi
Ileri Sokak
Yaver Bey Sokak
Fransiz Katolik Kilisesi
Moda Ilkögretim Okulu
Kadikoy Kiz Teknik ve Meslek Lisesi
Caferaga Muhtarligi
Istanbul Kadiköy Lisesi
Moda Camii
Hülya Sokak
St. Joseph Fransiz Lisesi
All Saints Moda Ingiliz Kilisesi
Baris Manço Evi
Basar Sokak
Ferit Tek Sokak
Atifet Sokak
Sair Nefi Çikmazi
Emin Onat Sokak
Moda Parki
Lütfibey Sokak
Ayazma
Ferit Tek Sokak

HASANPASA
ZÜHTÜPASA
AGA
Kasimpasa Sokak
Nazifbey Sok.
Özdemiroglu Ortaokulu
Ali Kalfa Sokak
Kadiköy Belediyesi
Nabizade Sokak
Poyraz Sk.
Ihsan Sungu Ilkögretim Okulu
Sögütlüçesme Camii
ustafa Kemal ögretim Okulu
Metrobüs
Murat Pasa Caddesi
Tulumbaci Asim Sokak
Pazar Yolu Sokak
Visne Sokak
Hikmet Merkezi
2. Hatboyu Sokak
Ömer Efendi Hatboyu Sk
Yildiz Rona Sokak
Hasan Kamil Sporel Sk
Orkide Sokak
Hilmibey
Hakki
Manço
Sükrü Saracoglu Stadyumu
Hasanpasa Polis Merkez Amirligi
Ihlas Sokak
Tevfik
Yogurtçu Çayiri Caddesi
Resit Pasa Sokak
Kenan Evren Anadolu Lisesi
Cumhur Sokak
Ömer Efendi Sk
Istasyon Arkasi Sokak
Sair Kahya Sokak
Yargiç Turhan
Demirel Sokak
Hamdi Bey Sokak
Melahat Sefizade Ilkögretim Okulu
Kor Sokak
Sefizade Sokak
Nisanci Sokak
Asim Us Sokak
Rifat Bey Sokak
Sahil Sokak
Kolej Sokak
Sabri Kiraz Sokak
Zühtüpasa Camii
Kiziltoprak Istasyon Caddesi
Faik
Sifa Camii
Okulu
Latifi Sokak
Itri Dede Sokak
Hüseyin Pasa Çikmazi
Ziya Sokak
Muderris
Sokak
Florence Nightingale Hastanesi
Münir Nürettin Selçuk C
Sari Lale Sokak
Ihlamur Çikmazi
Feneryolu
Feneryolu Sokak
Kalamis Parki
Selahattin Sokak

Abbildungsnachweis:

Abdullah Kulac: S. 78, 129, 232; Denizmuzeleri.tsk.tr: S. 175; ibttm.org: S. 75; Işık Yayınları: S. 144, 149, 205 ;panoramikmuze.com: S. 100; Murat Germen: S. 159; Tarik Özel: S. 84; Shutterstock: Anibal Trejo S. 57; Artur Bogacki S. 63, Cover (Vorderseite/oben mitte); Evgeny Shmulev S. 87; EvrenKalinbacak S. 226, 233; Fulya Atalay S. 124, 145; Genova S. 29; guroldinnenden S. 25, 40, 83, 151; IgorGolovniov S. 237; Luciano Mortula S. 96; meunierd S. 229; muratart S. 173; nexus 7 S. 186; Ozgur Guvenc S. 231; Pavel L Photo and Video S. 42, 128; Photosebia S. 155; photo.ua Cover (Rückseite/links); Prometheus 72 S. 77, 122; S-F S. 41, 74, 130 ; Stefan Holm Cover (Rückseite/rechts oben); Svetlana Jafarova S. 99; TTstudio S. 68; Valeri Potapova S. 58; Viacheslav Lopatin S. 20, 85, 88, 93; und zu dem von Shutterstock S. 6, 8, 10, 16, 18, 24, 26, 32, 34, 36, 39, 43, 44, 53, 54, 60, 66, 71, 72, 76, 80, 91, 98, 102, 104, 108, 113, 115, 117, 119, 121, 126, 134, 138, 139, 140, 147, 153, 160, 162, 166, 169, 170, 177, 178, 180, 182, 188, 194, 197, 198, 199, 200, 201, 207, 210, 214, 215, 216, 218, 222, 230, 236, 238, Cover (Rückseite/rechts unten), Vorderseite (oben links), Vorderseite (oben rechts), Vorderseite (unten); Thinkstock: S. 13, 23, 30, 52, 116, 148, 202, 212

Kartografie und Pläne:

© OpenStreetMap-Mitwirkende, geodressing.de;
Topkapı-Palast Übersichtsplan S. 50 Işık Yayınları;
Istanbul-Metroplan Umschlag rechte Innenseite: Mit freundlicher Genehmigung der Istanbuler Verkehrsbetriebe (http://www.istanbul-ulasim.com.tr)

Umschlagfotos:

Vorderseite (oben links) Büste der Dichterin Sappho, Archäologisches Museum, (oben mitte) Innenraum der Hagia Sophia, (oben rechts) Wolkenkratzer in Levent im Stadtbezirk Beşiktaş, (unten) Leanderturm – Kız Kulesi in Üsküdar; Rückseite: (links) innerer Narthex der Hagia Sophia, (rechts oben) Lampen im Großen Basar, (rechts unten) Teppichknüpfkunst

Katharine Branning

EIN GLAS TEE

nehme ich noch gern - Briefe an die Türkei

Inspiriert von der englischen Reiseschriftstellerin Lady Mary Montagu, schreibt Katharine Branning imaginäre Briefe an ihre berühmte Vorläuferin. Darin schildert sie ihre persönlichen Beobachtungen und Eindrücke von der Türkei, die sie in den vergangenen 30 Jahren regelmäßig bereist hat. Ähnlich wie Lady Mary vor fast 300 Jahren widmet auch sie sich Themen wie Kultur, Kunst, Religion und den Wandel der türkischen Gesellschaft. Sie bewundert Lady Mary für ihre Offenheit und Unvoreingenommenheit, und genau diese Eigenschaften spiegeln sich auch in ihrem eigenen Schreibstil wider.

ISBN 978-3-944206-07-3
512 Seiten · Klappenbroschur · 14,90 € (D)

Aslı Sancar

OSMANISCHE FRAUEN

Mythos und Realität

Über osmanische Frauen wurde lange Zeit heftig debattiert. Die Autorin nähert sich diesem faszinierenden Thema von zwei Seiten: zum einen über Berichte europäischer Reiseschriftsteller und -schriftstellerinnen aus dem Osmanischen Reich und zum anderen über Gerichtsprotokolle von Fällen, in die osmanische Frauen involviert waren. Dabei werden uns reife Menschen vorgestellt, die ihre Weiblichkeit auslebten und als Frauen geschätzt und respektiert wurden. Natürlich haben sich die gesellschaftlichen Rahmenbedingungen seither verändert, doch die Grundprinzipien, die die Identität der Osmaninnen prägten, wirken auch heute, im 21. Jahrhundert, noch nach.

ISBN 978-3-944206-23-3
192 Seiten · Klappenbroschur · 24,90 € (D)

Harald Fritz Potempa | Der Luftkrieg über Europa 1939–1945

Kriege der Moderne

Herausgegeben vom Zentrum für Militärgeschichte
und Sozialwissenschaften der Bundeswehr

Harald Fritz Potempa

Der Luftkrieg über Europa 1939–1945

Reclam

Zentrum für Militärgeschichte und Sozialwissenschaften der Bundeswehr, Fachbereich Publikationen (0883-01)

2025 Philipp Reclam jun. Verlag GmbH,
Siemensstraße 32, 71254 Ditzingen
info@reclam.de
Umschlaggestaltung: Philipp Reclam jun. Verlag GmbH
Umschlagabbildung: Blick in die nach einem deutschen Luftangriff vom 14. November 1940 zerstörte St. Michael's Cathedral in Coventry – © Rue des Archives / Tallandier / Süddeutsche Zeitung Photo
Druck und Bindung: Firmengruppe APPL, aprinta druck GmbH,
Senefelderstraße 3–11, 86650 Wemding
Printed in Germany 2025
RECLAM ist eine eingetragene Marke der
Philipp Reclam jun. GmbH & Co. KG, Stuttgart
ISBN 978-3-15-011528-2
reclam.de

FSC www.fsc.org
MIX
Papier | Fördert gute Waldnutzung
FSC® C004592

Alle CO_2-Emissionen, die beim Druckprozess unvermeidbar entstanden sind, haben wir durch ein Klimaschutzprojekt ausgeglichen.

Nähere Informationen finden Sie hier:

natureOffice
natureOffice.com/DE-239-2EVAVTR
Rohstoffe
Anlieferung
Produktion
g CO_2e pro Druckprodukt 668,15
CO_2e-Emissionen ausgeglichen

Inhalt

Anhang

↗ Bombardierter Erdinger Fliegerhorst mit dem Düsenjäger Messerschmitt Me 262, Aufnahme 1945

1 Eine oberbayerische Kleinstadt im Bombenhagel

Den Deutschen bekam das Wetter am Nachmittag des 18. April 1945 über der Stadt Erding in Oberbayern schlecht. Dabei war der Himmel strahlendblau und die Sonne schien. Doch dies bedeutete hervorragendes Flugwetter für die alliierten Bomber, die sich Südbayern von Italien aus näherten. Die deutsche Luftwaffe hatte ihnen zu diesem Zeitpunkt nur noch wenig entgegenzusetzen, weswegen es sich die Maschinen der United States Army Air Forces leisten konnten, ziemlich tief zu fliegen und so ihre Ziele genauer ins Visier zu nehmen.

Unweit der Altstadt lag seit 1935 der Erdinger Fliegerhorst, die logistische Drehscheibe für die Versorgung der Luftwaffe im Süden. Nun waren dort Fliegende Verbände stationiert, die unter anderem mit dem Strahlflugzeug Messerschmitt Me 262 ausgestattet waren. Eigens angelegte Bahngleise verbanden diesen Fliegerhorst mit dem Erdinger Bahn-

Erdinger Bürger, Angehörige des Reichsarbeitsdiensts und Zwangsarbeiter bei Aufräumarbeiten in der Friedrich-Fischer-Straße wenige Tage nach dem Luftangriff auf Erding

hof und damit mit der Bahnstrecke Erding – Markt Schwaben sowie München – Mühldorf am Inn. Zudem kreuzten sich in der seit 1228 bestehenden Stadt Erding zwei nicht nur zu Kriegszeiten wichtige Straßen, die die Städte Freising, Landshut und München verbanden.

Somit verwundert es nicht, dass der Fliegerhorst schon wiederholt bombardiert worden war, die Stadt und ihr Bahnhof selbst aber waren bislang verschont geblieben. Dennoch war im April 1945, aus heutiger Sicht kurz vor Kriegsende, ständig Sirenengeheul, also Fliegeralarme, zu hören. Dies zehrte an den Nerven der Einwohnerinnen und Einwohner, es unterbrach Alltag, Arbeit, Einkauf, Freizeit und nicht zuletzt den Schlaf. Die Menschen erlebten sie täglich und hatten sich fatalerweise angewöhnt, bereits bei dem Signal »Vorentwarnung« die vermeintlich sicheren Luftschutzräume zu verlassen.

Auch am 18. April 1945 hatte es bis zum Nachmittag bereits »über sechs- bis siebenmal« Alarm gegeben, weswegen die Menschen um 15.20 Uhr schon nach der Vorentwarnung aus den Kellern nach draußen strömten. Der zuständige Luftschutzwart Hans Schmidmayer, nach dem Krieg Erdinger Bürgermeister, berichtete: »Schließlich sichteten wir eine der letzten Kampfgruppen, 14 viermotorige fliegende Festungen in höchstens 2500 Meter Höhe […]. Plötzlich sah ich beim führenden Bomber ein Rauchsignal und rief: Herr Malterer, schauen Sie, das ist ein Angriffszeichen! […] Kaum hatte ich mein Haus erreicht, als fürchterliche Detonationen die Erde erschütterten. Es waren furchtbare Schläge. Das Dröhnen und Krachen dauerte keine Minute. Detonationsstaub und Explosionspilze verfinsterten den Himmel. Tiefe Dämmerung hatte sich über die unglückliche Stadt gesenkt. Jede Sicht war durch Rauch und Staub verwehrt. […] Den Männern bot sich ein Bild grauenvoller Verwüstung. Vor dem Rathaus und auf dem Schrannenplatz riesige Krater, ringsherum eingestürzte und schwer beschädigte Häuser. Leute schrien von überall nach Hilfe.«

Er berichtete entsetzt weiter, dass viele Schwerverletzte beim Krankentransport starben. Sie mussten zunächst in der Toreinfahrt eines Wirtshauses abgelegt werden und kamen anschließend in die Leichenhalle des Krankenhauses, die sich mit 124 Toten füllte. Gleichzeitig bemühten sich die Ärzte sowie das Pflegepersonal verzweifelt, die vielen Verwundeten notdürftig mit Medizin sowie Verbänden zu versorgen und durch Operationen Leben zu retten. Die Krankenzimmer wurden

Das zerstörte Erding wenige Tage nach dem Luftangriff. Die Aufräumarbeiten laufen noch.

knapp, die Verletzten mussten auf den Gängen untergebracht werden. »Fassungslos standen Angehörige und Freunde vor den teilweise schwer verstümmelten Leichen.« Derweil hatte die Beseitigung der gröbsten Trümmer im schwer getroffenen Stadtkern bereits begonnen: »Mir wurde eine Abteilung von 60 bis 70 kriegsgefangenen Franzosen zugeteilt«, erzählte Schmidmayer. »Mit ihnen begann ich die Ausgrabungsarbeiten beim Kaufhaus Widmann. Die Gefangenen haben sich vorbildlich bewährt.«

An diesem 18. April 1945 warfen die alliierten Flugzeuge über 100 Sprengbomben ab. Die Zahl der Toten liegt zwischen 121 und 144, zumeist Zivilisten, bei einer Einwohnerzahl von circa 12 000 Menschen. 350 von ihnen hatten Wohnung oder Haus verloren, waren somit obdachlos und mussten betreut werden.

Wer aber lebte damals in Erding? Sofern sie als kriegstauglich gemustert worden und nicht im Fliegerhorst stationiert waren, befanden sich die meisten Männer nicht mehr in ihrer Heimat, sondern dienten in der Wehrmacht, beim Volkssturm oder in der Waffen-SS irgendwo an den sich täglich verkürzenden Fronten. Viele waren gefallen, galten als vermisst, waren verwundet oder in Kriegsgefangenschaft geraten. Die Einwohnerschaft Erdings bestand im April 1945 vor allem aus alten Männern sowie Frauen, Kindern, Jugendlichen, Versehrten, als untauglich oder unabkömmlich gemusterten jüngeren Männern und den Soldaten des Fliegerhorstes nebst Zivilpersonal mit einigen ihrer Angehörigen. Hinzu kamen Ausgebombte aus den Großstädten, aufs Land verschickte Kinder, Flüchtlinge, Kriegsgefangene und KZ-Häftlinge sowie Wachpersonal.

Was Erding im Frühjahr 1945 erlebte und überlebte, war beileibe kein Einzelfall. Dasselbe Schicksal hatten bereits Hunderte Städte in vielen Teilen Europas während des Zweiten Weltkriegs erlitten, sei es durch die Angriffe der deutschen Luftwaffe, sei es durch die Nachtangriffe der britischen Royal Air Force (RAF) oder durch die Tagangriffe der US Army Air Forces (USAAF).

Viele dieser Orte lagen unweit militärischer Anlagen wie Kasernen, Marinebasen und Fliegerhorsten oder nahe militärisch nutzbarer Infrastruktur wie etwa Autobahnen oder Bahnhöfen. Meist verfügten sie über Industrie, Manufakturen, Werkstätten und Zulieferbetriebe, die jetzt zu Kriegszeiten Rüstungsgüter produzierten.

Die zunächst noch eingehaltene strikte Trennung zwischen militärischen und zivilen Zielen verschwamm im Laufe des totaler werdenden Krieges zunehmend. Die Bombardierungen zielten auf die Moral des Gegners und sollten die Bevölkerung erschüttern. Eine »Luftkriegsordnung«, analog zur Haager Landkriegsordnung, war nie ratifiziert worden. Derartige Angriffe galten nach einer weiten Auslegung des damaligen Kriegsvölkerrechts als gerechtfertigt.

Zudem ließen die Zielgenauigkeit der Bomber und ihre Navigationshilfen zu wünschen übrig, sodass neben der beabsichtigten Bombardierung von Objekten oft genug die Bomben unabsichtlich andere Ziele trafen. Hinzu kam, dass die Besatzungen der Flugzeuge das vorgesehene Ziel teilweise nicht fanden, es falsch identifizierten oder sich schlichtweg verflogen. Neuere Forschungen zeigen, dass der Bombenangriff auf Erding am 18. April 1945 eigentlich dem Bahnhof der 17 Kilometer entfernten Bischofsstadt Freising gelten sollte. Es handelte sich offenbar um eine Verwechslung und einen Navigationsfehler.

Der Luftangriff auf Erding verdeutlicht die Bedeutung des Luftschutzes. Bereits vor dem Krieg waren in den meisten Staaten zu diesem Zweck zivile Organisationen aufgebaut worden. Sie richteten öffentlichkeitswirksam Luftschutzräume und -keller ein, führten Luftschutzübungen durch und installierten Sirenen. Ihre Mitglieder bargen, unterstützt von zwangsweise eingesetzten Kriegsgefangenen und KZ-Häftlingen, Tote und Verwundete. Außerdem beseitigten sie Trümmer und räumten Bomben, Bombenreste und Blindgänger. In den meisten Fällen überstieg die Zahl der durch die Angriffe obdachlos Gewordenen die der Toten oder Verwundeten. Um ihre Versorgung und das Bereitstellen von Ersatzunterkünften kümmerte sich ebenfalls der Luftschutz, auch zur NSDAP gehörende Organisationen wie die Hitlerjugend halfen dabei.

Bei Luftangriffen waren grundsätzlich mehrere Komponenten der Luftstreitkräfte im Einsatz: Stäbe wählten die Ziele aus, Kommandeure genehmigten und befahlen die Angriffe, Bombengeschwader führten sie aus. Diese benötigten wiederum Begleitjäger, Aufklärer und Zielmarkierer. Ihnen trat die Luftverteidigung entgegen. Sie bestand aus den Fliegenden Verbänden der Tag- und Nachtjagd sowie der Flak (Flugabwehrkanonen) inklusive der Scheinwerfer nebst Generatoren, um den nächtlichen Himmel zu erleuchten und die Zielfindung zu erleich-

Das zeitgenössische **Kriegsvölkerrecht** ließ bezüglich der Bombenangriffe auf zivile Ziele und insbesondere auf Städte Fragen offen. Die damals gültige Haager Landkriegsordnung (HLKO) stammte aus dem Jahre 1907. Sie wurde in jeweils nationales – auch deutsches – Recht umgesetzt. Aber damals hatte es noch keine Bombenangriffe aus der Luft gegeben. Die in der HLKO genannten und untersagten »Bombardierungen unverteidigter Städte« bezogen sich auf die Artillerie, speziell auf Mörser und Haubitzen. »Unverteidigte Städte« durften nicht bombardiert werden. Voraussetzung aber war das Fehlen von Militär sowie von militärischen Einrichtungen in diesen Städten. Eine geplante Erweiterung der HLKO um den Luftkrieg kam bis 1945 nicht zustande. Folglich wurden weder deutsche Militärs noch Vertreter des NS-Regimes in den Nürnberger Kriegsverbrecherprozessen deswegen angeklagt. Einzige Ausnahme war Generaloberst Alexander Löhr, dem in einem der Nachfolgeprozesse unter anderem der Luftangriff auf Belgrad 1941 vorgeworfen wurde. Insofern ist es äußerst schwierig, beim Luftkrieg 1939 bis 1945 die Kategorie Kriegsverbrecher nicht allein moralisch, sondern auch juristisch-historisch anzuwenden.

tern. In Deutschland waren in der zweiten Kriegshälfte Oberschüler ab dem 16. Lebensjahr als Flakhelfer im Einsatz. Der Großteil des Personals der deutschen Luftwaffe diente nicht bei Fliegenden Verbänden, sondern bei der Flak oder bei der Luftnachrichtentruppe, die die vielfältigen Kommunikationsverbindungen, darunter auch den Flugmeldedienst, sicherstellte, was im Laufe des Krieges angesichts der immer stärkeren alliierten Luftüberlegenheit zunehmend weniger gelang. Kurz vor Kriegsende hatten all diese Luftverteidigungsmaßnahmen bei blauem Himmel über Erding offensichtlich versagt.

➚ Louis Blériot (1872–1936), hier im Führerstand des von ihm konstruierten Flugzeugs »Blériot«, überquerte am 25. Juli 1909 als Erster den Ärmelkanal in einem Flugzeug.

2 Anfänge des Luftkriegs

Flugzeuge bis 1914

Luftfahrzeuge waren immer schnell, nun wurden sie noch schneller und ihre Leistungsparameter Reichweite, Flughöhe sowie Zuladung stiegen gewaltig an. Sensationen bestimmten ihre Anfangsjahre: 1909 überwand Louis Blériot als Erster die 36 Kilometer zwischen Calais und Dover mit einem Flugzeug. Die Erfindung versprach aus zweierlei Gründen Zeitersparnis: Zum einen konnte er die kürzeste Verbindung zwischen zwei Punkten nutzen: die Luftlinie. Zum anderen erreichte sein Eindecker Blériot XI, bestehend aus Holz, Draht, Leinwand und angetrieben von einem 25-PS-Motor, eine Geschwindigkeit von 74 km/h. Das mag aus heutiger Warte langsam sein, zeitgenössische Generalstäbe aber planten mit einer Durchschnittsgeschwindigkeit von 22,5 km/h bei Eisenbahnen, mit 8 km/h bei bespannten Kolonnen und mit 6 km/h bei marschierender Infanterie. Nur die wenigsten PKW, LKW und Krafträder erreichten vor 1914 die Geschwindigkeit eines Flugzeugs; zudem waren sie von den Straßenverhältnissen abhängig.

Angesichts dieser Entwicklung überlegten bereits im ersten Jahrzehnt des 20. Jahrhunderts die meisten Armeen und Marinen weltweit, wie die neue Erfindung militärisch zu nutzen sei. Um 1910/12 wurden in vielen größeren Staaten die ersten Fliegertruppen aufgestellt. Die logistischen Herausforderungen waren jedoch von Beginn an hoch. Flugzeuge und ihre Bestandteile mussten von der Industrie an mehreren Orten und mithilfe von Zulieferern produziert, endmontiert, eingeflogen und an die Truppe ausgeliefert oder überführt werden. Dazu gehörten Flugzelle, Tragwerk, Fahrwerk, Leitwerk, Flug- und Triebwerk. Hinzu kamen während des Krieges: Waffen, Munition inklusive Abwurfmunition, Kameras und Funkgeräte.

Flugplätze in der Heimat und später im Feld wurden ebenso gebraucht wie Hangars, Werften und Bahnanschlüsse. Die Grasplätze hatten eine Ausdehnung von circa 1000 × 1000 Metern. Zum Entwässern der Start- und Landebahn waren häufig Drainagearbeiten notwendig. Es brauchte Personal mit entsprechender zivilberuflicher Qualifikation, das mit Holz, Leinwand, Lack, Farbe, Draht, Stahlrohr, Kamera, Film, Maschinengewehren (MG), Bomben, Funkgerät, Flugbenzin und Öl umgehen

Die Begeisterung für die Luftfahrt war groß. Vom Flugplatz Johannisthal bei Berlin startete am 11. Juni 1911 der erste Deutschlandflug-Wettbewerb.

Deutsches Aufklärungsflugzeug, vermutlich Albatros C III, im Flug über Frankreich. Der Beobachter-Offizier grüßt den Fotografen, 1915/16.

konnte. Nicht umsonst kamen schon bei einer Feldfliegerabteilung ab 1914 auf einen Mann in der Luft rein rechnerisch zehn bis zwölf Mann am Boden, Tendenz steigend. Das bedeutete für die Verlegung einer Einheit, dass es nicht reichte, die Maschinen zu einem neuen Standort zu fliegen. Bodenpersonal und Logistik musste ebenfalls vor Ort sein, schließlich verbrauchte jedes Flugzeug pro Stunde etwa 40 Liter Treibstoff und einige Liter Öl. Zur weiteren Vergrößerung oder Veränderung der Fliegertruppen waren zusätzliche Ausbildungskapazitäten, neue Flugplätze, erfahrenes Ausbildungspersonal und Schulmaschinen notwendig: Es entstanden Flieger-, Fliegerbeobachter-, Flieger-Funker-, Flieger-Schützen- und Jagdflieger-Schulen.

Erster Weltkrieg

Der Erste Weltkrieg begann als Bewegungskrieg und mündete besonders an der Westfront in einen jahrelangen Stellungskrieg mit lückenlosen Fronten oder Hauptkampflinien von der Nordsee bis zur Schweizer Grenze. Die Kavallerie konnte somit eine ihrer klassischen Rollen, die Nahaufklärung, nicht mehr erfüllen. An ihre Stelle traten in der Folge die damals neuen Luftstreitkräfte. Nur ihnen war der Blick hinter die gegnerische Front möglich. Sie sorgten mit Meldeblock, Fernglas und Luftbildern für die Aufklärung im Nah- und Fernbereich. Zudem waren sie ein wichtiges Hilfsmittel der eigenen weitreichenden Artillerie, deren Batterien sie die Ziele und Lage ihres Feuers per Signalpistole und (Morse-)Funkgerät meldeten sowie nötigenfalls korrigierten. Der Gegner aber wollte natürlich weder entdeckt noch zum Angriffsziel werden. Daher wurden ab 1915 wendige einsitzige Jagdflugzeuge konstruiert, die diese Aufklärer mit Maschinengewehren bekämpften. In der Folge wurden die Aufklärer selbst bewaffnet und man gab ihnen eigene Jagdflieger zum Schutz bei.

Ein weiterer Auftrag der neuen Luftstreitkräfte bestand darin, die Front, das gegnerische Hinterland, aber auch die Heimat des Gegners mit Bomben anzugreifen. Die ersten Bomben waren bereits 1911 im Osmanisch-Italienischen Krieg, also noch vor dem Ersten Weltkrieg, abgeworfen worden. 1914 wurde von Anfang an bombardiert. Ab 1916 steigerte sich der Bombenkrieg, in dem nun auch Luftschiffe und mehrmotorige Groß- und Riesenflugzeuge in Staffel- und Geschwader-Stärke eingesetzt wurden. Hinzu kam die unmittelbare Bekämpfung des Gegners an der Front durch Maschinengewehr- und Bombenangriffe.

Als Maßnahmen gegen diese Bedrohung aus der Luft wurden an der Front, im Hinterland und in der Heimat Flakbatterien, Flugabwehr-Maschinengewehre, Sperrballons und -drachen sowie Jagdstaffeln oder Heimatschutzstaffeln eingesetzt. Letztere sollten zusammen mit Verdunkelungsmaßnahmen für den Luftschutz sorgen.

Die meisten Aufträge, Einsatzarten und Flugzeugtypen der Luftstreitkräfte gab es somit bereits im Ersten Weltkrieg. Auch Bomberoffensiven waren schon angedacht. Über ihre Doktrinen wurde in der Zwischenkriegszeit intensiv diskutiert und die Luftkriegsmittel wurden als Tötungsinstrumente perfektioniert.

Flugzeuge 1919–1939

Zehn Jahre nach Blériot und einen Weltkrieg später folgte eine weitere Sensation: John Alcock und Arthur Whitten Brown überflogen als Erste die 3667 Kilometer lange Strecke von Neufundland nach Irland nonstop.

Der Pilot John Alcock (li.,1892–1919) und sein Navigator Arthur Whitten Brown (1886–1948) überquerten am 14./15. Juni 1919 als Erste den Atlantik von Neufundland nach Irland in einem Nonstop-Flug. Wenige Tage später schlug König Georg V. (1865–1936) sie zu Rittern.

Sie nutzten einen umgebauten Doppeldecker aus Stahlrohr, Holz und Leinwand vom Typ Vickers Vimy, einen Bomber mit zwei 367-PS-Motoren, dessen Geschwindigkeit bei 225 km/h lag.

Hatten Luftfahrzeuge zunächst im Ersten Weltkrieg große Steigerungen in puncto Reichweite, Geschwindigkeit, Flughöhe, Zuladung und Zuverlässigkeit erfahren, so war es in den 1920er und -30er Jahren die Zivilluftfahrt, die für neue Entwicklungen sorgte. Post, Fracht und Passagiere konnten mit den nun ein- sowie mehrmotorigen Metallflugzeugen und mit Luftschiffen wesentlich schneller transportiert werden als mit Bahn, Schiff, Automobil oder LKW. Daran waren vor allen Dingen Staaten interessiert, die über große Landflächen verfügten, wie etwa die USA oder die Sowjetunion, sowie Staaten mit Kolonien und Überseeterritorien, wie etwa Großbritannien, Frankreich, die Niederlande oder Italien. Am Anfang dieser Entwicklung standen spektakuläre Rekordflüge wie die erste Nonstop-Atlantiküberquerung von New York nach Paris durch Charles Lindbergh 1927, die erste Überquerung des Nordatlantiks von Europa aus durch eine deutsch-irische Besatzung 1928 oder die erste Weltfahrt des Luftschiffes »Graf Zeppelin« 1929.

Nun entstanden reguläre Fluglinien mit entsprechenden Stationen und Flughäfen. Luftverkehrsgesellschaften wie die niederländische Koninklijke Luchtvaart Maatschappij (KLM), die US-amerikanische Pan American Airways (Pan Am), die französische Air France und ganz besonders die Deutsche Lufthansa wurden staatlich unterstützt, um Welt- und Luftgeltung zu erlangen.

1938, 29 Jahre nach Blériot und 19 Jahre nach Alcock / Whitten Brown fand eine dritte Sensation statt: Flugkapitän Alfred Henke und Hauptmann Rudolf von Moreau sowie zwei weiteren Besatzungsmitgliedern gelang mit einer Focke-Wulf Fw 200 »Condor« der Lufthansa der erste Nonstop-Flug von Berlin-Staaken nach New York. Ihr Ganzmetalltiefdecker verfügte über vier 1000-PS-Motoren und erreichte auf der über 6300 Kilometer langen Strecke eine Durchschnittsgeschwindigkeit von 255 km/h auf dem Hin- und 321 km/h auf dem Rückflug.

Der nächste Meilenstein in der Luftfahrtgeschichte war der Nonstop-Flug von Berlin-Staaken nach New York. Das Foto zeigt eine Focke-Wulf Fw 200 »Condor« beim Überfliegen des Verwaltungsgebäudes auf dem Floyd-Bennett-Flugplatz in New York, August 1938.

Unterschieden sich in den Anfangsjahren Zivil- und Militärflugzeuge noch kaum voneinander, so wurden nun die mehrmotorigen Maschinen so konstruiert, dass sie mit einigen Umbauten zivil oder militärisch eingesetzt werden konnten. Dies galt für Passagier- und Frachtmaschinen, die als Transporter, Bomber, Aufklärer oder Absetzmaschine für Luftlandetruppen dienen konnten. Dazu gehörten die Junkers Ju 52, die Douglas DC 3/C 47, die Heinkel He 111 oder die Fw 200.

Für eine Gruppe von Flugzeugen aber gab es kein ziviles Äquivalent: die aus Metall hergestellten einsitzigen Jäger. Anders als zwischen 1914 und 1918 waren ihre Cockpits inzwischen geschlossen. Sie verfügten über Einziehfahrwerke, teilweise über Verstellpropeller. Ihre Triebwerke leisteten über 500 PS. Die Höchstgeschwindigkeiten lagen jenseits der 500 km/h, konnten aber durch eine Erfindung im Jahre 1939 noch gesteigert werden, an der zeitgleich, aber unabhängig voneinander Deutsche und Briten arbeiteten: das Strahl- oder auch Düsentriebwerk.

Militärische Diskussionen der Zwischenkriegszeit

Nach Ansicht aller kriegführenden Parteien durfte sich ein langandauernder Stellungskrieg wie im Ersten Weltkrieg mit geringen Geländegewinnen bei hohen Verlusten niemals wiederholen. Die möglichen Wege zur Lösung dieses Problems waren sehr unterschiedlich, wobei Luftstreitkräfte in den Überlegungen eine immer größere Rolle spielten.

Zunächst allerdings rüsteten alle beteiligten Mächte nach dem Ende des Ersten Weltkriegs erheblich ab, die Siegernationen aus Mangel an Geld oder weil sie dieses nicht für die Streitkräfte einsetzen wollten, die Verlierernationen wurden dazu durch die entsprechenden Friedensverträge gezwungen. Zugleich begann bei allen das Nachdenken darüber, wozu Luftstreitkräfte in Gegenwart und Zukunft dienen sollten. Die Ergebnisse müssen heute quellenkritisch gelesen werden. Sie geben zum einen Auskunft über damalige Luftkriegstheorien und -planungen. Zum anderen wurden die entsprechenden Papiere aber auch deshalb verfasst, um die herausgehobene und entscheidende Wirkung von Luftstreitkräften zu untermauern und ihnen somit einen guten Platz im Rennen um die Verteilung der knappen Rüstungsressourcen gegenüber Marine und Heer zu sichern.

Giulio Douhet (1869–1930) gilt als Theoretiker des Luftkriegs. Er zählt zu den Vordenkern des strategischen Luftkriegs.

Eine der radikalsten und gewagtesten Theorien stammte aus der Feder des italienischen Generals Giulio Douhet, der bereits im Ersten Weltkrieg den Gegner mit Bombern hatte niederkämpfen wollen. Sie erschien 1921 unter dem Titel »Luftherrschaft«.

Er ging davon aus, dass ein Krieg allein durch massive Luftschläge, und zwar besonders durch den Einsatz großer Bomberverbände gerade in der Anfangsphase, zu entscheiden und zu gewinnen sei. Dabei sollten sowohl die Einrichtungen der gegnerischen Streitkräfte, aber auch wichtige Industrien sowie die Verkehrswege und zivile Wohngebiete angegriffen und zerstört werden. Douhet beschrieb einen Luftkrieg, der im theoretischen Ansatz vor allem strategische, im geringeren Teil aber auch operative und taktische Dimensionen aufwies. Die Konsequenz daraus wäre eine massive Abrüstung aller anderen Teilstreitkräfte gewesen. Da sich die Luftwaffe mit wesentlich weniger Soldaten als das Heer begnügt hätte, wäre auch eine Wehrpflicht nicht mehr vonnöten gewesen. Somit hätte eine relativ kleine Berufsarmee genügt. Allerdings standen zum Zeitpunkt des Erscheinens von Douhets Buch solch leistungsfähige Bomber mit großer Reichweite noch gar nicht zur Verfügung.

Douhets Überlegungen reihten sich ein in eine ganze Reihe von Gedankenspielen und Planungspapieren der 1920er Jahre, die sich mit dem Krieg der Zukunft beschäftigten, und diesem einen noch totaleren Charakter prognostizierten als den des vorangegangenen Weltkriegs. Ein wesentliches Element eines künftigen Krieges war nach zeitgenössischer Sicht der Einsatz von Giftgas durch Flugzeuge. Zwar waren bereits im Ersten Weltkrieg Giftgasgranaten massenhaft durch Artillerie verschossen wurden, der nun mögliche flächendeckende Einsatz dieser Waffe durch Luftfahrzeuge aber besaß eine neue Qualität. Andere Theoretiker sahen die militärische Zukunft weniger in Flugzeugen, sondern in Panzern, die den Krieg wieder beweglich und damit kürzer sowie gewinnbar machen sollten.

Deutschland

Deutschland musste nach Kriegsende 1918 seine Luftstreitkräfte systematisch abrüsten. Ihr Unterhalt wurde dem Deutschen Reich untersagt und selbst die Zivilluftfahrt stark eingeschränkt. Dieses Verbot wurde allerdings im Laufe der 1920er und 1930er Jahre wieder gelockert. Die ehemaligen Angehörigen der Fliegertruppe, insbesondere die Offiziere, waren nun teilweise in der Zivilluftfahrt angestellt, hielten aber über Veteranenvereine miteinander Verbindung und engagierten sich im vom Versailler Vertrag nicht reglementierten Segelflug. Zudem gab es geheime Militärluftfahrtkontakte mit der Sowjetunion, wo deutsches Personal militärisch ausgebildet wurde.

Im Wesentlichen aber war die Reichswehr damit beschäftigt, die Ergebnisse des Ersten Weltkriegs auszuwerten, die zeitgenössischen Konflikte zu analysieren und die Streitkräfte sowie den Krieg der Zukunft am Reißbrett zu planen. Der Grundgedanke war dabei, das Element der Bewegung, des Angriffs und damit der Entscheidung in die Kriegführung zurückzubringen. Im Mittelpunkt standen für Deutschland als Kontinentalmacht mit maritimer Komponente die entscheidungssuchende Operation, das operative Denken und der einzelne Feldzug, den man für kriegsentscheidend hielt. Dabei sollten alle Waffengattungen des Heeres im Rahmen des »Gefechtes der verbundenen Waffen« zusammenwirken. Eine künftige Luftwaffe sollte aus der Luft das Gefecht unterstützen und ermöglichen. Gleiches galt von See aus bereits für die vorhandene Marine. In beiden Fällen kam es darauf an, möglichst viele und möglichst kampfstarke Kräfte für eine Operation mit direkter Wir-

Robert Knauss (1892–1955), hier in Uniform als Generalleutnant, General der Flieger im Zweiten Weltkrieg, entwickelte die Aufgaben der Luftwaffe weiter. Nach dem Krieg wirkte er an den Planungen zum Aufbau der Bundeswehr mit.

kung und unmittelbarem Erfolg einzusetzen. Die deutschen Überlegungen wichen von den Lehren Douhets daher eher ab.

Im NS-Deutschland wurde 1935 die Reichswehr in Wehrmacht umbenannt und die Luftwaffe neu aufgestellt. Letztere war eher taktisch, maximal operativ und weniger strategisch ausgerichtet. Die Luftwaffendienstvorschrift (LDV) 16 legte die grundlegenden Aufgaben der Luftwaffe fest. Sie basierte auf den Überlegungen von Helmuth Wilberg und Hans Ritter aus den 1920er Jahren und wurde unter anderem durch den späteren General der Flieger Robert Knauss weiterentwickelt.

Demnach war die Luftwaffe weniger auf die Luftverteidigung als vielmehr auf den Luftangriff ausgelegt. Dieser richtete sich zunächst gegen das feindliche Luftkriegspotenzial, also gegen Flugzeuge, Fliegerhorste und logistische Einrichtungen. Vor allem aber diente die Luftwaffe der Unterstützung des Heeres und der Kriegsmarine. Erst in dritter Linie sollte sie einen eigenständigen Bombenkrieg im gegnerischen Hinterland oder der gegnerischen Heimat führen und auch dies in den meisten Fällen im Rahmen von Operationen des Heeres und der Marine.

Lediglich der 1936 bei einem Flugzeugabsturz zu Tode gekommene Generalstabschef der Luftwaffe, Generalleutnant Walter Wever, hatte

Oberleutnant Hermann Göring (1893–1946) mit Orden Pour le Mérite, Sommer 1918

die Produktion eines für einen ansatzweise strategischen Luftkrieg notwendigen viermotorigen Bombers favorisiert. Nach seinem Tod wurden diese Planungen jedoch gestoppt. Der 1935 zum ersten Oberbefehlshaber der Luftwaffe ernannte Nationalsozialist Hermann Göring, letzter Kommandeur des legendären Jagdgeschwaders 1 »Freiherr von Richthofen« 1918 und Träger des Ordens Pour le Mérite, stand ebenso wie ein großer Teil der Luftwaffengeneralität hinter dem taktisch-operativen Konzept der LDV 16. Sie waren allesamt Veteranen des Ersten Weltkriegs, bestens mit Luftkriegslehren vertraut und kannten sich von Aktivitäten bei Luftverkehrsgesellschaften oder Veteranenverbänden.

Die Idee war, alle Mittel, die zur Führung eines Luftkriegs notwendig waren, in einer Hand, nämlich in der Hand der Luftwaffe, zu vereinen. Dies betraf gleichermaßen alle Fliegenden Verbände und Flugzeugtypen, gleichgültig ob über Land, über See oder auf Schiffen: Bomber, Jäger, Aufklärer, Schlachtflieger und Sturzkampfbomber. Dazu gehörten auch die bodengebundene Luftabwehr mit der Flak, mit Flugabwehr (Fla)-Maschinengewehren (MG), Fla-Maschinenkanonen (MK), Fla-Scheinwerfer, Drachen und Ballonen. Hinzu kamen die Gefechtsstände, die zunehmend genutzten Radarstellungen, der Luftmeldedienst und

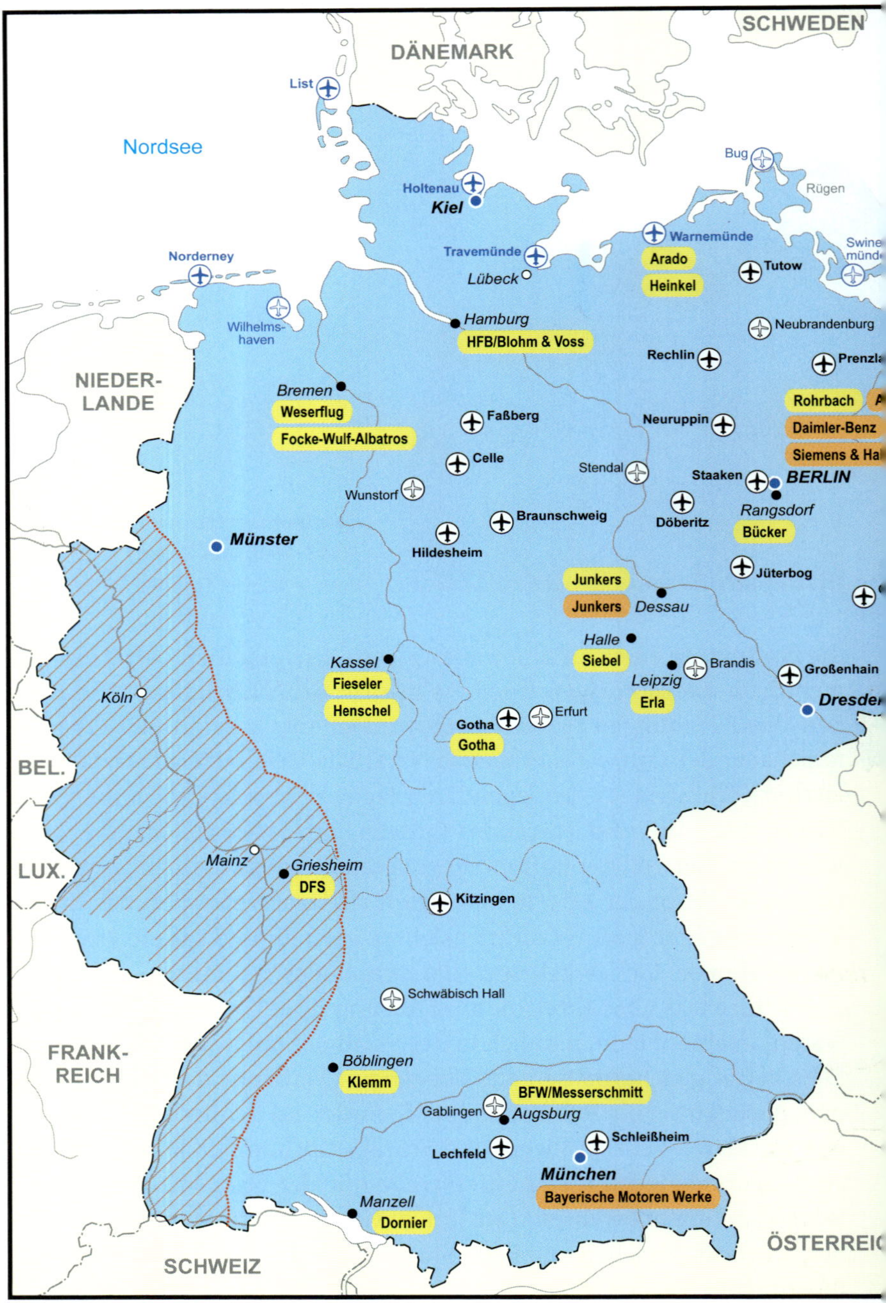

DÄNEMARK
SCHWEDEN
Nordsee
List
Holtenau
Kiel
Bug
Rügen
Travemünde
Lübeck
Warnemünde
Arado
Heinkel
Tutow
Norderney
Wilhelms-
haven
Hamburg
HFB/Blohm & Voss
Neubrandenburg
Rechlin
NIEDER-
LANDE
Bremen
Weserflug
Focke-Wulf-Albatros
Faßberg
Neuruppin
Rohrbach
Daimler-Benz
Celle
Stendal
Staaken
BERLIN
Wunstorf
Döberitz
Rangsdorf
Bücker
Braunschweig
Hildesheim
Münster
Jüterbog
Junkers
Junkers
Dessau
Halle
Siebel
Kassel
Fieseler
Henschel
Leipzig
Brandis
Erla
Großenhain
Köln
Gotha
Gotha
Erfurt
BEL.
LUX.
Mainz
Griesheim
DFS
Kitzingen
Schwäbisch Hall
FRANK-
REICH
Böblingen
Klemm
BFW/Messerschmitt
Gablingen
Augsburg
Schleißheim
Lechfeld
München
Bayerische Motoren Werke
Manzell
Dornier
SCHWEIZ

Ostsee
Seerappen
Neuhausen
Pillau
Königsberg
LITAUEN
Nest
D.*
D.*= Freie Stadt Danzig
POLEN
Liegnitz
TSCHECHOSLOWAKEI
UNGARN
Die geheime Aufrüstung
Die Luftwaffe bis 1935
Deutsches Reich 1935
Entmilitarisierte Zone, laut Versailler Vertrag
Sitz eines Luftkreiskommandos
Junkers
Firma für Flugzeugbau (nur Stammsitz)
BFW - Bayerische Flugzeugwerke
HFB - Hamburger Flugzeugbau
DFS - Deutsche Forschungsanstalt für Segelflug
Argus
Firma für Flugmotoren
Landflugplatz in Betrieb (Gotha) bzw. im Ausbau (Erfurt)
Seefliegerhorst in Betrieb (List) bzw. im Ausbau (Bug)
Zuordnung der Luftkreise
I
II
III
IV
V
VI (See)
Innerhalb der Luftkreise wurden ab 1936 Luftgaue gebildet.
Quelle: Grundzüge deutscher Militärgeschichte, Bd 1.
©ZMSBw 08681-07

die entsprechenden Telefon- sowie Fernschreibnetze, die durch die Luftnachrichtentruppe betrieben wurden. Die Fallschirmtruppe gehörte damals ebenfalls zur Luftwaffe. Die Gegenstücke zu den Armeen des Heeres im Zweiten Weltkrieg waren die insgesamt sieben Luftflotten, denen entsprechende Flieger-, Flakkorps, Divisionen und Geschwader oder Regimenter sowie Gruppen oder Bataillone und Staffeln oder Batterien unterstellt waren. Jede Luftflotte war eine Luftwaffe ›im Kleinen‹, das heißt in ihr waren sämtliche Luftkriegsmittel vorhanden. Die Luftwaffe war also nicht nach Funktionen, etwa Luftangriff und Luftverteidigung, gegliedert und auch nur begrenzt nach regionalen Kriterien, obwohl es innerhalb des (Groß-)Deutschen Reiches analog zu den Wehrkreisen des Heeres sogenannte Luftgaue mit entsprechenden Luftgaukommandos gab.

Ein Bauprogramm sorgte ab 1933 für die rasche Errichtung von Fliegerhorsten, Flugplätzen, Einsatzhäfen, Ausweichplätzen, Kasernen und militärischen Einrichtungen der Luftwaffe. Zeitgleich erfolgte der Auf- und Ausbau des Luftschutzes. Das deutsche Militär hatte die Kriegsniederlage 1918 vor allen Dingen als einen Zusammenbruch der Moral in der Heimat in dem Sinne interpretiert, dass der Wille zur Fortsetzung des Kampfes abnahm. Es war davon überzeugt, dass Gegner einen künftigen Krieg noch totaler und unter massiver Beteiligung von Luftstreitkräften gegen Ziele in Deutschland führen würden. Um diesem vorzubeugen, entstand noch zu Zeiten der Weimarer Republik der Reichsluftschutzbund, eine der mitgliederstärksten Massenorganisation. Er sollte neben den konkreten Luftschutzmaßnahmen für die Aufrechterhaltung der Moral in der Heimat sorgen.

Alliierte

Die Alliierten und insbesondere die Briten hatten die deutsche Kriegsniederlage 1918 sehr aufmerksam beobachtet und ebenfalls den Eindruck gewonnen, dass dabei dem Zusammenbruch der Moral in der Heimat, aber auch an der Front besondere Bedeutung zukam. Sie jedoch führten diesen Zusammenbruch jedoch unter anderem auf die Fernblockade durch die Royal Navy zurück, die das Deutsche Reich von den Welthandelsströmen und somit auch von Lebensmittelimporten abgeschnitten hatte.

Die 1918 aufgestellte Royal Air Force als die international erste und lange Zeit einzige unabhängige Teilstreitkraft »Luftwaffe« war in den 1920er Jahren davon überzeugt, die Moral des Gegners durch Luftangriffe so weit erschüttern zu können, dass er den Kampf aufgeben würde. Sie begründete dies mit ihren erfolgreichen Einsätzen zur Aufstandsbekämpfung in den Kolonien.

Im britischen Weltreich, das zu dieser Zeit ein Viertel der Landmasse der Erde umfasste, kam es in den 1920er und -30er Jahren immer wieder zu Aufständen, Unruhen und ersten gewaltsamen Unabhängigkeits-

»Vater der RAF«: Hugh Trenchard, 1. Viscount Trenchard (1873–1956), britischer Offizier, Marshal of the Royal Air Force

Sir Arthur Harris, 1. Baronet (1892–1984), genannt »Bomber Harris«, britischer Offizier, Marshal of the Royal Air Force und Kommandeur des RAF Bomber Command

und Befreiungsbewegungen. Die RAF witterte hier ihre Chance, zu beweisen, dass sie indigene Gegner mit Bombern schneller, besser, nachhaltiger und vor allen Dingen mit sehr viel geringerem Personal- sowie Materialaufwand bekämpfen konnte, als das der Royal Navy oder der British Army möglich war. Sie führte überzeugend ins Feld, dass vor allen Dingen ihre Bombenangriffe die gegnerische Moral erschüttert und somit die Aufständischen zur Kapitulation gezwungen hatten. Sie nannte dieses Vorgehen, etwa gegen Bagdad, Basra und Kabul, beschönigend *Air Policing*, also die Durchführung von ›Polizeiaufgaben‹ im Inneren oder am Rande des eigenen Machtbereiches. Tatsächlich handelte es sich um den militärischen Einsatz von Bombern.

Während des Zweiten Weltkriegs war die RAF davon überzeugt, ein solches Konzept auch gegen hochentwickelte Industrienationen wie das Deutsche Reich erfolgreich anwenden zu können. Ein wesentliches

Mittel dazu waren nächtliche Flächenangriffe, bei denen sowohl militärische als auch zivile Ziele ins Fadenkreuz genommen wurden. Verfechter dieses Konzeptes waren Hugh Trenchard, Arthur Harris, Charles Portal und Arthur Tedder, zum größten Teil Veteranen des Ersten Weltkriegs oder der Einsätze in den Kolonien.

Die RAF war grundsätzlich nach Einsatzräumen gegliedert, denen je nach Bedarf entsprechende Kräfte zugeteilt wurden. In der Heimat teilte sie sich in das RAF Fighter und das RAF Bomber Command. Ersteres war für die Verteidigung der britischen Inseln zuständig, Letzteres für den Luftangriff gegen den deutschen Machtbereich.

Bereits in der zweiten Hälfte der 1930er Jahre war speziell das RAF Fighter Command massiv aufgerüstet worden. Zwar bemühten sich die Briten um einheitliche Führung, aber grundsätzlich unterstand die Flak (*Anti-aircraft artillery*) der Artillerietruppe des Heeres sowie die Radar- und Fernmelde- inklusive Fernschreibeinrichtungen dem Signal Corps der Army. Für die Rettung der über See abgesprungenen Piloten war die Coast Guard und für den Luftschutz eine weitere militärische Organisation zuständig, die Home Guard. Auch die Briten hatten eine mächtige Luftschutzorganisation aufgebaut und waren überzeugt davon, dass der Gegner bei Luftangriffen Giftgas einsetzen würde. Daher wurde der Umgang mit der Gasmaske geübt. Die Briten, besonders die RAF, wussten aber auch, dass sie im Kriegsfalle fliegendes Personal und Flugzeuge aus vom Bombenkrieg nicht bedrohten Ausbildungsstätten in Südafrika, Kanada, Indien, Neuseeland und Australien erhalten würden.

Sehr uneinheitlich stellte sich die Situation in den USA dar. Sie hatten sich nach dem Ersten Weltkrieg, der als »Krieg zur Beendigung aller Kriege« propagiert worden war, aus der aktiven Außen- und Weltpolitik stark zurückgezogen und wähnten sich zudem durch zwei Ozeane vor Luftangriffen geschützt. Zudem gab es dort in den späten 1930er und frühen 1940er Jahren eine starke Bewegung, die die USA aus künftigen Kriegen möglichst heraushalten wollte. Mit dem Slogan *America First* plädierte sie gegen eine Beteiligung an einem Krieg in Europa; einer ihrer prominentesten Fürsprecher war der Ozeanflieger und Reserveoffizier Charles Lindbergh. In ihren nach dem Ersten Weltkrieg stark reduzierten Streitkräften gab es gleichwohl in geringem Umfang fliegende Einheiten bei der US Navy, beim Marine Corps und bei der US Army. Letzteres wurde als Army Air Corps (AAC) bezeichnet und später

James Doolittle (1896–1993), General der United States Army Air Forces, erreichte durch seine fliegerischen Leistungen und einen Luftangriff auf Tokio (»Doolittle Raid«) während des Pazifikkriegs am 18. April 1942 Berühmtheit.

William »Billy« Mitchell (1879–1936), US-amerikanischer Generalmajor, »Vater der United States Army Air Forces«

in USAAF umbenannt. Die Flak gehörte wiederum nicht zur USAAF, sondern zur Artillerie. Die US Air Force als eigene Teilstreitkraft wurde erst 1947 geschaffen.

Die Bombardierung des gegnerischen Hinterlandes sowie der Heimat des Gegners oblag grundsätzlich dem AAC, später der USAAF. Auch in den USA wurden die Ideen Douhets zwar aufgenommen und ausgewertet, allerdings nur stark modifiziert in entsprechenden Planungspapieren umgesetzt. Das AAC war weniger an der langfristigen Erschütterung der gegnerischen Moral interessiert als vielmehr an der Ausschaltung der wichtigen Industrie und Logistik des Gegners. Man wollte das *Center of Gravity*, also die entscheidenden Kraftzentren, treffen, die durch intensives Studium der militär- und wirtschaftsgeografischen Situation des betreffenden Landes identifiziert wurden: Die Zielauswahl konzentrierte sich eher auf Industrien, militärische Einrichtungen und Infrastruktur. Dazu gehörten unter anderem die Treibstoff- und Kugellagerproduktion sowie die Eisenbahnknotenpunkte. Die Planungen des AAC fokussierten sich eher auf den Punkt- als auf den Flächenangriff.

Wie unpopulär in den USA noch in den 1920er Jahren die Idee einer starken Luftmacht inklusive Bomberverbände war, zeigt das Beispiel des Piloten Brigadier General William Mitchell. Er hatte bewiesen, dass Bomber erfolgreich Schiffe versenken konnten, und propagierte in der Öffentlichkeit die Notwendigkeit einer Aufrüstung in der Luft gegen eine mögliche Bedrohung durch japanische Flugzeuge. Nach einem Prozess wurde er wegen dieser öffentlichen Äußerungen aus der Army entlassen. Während des Krieges wurde dann allerdings ein Bomber, die B-25 »Mitchell«, nach ihm benannt.

Das Blatt begann sich in den 1930er Jahren angesichts der japanischen Expansion im Pazifik zu wenden, und 1935 erhielt das AAC mit der Boeing B-17 »Flying Fortress« einen der zuverlässigsten und am schwersten bewaffneten viermotorigen Bomber des gesamten Zweiten Weltkriegs sowie relativ zuverlässige Zielgeräte. Ebenso wie in Deutschland oder Großbritannien kannten sich auch in den USA die maßgeblichen Kommandeure der USAAF von gemeinsamen Lehrgängen oder Verwendungen und konnten nun ihre Vorstellungen vom strategischen Bombenkrieg auf die Kraftzentren des Gegners umsetzen. Es handelte sich um Mitchell, Carl Spaatz, Ira Eaker, James Doolittle und Henry Arnold.

Die USA gliederten ihre Heeres-Luftstreitkräfte (USAAF) nach Luftflotten. Auf dem europäischen Kriegsschauplatz waren ab 1942 die 8. und die 15. Luftflotte im Einsatz. Erstere war in Großbritannien, letztere in Nordafrika, Sizilien und Italien stationiert.

↗ **Sturzkampfbomber (Stuka) vom Typ Junkers Ju 87 über Polen, September 1939. Noch bevor deutsche Panzer die Grenze überschritten, attackierte die Luftwaffe die kleine Stadt Wieluń.**

3 Luftkrieg im Zeichen der »Blitzkriege« 1939–1941

Die Luftwaffe als taktisches Instrument

Der größte diplomatische Coup gelang NS-Deutschland im August 1939 in Gestalt des Nichtangriffspaktes mit der Sowjetunion. Nach Osten hin hatte Adolf Hitler somit beim Überfall auf Polen keine Einmischung zu befürchten. Richtung Westen glaubte er, leichtes Spiel zu haben. Zwar gab es seit Frühjahr 1939 eine Garantieerklärung der Westmächte Frankreich und Großbritannien für Polen, doch bislang hatten sie das NS-Regime immer gewähren lassen, sei es beim Einmarsch in das entmilitarisierte Rheinland 1936, beim »Anschluss« Österreichs (1938), beim Einmarsch in das Sudetenland (1938) oder bei der »Erledigung der Rest-Tschechei« (1939). Keine dieser deutschen Aktionen hatte zum Eingreifen geführt.

Am 1. September 1939 überfiel die Wehrmacht Polen und begann somit den Krieg in Europa. Es folgte ein Ultimatum der Westmächte, wonach sich das deutsche Militär innerhalb von drei Tagen aus Polen zurückzuziehen habe, andernfalls befände man sich im Krieg. Am 3. September wurde Deutschland der Krieg erklärt – zwar ›nur‹ von Frankreich und Großbritannien, aber dahinter standen auch alle von ihnen direkt oder indirekt beherrschten Territorien und Länder: Kanada, Australien, Indien, Neuseeland, Südafrika sowie die französischen Überseegebiete in Nordafrika, im Nahen Osten und in Asien. Allerdings verfügten weder Frankreich noch Großbritannien zu diesem Zeitpunkt über Planungen für einen Gegenschlag, sodass es an der Westfront zunächst zu keinen größeren Gefechten oder gar Schlachten kam.

Der deutsche Überfall auf Polen dauerte bis zum 6. Oktober 1939. Die Wehrmacht setzte auf schnelle Vorstöße zweier Heeresgruppen mit fünf Armeen und den sie unterstützenden Luftflotten 1 sowie 4. Der Angriff erfolgte von Westen her aus dem Deutschen Reich, von Norden aus der Exklave Ostpreußen und vom Süden her aus der Slowakei Richtung Warschau, das die Wehrmacht am 8. September erreichte und am 15. September umschloss. Elf Tage später ergab sich die polnische Hauptstadt. Das Land war somit geteilt und besetzt.

Bei der kurzen Dauer dieses Angriffs und der sich täglich verändernden militärischen Frontlage fällt schon die Unterscheidung zwischen taktisch-operativen und strategischen sowie militärischen und zivilen Zielen schwer. Das gilt auch und gerade für den Einsatz der Luftwaffe, konkret für die Bomber. Die Luftwaffe war 1939 mit 2093 Flugzeugen, davon 1216 Bomber und Sturzkampfbomber (Stukas), gegen 463 polnische Maschinen im Einsatz. Sie hatte drei Aufgaben: 1. das Niederkämpfen der polnischen Luftstreitkräfte durch Angriffe auf ihre Flugplätze, Einrichtungen und Luftfahrzeuge, 2. die Luftnahunterstützung des Heeres sowie der Marine und 3. Angriffe auf wichtige Einrichtungen und Städte im polnischen Hinterland. Sie war mit Horizontalbombern vom Typ He 111 und Stukas Ju 87 ausgerüstet.

Zwei deutsche Luftangriffe auf polnische Städte erlangten in diesem Kontext tragische Berühmtheit. Die Angriffe auf Wieluń und Warschau fallen in die Kategorie taktischer Luftkrieg und hängen eng mit dem Geschehen am Boden zusammen. Sie machen deutlich, wie irreführend es für die Forschung, aber auch für die populärwissenschaftliche Darstellung sein kann, sich bei den Themen Zerstörung von Städten aus der Luft und dem Tod von Zivilpersonen ausschließlich auf ›große‹ strategische Angriffe konzentrieren zu wollen.

Wieluń nach der deutschen Bombardierung am 1. September 1939. Rund 70 Prozent der Gebäude der Stadt wurden zerstört, hinten links die Ruinen der jüdischen Synagoge.

Laut Aufklärungsmeldung vom 31. August 1939 belegten eine polnische Infanteriedivision und eine Kavalleriebrigade Wieluń. Damit war sie keine unverteidigte Stadt mehr, sondern galt als legitimes militärisches Ziel. Die Situation auf der Flugstrecke und über dem Städtchen charakterisierte die Einsatzmeldung der I. Gruppe des Stuka-Geschwaders 76 vom 1. September. Beim Anflug herrschte »starker Dunst, teilweise Bodennebel«, also mäßige bis schlechte Sichtbedingungen, weshalb das Ziel schlecht zu erkennen war: »Geschlossene Wolken bis 2000 m absinkend. Orientierung durch Bodennebelnester und schlechte Sicht sehr schwierig.« Zwar konnte die Stadt selbst identifiziert werden, die Besatzungen meldeten allerdings unter der Rubrik »Feststellung und Beobachtung zur Lage am Ziel, auf An- und Rückmarsch: Keine besondere Feindbeobachtung«. Nach dem Angriff wurde gemeldet: »Ziel vernichtet, Brände beobachtet.« Die Geschwader-Chronik vermerkt, dass die 29 Stukas ungewöhnlich starke Bombenkaliber mitführten, und schließt daraus, dass die Luftwaffe besondere Stärke zeigen wollte, um die gegnerische Moral zu brechen. An der Wortwahl »keine besondere Feindbeobachtung« scheiden sich seit Langem die Geister der Geschichtswissenschaft. Die einen schließen daraus, dass es weder eine polnische Abwehr noch neu erkannte Truppen gab, die anderen, dass es sich um ein rein ziviles Ziel handelte und beim Angriff folglich um ein mutmaßliches Kriegsverbrechen. Dessen schreckliche Bilanz: ein komplett zerstörtes Krankenhaus und 1200 getötete Einwohner. Das war eine deutlich höhere Zahl als die der 200 bis 300 Menschen, die dem berüchtigten deutsch-italienischen Luftangriff durch die »Legion Condor« bei Guernica am 27. April 1937 im Spanischen Bürgerkrieg zum Opfer gefallen waren.

Bei der Hauptstadt Warschau verhielt es sich hingegen anders. Sie war definitiv mit Militär belegt. Seit dem 19. Jahrhundert gab es die Festung Großraum Warschau. Die Luftwaffe bombardierte die Stadt wiederholt mit Horizontal- sowie Sturzkampfbombern und zerstörte dabei die Altstadt. Die von der Wehrmacht ab dem 16. September belagerte Metropole verwüsteten Artillerie- und Bombentreffer zusätzlich. Am 25. September bombardierte die Luftwaffe die Stadt an der Weichsel so schwer, dass sie am 27. September kapitulierte. Mindestens 7000 Menschen starben bei diesen Angriffen.

Zerstörungen in Warschau nach dem Ende der Kämpfe am 27. September 1939

Der Krieg mit Polen war für Deutschland vorbei, der Krieg mit den Westmächten jedoch blieb. Er erhielt in der ersten Phase den Namen »Sitzkrieg im Westen«, die Franzosen nannten ihn *drôle de guerre* (›komischer Krieg‹), weil er zu Lande so gut wie gar nicht, in der Luft ein wenig und zur See von deutscher Seite mit U-Booten und Kreuzern geführt wurde, die langfristig den maritimen britischen und französischen Nachschub eindämmen sollten.

Skandinavien war für alle Kriegsparteien bedeutsam: Für die einen wegen der Rohstoffe, namentlich der skandinavischen Eisenerzlieferungen für das Deutsche Reich und seine Verbündeten, die anderen wollten von dort aus die Nordsee kontrollieren, die deutsche Seite schwächen und eine Handelsblockade gegen Deutschland errichten.

Schweden, über dessen Häfen unter anderem die Erzlieferungen nach Deutschland gelangten, war neutral, das benachbarte Finnland wurde im Winter 1939/40 von der mit dem NS-Regime verbündeten Roten Armee angegriffen und besiegt. Die deutschen Planungen richteten sich daher primär auf Norwegen. Somit war der erste Schlag der Wehrmacht nicht gegen Frankreich, sondern gen Norden zu führen. Das Unternehmen »Weserübung« vom 9. April bis 10. Juni 1940 umfasste den Angriff, die Eroberung, das Halten und schließlich die Besetzung Dänemarks und Norwegens. Das triphibische Zusammenwirken von Kriegsmarine, Heer und Luftwaffe spielte dabei eine entscheidende Rolle. Letztere hatte den Auftrag, die ihr angehörenden Fallschirmjäger über Flugplätzen, Verkehrsknotenpunkten sowie Brücken abzusetzen oder dort mit ihnen zu landen. Sie sollte Brückenköpfe bilden, damit weitere Einheiten und Verbände, zum Beispiel Gebirgsjäger aus der Luft und von See her, zugeführt und versorgt werden konnten. Hierfür kamen speziell die Transportflieger zum Einsatz.

Tatsächlich war die Wehrmacht einer anglo-französischen Landung in Norwegen nur knapp zuvorgekommen. Die Westmächte wollten die Nutzung des Territoriums sowie der nördlichen Gewässer durch die Deutschen verhindern und sich selbst strategische Vorteile sichern. Dies schlug jedoch nach heftigen Kämpfen fehl.

Am 10. Mai 1940 begann schließlich der »Westfeldzug«, der den Sitzkrieg beendete. Deutsche Verbände überfielen die neutralen Staaten Belgien, Luxemburg sowie die Niederlande und griffen Frankreich an. Auf dessen Territorium war bereits das Britische Expeditionskorps sta-

Der Zweite Weltkrieg in Europa 1939–1942

- Achsenmächte (mit Danzig) bei Kriegsbeginn 1939
- Verbündete der Achsenmächte 1941

Vordringen der Achsenmächte und ihrer Verbündeten

- 1.9. bis 6.10.1939
- bis Ende Juni 1940
- bis Ende Dezember 1941
- bis Mitte November 1942

- POLEN Alliierte bei Kriegsbeginn
- Gebiet der westlichen Alliierten November 1940
- von westlichen Alliierten besetztes Gebiet Nov. 1942
- Sowjetunion bei Beginn des deutschen Angriffs 22.6.1941
- Vichy-Regierung, mit Kolonialgebieten
- neutrale Staaten
- Staatsgrenzen bei Kriegsbeginn 1.9.1939
- Grenzen Protektorate und Mandatsgebiete

Quelle: Putzger - Atlas und Chronik, S. 234.

tioniert. Frankreich selbst hatte eine defensive Strategie entwickelt und in den 1930er Jahren mit der Maginot-Linie ein Befestigungssystem an seiner Ostgrenze errichtet, das 50 Prozent des Militärhaushaltes verschlungen hatte. In den wenigen Fällen, in denen deutsche Einheiten direkt gegen diese Festungen anstürmten, wurden sie vehement abgewehrt. Die Wehrmacht aber umging das Verteidigungssystem und rollte es von hinten auf.

Im Gegensatz zu den bisherigen Feldzügen war das deutsche Militär bei diesen Angriffen zahlenmäßig nicht überlegen, weder am Boden noch in der Luft. Den rund 3600 deutschen standen 4500 anglo-französische Flugzeuge gegenüber. Allerdings handelte es sich bei den Flugzeugen der Westmächte teils um veraltete Typen. Die Kämpfe in der Luft sowie das Luftkriegsgeschehen forderten an der Westfront bei den Fliegenden Verbänden auf deutscher Seite hohe Verluste: 1300 Tote, 1200 Verwundete und 580 Vermisste. 1400 Maschinen mussten als Totalverlust abgeschrieben werden, weitere 700 wurden beschädigt oder stark beschädigt.

Die Luftwaffe hatte zunächst den Auftrag, die gegnerischen Luftstreitkräfte mitsamt ihren Flugplätzen niederzukämpfen, das Heer aus der Luft mit Fallschirmjägern und Lastenseglern zu unterstützen sowie Angriffe gegen das Hinterland zu fliegen; dazu gehörten Angriffe auf die Städte Rotterdam, Paris, Lyon, Marseille und Saint-Étienne. Die Luftflotten 2 und 3 unterstützten mit insgesamt fünf Fliegerkorps die drei Heeresgruppen C, B und A. In einer ersten Phase bis Anfang Juni 1940 lag die Heeresgruppe C der Maginot-Linie gegenüber, die Heeresgruppe B attackierte die Niederlande sowie Belgien. Die Heeresgruppe A unternahm wiederum einen höchst gewagten Vorstoß durch die als panzerungünstig geltenden Ardennen. Sie überschritt mit starker Luftunterstützung bei Sedan die Maas, schnitt somit das Britische Expeditionskorps sowie Teile der französischen Armee vom restlichen Frankreich ab, drängte die Alliierten auf Dünkirchen zurück und kesselte sie dort ein.

Rotterdam war eine Festungs- und Hafenstadt. Die Luftwaffe hatte den Angriff für den 14. Mai 1940 angekündigt. Er war Teil eines Ultimatums an die Niederländer, die sich zur Kapitulation bereiterklärt hatten. Während und unmittelbar nach den entsprechenden Verhandlungen gelang es noch, den Start einiger Bomber abzusagen. Bei einem anderen

Teil schlug dies jedoch fehl. Die Luftwaffe zerstörte in der Folge die Rotterdamer Altstadt stark, über 800 Menschen wurden getötet. Die Niederlande unterzeichneten am 15. Mai den Waffenstillstandsvertrag.

Die deutschen Panzer hatten inzwischen vor Dünkirchen ihren Vormarsch aufgrund eines Haltebefehls Hitlers gestoppt. Die Luftwaffe attackierte jedoch die Soldaten am Strand sowie die Schiffe und Boote, denen es dennoch gelang, in einer improvisierten Aktion einen Großteil der britischen und auch Teile der französischen Truppen nach Großbritannien zu evakuieren. Die Verbände der RAF waren aus Frankreich zurück in die Heimat beordert worden, damit sie für die Verteidigung der britischen Inseln verfügbar waren. Deutsche Truppen eroberten ab dem

5. Juni 1940 den Rest Frankreichs, das am 22. Juni ein Waffenstillstandsabkommen unterzeichnete. Ein Teil des Landes wurde von Deutschland besetzt und verwaltet. Ein anderer Teil unterstand der Regierung unter Marschall Philippe Pétain in der künftigen Hauptstadt Vichy.

Nun stand Großbritannien allein gegen NS-Deutschland im Krieg. Die Wehrmacht konnte fortan die Marine- und Luftwaffenbasen an der belgischen und niederländischen Nordsee- sowie an der nordfranzösischen Atlantikküste nutzen.

Das mit Deutschland verbündete Italien griff ab dem 10. Juni 1940 in die Kämpfe ein. Der Krieg hatte somit das Mittelmeer erreicht. Die italienische Luftwaffe hatte ihre Basen auf dem Festland, aber auch auf den

Deutsche Offiziere im zerstörten Stadtzentrum von Rotterdam, Mai 1940

Inseln Sizilien, Sardinien, Elba und Lampedusa; daher konnte sie den britischen Nachschub auf dem Seeweg stören. Über den Suez-Kanal, über das Mittelmeer und die Straße von Gibraltar sowie über den Atlantik und Ärmelkanal verliefen die wesentlichen britischen Nachschublinien von Indien, Australien, Neuseeland, dem Irak, Ägypten, Sudan, Südafrika, Kanada und Neufundland zu den britischen Inseln. Nicht umsonst bombardierte die italienische und deutsche Luftwaffe ab 1940 wiederholt das britische Malta. Ab 1942 besetzte die Wehrmacht auch den Süden Frankreichs, sodass sie nun Häfen und Flugplätze an der französischen Mittelmeerküste inklusive Korsikas gegen die britischen Konvois und Besitzungen im Mittelmeer nutzen konnte.

Großbritannien und besonders sein Premierminister Winston S. Churchill war jedoch fest entschlossen, den Kampf fortzusetzen, nicht zu kapitulieren und auch nicht über einen Waffenstillstand oder über

Waffenstillstand mit Frankreich im Wald vom Compiègne am 22. Juni 1940, v. l. n. r. Joachim von Ribbentrop (1893–1946), Wilhelm Keitel (1882–1946), Hermann Göring, Rudolf Hess (1894–1987), Adolf Hitler (1889–1945), Walther von Brauchitsch (1881–1948)

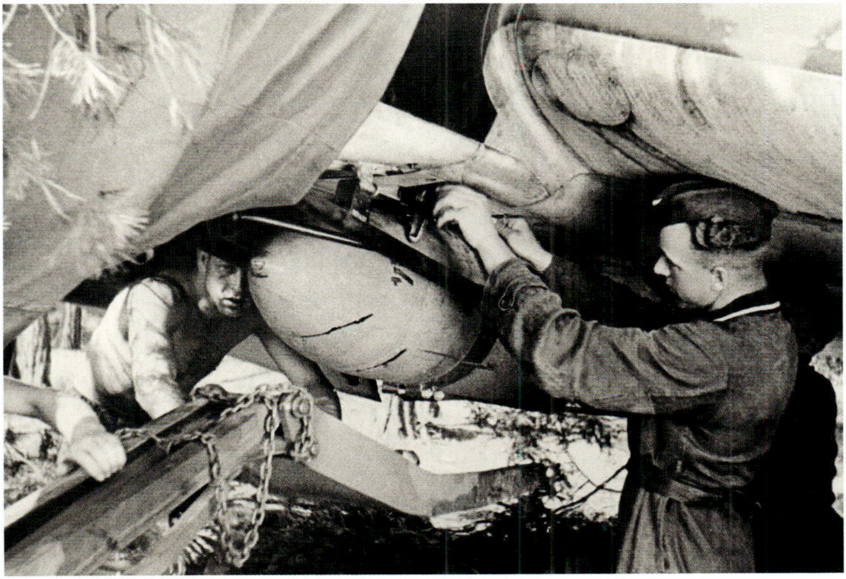

Männer vom Bodenpersonal hängen eine 500-kg-Bombe unter den Rumpf einer Junkers Ju 87, 1941.

einen Frieden mit Deutschland zu verhandeln. Neu an dieser Situation war für beide Kriegsparteien, dass es nun keine direkte Landfront mehr gab, an der operativ, schnell und entscheidungssuchend angegriffen, verteidigt oder erobert werden konnte.

Die Luftschlacht um England

Die deutsche Seite plante für das Jahr 1940 eine Invasion der Insel: die Operation »Seelöwe«. Dazu benötigte sie aber eine zumindest zeitlich und örtlich begrenzte Luftüberlegenheit, damit die Kriegsmarine die Heeresverbände unter geringen Verlusten anlanden konnte. »Luftschlacht um England« lautet die deutsche Bezeichnung. Die britische *Battle of Britain* klingt sehr viel umfassender. Für die Deutschen waren die Luftkämpfe die Vorbedingung für eine Invasion, für die Briten ging es buchstäblich um alles. Zudem werden die Phasen der Schlacht und die Datierung unterschiedlich festgelegt. Nach deutscher Sicht gilt der gesamte Waffengang von Juli 1940 bis Mai 1941 als »Luftschlacht um England«. Für Großbritannien endete die *Battle of Britain* hingegen bereits Ende Oktober 1940. Die Geschehnisse von November 1940 bis Ende Mai 1941 werden wiederum mit *The Blitz* betitelt, nach dem deutschen Begriff ›Blitzkrieg‹. Gemäß einer Weisung Hitlers richteten sich die Angriffe der deutschen Luftwaffe zunächst gegen Häfen, Schiffe und sonstige Einrichtungen der Royal Navy mit Schwerpunkt im Ärmelkanal. Es folgte der Kampf gegen Einrichtungen und Flugzeuge der RAF in Süd- und später in Mittelengland. Sogenannte Terrorangriffe, also die Bombardierung eher ziviler Ziele, gab es nur auf ausdrücklichen Führerbefehl.

Zahlenmäßig war die Luftwaffe überlegen, was auch notwendig war. Ihre Flugplätze in Frankreich, Belgien, den Niederlanden und Norwegen lagen weit voneinander entfernt, waren »disloziert«, die Maschinen hatten lange Anflugwege. Kampfflugzeuge benötigten Jagdschutz, daher waren unterschiedliche Geschwindigkeiten und Reichweiten zu koordinieren. Allerdings verfügten die Briten über Radarsysteme zur frü-

Kampfflugzeuge Heinkel He 111 beim Flug nach England am 21. August 1940

Trümmer einer abgeschossenen deutschen Heinkel He 111, die beim Absturz in den Außenbezirken von London zwei Häuser in Brand setzte, 31. August 1940.

hen Erkennung feindlicher Anflüge, womit das Überraschungsmoment verloren ging.

Folgende Kräfte waren aufseiten der Deutschen im Einsatz: Seit dem 19. Juni 1940 verteilte sich die unter dem Oberbefehlshaber Generalfeldmarschall (GFM) Albert Kesselring stehende Luftflotte 2 in den Großräumen Niederlande, Belgien und Nordfrankreich. Unterstützt wurde sie von der ebenfalls in Frankreich stationierten Luftflotte 3 (GFM Hugo Sperrle) und von der Luftflotte 5 (Generaloberst Hans-Jürgen Stumpff) in Norwegen.

Die Luftschlacht begann mit dem »Kanalkampf« (10. Juli bis 12. August 1940). Die Luftwaffe bombardierte und torpedierte zunächst Handels- und Kriegsschiffe sowie Marineeinrichtungen und verminte Häfen. Vom 13. bis zum 23. August attackierte sie küstennahe Ziele. Dabei setzte sie große Bomberformationen gegen militärische Ziele wie etwa britische Radarstationen, Flugplätze und andere Einrichtungen ein. Zumeist wichen die Jäger der RAF den deutschen Begleitjägern aus und schossen die Bomber ab. Vom 24. August bis zum 6. September griff die Luftwaffe die Flugplätze und die Flugzeugindustrie Südenglands an, indem sie kleine Kampfflugzeugverbände mit starkem Jagdschutz einsetzte. Die RAF geriet zunehmend in Bedrängnis, wurde aber unter anderem durch einen Zielwechsel der Luftwaffe gerettet. Denn britische Bomber hatten am 25. August 1940 erstmals Berlin angegriffen, weswegen die Luftwaffe Vergeltung übte. Vom 7. September bis zum 31. Oktober griff sie bei Tag und Nacht erstmals militärische *und* zivile Ziele in London (*London Blitz*) an. Die britische Hauptstadt und größte Hafenstadt war voller militärischer sowie kriegswirtschaftlich bedeutender Einrichtungen. Wohnhäuser und historische Bauten lagen unweit davon entfernt.

Bereits der Kampf gegen die RAF hatte die Luftwaffe im August/September 1940 vor Probleme gestellt. Sie verzeichnete hohe Verluste. Allerdings erlitt auch die RAF große Einbußen und war angeschlagen. Das Unternehmen »Seelöwe«, also die geplante Invasion Großbritanniens, hätte vor den Herbststürmen durchgeführt werden müssen. Da das nicht gelang, wurde die Operation auf unbestimmte Zeit verschoben. Bislang war der Luftwaffe primär eine helfende oder besser vorbereitende Rolle im Rahmen des Gefechtes der verbundenen Waffen zugefallen. Sie sollte die Royal Air Force niederkämpfen und die notwendige Luftüberlegenheit herstellen, damit Marine und Heer anlanden konnten. Dieser ›Hilfsauftrag‹ war nun beendet und die Luftwaffe versuchte, mit ihren immer weniger werdenden Maschinen einen unterschiedslosen Luftkrieg gegen zivile und militärische Ziele zu führen. Da das RAF Bomber Command zunehmend deutsche Städte bombardierte, wurden in NS-Deutschland Rufe nach Vergeltung aus Parteikreisen, aber auch aus der Bevölkerung laut. Nun sollte nicht mehr nur London bombardiert werden, sondern das gesamte Vereinigte Königreich.

Künftig flog die Luftwaffe vor allem Nachtangriffe, bei denen sie sich auf Städte konzentrierte, die über kriegswichtige Industrie und/oder Häfen verfügten. Allerdings lagen die Wohngebiete der Arbeiterinnen und Arbeiter zumeist wenig entfernt von den Angriffsbereichen, was schon in London ein gravierendes Problem dargestellt hatte. Im Vergleich zu Großbritanniens Metropole waren die mittel- und nordenglischen, schottischen und nordirischen Städte zudem deutlich kleiner, sodass sich die deutsche Kombination aus Spreng- und Brandbomben dort wesentlich verheerender auswirkte.

Die Bevölkerung suchte vor den Angriffen Schutz in Grotten und Stollen oder – wie hier in London – in U-Bahnhöfen, 23. Dezember 1940.

Während die Luftwaffe ihre Bomber, Jäger und Schlachtflugzeuge über den Kanal schickte, blieb der Gegner nicht untätig. Die RAF hatte sich für einen Bombenangriff München ausgesucht, und das bewusst am 8./9. November 1940, als Hitler dort mit seinen engsten Getreuen, den »alten Kämpfern«, zusammenkam, um die Ereignisse vom 9. November 1923, den »Hitlerputsch«, zu feiern. Nun störten ihn dabei die Bomber mit der britischen Kokarde.

Ihre blutige Antwort darauf gab die Luftwaffe fünf Tage später mit ihrem Angriff auf das mittelenglische Rüstungszentrum Coventry, das schon vorher erste Bombardierungen erlitten hatte. Die Stadt zählte über 300 000 Einwohner. Dort wurden Kraftfahrzeuge, Motoren und insbesondere Flugzeugtriebwerke in reicher Zahl gefertigt. Diese Fabriken und mit ihnen die ganze Stadt gerieten nun ins Visier von Verbänden der Luftflotte 3. Das deutsche Angriffsunternehmen war ausgerechnet nach Ludwig van Beethovens Klaviersonate Nr. 14, der *Mondscheinsonate*, benannt.

Etwa 500 Tonnen Sprengbomben leisteten kombiniert mit 30 Luftminen und 36 000 Brandbomben ein entsetzliches Zerstörungswerk.

Luftschlacht um England 1940		
	Deutsches Reich/Luftwaffe (disloziert in den Niederlanden, Frankreich und Norwegen)	Großbritannien/ RAF Fighter Command
Kampfflugzeuge (Bomber)	1260	k.A.
Sturzkampfflugzeuge (Stuka)	316	k.A.
Zerstörer (Me 110)	300	k.A.
Jagdflugzeuge	809	700
Schwere Flak	k.A.	1300
Leichte Flak	k.A.	700
Sperrballone	k.A.	1500
Radarstationen	k.A.	52
Flugzeugverluste	2665	1547
Fliegendes Personal, gefallen	3363	544
Fliegendes Personal, verwundet	2117	k.A.
Fliegendes Personal, vermisst	2641	k.A.
Zivilpersonen, getötet	k.A.	27450
Zivilpersonen, verletzt	k.A.	31138
Abgeworfene Bomben (in t)	58660	k.A.
		©ZMSBw 08694-04

Die Altstadt lag danach nahezu komplett in Trümmern. 586 Menschen, zum großen Teil Zivilisten, verloren ihr Leben, 1000 weitere Einwohner wurden verletzt. Über 4000 Wohnungen waren vernichtet, Teile der Fabriken beschädigt, zwei Krankenhäuser schwer getroffen und die Kathedrale von Coventry fast vollständig zerstört. Coventry wurde zum Symbol des unterschiedslosen Bombardements ziviler und militärischer Ziele durch die deutsche Luftwaffe.

Es war nicht die erste Bombardierung von Coventry und es sollte nicht die letzte bleiben, doch sie ist neben einem weiteren Angriff auf die Stadt vom 8. April 1941 die bekannteste und symbolträchtigste. Von November 1940 bis Februar 1941 griff die Luftwaffe insgesamt 14 Hafenstädte und neun Städte mit kriegswichtiger Rüstungsindustrie nebst Zulieferbetrieben im Inneren der Inseln an. Hinzu kamen in dieser Phase weitere acht Einsätze gegen London. Besonders heftig waren die Bombardierungen in der Nacht vom 29. auf den 30. Dezember 1940, die starke Brände entfachten. Neben Coventry traf es Liverpool, Birmingham, Glasgow, Clydebank, Swindon, Cardiff, Manchester, Sheffield, Swansea, Avonmouth, Hull, Plymouth, Portsmouth, Southampton und Bristol. Sogar Belfast wurde im April 1941 mit Bomben belegt, Dublin im neutralen Irland folgte im Mai 1941.

Die britische Seite hatte ihre Luftverteidigungsanstrengungen zunächst auf London konzentrieren können. Sie musste nun jedoch zahlreiche wichtige Städte mit Flak und Nachtjägern schützen und stieß an ihre Grenzen. Die Erfolge der Luftwaffe in dieser nach deutscher Auffassung letzten Phase der »Luftschlacht um England« lassen sich freilich schwerlich messen. Gewiss zerrte *The Blitz* mit seinen nächtlichen Bombenangriffen an den Nerven der britischen Bevölkerung, hinzu kamen Obdachlosigkeit infolge zerstörter Wohnungen, Schlafmangel durch Fliegeralarme, Verwundungen und Verletzungen sowie die Trauer um Angehörige, Nachbarn und Freunde. Die Moral insgesamt oder gar der Wille, den Kampf fortzusetzen, wurde aber nicht nachhaltig erschüttert. Ganz im Gegenteil: Zwar ging die Produktion kriegswichtiger Güter in Großbritannien zeitweise zurück, konnte jedoch bemerkenswert schnell wieder gesteigert werden. Auch wurden die für Rohstoffe und produzierten Güter so wichtigen Häfen und Seewege nicht nachhaltig gestört oder gar ausgeschaltet. Die Produktion wurde lediglich auf ländliche Standorte oder in andere Teile des britischen Weltrei-

Löscharbeiten in der High Street nach dem verheerenden Luftangriff auf Coventry vom 14. November 1940

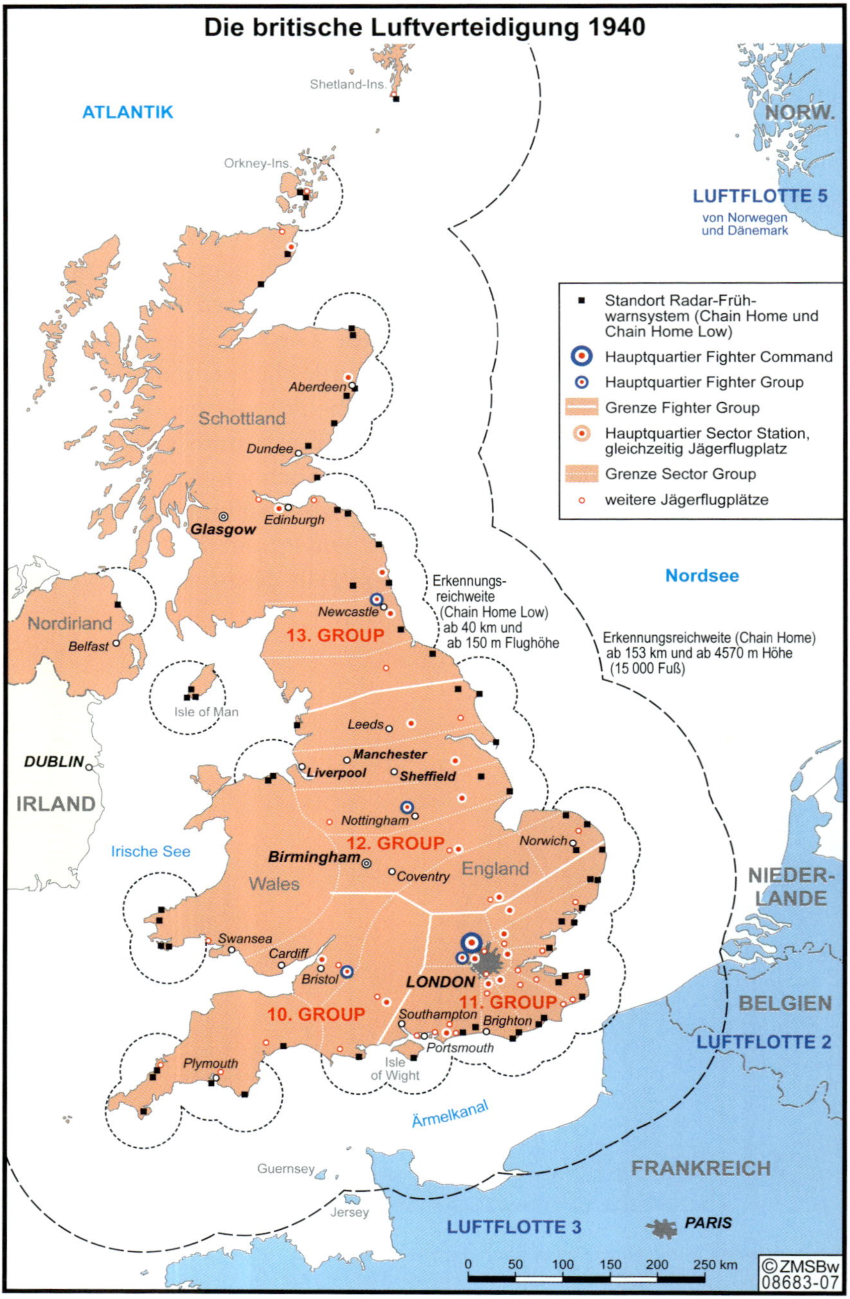
Die britische Luftverteidigung 1940
ATLANTIK
Shetland-Ins.
Orkney-Ins.
NORW.
LUFTFLOTTE 5
von Norwegen
und Dänemark
Standort Radar-Früh-warnsystem (Chain Home und Chain Home Low)
Hauptquartier Fighter Command
Hauptquartier Fighter Group
Grenze Fighter Group
Hauptquartier Sector Station, gleichzeitig Jägerflugplatz
Grenze Sector Group
weitere Jägerflugplätze
Aberdeen
Schottland
Dundee
Edinburgh
Glasgow
Nordsee
Erkennungs-reichweite (Chain Home Low) ab 40 km und ab 150 m Flughöhe
Erkennungsreichweite (Chain Home) ab 153 km und ab 4570 m Höhe (15 000 Fuß)
Newcastle
Nordirland
Belfast
13. GROUP
Isle of Man
Leeds
DUBLIN
Manchester
Liverpool
Sheffield
IRLAND
Nottingham
Irische See
12. GROUP
Norwich
Birmingham
Coventry
England
Wales
NIEDER-LANDE
Swansea
Cardiff
Bristol
LONDON
11. GROUP
10. GROUP
Southampton
Brighton
BELGIEN
LUFTFLOTTE 2
Portsmouth
Plymouth
Isle of Wight
Ärmelkanal
Guernsey
FRANKREICH
Jersey
LUFTFLOTTE 3
PARIS
0 50 100 150 200 250 km
©ZMSBw 08683-07

ches verlagert. Letzteres galt auch für die Ausbildung von Besatzungen. Die RAF wiederum studierte die deutsche Kombination aus Spreng- und Brandbomben sowie Luftminen sehr gründlich, zog ihre eigenen Schlüsse daraus und perfektionierte die Zusammenstellung.

Langfristig gereichten die Bilder von zerstörten britischen Städten der Luftwaffe zum Schaden. Denn die Journalisten aus dem bislang neutralen Ausland, insbesondere den USA, registrierten die Vorgänge sehr genau. So waren jene Bomberattacken auch ein Grund dafür, dass sich die Stimmung in den USA zuungunsten Deutschlands verschob und der nach dem Ersten Weltkrieg gepflegte Isolationismus allmählich bröckelte.

Die Luftwaffe hatte insgesamt die RAF als zu schwach beurteilt und die Wirkung ihrer eigenen Bomben überbewertet. Anfang Juni 1941

Die deutschen Angriffe zerstörten die britische Rüstungsindustrie nicht nachhaltig. Männer beim Verladen eines frühen Typs von Sprengbomben (*Blockbusters*) in einem unterirdischen Lager, November 1941

wurde die Luftflotte 2 schließlich gänzlich Richtung Polen und Sowjetunion beordert. Sie sollte beim Unternehmen »Barbarossa«, dem Überfall auf die Sowjetunion, die Heeresgruppe Mitte bei ihrem Vorstoß Richtung Moskau unterstützen. Einzig Sperrles Luftflotte 3 stand jetzt noch gegen Großbritannien und setzte die Bombardierung auf sehr viel geringerem Niveau fort.

Die Luftwaffe im Südosten und Osten Europas

Deutschlands Verbündeter Italien war schon im Herbst 1940 bei seinem Versuch, sein nordafrikanisches Kolonialreich durch Angriffe auf britische Kolonien auszudehnen, in Schwierigkeiten geraten und benötigte deutsche Hilfe. Also wurde ein deutsches Fliegerkorps auf Sizilien stationiert, dessen Verbände wiederholt Malta angriffen. Die Insel wurde in der Folge zu einer der am häufigsten und heftigsten bombardierten Inseln des gesamten Krieges. Ziel der Deutschen war es, die Nachschubwege Großbritanniens und seines Empire/Commonwealth abzuschneiden. Zusätzlich wurden ab Winter/Frühjahr 1941 deutsche Hilfskontingente des Heeres, aber auch der Luftwaffe, in Nordafrika aufgestellt, die unter dem Namen »Deutsches Afrikakorps« (DAK) gemeinsam mit den italienischen Streitkräften gegen Großbritannien operierten. Die Briten wähnten durch diese Kräfte zu Recht Ägypten und vor allen Dingen den Suez-Kanal bedroht und hatten nun zum zweiten Mal nach 1940 eine direkte Land-, Luft- und Seefront mit Italien und dem Deutschen Reich. Deutschland allerdings bewertete Nordafrika eher als einen Nebenkriegsschauplatz.

Der nächste Schlag der Wehrmacht geschah eher überhastet und brachte die deutschen Planungen durcheinander: Der italienische Diktator Benito Mussolini hatte Albanien von sich abhängig gemacht und wollte nun auch Griechenland unter seine Kontrolle bringen. Diesen Angriff vereitelte jedoch die griechische Armee. Griechenland war Deutschland gegenüber neutral, hatte sich aber hilfesuchend an Großbritannien gewandt. Britische und neuseeländische Truppen standen daher auf hellenischem Boden. Jugoslawien wiederum, seit dem »Anschluss« Österreichs 1938 ein Nachbarstaat Deutschlands, wollte den sogenannten Achsenmächten, also Deutschland, Italien, Ungarn, Slowakei, Bulgarien und später auch Rumänien, beitreten, doch ein Putsch serbischer Offiziere mit Unterstützung des britischen Geheimdienstes unterband dies. Deutschland fühlte sich durch all diese Ereignisse auf dem Balkan herausgefordert. Am 6. April 1941 griffen daher zwei deutsche Armeen, unterstützt von über 700 Flugzeugen der Luftwaffe, von Bulgarien aus Jugoslawien und Griechenland an.

Zu Beginn dieses »Balkanfeldzuges« wurde die jugoslawische Hauptstadt Belgrad bombardiert. Zwar war sie nicht unverteidigt und konnte folglich als legitimes Ziel gelten. Aber der deutsche Codename »Strafgericht« machte deutlich, worum es der Wehrmacht letztlich ging: um Vergeltung an einem vermeintlich wortbrüchigen und unsicheren Kantonisten, der das geplante Bündnis vereitelt hatte. Belgrad wurde in der Folge von 500 Stukas und He 111 in mehreren Wellen mit über 380 Tonnen Brand- und Splitterbomben zerstört. Die Zahl der Toten ist umstritten, sie betrug insgesamt mindestens 1500 zivile und militärische Opfer.

Stuka-Angriff auf die Kasernen der königlich-jugoslawischen Garde in Belgrad, Luftaufnahme, April 1941

Eine Messerschmitt Bf 110 eskortiert ein Frachtschiff der »Achse« mit Nachschub für Nordafrika im Mittelmeer, Oktober 1942

Im weiteren Verlauf der Kämpfe unterstützten bulgarische, ungarische und italienische Verbände die deutschen Truppen. Die jugoslawische Armee kapitulierte schließlich am 17. April 1941. Die griechischen und britischen Truppen wurden zurückgedrängt, Athen wurde bombardiert und am 27. April ebenfalls eingenommen. Es gelang zwar, die britischen Truppen bis zum 30. April einzuschiffen, zu evakuieren und nach Kreta zu bringen, dennoch eroberte die Wehrmacht vom 20. Mai bis zum 1. Juni 1941 auch diese griechische Insel. In einer äußerst verlustreichen Operation von Kriegsmarine und Luftwaffe wurde Kreta vornehmlich durch Fallschirmjäger und Gebirgsjäger in einer der bis dato größten Luftlandeoperationen (»Merkur«) der Militärgeschichte attackiert und eingenommen.

Es folgte die Zerschlagung und Besetzung Jugoslawiens. Auf Teilen seines Gebietes wurde der neue Staat Kroatien gegründet. Griechenland wurde in deutsche, italienische und bulgarische Besatzungszonen eingeteilt. In beiden Staaten gab es fortan einheimische Regierungen unter deutscher Oberhoheit. Es bildeten sich Exilregierungen, Exilarmeen und Widerstandsorganisationen, die in Teilen von den Briten unterstützt wurden. Die Eroberung Griechenlands samt seinen Inseln verschaffte den Achsenmächten und ihren Luftwaffen einen besseren Zugang zum Mittelmeer sowie zur Ägäis. Sie hatten nun kürzere Flugstrecken für ihre Angriffe, was die Briten beunruhigte.

Die Operationen in Nordafrika und auf dem Balkan hatten die Planungen für den Überfall der Wehrmacht auf die bis dahin mit Deutschland durch den Nichtangriffspakt verbundene Sowjetunion durcheinandergebracht und verschoben. Am 22. Juni 1941 begann schließlich das Unternehmen »Barbarossa« und damit der rassenideologische Vernichtungskrieg gegen Kommunismus und Judentum.

Auf breiter Front griffen drei Heeresgruppen der Wehrmacht sowie Truppen Ungarns, Rumäniens und der Slowakei die Sowjetunion an, später verstärkt von italienischen Verbänden und der Blauen Division, einem aus spanischen Freiwilligen gebildeten Großverband. Die erste, zweite und dritte Luftflotte unterstützten dieses Unternehmen durch Attacken auf die sowjetischen Flugplätze, auf Nachschublinien und auf Städte wie Minsk, Kiew, Smolensk, Leningrad und Moskau. Es handelte sich bei Kriegsbeginn insgesamt um 3509 Maschinen, davon 945 Bom-

Deutsche Soldaten markieren auf der Insel Dagö mit einer Hakenkreuz-Flagge die eigenen Stellungen, u. a. um den Beschuss durch die Flugzeuge der Luftwaffe und damit *friendly fire* zu vermeiden, Oktober 1941.

ber/Kampfflugzeuge, 1036 Jäger, 340 Stukas und 252 Transporter. Somit waren zwei Drittel der Fliegenden Verbände der Luftwaffe an der Ostfront eingesetzt. Nach Anfangserfolgen gegen die zum Teil völlig überraschten Fliegerkräfte der Roten Armee musste die Wehrmacht jedoch große Personal- und Materialverluste hinnehmen. Allein im Zeitraum von Juni 1941 bis April 1942 kam es bei Flugzeugen zu 2950 Totalverlusten und 1997 beschädigten Maschinen. Rein zahlenmäßig bedeutete dies den kompletten Verlust des Anfangsbestandes. Im Zeitraum vom 1. Dezember 1942 bis zum 30. April 1943 verlor die Wehrmacht weitere 8800 Flugzeuge.

Im ersten Kriegsjahr gelang durch schnelle Vorstöße in die Tiefe des Raumes unter Inkaufnahme »offener Flanken« und »nicht durchkämmter Räume« die Eroberung großer Gebiete des europäischen Teils der Sowjetunion. In der Folge standen deutsche Truppen kurz vor der Hauptstadt Moskau und begannen mit der Belagerung von Leningrad. Eine sowjetische Winteroffensive sorgte jedoch zumindest für den Schutz der Hauptstadt.

Für Großbritannien veränderte sich durch das Unternehmen »Barbarossa« die strategische Situation grundlegend. Zunächst einmal fiel der direkte Druck von den Inseln weg, die See- und Weltmacht stand nicht mehr allein gegen die Achse, sondern hatte mit der Sowjetunion einen allerdings sehr ungleichen Bündnispartner. Trotz rascher Verlegung der Rüstungsbetriebe hinter den Ural und nach Sibirien benötige der sowjetische Diktator Josef Stalin dringend materielle Unterstützung, die ihm Großbritannien und die USA auch gewährten. Seine Rote Armee trug nun die Hauptlast der Kämpfe gegen die Achse zu Lande. Langfristig drängte er auf Entlastung und forderte die Errichtung einer zweiten Front.

1942 unternahm die Wehrmacht noch einmal eine Offensive gegen die Sowjetunion, diesmal waren die Wolga und der Kaukasus im Süden ihre Ziele. Im Zusammenspiel zwischen Heer und Luftwaffe gelangen ihr noch einmal große Geländegewinne. Die Luftwaffe war aber wie die Wehrmacht insgesamt an den Rand ihrer Leistungsfähigkeit gebracht worden. Unter anderem aufgrund von Görings Zusagen, die Luftwaffe könne mit ihren Transportflugzeugen eine ganze Armee aus der Luft versorgen, hatte man den Plan gefasst, dass sich die 6. Armee in Stalingrad einigeln und bis zu einem Entsatz durch die Wehrmacht durchhalten sollte. Eine solche Versorgung war 1941 in einem Fall zwar gelungen, aber in wesentlich kleinerem Stil und unter besseren Bedingungen. Bei der Versorgung Stalingrads hingegen wurden 495 deutsche Transportflugzeuge durch sowjetische Flak und Jagdflugzeuge abgeschossen. Die 6. Armee kapitulierte Anfang 1943. Auch Nordafrika war verloren, und die Initiative ging auf die Alliierten über, die seit Dezember 1941 durch die USA verstärkt wurden.

Für die erste Kriegsphase gilt, dass die Luftwaffe ein wichtiger Teil der schnellen deutschen Angriffe und Überfälle auf Jugoslawien, Griechenland und die Sowjetunion war. Sie bombardierte militärische und zivile Ziele im Rahmen der Gesamtoperationen. Tatsächliche physische Zerstörung und negative moralische Wirkung auf die Gegner waren eng miteinander verbunden. Zudem trug die Luftwaffe mit Transportmaschinen und Fallschirmjägern zur Landkriegführung bei.

Insgesamt handelte es sich bei der Mehrheit der angesprochenen Bombenangriffe der Luftwaffe (Wieluń, Warschau, Rotterdam, Belgrad, Minsk, Athen) in erster Linie um taktische Angriffe, die im Kon-

Dornier-Bomber vom Typ Do 17 überfliegen nach der Eroberung Athens die Akropolis, 3. Mai 1941.

text der schnell und dynamisch verlaufenden Gesamtoperationen mit ihren ständig wechselnden Frontverläufen zu sehen sind. Das macht sie deshalb keineswegs harmlos, zeigt aber, wie falsch es wäre, sich sowohl in der Forschung als auch bei der populärwissenschaftlichen Darstellung zum Thema Bombardierung und großer (auch ziviler) Opferzahlen ausschließlich auf strategische Angriffe konzentrieren zu wollen. Einzig Coventry ist eine Ausnahme, da dessen Bombardierung in keine Gesamtoperation der Wehrmacht eingebunden war.

↗ Besprechung vor dem nächsten Einsatzflug. Der Erfolg eines Angriffs hing entscheidend von dem Zusammenspiel der Besatzung (v. l. n. r.) mit Navigator, Funker, Heckschütze, Kommandant und Co-Pilot ab, 1941.

4 Strategischer Bombenkrieg der Alliierten

Der Auftakt: Bomben auf Deutschland 1939–1942

Auf den ersten Blick hatte Großbritannien den Forderungen der NS-Machthaber nachgegeben und die Ausdehnung des Deutschen Reiches von 1936 bis 1938/39 geschehen lassen. Auf den zweiten Blick jedoch handelte die See-, Welt- und Kolonialmacht strategisch, sie spielte auf Zeit und rüstete unterdessen auf. Dies betraf zunächst das RAF Fighter Command, zuständig für die Luftverteidigung der Inseln, galt aber auch für das RAF Bomber Command.

Bereits im Ersten Weltkrieg hatte es Pläne für eine aus mehreren hundert Bombern bestehende Luftoffensive gegen Deutschland, insbesondere gegen das Ruhrgebiet gegeben. Der Waffenstillstand von 1918 aber machte sie gegenstandslos. Am Vorabend des Zweiten Weltkriegs wurden die Pläne überarbeitet, mit neuen Zielkatalogen an die veränderte Lage angepasst und um Kolonialkriegserfahrungen der Zwischenkriegszeit ergänzt.

Titelseite des Magazins *Bomber Command*, herausgegeben vom Luftfahrtministerium durch den Informationsminister, 1941

Ab dem Kriegsbeginn am 3. September 1939 gab es zwar eine Landfront gegen das Deutsche Reich, denn das britische Expeditionskorps stand zu dieser Zeit in Frankreich, aber keine Seite unternahm Kampfhandlungen. Die RAF und besonders ihr Bomber Command witterten daher ihre Chance, ihren Wert unter Beweis zu stellen, und flogen erste Bombenangriffe bei Tage auf die deutschen Städte Wilhelmshaven, Duisburg, Berlin und Augsburg. Allerdings erlitten sie durch deutsche Jäger und Flak hohe Verluste, sodass die RAF begann, auf Nachtangriffe auszuweichen. Bei Nacht wurden zudem keine Begleitjäger benötigt, die Dunkelheit erschwerte allerdings die im Wesentlichen noch optisch durchgeführte Zielauffassung deutlich. Das zog den Übergang von Punkt- zu Flächenzielen nach sich, also den Beschuss von ganzen Städten.

Nach der Kapitulation Frankreichs 1940 war der neue Premierminister Winston S. Churchill fest entschlossen, den Krieg gegen das Deutsche Reich und dessen Machtbereich von Großbritannien aus weiterzuführen. Er genehmigte mit den Worten »Und nun steckt Europa in Brand« eine langfristige Doppelstrategie zur Erschütterung der deutschen Moral: Zum einen sollte das Bomber Command den Gegner bei Nacht attackieren, zum anderen sollten Geheimdienst, RAF, in Teilen auch die Royal Navy und die BBC in allen von Deutschland besetzten Gebieten Widerstandsorganisationen mit Material, Personal und Nachrichten unterstützen. Die BBC konnte ihre Mikrofone mit genügend Muttersprachlern besetzen und Botschaften in alle Länder Europas senden. Nach Großbritannien hatten sich nämlich zahlreiche Militärangehörige Polens, Belgiens, der Niederlande, Dänemarks, Norwegens und Frankreichs geflüchtet, zum Teil samt ihren Flugzeugen. Hinzu kamen emigrierte Bürger der Tschechoslowakei, Österreichs und auch Deutschlands. Zudem befanden sich dort viele Angehörige europäischer Königshäuser und Exilregierungen, die entsprechende Exil-Streitkräfte aufbauten.

Technische Angaben der schweren deutschen Flak 1939–1945

Hersteller	Krupp	Rheinmetall-Borsig	Rheinmetall	Rheinmetall-Borsig
Typ	8,8 cm 18, 36, 37	8,8 cm 41 1/2	10,5 cm 38	12,8 cm 40 1/2
Anzahl gebaut	20 754	400	2600	1 129
Schusshöhe max.	10 600 m	14 700 m	12 800 m	14 800 m
Kadenz praktisch	15–20 S/min	22–25 S/min	12–15 S/min	12–14 S/min
Zünder	Zeit	Zeit	Zeit	Zeit

©ZMSBw 08693-03

Zerstörte Werksanlagen der Friedrich Krupp AG in Essen-Borbeck

Während der Luftschlacht um England setzte sich das britische Bombardement fort: Berlin, München und Mannheim waren nun Ziele. Zu diesem Zeitpunkt operierte das Bomber Command mit der für den Krieg überarbeiteten Trenchard-Doktrin aus dem Jahre 1928. Diese hatte reine »Terrorangriffe« zwar verworfen, die Definition militärisch wichtiger Ziele aber so weit gefasst, dass auch zivile Objekte bombardiert werden konnten. Im Jahre 1941 und ganz besonders nach der Luftschlacht um England nahmen die Bombenangriffe auf Deutschland massiv zu. Das Ziel, das den britischen Inseln am nächsten lag, war das Ruhrgebiet. Es galt als das rüstungswirtschaftliche Herzstück des Deutschen Reiches. Nach Berlin wurde daher Essen, der Sitz des Stahl- und Rüstungsunternehmens Krupp, am häufigsten angegriffen. Während des gesamten Krieges wurden dort 66 000 Tonnen Bomben abgeworfen. Ebenso traf es bis Jahresende 1941 Duisburg, Bochum, Dortmund, Hagen und das westfälische Münster. Aber auch Frankfurt am Main, Wiesbaden, Trier, Saarbrücken, Worms, Mannheim, Karlsruhe und Stuttgart wurden bombardiert. Nicht zuletzt waren die Hafenstädte an

Nord- und Ostsee bevorzugtes Ziel, etwa Emden, Wilhelmshaven und Bremen. Waren zu Kriegsbeginn noch zweimotorige Vickers-Wellington-Maschinen im Einsatz gewesen, so wurden nun zunehmend schwere viermotorige Bomber in Auftrag gegeben, entwickelt und eingesetzt: Die Modelle hießen »Halifax«, »Lancaster« und »Stirling«.

Die britischen Nachtangriffe riefen ab 1940 die Luftwaffe auf den Plan, die entsetzt feststellte, dass sie zur Abwehr dieser Attacken zwar über Flak und auch Flakscheinwerfer verfügte, aber eben nicht über spezielle Nachtjäger mit geschulten Besatzungen. Zum Einsatz kamen daher vor allem die zweimotorigen Zerstörer Me 110, die sich bei Tage in der Luftschlacht um England gegen die britischen Jäger nur begrenzt bewährt hatten. Für den nächtlichen Einsatz, bei dem nicht mit RAF-Begleitjägern gerechnet werden musste, genügten sie jedoch, sofern sie mit moderner Funk- oder Radartechnik ausgestattet waren. Die Me 110 bildete das Rückgrat der Nachtjagd und wurde später um die He 219 (»Uhu«) ergänzt. Die Nachtjäger aber benötigten präzise Daten über Anzahl und Kurs der anfliegenden Bomber, Informationen, die ihnen

Parabolantenne des Radarsystems »Würzburg-Riese«

Vergleich Bombenflugzeuge im Zweiten Weltkrieg 1939–1945

Hersteller	Typ	Nation	Ansicht (Maßstab 1:500)	Version	Herstellu zeitra
Vickers	»Wellington«	Grossbritannien		B Mk. III	1936 – 1
Dornier	Do 17	Deutsches Reich		Z-2	1936 – 1
Heinkel	He 111	Deutsches Reich	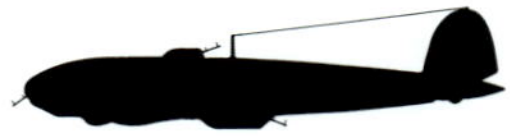	H-16	1936 – 1
Boeing	B-17 »Flying Fortress«	USA	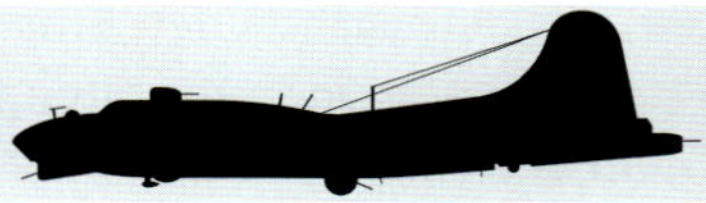	G	1936 – 1
Junkers	Ju 87	Deutsches Reich	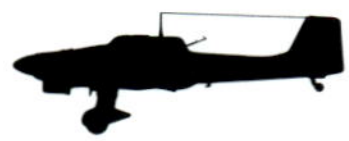	D-1	1937 – 1
Junkers	Ju 88	Deutsches Reich		A-4	1939 – 1
Short	»Stirling«	Grossbritannien		Mk. III	1939 – 1
Handley Page	»Halifax«	Grossbritannien		B Mk. III	1940 – 1
Consolidated	B-24 »Liberator«	USA	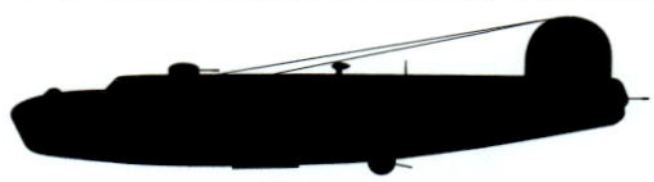	J	1940 – 1
Avro	»Lancaster«	Grossbritannien	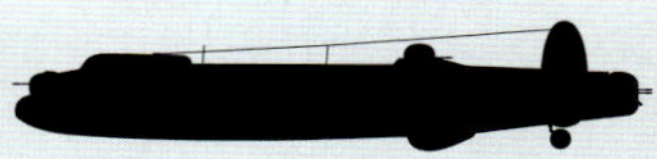	B I	1941 – 1
Martin	B-26 »Marauder«	USA		G	1941 – 1
North American	B-25 »Mitchell«	USA		J	1941 – 1

…tzung	Einsatz-profil	Antrieb	Geschwindig-keit (max.)	Dienst-gipfelhöhe	Reich-weite	Bomben-last (max.)/ Bewaffnung	Anzahl gebaut	Anzahl Versionen
	Horizontal-bomber	2 x 1 521 PS	410 km/h	5 790 m	3 540 km	2 040 kg 8 x MG 7,7 mm	11 461	27
	Horizontal-bomber	2 x 1 000 PS	410 km/h	8 200 m	1 160 km	1 000 kg 8 x MG 7,92 mm	600	29
5	Horizontal-bomber	2 x 1 350 PS	435 km/h	8 500 m	1 950 km	2 000 kg 7 x MG 7,92 mm	7 540	49
	Horizontal-bomber	4 x 1 217 PS	462 km/h	10 800 m	3 220 km	8 000 kg 13 x MG 12,7 mm	12 729	32
	Sturzkampf-bomber	1 x 1 410 PS	410 km/h	7 300 m	1 535 km	1 800 kg 4 x MG 7,92 mm	5 709	20
	Horizontal-/ Sturzkampf-bomber	2 x 1 350 PS	470 km/h	8 200 m	2 730 km	2 000 kg 6 x MG 7,92 mm	15 856	100
	Horizontal-bomber	4 x 1 673 PS	435 km/h	5 180 m	3 100 km	6 350 kg 8 x MG 7,7 mm	2 359	5
	Horizontal-bomber	4 x 1 637 PS	454 km/h	7 300 m	1 658 km	5 895 kg 9 x MG 7,7 mm	6 176	26
10	Horizontal-bomber	4 x 1 217 PS	467 km/h	8 535 m	4 585 km	5 800 kg 10 x MG 12,7 mm	18 442	26
	Horizontal-bomber	4 x 1 640 PS	462 km/h	7 470 m	4 070 km	6 350 kg 8 x MG 7,7 mm	7 378	23
	Horizontal-bomber	2 x 1 920 PS	455 km/h	6 040 m	1 760 km	1 815 kg 11 x MG 12,7 mm	5 266	7
	Horizontal-bomber	2 x 1 724 PS	443 km/h	7 255 m	2 173 km	1 360 kg 12 x MG 12,7 mm	10 596	31

Dislozierung der Tag- und Nachtjagdverbände in der Reichsluftverteidigung 31.12.1941

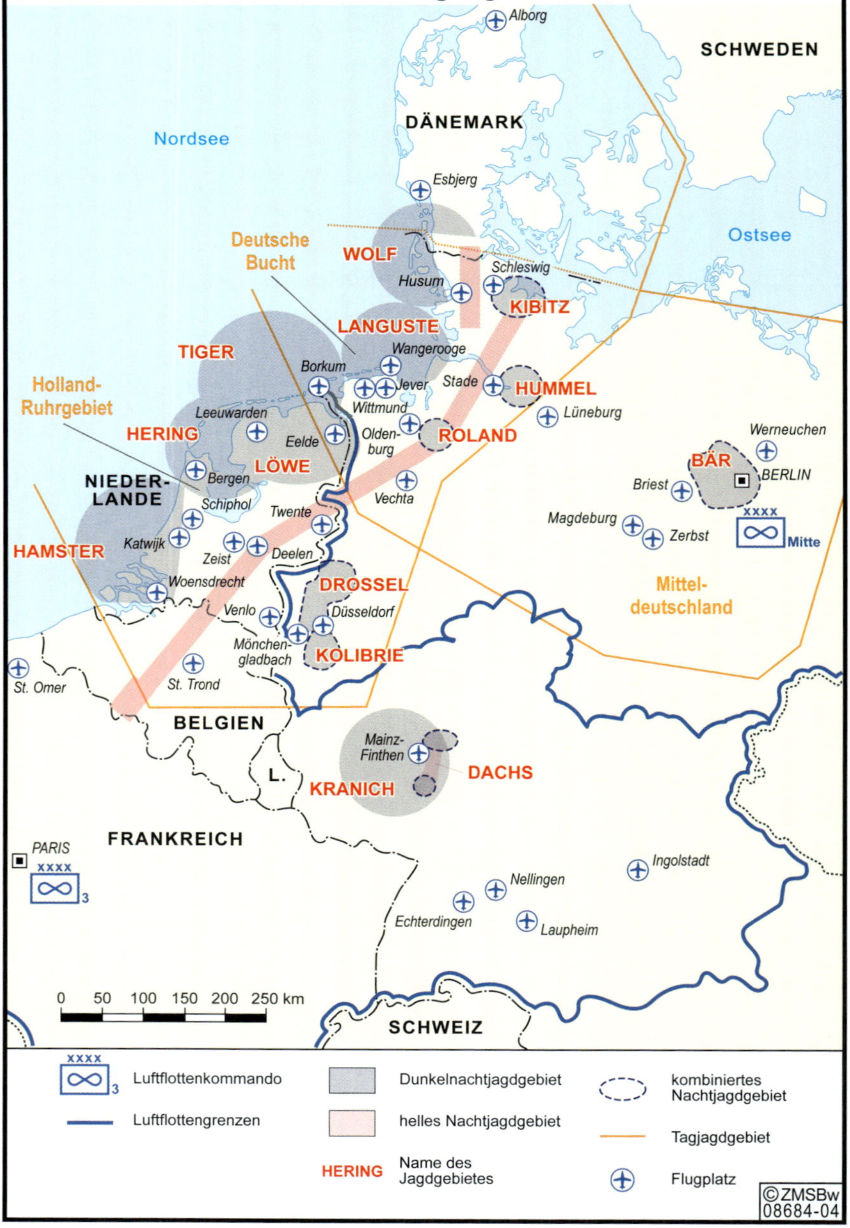

nur Radargeräte und entsprechende Leitstände am Boden geben konnten. Da hauptsächlich der Westen des Reiches bedroht war, entstand dort ab 1941 eine Luftverteidigungslinie, die nach Generalmajor Josef Kammhuber, dem »Vater der Nachtjagd«, benannt wurde. Sie bestand aus Funkmess-/Radargeräten des Typs Würzburg-Riese, Leitständen, Flak und (Nacht-)Jägern. Letzteren wurde jeweils ein Bereich zugewiesen, der »Himmelbett« genannt wurde.

Die Nachtjagd unterstand der Luftflotte »Reich«, die mit Jägern und Flak für die Luftverteidigung zuständig war. Die übrigen sechs Luftflotten waren auf die einzelnen Fronten und innerhalb des deutschen Machtbereichs verteilt. Der Flugzeugbestand der Luftwaffe schwankte; er bewegte sich zwischen 4000 (1939) und 7600 (1943) Maschinen; Ähnliches galt für die Flak, die 1939 aus 369 leichten und mittleren, 988 schweren und 177 Scheinwerferbatterien bestand. 1943 waren daraus 1586 leichte und mittlere, 2236 schwere und 490 Scheinwerferbatterien geworden.

Seit seinem Amtsantritt 1940 hatte Premierminister Churchill auf den ehemaligen Weltkriegsverbündeten USA als baldigen Kriegspartner gehofft. US-Präsident Franklin D. Roosevelt war einem Kriegseintritt grundsätzlich nicht abgeneigt, hatte aber nach den Jahren des Iso-

Japanischer Luftangriff auf Pearl Harbor (Hawaii), 7. Dezember 1941

lationismus mit innenpolitischen Schwierigkeiten zu kämpfen. Er sah zu diesem Zeitpunkt keine parlamentarische Mehrheit für einen Kriegseintritt. Allerdings begannen die USA trotz ihrer offiziellen Neutralität, Großbritannien mit Hilfslieferungen und auch Freiwilligen zu unterstützen. Eine ganze Reihe von Abkommen der Jahre 1940/41 garantierte Rüstungsmaterial und Rohstoffe im Austausch gegen das Recht der USA, britische Stützpunkte nutzen oder übernehmen zu dürfen.

Dem japanischen Luftangriff auf den US-Flotten- und Heeresstützpunkt Pearl Harbor am 7. Dezember 1941 folgten die japanische und auch die deutsche Kriegserklärung an die USA. Aus einem europäischen und einem asiatischen Konflikt war nun ein Weltkrieg geworden. Die USA führten daraufhin die allgemeine Wehrpflicht ein, mobilisierten dadurch Streitkräfte in Millionenstärke und begannen in Großbritannien, Flugplätze für die USAAF und ihre 8. Luftflotte zu errichten. Im Gegensatz zu den Briten setzte die US-Doktrin von Anfang an eher auf Tagangriffe mit Formationsflug auf Punktziele. Die US-Bomber sollten die Achillesferse des Gegners identifizieren und fanden sie in Gestalt der deutschen Rüstungsindustrie sowie ihrer Zulieferbetriebe, namentlich der Flugzeug- und Flugzeugmotorenindustrie samt Verkehrswegen und Treibstoffproduktion. Zudem hatten sie schon bei Kriegs-

Amerikanischer Bomber vom Typ Boeing B-17E »Fliegende Festung«, 1941

beginn mit der B-17 »Flying Fortress« einen robusten viermotorigen Bomber mit massiver Abwehrbewaffnung, dem weitere Typen folgen sollten: B-24 »Liberator«, B-25 »Mitchell«, B-26 »Marauder« und schließlich die B-29 »Superfortress«, aus der 1945 auch die Atombomben über Hiroshima und Nagasaki abgeworfen wurden. Das große Industriepotenzial der USA konzentrierte sich somit auf die massenhafte Fertigung weniger Flugzeugtypen.

Das RAF Bomber Command unter seinem neuen Kommandeur Arthur Harris, genannt Bomber-Harris, hatte die deutschen Luftangriffe der Jahre 1940/41 auf Großbritannien systematisch ausgewertet. Es kopierte und verfeinerte die dort angewandte Strategie, die aus einer zerstörerischen Mischung bestand: Luftminen, die die Dachstühle freilegten, Sprengbomben, die für Druckwellen sowie Zerstörung sorgten, und Brandbomben, die die Dachstühle sowie sonstige entflammbare Trümmer in Brand setzten. Mehrere Brandherde vereinigten sich infolgedessen und sorgten häufig für das Phänomen der sogenannten Feuerstürme, die Menschen, Tiere, Gegenstände sowie Sauerstoff in sich aufsogen, sodass nicht wenige Personen in den Luftschutzkellern erstickten. Diesen Erkenntnissen folgend gab sich die RAF eine neue Doktrin, die Direktive 22, auch bekannt als »Area Bombing Directive«, derzufolge Städte, da sie als Flächenziele galten, künftig komplett zu bombardieren waren.

Diese Bombardierungen trafen die Städte des Ruhrgebiets sowie die Hafenstädte an Nord- und Ostsee: Rostock, Warnemünde, Wismar, Hamburg und Lübeck. Am 31. März 1942 griffen 234 zwei- und viermotorige britische Bomber aus niedriger Höhe die Hansestadt Lübeck an. Innerhalb von anderthalb Stunden warfen sie etwa 400 Tonnen Bomben ab, meist Brandbomben. 320 Menschen verloren ihr Leben, drei galten als vermisst und 780 wurden verletzt. 1470 Gebäude wurden komplett, weitere 2200 schwer und 9100 leicht zerstört. Über 15 000 Personen waren obdachlos. Die RAF verlor zwölf Flugzeuge bei diesem Angriff.

Zwei Monate später führte die RAF erstmals 1000 Bomber in einem Angriff zusammen. Die Operation »Millennium« galt Köln. Die Bomber starteten von 52 britischen Basen, sammelten sich zu einem Bomberstrom und luden innerhalb von anderthalb Stunden 1455 Tonnen Bomben über der rheinischen Metropole ab, die für über 2000 Brände sorgten. Allerdings kam es zu keinem Feuersturm. 469 Menschen star-

Vergleich Jagdflugzeuge im Zweiten Weltkrieg 1939–1945

Hersteller	Typ	Nation	Ansicht (Maßstab 1:300)	Version	Herstellun zeitraur
Hawker	»Hurricane«	Grossbritannien	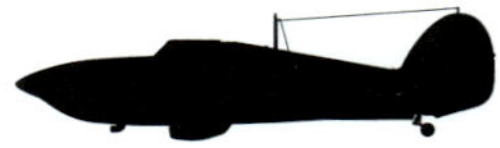	Mk. I	1936–19
Messerschmitt/ Bayerische Flugzeugwerke	Bf 109	Deutsches Reich		G-6/U4	1936–19
Supermarine	»Spitfire«	Grossbritannien		Mk. Va	1938–19
Curtiss	P-40 »Warhawk«	USA		N	1939–19
Messerschmitt/ Bayerische Flugzeugwerke	Bf 110	Deutsches Reich	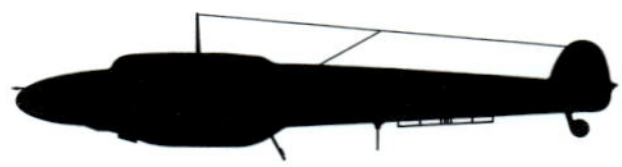	G-4a/R3	1939–19
Lockheed	P-38 »Lightning«	USA		L	1941–19
Focke-Wulf	Fw 190	Deutsches Reich		D-9	1941–19
Hawker	»Typhoon«	Grossbritannien		Mk. Ib	1941–19
North American	P-51 »Mustang«	USA		D	1942–19
Republic	P-47 »Thunderbolt«	USA	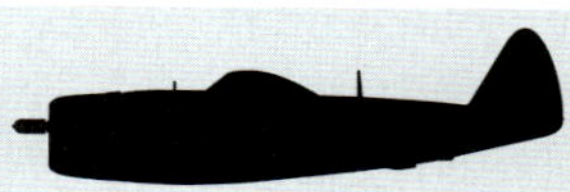	D	1942–19
Messerschmitt	Me 262	Deutsches Reich	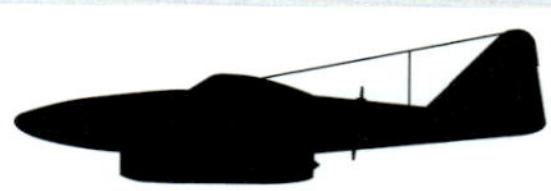	A-1a	1943–19
Hawker	»Tempest«	Grossbritannien		Mk. II	ab 1943/4

tzung	Einsatz-profil	Antrieb	Geschwindig-keit (max.)	Dienst-gipfelhöhe	Reich-weite	Bewaffnung	Anzahl gebaut	Anzahl Versionen
	Jäger	1x 1 044 PS	511 km/h	10 970 m	740 km	8 MG 7,7 mm	14 231	19
	Jäger	1x 1 800 PS	621 km/h	11 750 m	720 km	2 MG 13 mm	31 887	70
	Jäger/ Jagdbomber	1x 1 498 PS	594 km/h	11 125 m	1 827 km	8 MG 7,7 mm	22 890	29
	Jäger	1x 1 217 PS	552 km/h	9 450 m	1 738 km	6 MG 12,7 mm	13 733	20
3	schwerer Jäger/ Zerstörer/ Nachtjäger	2x 1 475 PS	550 km/h	8 000 m	2 100 km	2 MG 7,92 mm 2000 kg Bomben	6 170	37
	Jäger/ Jagdbomber	2x 1 622 PS	666 km/h	13 410 m	4 184 km	4 MG 12,7 mm 1 MK 20 mm	9 923	24
	Jäger	1x 1 776 PS	685 km/h	12 000 m	835 km	2 MG 13 mm	20 065	15
	Jäger/ Jagdbomber	1x 2 212 PS	663 km/h	10 350 m	980 km	4 MK 20 mm	3 315	5
	Jäger/ Jagdbomber	1x 1 800 PS	703 km/h	12 770 m	3 347 km	6 MG 12,7 mm	15 466	26
	Jäger/ Jagdbomber	1x 1 612 PS	690 km/h	12 500 m	3 060 km	8 MG 12,7 mm	15 677	15
	Jäger	2x 900 kp	870 km/h	12 200 m	1 050 km	4 MK 30 mm 24 Raketen R4M	1 433	17
	Jäger/ Jagdbomber	1x 2 550 PS	708 km/h	11 500 m	1 250 km	4 MK 20 mm	1 510	7

ben, 5027 wurden verwundet und 45 200 obdachlos. 13 000 Wohnungen waren zerstört, 29 000 weitere in unterschiedlicher Weise beschädigt. Die Briten verloren 43 Flugzeuge. Am 1. Juni 1942 folgte ein Luftangriff auf Essen, am 25. Juni auf Bremen, mit jeweils ähnlich hohen Verlusten auf deutscher Seite.

In allen Fällen überstieg die Zahl der Obdachlosen die der Toten und Verwundeten um ein Vielfaches. Die nun wohnungs- und in großen Teilen mittellos gewordenen Menschen waren das desillusionierte und möglicherweise aufrührerische Unruhepotenzial, das die RAF bei ihrer »Erschütterung der Moral« in der Bevölkerung schüren wollte. Die deutschen Gegenmaßnahmen bestanden aus einer Mischung von Propaganda, Fürsorge durch NS-Organisationen und Ausstattung der Ausgebombten mit unter anderem von der jüdischen Bevölkerung geraubten Wohnungen und Einrichtungsgegenständen. Hinzu kamen Zwangsmaßnahmen gegen all diejenigen, die angesichts dieser Zerstörungen am »Endsieg« oder am NS-Regime zweifelten.

Die deutsche Seite verstärkte in der Folge ihre Nacht- und Tagjagd sowie ihre Flak. Die bodengebundene Verteidigung der Luftwaffe sollte der RAF vor allen Dingen die Zielauffassung erschweren, indem sie zum Beispiel durch Sperrfeuer dafür sorgte, dass die Flugzeuge höher fliegen mussten. Im Schnitt kam auf etwa 16 000 verfeuerte Granaten der Flak 8,8 cm 36 gegen hochfliegende Ziele ein abgeschossener Bomber. Noch glaubte die Luftwaffe, die Lage einigermaßen im Griff zu haben.

Höhepunkt und Endspiel: Luftkrieg gegen Deutschland 1943–1945

Anfang 1943 hatten sich die Alliierten auf der Konferenz von Casablanca darauf geeinigt, dass zuerst Deutschland sowie seine Verbündeten und im Anschluss Japan zu besiegen seien. Das Jahr brachte den Wechsel der Initiative im Krieg. Von nun an konnte das Reich nur noch reagieren.

Nach der deutschen Niederlage in Nordafrika landeten die Alliierten auf Sizilien und in Italien. Mussolini wurde gestürzt und die neue Regierung unter Marschall Pietro Badoglio schied aus dem Bündnis mit Deutschland aus. Die Wehrmacht rückte in Italien ein, um die Lage zu stabilisieren. Gleiches galt für den Balkan, insbesondere für Griechenland, wo nun deutsche Truppen den Part der Italiener übernahmen. In

Der Zweite Weltkrieg in Europa 1942–1945

- Staatsgrenzen November 1942 (M.= Montenegro, S.-AR.= Saudi-Arabien)
- Grenzveränderungen seit 1939
- Alliierte und von ihnen besetzte Gebiete Ende 1942

Vordringen der Alliierten

- bis Anfang Oktober 1943
- bis Mitte Dezember 1944
- bis zum Kriegsende Mai 1945

- bis Anfang 1945 neutrale Staaten
- bis zum Kriegsende neutrale Staaten
- 26.2.45 Daten der Kriegserklärung an das Deutsche Reich
- bei Kriegsende von deutschen Truppen im Reichsgebiet und außerhalb des Reichsgebiets gehaltene Gebiete
- weitestes Vordringen der Achsenmächte November 1942

0 500 km

Quelle: Putzger - Atlas und Chronik, S. 235; Das Deutsche Reich und der Zweite Weltkrieg, Bd. 6 – 10.

Italien und in Südosteuropa war die Wehrmacht somit zusätzlich gebunden. Zudem konnten die alliierten Luftstreitkräfte nun neben ihren Basen auf den britischen Inseln Flugplätze und Stützpunkte auf Sizilien und auf dem italienischen Festland nutzen. Dies galt besonders für die USAAF, deren 15. Luftflotte das Deutsche Reich vom Süden her attackierte und die Verbände der 8. Luftflotte in Großbritannien unterstützte. Die Luftkriegsdoktrin der sogenannten Casablanca-Direktive sah vor, Deutschland und seinen Machtbereich mit Bombern so zu schädigen, dass eine alliierte Invasion und somit die Befreiung Europas von der NS-Besatzung gelingen konnte. Dabei gab es eine Arbeitsteilung zwischen der RAF und der USAAF. Erstere behielt ihre erprobte Angriffsweise bei Nacht bei, letztere attackierte bei Tag, das Wort vom *round-the-clock bombing* machte die Runde.

Die Bombardierung gegnerischer Ziele, sei es an der Front, im Hinterland oder in der Heimat des Gegners, musste genau geplant werden. Zunächst einmal musste ein Überblick über mögliche Ziele erstellt werden. Dazu waren wirtschaftsgeografische Kenntnisse zum Beispiel über

Ein Bomber soll ein Ziel angreifen, zerstören oder nachhaltig einschränken. Die **Luftverteidigung** soll ihn daran hindern oder ihm seinen Auftrag erschweren.

Fliegt ein Bomber 300 km/h, so legt er in einer halben Stunde 150 Kilometer zurück, in einer Viertelstunde 75 und in einer Minute fünf Kilometer. Der Durchmesser einer deutschen Großstadt beträgt im Durchschnitt sechs Kilometer. Also befindet sich die Maschine nur eine Minute über der Stadt und nur Sekunden über dem genauen Ziel. In diesem Moment löst der Bombenschütze die Bombe aus. Dazu aber muss er die Eigengeschwindigkeit des Flugzeuges, den Wind, die Flughöhe sowie Turbulenzen berücksichtigen und zudem völlig gleichmäßig in konstanter Höhe fliegen. Ein Zielgerät hilft ihm dabei. Die Bombe fällt mit 9,81 Metern pro Quadratsekunde. Je höher der Bomber fliegt, desto ungenauer wird der Wurf.

Die Luftverteidigung nutzt genau diese kurze Zeitspanne aus, um dem Bomber seine Aufgabe zu erschweren oder sie unmöglich zu machen. Der Abschuss durch die Flak oder durch Jäger/Nachtjäger ist dabei nur ein Mittel unter vielen. Andere bestehen darin, den Bomber zu täuschen oder aber durch Sperrfeuer in größere Höhen zu treiben.

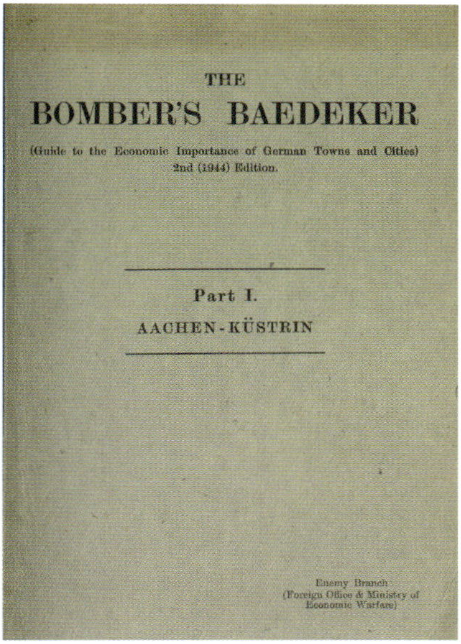
THE

BOMBER'S BAEDEKER

(Guide to the Economic Importance of German Towns and Cities)
2nd (1944) Edition.

Part I.

AACHEN-KÜSTRIN

Enemy Branch
(Foreign Office & Ministry of Economic Warfare)

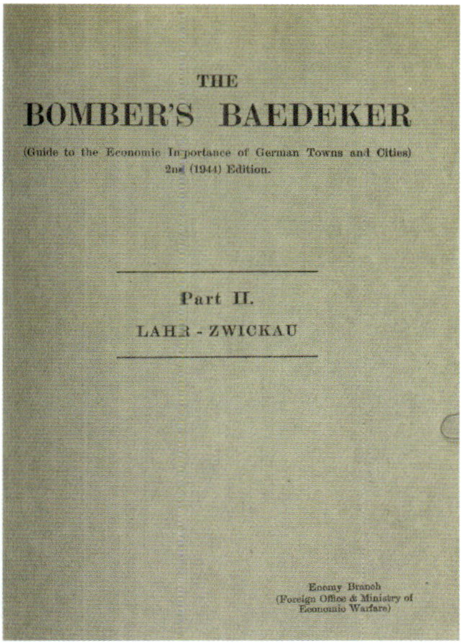
THE

BOMBER'S BAEDEKER

(Guide to the Economic Importance of German Towns and Cities)
2nd (1944) Edition.

Part II.

LAHR - ZWICKAU

Enemy Branch
(Foreign Office & Ministry of Economic Warfare)

Die Titelseiten der beiden Bände des *Bomber's Baedeker*, 1943

die Lage von Fabriken, Städten, Häfen, Werften, Flugplätzen, Bahnhöfen und militärgeografische Kenntnisse etwa über Kasernen erforderlich. Diese konnten zum Teil aus offenen Quellen wie Zeitungen oder Fachzeitschriften gewonnen werden. Überprüft und aktualisiert wurden diese Angaben durch Luftaufnahmen, die in großer Zahl von Aufklärungsflugzeugen geschossen wurden. Nach einem Angriff waren wiederum die entstandenen Schäden, aber auch die intakt gebliebenen Objekte auszumachen und auszuwerten. 1943 stellte die RAF auf dieser Grundlage einen Zielkatalog zusammen und nannte ihn nach einer der bekanntesten deutschen Reiseführer-Reihe: *The Bomber's Baedeker*.

Die massiven alliierten Angriffe überforderten die Fähigkeiten einer einzelnen Luftwaffenbasis bei Weitem. Die Geschwader starteten daher von mehreren Flugplätzen aus und sammelten sich in der Luft. Hinzu gesellten sich die schnelleren Begleitjäger, deren Reichweite nicht für den gesamten Flug ausreichte. Schon aus Gründen der Flugsicherheit konnte ein Ziel nicht von mehreren Geschwadern aus mehreren Richtungen angeflogen werden. Gleichermaßen verbot sich die vertikale Staffelung. Als Lösung blieb nur die Bildung eines teilweise mehrere

Dutzend Kilometer langen Bomberstromes. Ab 1943 kamen spezielle Flugzeuge zum Einsatz, die die Ziele markierten; die übrigen Bomber orientierten sich beim Abwurf ihrer Bomben daran. Ein sogenannter Masterbomber führte den Angriff. Zudem mussten die Bomber nach Erreichen des Zieles und dem Bombenabwurf wieder geordnet in die Heimat geleitet werden. Dies alles verlangte nach ausreichender Planung, funktionierenden Stäben, Koordinierung, Navigationshilfen, Strukturierung des Luftraumes und sicheren sowie funktionierenden Kommu-

nikationsmitteln zwischen den Maschinen, aber auch von den Flugzeugen zu den Bodenstellen, die wiederum von der Funkaufklärung der deutschen Luftwaffe abgehört wurden.

Die Aktivitäten der RAF richteten sich ab 1943 noch intensiver gegen das Rheinland und das Ruhrgebiet. Allein Köln erlebte 59 Angriffe, Duisburg 42 und Düsseldorf 39. Ähnliches galt für die deutschen Hafenstädte. Kiel wurde zwei Mal von der RAF und zehn Mal von der USAAF angegriffen, Hamburg erlebte 17 Angriffe der RAF, davon die

Köln nach alliierten Luftangriffen, Aufnahme 1945

Angriffsziele des britischen Bomber Command sowie der 8. US Air Forces 1943

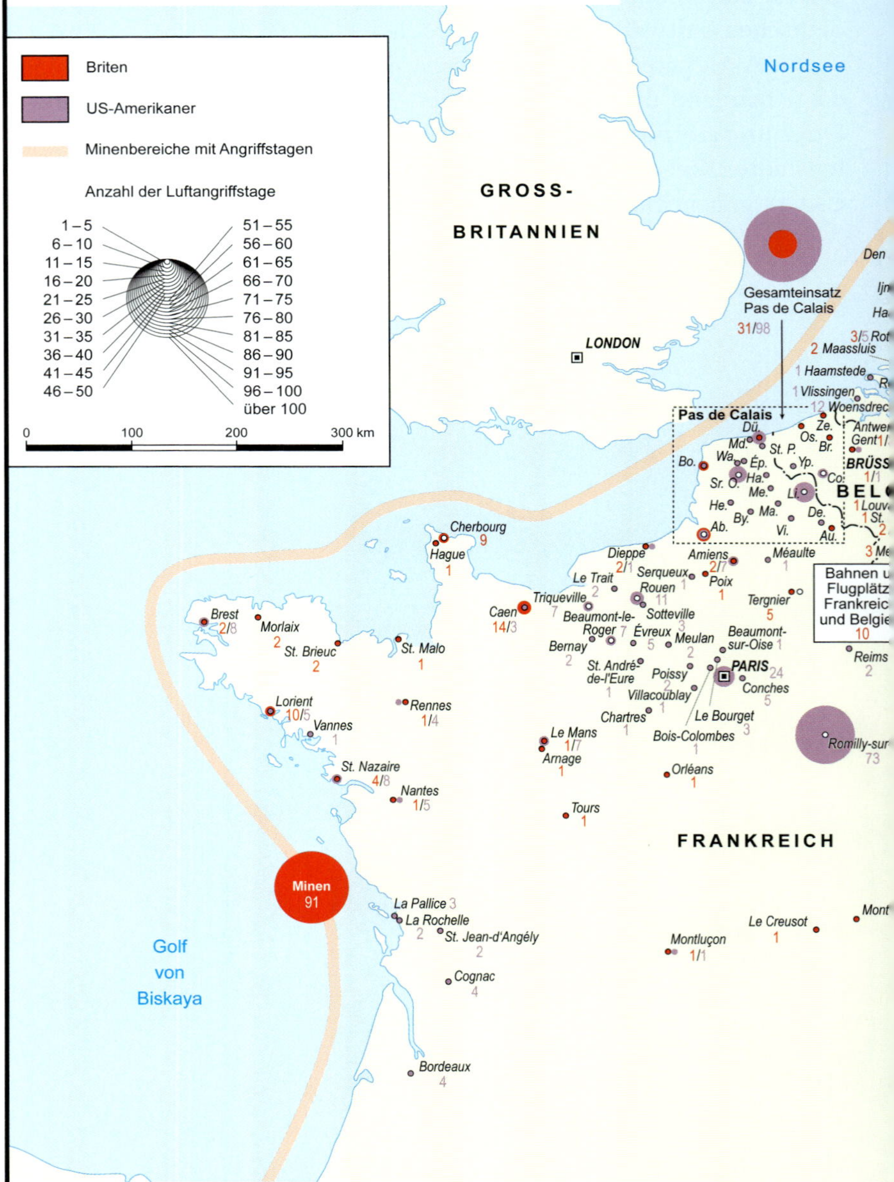

Quellen: US-Einsätze: Freemann, Mighty Eighth War Diary; RAF-Einsätze: Middlebrook / Everitt, The Bomber Command War Diaries; The RAF in the bombing offensive, vol. V, AH.

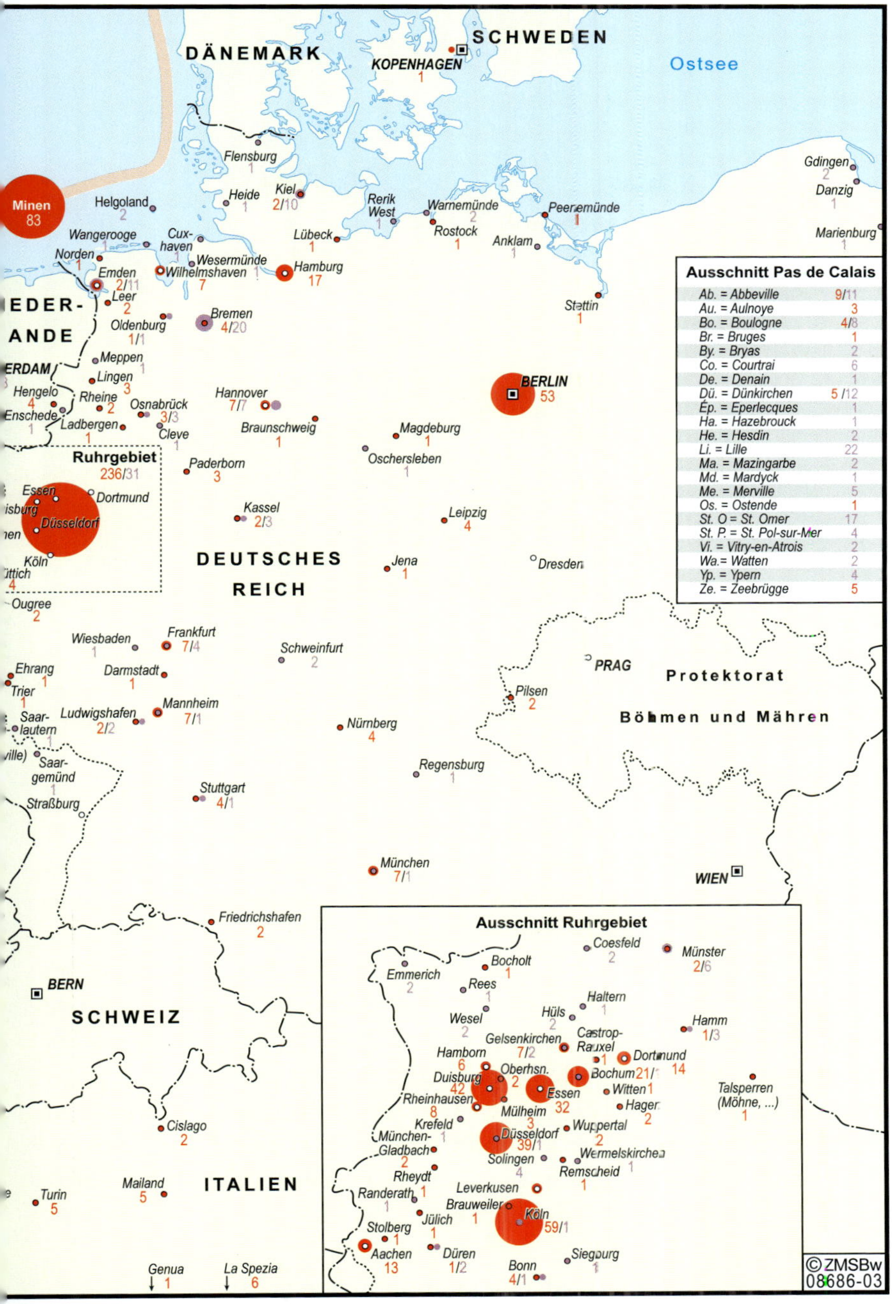

DÄNEMARK
SCHWEDEN
KOPENHAGEN 1
Ostsee
Flensburg 1
Minen 83
Helgoland 2
Heide 1
Kiel 2/10
Rerik West 1
Warnemünde 2
Rostock 1
Peenemünde 1
Gdingen 2
Danzig 1
Marienburg 1
Wangerooge 1
Cux-haven 1
Lübeck 1
Anklam 1
Norden 1
Emden 2/11
Wesermünde 1
Wilhelmshaven 7
Hamburg 17
Leer 2
Oldenburg 1/1
Bremen 4/20
Stettin 1
Meppen 1
Lingen 3
Hengelo 4
Rheine 2
Enschede 1
Ladbergen 1
Osnabrück 3/3
Cleve 1
Hannover 7/7
Braunschweig 1
Magdeburg 1
BERLIN 53
Oschersleben 1
Ruhrgebiet 236/31
Essen
Dortmund
Düsseldorf
Köln
Paderborn 3
Kassel 2/3
Leipzig 4
Jena 1
Dresden
DEUTSCHES REICH
Ougree 2
Wiesbaden 1
Frankfurt 7/4
Schweinfurt 2
Ehrang 1
Darmstadt 1
Trier 1
Saar-lautern 1
Ludwigshafen 2/2
Mannheim 7/1
Nürnberg 4
Saar-gemünd 1
Straßburg
Regensburg 1
Stuttgart 4/1
PRAG
Pilsen 2
Protektorat
Böhmen und Mähren
München 7/1
WIEN
Friedrichshafen 2
BERN
SCHWEIZ
Cislago 2
Turin 5
Mailand 5
ITALIEN
Genua 1
La Spezia 6
Ausschnitt Pas de Calais
Ab. = Abbeville 9/11
Au. = Aulnoye 3
Bo. = Boulogne 4/8
Br. = Bruges 1
By. = Bryas 2
Co. = Courtrai 6
De. = Denain 1
Dü. = Dünkirchen 5/12
Ép. = Eperlecques 1
Ha. = Hazebrouck 1
He. = Hesdin 2
Li. = Lille 22
Ma. = Mazingarbe 2
Md. = Mardyck 1
Me. = Merville 5
Os. = Ostende 1
St. O = St. Omer 17
St. P. = St. Pol-sur-Mer 4
Vi. = Vitry-en-Artois 2
Wa. = Watten 2
Yp. = Ypern 4
Ze. = Zeebrügge 5
Ausschnitt Ruhrgebiet
Coesfeld 2
Münster 2/6
Bocholt 1
Emmerich 2
Rees 1
Haltern 1
Wesel 2
Hüls 2
Hamm 1/3
Gelsenkirchen 7/2
Castrop-Rauxel 1
Hamborn 6
Dortmund 14
Oberhsn. 2
Bochum 21/1
Duisburg 42
Essen 32
Witten 1
Talsperren (Möhne, ...) 1
Rheinhausen 8
Hagen 2
Mülheim 3
Krefeld 1
Wuppertal 2
München-Gladbach 2
Düsseldorf 39/1
Solingen 4
Wermelskirchen 1
Rheydt
Remscheid 1
Randerath 1
Leverkusen
Brauweiler 1
Köln 59/1
Jülich 1
Stolberg 1
Aachen 13
Düren 1/2
Siegburg 1
Bonn 4/1
© ZMSBw 08686-03

Nach schweren Luftangriffen auf Hamburg bereitete die Berliner Bevölkerung ihre Flucht aus der Hauptstadt vor, 3. August 1943. Zeitgenössisch war die Verwendung des Bildes aufgrund der von den Zensurbehörden erwarteten negativen Wirkung gesperrt.

schwersten bei der Operation »Gomorrha« vom 24. bis 30. Juli 1943 mit über 30 000 Toten. Am Ende dieser mehrtägigen Angriffe waren über 40 Prozent des Wohnraumes durch 8344 Tonnen Bomben vernichtet worden. Mehr als 35 700 Wohnungen waren komplett zerstört, rund 4700 schwer und 18 000 leicht beschädigt.

Die USAAF flog bei Tage, erlitt aber einen massiven Rückschlag bei dem Versuch, die deutsche Industrie anzugreifen und zu zerstören. Die Messerschmitt-Werke bei Regensburg und die Kugellagerfertigung bei Schweinfurt standen auf der Zielliste der Amerikaner. Am 17. August 1943 gelang ihnen ein Schlag gegen Messerschmitt, das Werk wurde zu 75 Prozent zerstört. Von 146 in Großbritannien gestarteten Bombern kamen jedoch nur 122 zum Aufmunitionieren und Auftanken in Nordafrika an, 50 waren so beschädigt, dass nur noch 85 Richtung Großbritannien zurückfliegen konnten. Beim Angriff auf die Kugellagerfertigung schoss die deutsche Tag-Jagd nach dem Abdrehen der alliierten Begleitjäger schon auf dem Hinflug 21 US-Bomber ab, drei wurden von der Flak vernichtet und beim Rückflug gingen weitere 12 auf das Konto der deutschen Jäger. 183 B-17 hatten zuvor 380 Tonnen Bomben auf die Kugellagerindustrie abgeworfen. Insgesamt verlor die USAAF dabei 36 Maschinen und 352 Mann des fliegenden Personals. Die Operation »Double Strike« hatte insgesamt 60 Bomber und drei P-47 Begleitjäger gekostet, 168 Flugzeuge waren unterschiedlich stark beschädigt, 590 Tote, 43 Verwundete und 65 Kriegsgefangene waren zu beklagen. Bei einem weiteren Angriff auf Schweinfurt am 14. Oktober 1943 verlor die USAAF 60 von 291 eingesetzten Bombern. Künftig wurden deshalb eher Ziele in Frankreich und den Niederlanden angegriffen, da die Reichweite der Begleitjäger dafür ausreichte.

Die in Großbritannien stationierte 8. USAAF und die in Italien stationierte 15. USAAF flogen in dieser Zeit des Öfteren sogenannte Shuttle-Angriffe. Dabei erfolgte kein direkter Rückflug zu den Basen, sondern nach den Angriffen die Landung auf Flugplätzen in anderen Ländern.

Die Luftwaffe befand sich wie die gesamte Wehrmacht spätestens ab 1943 in dem beständigen Dilemma, mit schrumpfenden Ressourcen bei Personal und Material zusätzliche Kampfaufträge erfüllen zu müssen. Sie war darüber hinaus von Anfang an eher auf den Angriff als auf die Verteidigung ausgerichtet gewesen und bemühte sich nun, die Produktion von Jägern und die Ausbildung von Jagdpiloten zu steigern. Jagdflugzeuge aber wurden nicht nur von der Luftflotte »Reich« benötigt, sondern fehlten über allen Kriegsschauplätzen. Da die alliierten Bomberströme das bisherige deutsche Nachtjagdkonzept zunehmend überforderten, wurde die Nachtjagd in der Fläche ausgebaut. Zudem hob man die Verdunklungsmaßnahmen zum Schutz gegen Fliegersicht in den Städten teilweise wieder auf, damit Tagjäger unterstützt von Flakscheinwerfern gegen die britischen Bomber in der Nacht eingesetzt werden konnten. Das Unternehmen bekam den Codenamen »Wilde Sau« und wurde durch das Unternehmen »Zahme Sau« ergänzt sowie von ihm abgelöst. Hierbei waren Nachtjäger im Einsatz, die nun nicht mehr einzeln in jeweils zugewiesenen Lufträumen, sondern massiert auftraten und die Bomberströme bekämpften.

Gleichzeitig mussten wiederholt auch Flakverbände an die Front abgegeben werden, da die Flak nicht nur gegen Flugzeuge, sondern auch gegen Ziele am Boden eingesetzt wurde. Um den Mangel an Flakperso-

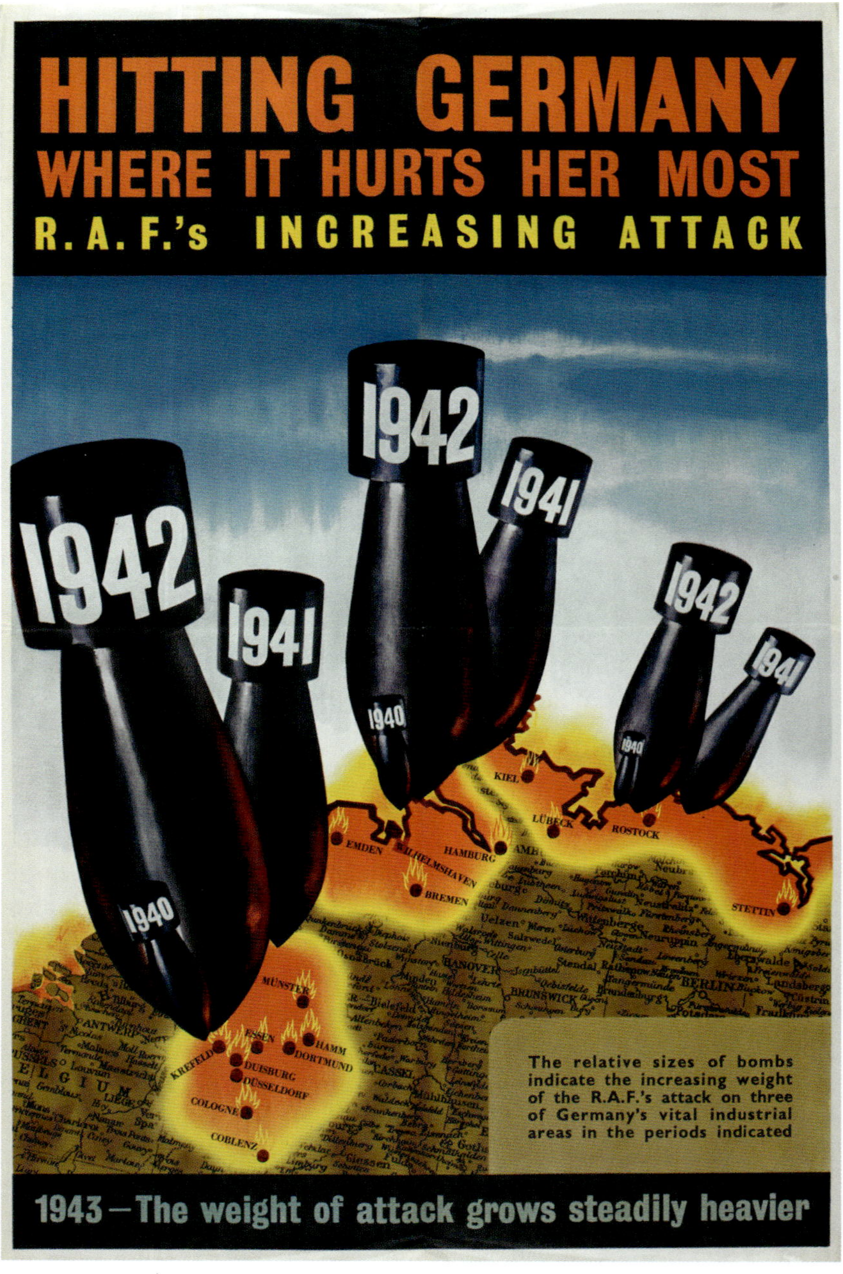

Plakat des britischen Informationsministeriums von 1943: »Deutschland dort treffen, wo es ihm am meisten wehtut.«

nal auszugleichen und Soldaten für die Front freizubekommen, wurden ab 1943 über 200 000 Oberschüler ab 16 Jahren, später auch Lehrlinge, als Flakhelfer eingesetzt. Sie unterstanden offiziell der Hitler-Jugend und erhielten während der Ausbildungs- und Gefechtspausen regulären Schulunterricht.

Um die Auswirkungen derartiger Angriffe zu minimieren, wurde die deutsche Rüstungsindustrie in unterirdische stillgelegte Bergwerke, nicht mehr benötigte Eisenbahn- oder Straßentunnel sowie neu errichtete Bunker verlegt. Dafür aber waren zusätzlich Arbeitskräfte notwendig, an denen es Deutschland mangelte, weshalb angeworbene ausländische Arbeitskräfte, Zwangsarbeiter und KZ-Häftlinge zum Einsatz kamen. Sie waren weniger in der Produktion als vielmehr bei der Errichtung der Produktionsstätten eingesetzt. Zehntausende von ihnen starben aufgrund von Mangelernährung und durch die katastrophalen Arbeits- und Hygienebedingungen.

Luftwaffenhelfer der Hitler-Jugend. Schüler höherer Lehranstalten wurden klassenweise erfasst und in Sammellagern untergebracht, in denen auch Schulunterricht erteilt wurde.

Dislozierung des RAF Bomber Command und der 8. US Air Forces 1944

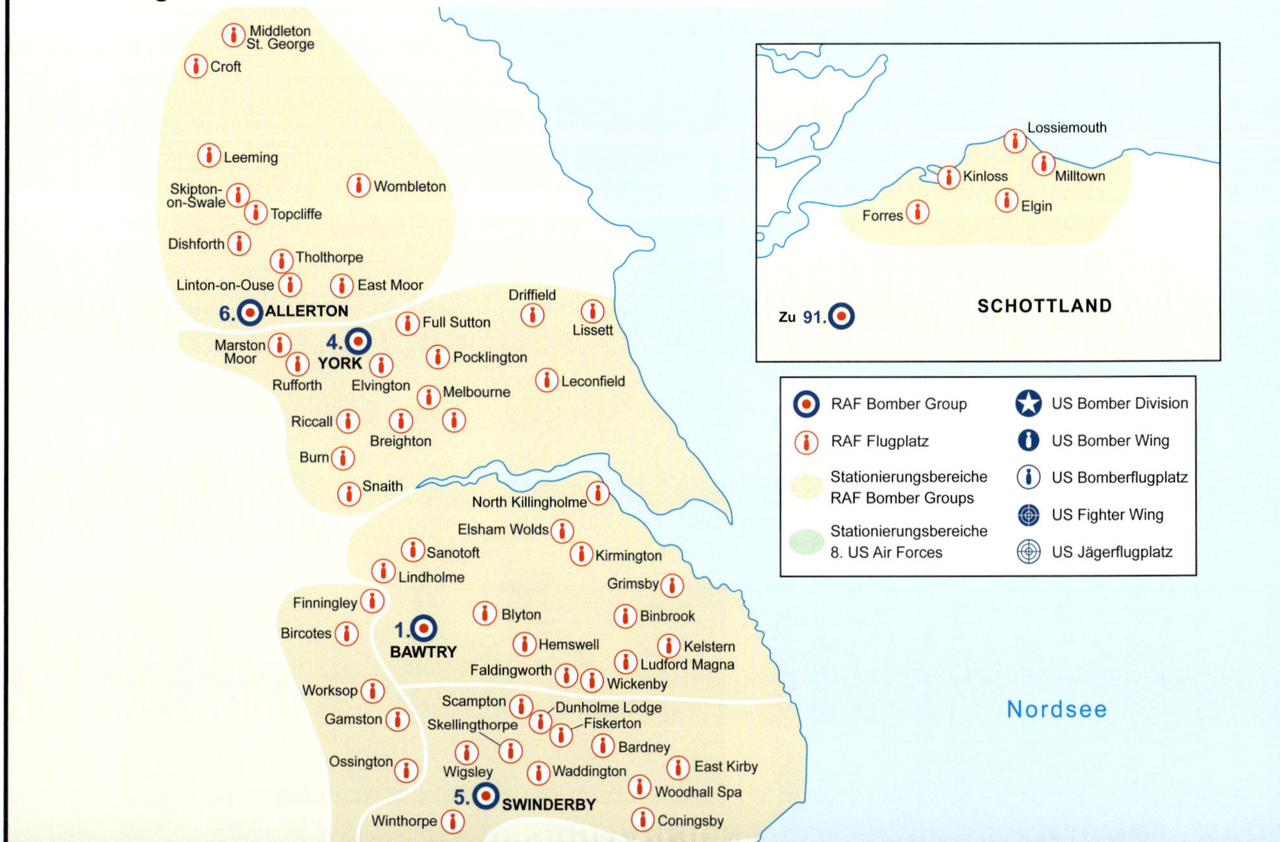

Quellen: Davis, Spaatz, S. 186 u. 329; Webster/Frankland, Strategic Air Offensive, Bd. 3, S. 126 f.; Freeman, Mighty Eighth War Diary.

Die deutsche Rüstungsindustrie musste zunehmend unter Tage produzieren. Häftlinge aus dem KZ Mittelbau-Dora bei der Fertigung von einer Geräteraumklappe der V2 in einem Stollen bei Niedersachswerfen in Thüringen.

Im vorletzten Kriegsjahr 1944 nahm die Zahl der Bomber und des fliegenden Personals der USAAF in Europa noch einmal stark zu, sodass bereits eine massive zahlenmäßige Überlegenheit gegenüber Deutschland bestand. Eine Folge war der »Thunderclap«-(Donnerschlag-)Plan, der vorsah, ganze Städte zu attackieren. Zugleich erhöhte sich die Reichweite der amerikanischen Begleitjäger. Die Bomber wurden nun auf der gesamten Strecke des An- und Abfluges sowie über dem Ziel von Jägern eskortiert. Dies senkte die Verlustrate der USAAF von zehn auf unter zwei Prozent. Zum Teil wurden die einmotorigen Begleitjäger wie etwa die P-47 »Thunderbolt« mit abwerfbaren Zusatztanks ausgestattet, die P-51 »Mustang« und die zweimotorige P-38 »Lightning« hatten ohnehin eine höhere Reichweite. Die Landung der Alliierten im Sommer 1944 in der Normandie sowie in Südfrankreich und die anschließende Befreiung Frankreichs von der deutschen Besatzung verkürzten die Anflugwege in Richtung Deutsches Reich weiter und steigerten die Zahl der durch die Alliierten genutzten Flugplätze in Frankreich.

Zudem war die optische Zielansprache über das schon in den 1930er Jahren entwickelte Norden-Bombenzielgerät in fast allen US-Horizontalbombern mittlerweile Standard. Das neue H2-X-Radar sorgte dafür, dass Ziele auch bei geschlossener Wolkendecke grob erfasst und bekämpft werden konnten.

1944 wurden neben den Angriffen auf Flächenziele bei Nacht auch Präzisionsattacken bei Tag geflogen, die die Verkehrsinfrastruktur, insbesondere zahlreiche Bahnhöfe, etwa in Mannheim und Frankfurt am Main, massiv beschädigten. Kohlenzüge konnten nun nicht mehr bewegt werden. Vor allem aber gelang es, die Erdölfelder in Rumänien, im Deutschen Reich die Raffinerien und die Hydrierwerke bei Leuna zu treffen, was bei der Wehrmacht für verstärkten Treibstoffmangel sorgte. LKW und PKW mussten zunehmend mit Holzvergasern betrieben werden; bei Flugzeugen, Panzern und U-Booten war dies nicht möglich. Die Luftflotte »Reich« verlor nun pro Monat über 20 Prozent ihres fliegenden Personals und knapp die Hälfte ihrer Maschinen. Verheerend wirkte sich auch die alliierte Taktik des Doppelangriffs aus. Ein Ziel wurde in kurzer Folge zwei oder sogar mehrere Male hintereinander angegriffen. In der *Big Week* vom 20. bis 25. Februar 1944 betraf dies vor allem Ziele der deutschen Rüstungsindustrie, zum Beispiel Schweinfurt und seine Kugellagerindustrie.

Die deutsche Unterlegenheit war offensichtlich. Daran änderte wenig, dass es der Flugzeugindustrie gelang, die Fertigungsrate von Luftfahrzeugen gegenüber 1940 im Jahre 1944 auf das Vierfache zu steigern sowie neue Strahlflugzeuge und Düsen-/Raketenjäger zu produzieren. In diese letzte Kriegsphase fällt auch die Konzeption der Rammjäger. Diese ähnelten den japanischen Kamikaze, also Selbstmordeinsätzen, hatten allerdings nicht den Tod des Piloten zum Ziel, auch wenn die Überlebenschancen gering waren. Mit der Rammstoßtechnik sollten gegnerische Bomber zum Absturz gebracht oder schwer beschädigt werden, falls ein Abschuss nicht möglich war. Anschließend sollten die Piloten mit dem Fallschirm abspringen. Allerdings hatten sie keine Schleudersitze und wären nach dem Rammstoß vermutlich nicht mehr aus ihrer beschädigten Maschine herausgekommen.

Im Winter und Frühling 1945 rückte die Verkehrsinfrastruktur, konkret die Eisenbahn, erneut in den Vordergrund der alliierten Bomberangriffe. Hinzu kamen Wasserwege, Brücken und Flugplätze sowie Werften und U-Boot-Basen. Außerdem wurden die letzten Großangriffe auf deutsche Städte geflogen: auf Würzburg, auf Dresden mit

Angriffsziele des britischen Bomber Command sowie der 8. US Air Forces von Januar bis August 1944

Quellen: Freemann, Mighty Eighth War Diary; Middlebrook/Everitt, The Bomber Command War Diaries.

SCHWEDEN
DÄNEMARK
KOPENHAGEN
Ostsee
Minen 40
Kiel 9/10
Hemmingstedt 4
Rostock 6
Wismar 2
Peenemünde 3
Tutow 4
Anklam 2
Swinemünde 1
7
Königsberg 1
Wilhelmshaven 3
Bremerhaven 1
Zwischenahn 2
Hamburg 10/4
Schwerin 3
Rechlin 2
Neubrandenburg 1
Stettin 3
NIEDERLANDE
Oldenburg 3
Bremen 4/6
Rotenburg 1
DEUTSCHES REICH
Templin 1
Oranienburg 2
Diepholz 2
Nienburg 3
Fallersleben 3
Rathenow 1
BERLIN 55/14
Achmer 4
Enschede 4
Osnabrück 7/5
Hannover 13/8
Braunschweig 7/17
4 Brandenburg
Potsdam 2
Genshagen 3
Magdeburg 2/8
Mü
Gü
Lp
Paderborn 2
Oschersleben 5
Aschersleben 3
Bernburg 5
Dessau 4
Gk
Bo
WE
Hm
We
St
Ds
Es
Dortmund
Dü
Lv
Kö
Ws
Bo
Ruhrgebiet 152/21
Kassel 1
2 Köthen
3 Halle
Delitzsch 1
Leipzig 1/10
Merseburg 7
3 Lützkendorf
Kölleda 3
Ruhland 3
Homberg 11
Erfurt 2
Weimar 1
Böhlen 5
Freital 1
Gotha 3
Zeitz 3
Rositz 5
Koblenz 6
Gießen 2
Brüx 2
Wiesbaden 3
Frankfurt 11/9
Schweinfurt 3/7
Unbekannte Orte 9/148
PRAG
Protektorat Böhmen und Mähren
Rüsselsheim 2
Darmstadt 1
Ebelsbach 2
Pilsen
Konz 2
Fürth 1
Saarbrücken 12
Mannheim 8/4
Nürnberg 1
Neunkirchen 3
Ludwigshafen 11/10
Diedenhofen (Thionville) 3
Pirmasens 1
Regensburg 2
Karlsruhe 1/2
Stuttgart 10
Straßburg 5
Pforzheim 1
Gablingen 1
Leipheim 2
Augsburg 5
Erding 1
Lechfeld 3
München 4/7
Linz
Mülhausen 4
Friedrichshafen 1/3
Höllriegelskreuth 1
BERN
SCHWEIZ
Ruhrgebiet
Ac = Aachen 34
Bo = Bottrop 1
Bn = Bonn 2
Do = Dortmund 12
Ds = Douisburg 25
Dü. = Düsseldorf 13
Es = Essen 9
Ge = Gelsenkirchen 16/1
Gü = Gütersloh 3
Hm = Hamm 2
Kö = Köln 22/4
Lp = Lippstadt 1
Lv = Leverkusen 10
Mü = Münster 7
Mz = Montzen 1
WE = Wanne-Eickel 2
St = Sterkrade 5
We = Werl 1
Ws = Wesseling 2
Ausschnitt Paris
St. Leu d'Esserent 3
Chambly 3
Beaumont-sur-Oise 8
L'Isle Adam 1
Dugny
Le 1
Bourget 2
St. Cyr 1
Achères 2
Trappes 2
PARIS 6
Noisy-le-Sec 1
Vaires-sur-Marne 5
Guyancourt 3
Orly 2
Conches 8
Villeneuve 4
Bretigny 7
Juvisy-sur-Orge 1
Villacoublay 4
Ar Arras 1
Au Aulnoye 6
Bo Boulogne 4
Ch Chauvincourt 1
Co Courtai 6
Do Douai 1
Er Ertvelde 2
Év Évreux 7
Lc Le Coulot 4
Le Lens 3
Li Lille 1/6
Lo Louvain 2
Ma Mantes-la-Jolie 1
Mi Mimoyecques 2
Mc Mont Couple 2
Mo Momal 1
Mq Marquise 5
Mt Montdidier 4
Ot Ottignies 1
Pe Peronne 5
Si Siracourt 2/8
So Soumain 4
St. G. St. Ghislain 1
St. O. St. Omer 3
St. P. St. Pol-sur-Mer 8
Wa Watten 8
Wz Wizemes 3/5
© ZMSBw 08387-03

Nach einem Luftangriff auf Berlin werden Tote und Verletzte geborgen, 1944/45.

25 000 und auf Pforzheim mit 17 000 Toten, auf Essen, auf Berlin und auf Potsdam. Die strategischen Angriffe, die sich bis in den April hinein nicht nur gegen die Infrastruktur, sondern auch gegen sich bewegende Fahrzeuge, also gegen den »rollenden Verkehr« richteten, endeten am 26. April 1945. Taktische Angriffe hingegen wurden bis zur Kapitulation ununterbrochen auf Eisenbahnen, Straßen, Truppen und Binnenschiffe geflogen.

Die deutsche Luftwaffe hatte diesen Angriffen so gut wie nichts mehr entgegenzusetzen. Die letzten Reserven waren beim Unternehmen »Bodenplatte« im Januar 1945 aufgebraucht worden. Die zu Zeiten der schnellen Vormärsche in großem Stil erbeuteten Flugbenzinvorräte waren schon lange verflogen, die Hydrierwerke angeschlagen und die Ausbildungskapazitäten am Ende. Auch die legendären »Wunderwaffen« konnten daran nichts mehr ändern.

Am 7./8. Mai 1945 kapitulierten die Wehrmacht und ihre Teilstreitkräfte in Reims und Berlin-Karlshorst bedingungslos. Der Krieg in Europa war zu Ende. Nach dem Abwurf zweier US-Atombomben auf Hiroshima und Nagasaki am 6. und 9. August 1945 kapitulierte das Kaiserreich Japan am 2. September 1945 an Bord der USS Missouri in der Sagami-Bucht bei Tokio.

Während des gesamten Krieges fielen 1 206 022 Tonnen Bomben auf Deutschland, davon stammten 659 591 von der RAF. Im Deutschen Reich wurden durch die Luftangriffe insgesamt über 406 000 Menschen getötet. Für Deutschland in den Grenzen von 1937 waren das etwa 365 000 Tote. Die Bombardements zerstörten etwa 3 Millionen Wohnungen, etwa 20 Prozent des Gesamtbestandes. In den Großstädten waren das zwischen 55 und 60 Prozent des verfügbaren Wohnraumes.

Die Zahl der Ausgebombten erhöhte sich dadurch drastisch. Hinzu kam ab Ende 1944 eine hohe Zahl von Flüchtlingen. Gegen Ende des Krieges zogen Zehntausende von Obdachlosen durch die deutschen Städte. Schulkinder wurden im Rahmen der Kinderlandverschickung in vorgeblich sichere Gebiete entsandt und von ihren Familienangehörigen getrennt. NS-Organisationen kümmerten sich öffentlichkeitswirk-

Generalfeldmarschall Wilhelm Keitel (1882–1946) unterschreibt die Urkunde der bedingungslosen Kapitulation der Deutschen Wehrmacht und ihrer Teilstreitkräfte am 8. Mai 1945 in Berlin-Karlshorst.

sam um die Ausgebombten. Um keine Verknappung der Ernährungssituation zu riskieren, wurden die unter deutscher Kontrolle stehenden Gebiete Europas systematisch ausgeplündert. Dadurch kam es in Deutschland selbst bis in die letzten Kriegstage hinein zu keinem »Steckrübenwinter« wie 1916. Es gab auch keine Protestbewegungen wie am Ende des Ersten Weltkriegs 1918, allerdings empfand ein Großteil der Bevölkerung in den letzten Kriegswochen die Parole vom Endsieg angesichts der alliierten Luftangriffe und der allgemeinen (Front-) Situation zunehmend als absurd. Die NS-Propaganda verfing längst nicht mehr so gut wie in früheren Jahren, die Moral der deutschen Bevölkerung war angeschlagen, viele betrachteten den Krieg als verloren.

In Deutschland eher unbeachtet geblieben ist die hohe Verlustrate bei den alliierten Luftbesatzungen. Fast die Hälfte der Besatzungen des RAF Bomber Command kehrte nicht zurück. Mehr als 55 570 Tote waren zu beklagen. Das entsprach etwa einem Sechstel der 326 000 britischen Gefallenen im Zweiten Weltkrieg. Die alliierten Luftflotten standen zeitweise kurz davor, ihre Bomberoffensiven wegen der hohen Verluste abzubrechen. In der Endphase konzentrierten sie sich nicht mehr nur auf die Städte, sondern vor allen Dingen auf die Verkehrswege und die Treibstoffversorgung. Dies erwies sich als eine effiziente Strategie.

Der Luftkrieg gegen den deutschen Machtbereich in Europa

Es war eine Mischung aus Kalkül, Not und leichterem Spiel: Die alliierten Bomberflotten führten zwar strenggenommen nur einen Luftkrieg gegen das Deutsche Reich. Dieses aber beherrschte mit seinen Verbün-

Bombenabwürfe der Luftwaffe, RAF und USAAF über Großbritannien bzw. Deutschland 1939–1945
(Angaben in Tonnen)

	1939–1942	1943–1945	Gesamt		Alliierte zusammen
Luftwaffe auf Großbritannien	61 962	12 210	74 172		
Royal Air Force auf Deutschland	78 579	581 012	659 591	54,7 %	1 206 022
US Army Air Forces auf Deutschland	-	546 431	546 431	45,3 %	

©ZMSBw 08692-04

Nach Abwurf der Bombenladung überfliegen Bomber vom Typ B-24 »Liberator« die Concordia-Vega-Ölraffinerie in Ploiești, Rumänien, Foto der US-Luftwaffe vom 31. Mai 1944.

deten zeitweise große Teile Mittel-, Nord-, Südost-, Süd- sowie Osteuropas, beutete deren für seine Kriegswirtschaft dringend benötigte Ressourcen aus und stationierte dort eigene sowie verbündete Truppen. In jenen Regionen bestand die Luftverteidigung aus Flak und Jägern, war aber nicht so stark wie im Reich selbst. Zudem waren die Anflugwege nach Frankreich, Belgien und in die Niederlande bedeutend kürzer und den alliierten Begleitjägern fehlte es bis in das Jahr 1943 hinein an Reichweite.

Somit bot es sich an, nicht nur das Gebiet des Deutschen Reiches zu bombardieren, sondern den gesamten deutschen Machtbereich und den seiner Verbündeten. Das betraf die U-Boot-Bunker der Kriegsmarine in Nordfrankreich genauso wie die rumänischen Erdölfelder bei Ploiești, den Hafen Antwerpen oder die norwegische Hauptstadt Oslo, die Fiat-Werke in Turin oder die Hydrierwerke in Ungarn. Manche Städte wurden sogar mehrfach bombardiert, so wie etwa Belgrad 1941 von der deutschen Luftwaffe und 1944 von der USAAF. Dabei gab es sowohl strategische Angriffe gegen Industriebetriebe im Hinterland als auch systematische Angriffe gegen Verkehrswege zur Vorbereitung der alliierten Landungen in der Normandie, auf Sizilien, in Italien oder in Südfrankreich, die eher dem taktischen Bereich zuzuordnen sind. Hinzu kamen Angriffe der Alliierten, in diesem Fall der Briten, auf die Streitkräfte der eigenen ehemaligen Verbündeten. Teile der französischen Flotte, die jetzt Vichy-Frankreich unterstanden, hatten sich 1940 nach Nordafrika geflüchtet. Die Schiffe und Flugzeuge der Royal Navy griffen sie bei Mers-el-Kébir an und versenkten sie, damit die Achsenmächte keinen Gebrauch davon machen konnten.

Zielgebiete der Alliierten wurden Nordfrankreich, die Niederlande, Belgien, Norwegen, Rumänien, Griechenland und Jugoslawien. 1942/43 wurden unter anderem Genua, Mailand, Turin, Brest, Lorient, Cherbourg, Le Havre, Caen, Boulogne, Rotterdam, Texel, Zeebrügge, Ostende, Vlissingen, Schouwen, Brüssel, Antwerpen, Paris und Amiens bombardiert. Allerdings galten für die Zielgebiete außerhalb des Deutschen Reiches etwas andere Regeln. Dort waren Ziele besonders sorgfältig auszuwählen, beim Anflug klar zu identifizieren, also anzusprechen und zu attackieren, um »Kollateralschäden« möglichst zu vermeiden. Zwischen der Bombardierung etwa norwegischer und deutscher Ziele galten somit feine Unterschiede. Bei ersteren war zusätzlich zu der Identifizierung eines Zieles per Radar die optische Ansprache Pflicht, der Bombenschütze musste sich also durch den Blick nach unten vergewissern, dass sich die Maschine wirklich über dem richtigen Ziel befand, bei letzteren entfiel diese Maßnahme – Hauptsache, es wurde überhaupt ein Ziel getroffen.

↗ **Euphemistisch notierte die NS-Berichterstattung auf der Rückseite dieses Fotos am 26. September 1940: »Nach Kartenorientierung geht es über die spielzeughaft kleinen Städte hinweg bis zu dem Ziel, das für diesen Auftrag gesteckt ist.«**

5 Luftkrieg real: Friktionen, Technik und Logistik

»Es ist alles im Kriege sehr einfach, aber das Einfachste ist schwierig. Diese Schwierigkeiten häufen sich und bringen eine Friktion hervor, die sich niemand richtig vorstellt, der den Krieg nicht gesehen hat. […] So stimmt sich im Kriege durch den Einfluss unzähliger kleiner Umstände, die auf dem Papier nie gehörig in Betrachtung kommen können, alles herab, und man bleibt weit hinter dem Ziel.«

So lauteten die Überlegungen des Kriegspraktikers, -historikers und -theoretikers Carl von Clausewitz aus dem Jahre 1832 zum Unterschied zwischen Theorie und Praxis im Krieg. Zu seiner Zeit wurde der Krieg hauptsächlich zu Lande, zu Wasser und noch wenig technisiert geführt. Die vielen kleinen Schwierigkeiten aber wuchsen mit fortschreitender Technik und verursachten große Friktionen, die dafür sorgten, dass der Luftkrieg »weit hinter dem Ziel« blieb.

Die Schwierigkeiten beim Luft- und speziell beim Bomberkrieg bestanden unter anderem in den massiven Unterschieden zwischen Soll und Ist, in den Wegen zu den Zielen, in der Situation über den Zielen und beim Rückflug. Sie setzten sich zusammen aus den begrenzten eigenen Möglichkeiten zum Schutz der Bomber, aus den Abwehrmaßnahmen des Gegners sowie aus den Widrigkeiten des Wetters, speziell der Sichtbedingungen, sowie der Logistik.

Flugzeuge: Soll – Ist

Sämtliche Angaben zur Leistung von Luftfahrzeugen sind äußerst kritisch zu betrachten. Dies gilt für die Parameter Start- und Landestrecke, Überzieh-, Höchst- und Reisegeschwindigkeit, Reichweite, Zuladung, Bewaffnung, Munition, Bombenlast, Treibstoffverbrauch und Dienstgipfelhöhe. All diese Angaben sind für die Erstellung der Typenblätter und Handbücher unter speziellen und klar definierten Laborbedingungen erflogen und berechnet worden. Jede Abweichung von diesen Bedingungen in der Einsatzrealität bezüglich Temperatur, Luftdruck, Wind, Beschaffenheit der Bahn, Wetter sowie Feindlage zog und zieht automatisch eine zum Teil gravierende Veränderung der Leistungsdaten nach sich.

Die Reichweite etwa beschreibt die maximale Flugstrecke mit einer Tankfüllung. Da Militärmaschinen im Krieg aber wieder zu ihren Basen zurückkehren, ist diese Zahl durch zwei zu teilen. Hin- und Rückflug aber erfolgen nicht unbedingt auf derselben Strecke, zudem geschieht der Anflug nicht unbedingt auf der geraden Linie zum Ziel, das heißt die real mögliche Flugstrecke im Krieg ist sehr viel kürzer als die angegebene Reichweite.

Die tatsächliche Reisegeschwindigkeit liegt ebenfalls deutlich unter der Höchstgeschwindigkeit. Denn letztere sorgt bei längerer Dauer für erhöhten Treibstoffverbrauch, für eine zu hohe Zylinderkopf- und Öltemperatur und führt damit zur Überhitzung des Triebwerkes bis hin zu dessen Ausfall. Zudem sind keine vollen Ruderausschläge mehr möglich, was im Luftkampf von Nachteil ist. Dies ist bei allen Stärke-Vergleichen zwischen Luftstreitkräften und Leistungsdaten von Flugzeugen zwingend zu berücksichtigen.

Hinzu kommt das Missverhältnis zwischen der Sollstärke und der tatsächlichen Rate einsatzklarer Maschinen. Flugzeuge sind abhängig von der Betriebsstundenzahl regelmäßig zu warten (25-, 50-, 75- und 100-Stunden-Kontrolle). Daraus ergeben sich entsprechend auszufüh-

Bodenpersonal der deutschen Luftwaffe bei der Betankung eines Kampfflugzeuges vom Typ Junkers Ju 88 auf einem Feldflugplatz, um 1941

rende Arbeiten unterschiedlicher Intensität und Komplexität, die in der Regel auf den Flugplätzen selbst von Fachpersonal ausgeführt werden müssen. Ferner müssen Triebwerke nach einer gewissen Betriebsstundenzahl grundüberholt oder ausgetauscht werden. Wurden Maschinen im Zweiten Weltkrieg beim Einsatz oder durch einen Unfall beschädigt, so wurden leichtere Reparaturen auf den Flugplätzen selbst, schwerere bei weit entfernt liegenden Flugparks oder aber in den Industrie- und Reparaturbetrieben in der Heimat ausgeführt.

Zudem war eine entsprechend aufwendige Logistik ebenso notwendig wie intakte und vom Gegner nicht beeinträchtigte Verkehrswege, um die benötigten Ersatzteile und das Verbrauchsmaterial wie Treib- und Schmierstoffe, Munition, Bomben, Filme, Dichtungsringe zum richtigen Zeitpunkt in ausreichender Menge am richtigen Ort zu haben. Es gab somit genug Gründe, warum in der Regel die tatsächliche Anzahl einsatzklarer Maschinen weit unter dem Sollstand lag.

Zielauswahl, Zielfindung und Auswertung

Genaue wirtschafts- und militärgeografische Kenntnisse der Verhältnisse in der gegnerischen Heimat waren notwendig, um Ziele des Gegners überhaupt ansteuern zu können. Die Stäbe beider Seiten erarbeiteten daher vor und während des Krieges entsprechende Ziellisten. Während eines Feldzuges oder einer Operation veränderte sich die militärische Lage jedoch schnell und dynamisch, sodass die Ergebnisse der Zielauswahl vor dem Angriff gegebenenfalls nicht mehr mit der Realität über-

Grundsätzlich wurde über Land nach Sicht geflogen, das heißt nach Karte sowie Kompass unter ständigem Abgleich mit der überflogenen Landschaft. Schon das Wort ›Blindflug‹ deutet an, dass es sich beim reinen Flug nach Instrumenten um etwas Außergewöhnliches handelte.

Erste **Navigationshilfen** wurden für den Nachtflug in der Zivilluftfahrt schon in den 1930er Jahren entwickelt. Dabei handelte es sich entweder um Leuchtsignale oder aber um Funkfeuer, deren Signale mit Funkgeräten empfangen werden konnten. Diese Geräte wurden während des Krieges weiterentwickelt. Sie basierten entweder auf einem Leitstrahl, dem zu folgen und dessen Abweichen nach links oder rechts durch entsprechende Signale hörbar war, wie etwa ab 1942 das britische GEE- sowie das deutsche Oboe-System, oder auf mehreren Funkfeuern – wenn sich deren Signale kreuzten, war das Flugzeug kurz vor dem Ziel –, etwa das deutsche Knickebein-Verfahren. Funksignale konnten allerdings von allen Kriegsparteien gehört und gestört werden.

Zielgeräte berücksichtigten die verschiedenen Faktoren beim Bombenabwurf und halfen dem Bombenschützen bei seiner Arbeit. Sie waren anfangs rein optisch-mechanisch, später dann optisch-elektrisch ausgestattet. Der Abwurf der Bomben wurde aber ausschließlich nach Sicht ausgelöst.

Erst ab 1943 erhielt die RAF mit dem H2S-System ein bordeigenes Radargerät, mit dem auch bei Nacht oder bei geschlossener Wolkendecke die Lokalisierung eines Zieles und damit die Bombardierung möglich war. Die deutschen Nachtjäger erhielten Geräte zur Ortung des H2S und damit der Bomber. Die USAAF übernahm 1944 das modifizierte Gerät unter der Bezeichnung H2X.

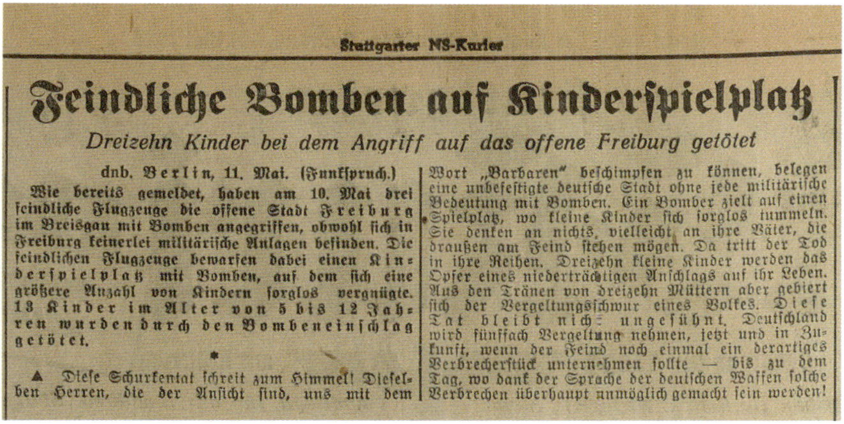

Stuttgarter NS-Kurier

Feindliche Bomben auf Kinderspielplatz

Dreizehn Kinder bei dem Angriff auf das offene Freiburg getötet

dnb. Berlin, 11. Mai. (Funkspruch.)

Wie bereits gemeldet, haben am 10. Mai drei feindliche Flugzeuge die offene Stadt Freiburg im Breisgau mit Bomben angegriffen, obwohl sich in Freiburg keinerlei militärische Anlagen befinden. Die feindlichen Flugzeuge bewarfen dabei einen Kinderspielplatz mit Bomben, auf dem sich eine größere Anzahl von Kindern sorglos vergnügte. 13 Kinder im Alter von 5 bis 12 Jahren wurden durch den Bombeneinschlag getötet.

*

▲ Diese Schurkentat schreit zum Himmel! Dieselben Herren, die der Ansicht sind, uns mit dem Wort „Barbaren" beschimpfen zu können, belegen eine unbefestigte deutsche Stadt ohne jede militärische Bedeutung mit Bomben. Ein Bomber zielt auf einen Spielplatz, wo kleine Kinder sich sorglos tummeln. Sie denken an nichts, vielleicht an ihre Väter, die draußen am Feind stehen mögen. Da tritt der Tod in ihre Reihen. Dreizehn kleine Kinder werden das Opfer eines niederträchtigen Anschlags auf ihr Leben. Aus den Tränen von dreizehn Müttern aber gebiert sich der Vergeltungsschwur eines Volkes. Diese Tat bleibt nicht ungesühnt. Deutschland wird fünffach Vergeltung nehmen, jetzt und in Zukunft, wenn der Feind noch einmal ein derartiges Verbrecherstück unternehmen sollte — bis zu dem Tag, wo dank der Sprache der deutschen Waffen solche Verbrechen überhaupt unmöglich gemacht sein werden!

Hetzartikel im Stuttgarter NS-Kurier vom 12. Mai 1940. Demnach hätten feindliche Bomber bewusst auf einen Kinderspielplatz in der angeblich »offenen Stadt« Freiburg i. Br. gezielt. 13 Kinder sollen dabei gestorben sein, die Mütter schworen mutmaßlich Vergeltung. Bewusst wurden hier die vermeintlichen Vorwürfe der Alliierten, wonach die Deutschen allesamt »Barbaren« seien, gegen die Alliierten eingesetzt.

einstimmten und erneut geprüft werden mussten. Hinzu kamen die Probleme der exakten Navigation unter den damaligen Bedingungen, also mittels Karte, Kompass und Auge.

Ein Vorfall, der dieses Problemfeld illustriert, ereignete sich am 10. Mai 1940: Drei Flugzeuge des Kampfgeschwaders 51 warfen 69 Bomben ab und töteten 57 Zivilisten. Das Geschwader war am Nachmittag in Landsberg am Lech gestartet und sollte Dijon oder als Ausweichziel den Flugplatz Dole-Jura bombardieren. Eine Kette, bestehend aus drei He 111, hatte dabei die Orientierung völlig verloren: Widriges Wetter in Kombination mit mangelhafter Navigation, möglicherweise unzureichender Ausbildung sowie erhöhter Nervosität zu Beginn des Angriffes auf Frankreich waren die Ursachen. Vermutlich taten Befehle über eine zu wahrende Funkstille ein Übriges. Die Besatzungen wähnten sich über Feindesland, identifizierten die unter ihnen liegende Stadt und warfen scheinbar über Colmar ihre Bomben ab. Tatsächlich befanden sie sich über Freiburg im Breisgau, das somit von der eigenen Luftwaffe bombardiert worden war. Selbstverständlich konnte und wollte dies keine deutsche Stelle zugeben. Die NS-Propaganda griff den Angriff auf, verbreitete ihn in Rundfunk und Wochenschau und stellte heraus, mit welchen perfiden Methoden die Alliierten Krieg gegen das deutsche Volk führten. Die Luftwaffe, so der bizarre Propagandatext weiter, wende derlei Methoden dagegen nicht an.

Ein Beispiel für mangelhafte Aufklärung ist der deutsche Bombenangriff auf Coventry am 14. November 1940. Anders als von der Luftwaffe erwartet und für die Aktualisierung der Zielkarteien gemeldet, waren die Rüstungsfabriken bei Weitem nicht so stark geschädigt. Der tatsächliche Zerstörungsgrad hätte sich nur durch genaue Zielaufklärung nach dem Angriff feststellen lassen, die aber unterblieb. Somit meldete die Luftwaffe während der gesamten Luftschlacht um England Ziele als komplett oder zumindest stark zerstört, die sich tatsächlich wieder instand setzen ließen. Viele Fabriken produzierten nach einiger Zeit weiter. Ähnliche Fehlmeldungen und -einschätzungen gab es etwa bezüglich der Stärke der RAF und der Einsatzklarstände ihrer Maschinen. Diese wurden von der Luftwaffe als konstant zu niedrig und der Zerstörungsgrad der britischen Basen wiederum ständig als zu hoch eingeschätzt.

Irreführung und Störungen

Die Kriegsparteien nutzten Möglichkeiten, den Gegner zu täuschen und zu verwirren. So setzten sie in den Anfangsjahren des Krieges zum Beispiel Attrappen aus Pappe, Pappmaschee oder Gummi ein, um Fliegerhorste nachzubilden. Die zunehmend bessere Radar- und Funktechnik machte diese Konstruktionen jedoch rasch überflüssig.

Verbreitet war auch der Einsatz von Scheinanlagen. So zeichneten sich auf den Zielgeräten der Bombenschützen der RAF in der Nacht des 26. März 1942 die Umrisse, Hochöfen und Materialbahnen der Essener Krupp-Gussstahl-Fabrik so deutlich ab wie schon bei neun Angriffen zuvor. Also lösten sie ihre Bomben aus, beobachteten Detonationen sowie Brände und traten den Heimflug an. Tatsächlich aber hatten sie lediglich freie Felder bei Velbert einige Kilometer vor Essen bombardiert und wenig Schaden angerichtet. Die RAF war von einer Scheinanlage in die Irre geführt worden. Von diesen aufwendigen Einrichtungen gab es Hunderte im Deutschen Reich. Sie wurden in nur wenig oder gar nicht bewohntem Gelände, in Feld, Wald und Flur in der Nähe der richtigen Ziele erbaut und simulierten intakte Fabriken bei der Arbeit, stellten im Umkreis von Berlin exakt die Beleuchtung der Prachtstraße Unter den Linden nach oder gaukelten Häfen, Bahnhöfe, Autobahnen, Bahnknotenpunkte oder Binnenschifffahrt vor. Die wenigsten dieser Anlagen sind heute noch erhalten.

Die deutsche Kammhuber-Linie bestand aus einer ganzen Reihe von Radargeräten vom Typ Würzburg-Riese. Sie befanden sich an der Westgrenze des Reiches sowie in den besetzten Niederlanden, Belgien und Nordfrankreich und orteten anfliegende Bomber. Weitere Radartechnik im Reich ergänzte diese Radarüberwachung. Der Luftraum war in Segmente eingeteilt, in denen jeweils ein Nachtjäger agierte. Dieses Verfahren funktionierte so lange, wie die RAF mit einer kleinen Anzahl von Flugzeugen angriff, kam aber bei den großen Bomberströmen ab 1942 an seine Grenzen. Zudem unternahmen die Briten zugleich Scheinangriffe, um die Deutschen zu täuschen. Die sehr einfache deutsche Radartechnik wurde von der RAF ab 1942/43 in die Irre geführt, in-

Scheinanlage in Velbert, Nordrhein-Westfalen, die bei Nacht die Fabrik der Firma Krupp AG simulieren sollte

dem sie Massen an Stanniolstreifen (»Düppel« oder »Lametta«) abwarf. Sie reflektierten das gegnerische Radar und verursachten so große Mengen an Signalen, dass sie nicht mehr auszuwerten waren. Das Radar wurde damit blind.

Zudem arbeiteten beide Seiten mit Funknavigationshilfen, die die eigenen Bomber bei An- und Abflug auf Kurs zum Ziel halten sollten. Es gab dementsprechend umfangreiche Versuche, die benutzten Frequenzen und die verwendeten Signale herauszufinden, die Frequenzen zu stören oder falsche Signale zu senden, um somit den Gegner in die Irre zu führen. Diese Maßnahmen unterlagen hoher Geheimhaltung und wurden sehr zurückhaltend angewandt, damit der Gegner davon nichts bemerkte. Dabei waren die Alliierten bereits sehr frühzeitig im Vorteil, da sie mit der Chiffriermaschine »Enigma« die deutschen Codes geknackt hatten und deutsche Funksprüche mitlesen konnten. Die Wehrmacht bemerkte dies bis Kriegsende nicht. Zudem hatten die Briten einige notgelandete und abgeschossene deutsche Maschinen mit neuester Funktechnik erbeutet und ausgewertet.

Reichweiten – Bewaffnung

Bereits während des Überfalls auf Polen 1939 sowie beim Angriff auf Frankreich 1940 verfügten die einmotorigen deutschen Maschinen über einen nur geringen Treibstoffvorrat und damit über eine sehr eingeschränkte Reichweite. Beim legendären Stuka betrug diese lediglich etwa 180 Kilometer. Viele Einsätze führten die Maschinen regelmäßig an ihre Leistungsgrenzen heran. Mehr als einmal kehrten die Stukas buchstäblich mit dem letzten Tropfen Flugbenzin heim, mussten notlanden oder stürzten sogar ab. Die ihnen zugedachte und auch propagierte Aufgabe, in Kombination mit den Panzerspitzen zu wirken, konnten sie folglich im Grunde nur sehr begrenzt erfüllen. Viel eher boten sie dem Heer Flankenschutz oder konnten dabei helfen, Einbrüche des Gegners zu vereiteln.

Ähnliches galt für die Me 109, was sich besonders in der Luftschlacht um England auswirkte. Da die Feldflugplätze weit verstreut waren, hatte sie lange Anflugwege und war zudem bedeutend schneller als die Horizontalbomber (»Kampfflugzeuge«) vom Typ He 111 und Do 17. Die

Eine Formation britischer Jagdflugzeuge des Typs Supermarine »Spitfire«, Version Mark XII, ca. 1944

Einsatzdauer der Me 109 über Südengland betrug letztlich nur eine halbe Stunde. Ihrem Hauptauftrag, die anfliegenden deutschen Bomber zu schützen, konnten sie daher nur begrenzt nachkommen. Sie versuchten zwar beim Anflug, die »Spitfires« und »Hurricanes« der RAF zu Luftkämpfen zu stellen, mussten aber meist nach kurzer Zeit abdrehen. Die Kampfflugzeuge waren nun mehr oder weniger ungeschützt und wurden zur Beute der viel schnelleren und wendigeren Jäger der RAF. Zudem war die Bordbewaffnung der He 111 und Do 17 mit wenigen Maschinengewehren Kaliber 7,92 mm zu schwach, um wirksamen Schutz zu bieten. Beim Anflug aus Frankreich und den Niederlanden waren die Bomber in der Anfangsphase noch halbwegs sicher, beim langen Anflug aus Norwegen unterblieb hingegen jeglicher Jagdschutz, was zu entsprechend hohen Verlusten der Luftwaffe führte. Zwar experimentierte

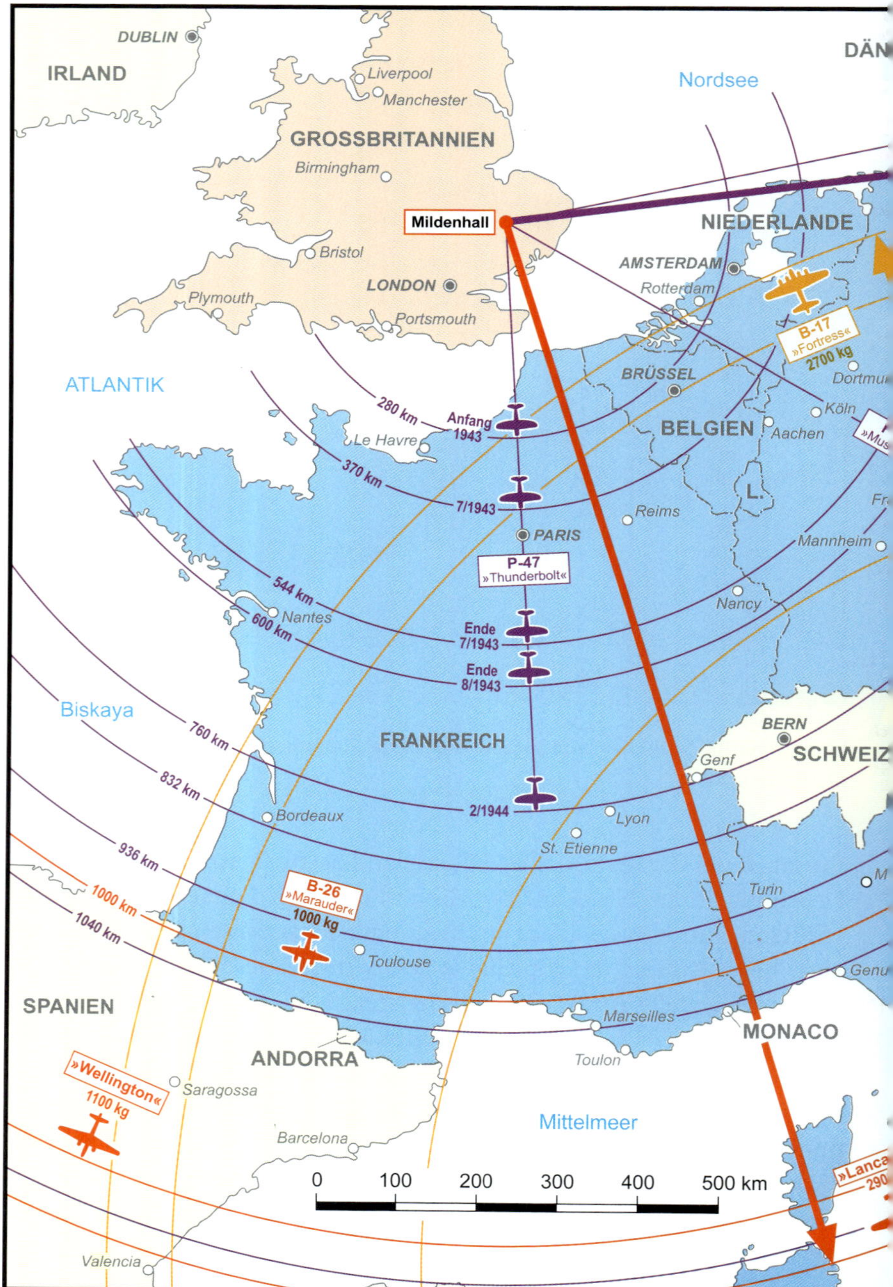

DUBLIN
IRLAND
Liverpool
Manchester
GROSSBRITANNIEN
Birmingham
Mildenhall
Bristol
LONDON
Plymouth
Portsmouth
DÄN
Nordsee
NIEDERLANDE
AMSTERDAM
Rotterdam
B-17
»Fortress«
2700 kg
BRÜSSEL
Dortmu
Köln
Aachen
BELGIEN
L.
ATLANTIK
280 km
Anfang 1943
Le Havre
370 km
7/1943
Reims
PARIS
Mannheim
P-47
»Thunderbolt«
544 km
Nantes
600 km
Nancy
Ende 7/1943
Ende 8/1943
Biskaya
760 km
FRANKREICH
BERN
SCHWEIZ
Genf
832 km
2/1944
Bordeaux
Lyon
St. Etienne
936 km
Turin
1000 km
B-26
»Marauder«
1000 kg
1040 km
Toulouse
SPANIEN
Marseilles
MONACO
ANDORRA
Toulon
»Wellington«
1100 kg
Saragossa
Mittelmeer
Barcelona
0
100
200
300
400
500 km
Valencia

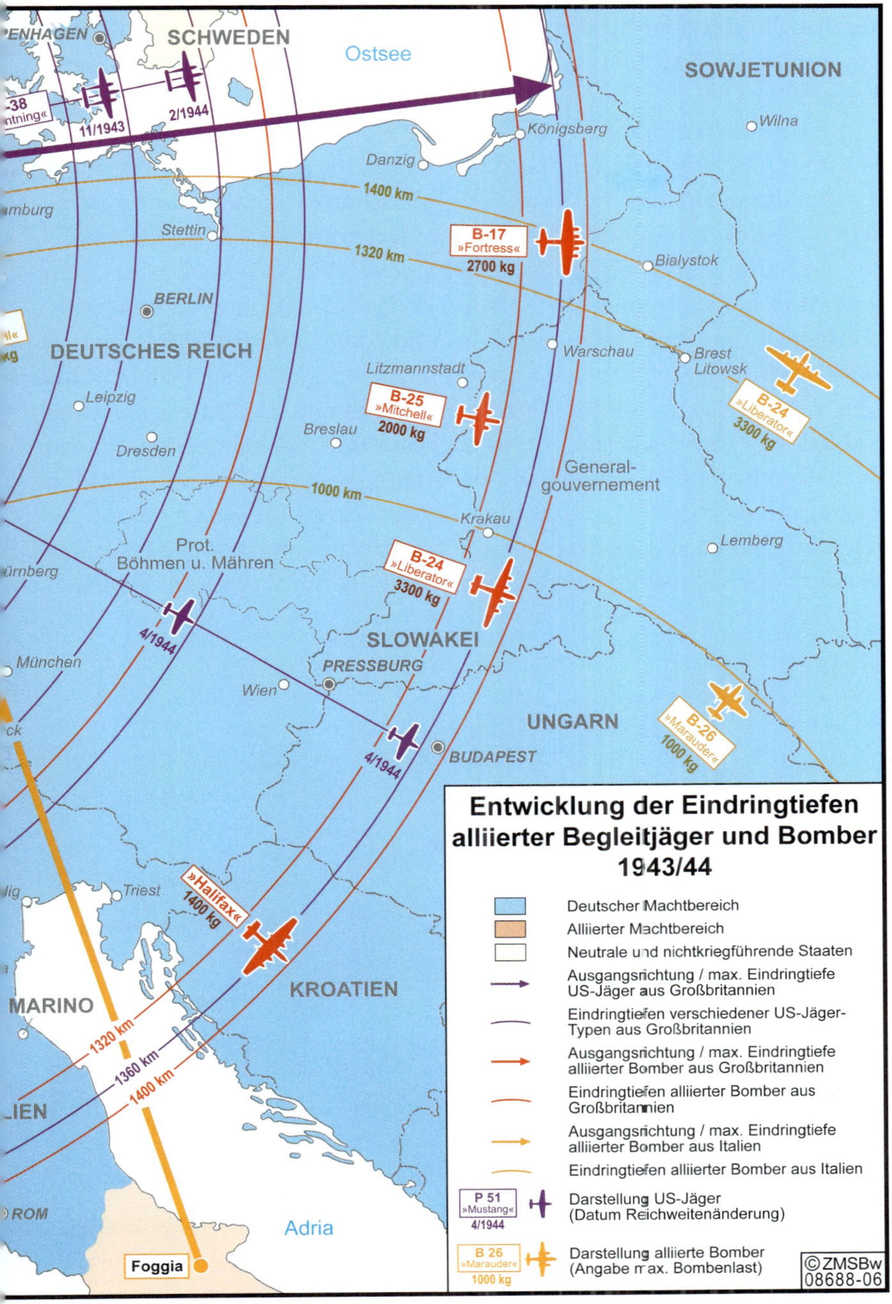

SCHWEDEN
Ostsee
SOWJETUNION
ENHAGEN
-38
ntning«
11/1943
2/1944
Königsberg
Wilna
Danzig
1400 km
mburg
Stettin
B-17
»Fortress«
2700 kg
1320 km
Bialystok
BERLIN
DEUTSCHES REICH
Warschau
Brest
Litowsk
Litzmannstadt
Leipzig
B-25
»Mitchell«
2000 kg
B-24
»Liberator«
3300 kg
Breslau
Dresden
General-
gouvernement
1000 km
Krakau
Prot.
Böhmen u. Mähren
B-24
»Liberator«
3300 kg
Lemberg
ürnberg
4/1944
SLOWAKEI
München
PRESSBURG
Wien
UNGARN
B-26
»Marauder«
1000 kg
4/1944
BUDAPEST
Triest
»Halifax«
1400 kg
KROATIEN
MARINO
1320 km
1360 km
1400 km
LIEN
ROM
Adria
Foggia
Entwicklung der Eindringtiefen alliierter Begleitjäger und Bomber 1943/44
Deutscher Machtbereich
Alliierter Machtbereich
Neutrale und nichtkriegführende Staaten
Ausgangsrichtung / max. Eindringtiefe US-Jäger aus Großbritannien
Eindringtiefen verschiedener US-Jäger-Typen aus Großbritannien
Ausgangsrichtung / max. Eindringtiefe alliierter Bomber aus Großbritannien
Eindringtiefen alliierter Bomber aus Großbritannien
Ausgangsrichtung / max. Eindringtiefe alliierter Bomber aus Italien
Eindringtiefen alliierter Bomber aus Italien
P 51
»Mustang«
4/1944
Darstellung US-Jäger (Datum Reichweitenänderung)
B 26
»Marauder«
1000 kg
Darstellung alliierte Bomber (Angabe max. Bombenlast)
©ZMSBw
08688-06

sie mit Zusatztanks für die Me 109. Diese machten aber die Maschine langsamer sowie unbeweglicher und brachten somit Nachteile im Luftkampf.

Eine ähnliche Erfahrung mussten die Alliierten, speziell die USAAF bei ihren Tagangriffen auf den deutschen Machtbereich machen. Zwar galt bei ihnen anfangs die Devise des britischen Ministers Stanley Baldwin, dass der Bomber letztlich immer durchkomme. Sie setzten bei ihren Angriffen auf einen genau ausgeklügelten Formationsflug, bei dem jeder Bomber seine spezielle Position in der Formation zu halten hatte, damit sich die Bordwaffen ergänzen und ohne Gefahr für die eigenen Maschinen eingesetzt werden konnten. Zudem hatten sie ihre Maschinen mit massiven Zwillings- und sogar Vierlings-Maschinengewehren Kaliber 12,7 mm in Drehtürmen ausgestattet und nannten sie genau deshalb »Fliegende Festungen«. Allerdings gab es dafür zunächst keinen Begleitschutz durch Jagdflugzeuge. Später waren die Reichweiten der Jäger zu gering, sodass diese weit vor dem Ziel oder vor der entscheidenden letzten Anflugphase abdrehen und die Bomber ihrem Schicksal

Ein Jagdflugzeug vom Typ Messerschmitt Me 163 »Komet« mit Raketentriebwerk. Das Fahrwerk wurde nur in der Anrollphase benutzt, es wurde beim Start abgeworfen und verblieb am Boden.

überlassen mussten. Bei den Angriffen auf Schweinfurt und Nürnberg 1943 verlor die USAAF daher zwischen 30 und 50 Prozent der eingesetzten Maschinen.

Die Besatzungen konnten sich zwar des Öfteren mit dem Fallschirm retten, waren aber für die weitere Kriegführung verloren. Sie gerieten in deutsche Kriegsgefangenschaft, falls sie nicht nach der Landung dem tatsächlichen oder aber bewusst aufgepeitschten und teils sogar inszenierten »Volkszorn« zum Opfer fielen, sprich ermordet wurden. Die USAAF verlangte von ihren Bomberbesatzungen in Europa die Durchführung von 25 Einsätzen, danach ging es wieder in die Heimat. Die wenigsten Besatzungen erreichten diese Zahl. Eine Verbesserung trat ein, als abwerfbare Zusatztanks entwickelt wurden und den Jägern zur Verfügung standen, die dadurch über wesentlich größere Reichweiten verfügten. Im weiteren Kriegsverlauf geriet die Luftwaffe zunehmend ins Hintertreffen, zumal die Alliierten mit der Zeit immer näher an Deutschland gelegene Flugplätze in von ihnen befreiten Gebieten nutzen konnten.

Die deutsche Luftwaffe glaubte indes, noch ein Ass im Ärmel zu haben. Es handelte sich um eine sehr spezielle, geradezu abenteuerliche und für die Piloten in Teilen lebensgefährliche Konstruktion. Sie galt als Wunderwaffe, ihre Entwicklung hatte viel Personal, Zeit sowie Geld gekostet und ihr Treibstoff bestand aus zwei aufwendig herzustellenden Komponenten: Gemeint ist die Me 163, auch das Kraft-Ei genannt. Sie verfügte über einen regelrechten Raketenantrieb, bei dem zwei Treibstoffkomponenten zusammenkommen mussten, um eine kontrollierte Explosion zu erzeugen. Diese sorgte für eine Beschleunigung und Steigrate, bei der die Maschine innerhalb von sechs Minuten auf 16 000 Meter Höhe stieg. Das Triebwerk schaltete daraufhin ab, da der Treibstoffvorrat ohnehin nach dieser Zeit aufgebraucht war. Nun sollte das Flugzeug aus der großen Höhe als Segelflieger mit zwei Maschinenkanonen die alliierten Bomberströme bekämpfen. Diese Flugzeugtypen waren üblicherweise unweit wichtiger Kriegsindustrie stationiert. Sie erreichten Geschwindigkeiten von bis zu 900 km/h und waren wesentlich schneller als die alliierten Bomber oder Begleitjäger. Allerdings war ihre Reichweite sehr begrenzt und die Geschwindigkeit zum Auffassen und Bekämpfen der Ziele zu hoch. Nachweislich wurden durch die Me 163 lediglich 16 Bomber abgeschossen. Die Maschine landete, wie damals bei

Segelflugzeugen üblich, auf der Kufe, d. h. sie besaß kein eigenes Fahrwerk. Wenn sich in den Tanks noch Reste der beiden Treibstoffe befanden, konnte eine harte Landung zu einer für die Piloten tödlichen Explosion führen. Insgesamt gingen durch Unfälle mehr Me 163 verloren und starben mehr Piloten als durch Feindeinwirkung. Die Maschine bewährte sich letztlich nicht.

↗ **Das im Jahr 2012 errichtete Denkmal für das RAF Bomber Command in London**

6 Der Bombenkrieg zwischen Kriegspropaganda und Erinnerung nach 1945

In der Agitation aller kriegführenden Parteien stand schon im Ersten Weltkrieg der Jagdpilot in seinem Einsitzer im Vordergrund. Seine Abschusszahlen waren messbare Erfolge. Sie dienten der Propaganda, die ihn als jungen Einzelkämpfer darstellte, der Technik, Geschwindigkeit, Flugkunst, Kaltblütigkeit sowie Zielgenauigkeit beherrschte und die höchsten Orden und Auszeichnungen verliehen bekam. Tatsächlich aber waren bei Kriegsende 1918 auf deutscher Seite 60 Prozent aller Flugzeuge Doppel- und Mehrsitzer, bei denen der Kommandant eine Besatzung zu formen hatte.

Diese Muster übertrugen alle kriegführenden Parteien auch auf den Zweiten Weltkrieg. Die *Battle of Britain* etwa ist britischer Nationalmythos. Gemäß der dortigen Erinnerungskultur hielt die Bevölkerung zusammen, die Jagdflieger verteidigten und schützten das Land vor einer feindlichen Übernahme. Es waren daher diese Piloten des RAF Fighter Command, derer in der Westminster-Abbey seit 1947 vornehmlich ge-

Britisches Propagandaplakat mit dem Titel von Churchills Rede vom 20. August 1940: »Noch nie haben so viele so wenigen so viel zu verdanken gehabt.«

dacht wurde. Der Ausspruch Churchills, in dem er vermutlich ein Motiv aus dem Neuen Testament (Römer 5,15–19) aufgriff, wonach »niemals in der Geschichte der menschlichen Konflikte [...] so viele so wenigen so vieles zu verdanken gehabt« hatten, bezog sich auf die Jagdpiloten.

Der mittlerweile geadelte Sir Arthur Harris und das RAF Bomber Command erhielten hingegen erst Jahrzehnte später eigene Denkmäler in London: 1992 und 2012. Ihre Bombenabwürfe zur Bekämpfung des NS-Regimes, deren Erfolg nur schwer messbar war, galten als wenig heroisch. Schon während des Krieges hatten zudem manche das Flächenbombardement deutscher Städte kritisiert, wobei das Ausmaß der Zerstörungen erst nach Kriegsende bekannt wurde.

»Muss ein Volk von Fliegern werden«: Wurzeln der deutschen Propaganda

Insbesondere Deutschlands Luftmacht hatte massiv unter dem Friedensvertrag von Versailles gelitten. In den Folgejahren wurde der als einziger nicht verbotene Segelflug als *der* deutsche Sport schlechthin propagiert. Das 1923 auf der Wasserkuppe, der Wiege des Segelfluges, errichtete Fliegerdenkmal war den gefallenen Angehörigen der Fliegertruppe gewidmet und verkündetet stolz, man sei letztlich unbesiegt geblieben und wolle wieder fliegen. In die 1926 gegründete zivile Fluggesellschaft »Luft Hansa« flossen geheime Mittel der Reichsregierung, um deutsche Luftgeltung wiederherzustellen und eine Luftmacht zu werden. Noch zu Zeiten der Republik wurde gegen den späteren Friedensnobelpreisträger Carl von Ossietzky, Herausgeber der *Weltbühne*, ein Prozess wegen Verrates geführt. Er hatte in seinem Artikel »Windiges aus der deutschen Luftfahrt« die geheime Aufrüstung sowie die enge Verzahnung zwischen Lufthansa und Reichswehr kritisiert und wurde zu einer mehrjährigen Haftstrafe verurteilt.

Auch in den ersten Tonfilmen des Regisseurs Arnold Fanck spielte die Luftfahrt in Gestalt des ehemaligen Jagd- und jetzigen Kunstfliegers sowie Luftfahrtindustriellen Ernst Udet eine Rolle, so etwa in *Die Weiße Hölle vom Piz Palü* (1929) und *S. O. S. Eisberg* (1933). Das Motto Hermann Görings, wonach das deutsche Volk ein »Volk von Fliegern« werden sollte, war damit vorweggenommen. Zu Beginn der 1930er Jahre

Werbung mit der Losung Görings für eine Fliegerausbildung, Datierung 1935/38

konnten sich zwar nur wenige einen Passagierflug in einem Luftfahrzeug leisten, Flugzeuge und Luftschiffe aber begeisterten die Massen. Kino, Wochenschau, Radio und Presse feierten sie. Adolf Hitler nutzte als einer der ersten deutschen Politiker nicht mehr die Eisenbahn, sondern unter dem Motto »Hitler über Deutschland« das Flugzeug in Gestalt der Junkers Ju 52 für seine Wahlkampfauftritte. Sie symbolisierte die »Neue Zeit«, die die NSDAP heraufbeschwor und auf ihren SA-Standarten mit dem Motto »Deutschland erwache« propagierte.

Der Aufbau der Luftwaffe wurde ebenfalls öffentlichkeitswirksam inszeniert. Auf den Reichsparteitagen der NSDAP ab 1935 gab es Überflüge von Militärmaschinen, Schauvorführungen der Flak und nächtliche Spektakel wie die von den Flakscheinwerfern in den Himmel gezauberten Lichtdome. Gleichzeitig dienten Veranstaltungen des Reichsluftschutzbundes dazu, sich auf einen künftigen Luftkrieg vorzubereiten.

Für die Luftwaffe wurde darüber hinaus ein neuer Marschmusikstil kreiert. Dabei war zum ersten Mal in der deutschen Militärmusikgeschichte das verpönte Saxofon eingeführt und genutzt worden. Natürlich hatten während des Krieges auch die Alliierten die Bedeutung von Musikveranstaltungen erkannt. Nicht umsonst diente der bekannte Komponist,

Spektakel mit Flakscheinwerfern bei der Kundgebung der Politischen Leiter der NSDAP über dem Nürnberger Reichsparteitagsgelände 1937

Arrangeur und Musiker Glenn Miller als Chef der USAAF-Band. Seine *American Patrol* brach 1942 mit herkömmlicher Marschmusik und führte den Swing-Stil ein.

Deutsche Propaganda: Vergeltung und Durchhalten

Schon 1914/18 galt Großbritannien als Hauptdrahtzieher der Koalitionen und der Kriege gegen Deutschland. An dieser Sicht änderte sich nichts. Angeblich spreche Großbritannien in Europa scheinheilig von Demokratie, unterdrücke aber weltweit andere Völker. 1940 war der übergewichtige, Zigarren rauchende und Whisky trinkende Churchill die Zielscheibe der Propaganda und das Gegenbild zum abstinent-vegetarischen »Führer«. Dieser trug Uniform, jener dunkle Maßanzüge.

»Bomben auf Engeland« tönte es damals aus dem Volksempfänger in der Wohnung und in der Wochenschau im Kino. Zudem wurde das Matrosenlied »Wir fahren gegen Engeland«, das einst im Ersten Weltkrieg erklang, musikalisch überarbeitet und nun von der Wehrmacht verwendet. Ufa-Spielfilme wie *Stukas* und *Kampfgeschwader Lützow* thematisierten den Bombenkrieg und fanden großen Zuspruch.

Hitler sprach davon, die britischen Städte »auszuradieren«, und steigerte sich in immer größere Bombenmengen hinein. Nach dem verheerenden Bombenangriff auf Coventry im November 1940 hätten die Briten, so die deutsche Propaganda, für jene totale Zerstörung ein neues Verb erfunden: *to coventry*. Eingedeutscht als ›conventrieren‹ oder ›coventrisieren‹ verwendete es medienwirksam Joseph Goebbels.

Im Laufe des Krieges waren Plakate wie »Pst. Feind hört mit« oder »Verdunkelung« überall zu sehen. Mit Blick auf die Bomber der Alliierten wurden die Worte »Terrorangriff« und »Luftterroristen« zum geflügelten Wort. In der Endphase machte die Begriffe »Vergeltungs- und Wunderwaffen« die Runde, auf letztere und damit auf die Hoffnung auf den »Endsieg« war das berühmte Lied von Zarah Leander »Ich weiß, es wird einmal ein Wunder geschehen« gemünzt, und es wurde auch so verstanden. Zusätzlich sorgten Unterhaltungsfilme mit Fliegerthemen wie etwa *Quax, der Bruchpilot* sowie *Quax in Afrika* mit Heinz Rühmann oder *F. P 1 antwortet nicht* mit Hans Albers für Zerstreuung, dessen Lied »Flieger, grüß mir die Sonne« zum Gassenhauer wurde. In der Endphase

Filmplakat *Kampfgeschwader Lützow*, 1941. Der Propagandafilm glorifizierte den Einsatz der Luftwaffe beim Überfall auf Polen, im Westfeldzug und in den Anfängen der Luftschlacht um England. Der Name »Lützow« spielt auf die Befreiungskriege 1813–1815 und auf das Lützow'sche Freikorps an. Im NS-Jargon handelte es sich 1939/40 um den »Großdeutschen Befreiungskampf«.

des Krieges erklangen Durchhalteparolen wie »Unsere Mauern brechen, aber unsere Herzen nicht« sowie »Räder müssen rollen für den Sieg«. Inwieweit die Menschen angesichts fast täglicher Fliegeralarme dadurch noch mobilisiert werden konnten, steht auf einem anderen Blatt.

Litfaßsäule in Dresden mit dem Plakat »Pst, Feind hört mit«, das ab 1943 in dieser Version verwendet wurde, ca. 1945

Alliierte Propaganda: Durchhalten und Siegen

Auch die Alliierten versuchten die Moral ihrer Bevölkerungen zu stärken, allen voran die Briten. Nicht umsonst hatte Churchill in seiner Antrittsrede ganz offen zugegeben, dass er nichts anzubieten habe als »Blut, Schweiß und Tränen«. Damit hatte er die Nation auf einen langen Krieg eingeschworen und auf Opfer vorbereitet. Er forderte die Verteidigung mit allen Kräften und wies jeden Kapitulationsgedanken zurück. Gleichzeitig aber gab er dort und viele weitere Male seiner Hoffnung auf den Sieg Ausdruck und strahlte Zuversicht aus. Er setze auf die Zukunft und darauf, dass es in tausend Jahren über seine Landsleute einmal heißen würde: »Dies war ihre beste Stunde« (*This Was Their Finest Hour*).

Als simples, aber erfolgversprechendes Signal propagierte er die Verwendung des Buchstabens V. Dieses stand und steht für *Victory*, für Sieg. Zwei Finger entsprechend hochgestreckt, benutzte es Großbritannien damals als Gruß und trutziges Bekenntnis. Die BBC forderte dazu auf, bei angemessener Gelegenheit die variierte Tonfolge ›dreimal kurz, einmal lang‹ zu klopfen, den Buchstaben V im Morsealphabet. Der Klang erinnert an ein Motiv aus Beethovens Fünfter, der Schicksalssinfonie, welches der britische Rundfunk als Erkennungsmelodie verwendete.

Die BBC sollte nicht nur die Moral steigern oder Unterhaltung bieten. Sie informierte ihre Zuhörenden auch umfassend, soweit das unter Kriegsbedingungen möglich war. Während der Luftschlacht etwa meldete sie zwar Bombenangriffe, nannte aber keine Orte oder konkrete Verluste. Der Radiosender, aber auch Plakate und Kino-Spots forderten die Bevölkerung Großbritanniens auf, alle Luftschutzmaßnahmen inklusive der Verdunkelung einzuhalten und keine militärischen Geheimnisse auszuplaudern. Statt des deutschen Motivs »Hans schreibt, seine Division wird verlegt nach … Pst! Feind hört mit« zeigte man Göring und Hitler als Nutznießer solcher Informationen.

Ebenso erschien es wichtig, dem Publikum die eigenen Truppen in erfolgreicher Aktion zu präsentieren. In den Wochenschauen der Alliierten war zu sehen, wie Soldaten mit Kreide *Hi there* und ähnliche Grüße auf die Bomben schrieben. Anschließend wurden der Abwurf sowie die Detonation gezeigt. Gleichfalls gab es Plakate, die zur Sorgfalt bei der Bomben- sowie Bomberproduktion aufriefen, da jede Bombe den Sieg näherbringe.

Allerdings war in Großbritannien bereits während des Krieges das Bombardement deutscher Städte höchst umstritten und ein Teil der Bevölkerung sah darin eine unverhältnismäßige Vergeltung für den *Blitz*. Daran konnten auch martialisch-biblische Codeworte nichts ändern. Der Bombenangriff auf Hamburg etwa trug die Bezeichnung »Gomorrha«, eine Anspielung auf das Alte Testament (Genesis 19,24–25): »Da ließ der Herr Schwefel und Feuer regnen vom Himmel herab auf Sodom und Gomorra und vernichtete die Städte und die ganze Gegend und alle Einwohner der Städte und was auf dem Lande gewachsen war.« Köln wurde unter dem Namen »Millennium« attackiert, ein Verweis auf das tausendjährige Reich Christi gemäß Offenbarung 20,4–7 und zudem möglicherweise ein bewusstes Gegenstück zum selbst propagierten »Tausendjährigen Reich« der NS-Führung. *Chastise*, ›Züchtigen‹, nannte die RAF den Angriff auf westdeutsche Talsperren, und es heißt in Levitikus 26,18: »Wenn ihr mir aber auch dann noch nicht gehorcht, so will ich euch noch weiter züchtigen, siebenfältig, um eurer Sünden willen.«

Das traditionell dem Gedanken der Allgemeinen Wehrpflicht für Männer sehr ablehnend gegenüberstehende Großbritannien hatte erst während des Ersten Weltkriegs, und nur für diesen, die Wehrpflicht eingeführt. Dies wiederholte sich im Zweiten Weltkrieg. Da aber nun ein großer Teil der Männer an den Fronten war und kämpfte, waren die Frauen gefragt. Sie wurden per Plakat und Anzeigen umworben und sollten zum einen in der Industrie arbeiten, zum anderen bei Hilfsorganisationen und in den Streitkräften dienen. Hierfür wurden eigens Hilfsformationen bei allen Teilstreitkräften aufgestellt. Frauen wurden nicht zuletzt deshalb gebraucht, um die Männer auf Dienstposten mit »leichteren« Tätigkeiten abzulösen und für die Front freizumachen. Dies betraf Stabstätigkeiten wie etwa den Dienst in Luftlagezentren, Telefon- oder Telegrafendienst, Dienst an Sperrballonen, Sanitätsdienst, das Führen von Kraftfahrzeugen und Ähnliches. Zudem waren zivile Pilotinnen bei der Überführung von Flugzeugen von den Fabriken an die Front im Einsatz. Die Zahl der Frauen im Dienst der RAF betrug über 150 000. Prominentestes Beispiel für ein Mitglied des weiblichen Hilfskorps, allerdings nicht der RAF, war Kronprinzessin Elisabeth.

Werbeplakat für das weibliche Hilfskorps der RAF

Symbole des Bombenkriegs: Guernica und Coventry

Als Symbol für die Anfänge des unterschiedslosen Bombenkriegs auf zivile und militärische Ziele oder sogar rein zivile Ziele gelten zwei Angriffe der Achsenmächte, besonders der Luftwaffe, nämlich jene auf das spanische Guernica 1937 und auf Coventry 1940.

Im Spanischen Bürgerkrieg kämpften von 1936 bis 1939 faschistische Truppen unter General Francisco Franco mit deutscher und italienischer Unterstützung gegen die Zweite Spanische Republik. Am 26. April 1937 griff eine Luftwaffeneinheit der »Legion Condor«, unterstützt von einem italienischen Verband, die baskische Stadt Guernica – so der hispanisierte Name – an. Ursprüngliches Ziel war es, eine Steinbrücke über den Fluss Oca zu zerstören, um Verbindungswege der republikanischen Regierungstruppen zu unterbrechen. Bei der nahezu vollständigen Zerstörung der 5000-Einwohner-Stadt starben 200 bis 300 Zivilisten. Der Angriff wurde international heftig kritisiert, die deutsche Luftwaffe betrachtete ihn jedoch vor allem als Übung für den Einsatz neuer Waffensysteme und Einsatzverfahren.

Bereits am 1. Mai skizzierte der auf republikanischer Seite stehende Künstler Pablo Picasso die Bombardierung des Städtchens und das unbeschreibliche Leid der Zivilbevölkerung. Aus der Skizze entstand eines der wirkmächtigsten Historiengemälde des 20. Jahrhunderts, das als großformatiges Wandgemälde mit dem Titel *Guernica* im spanischen Pavillon auf der Pariser Weltausstellung von 1937 präsentiert wurde. Heute hängt ein Wandteppich des Anti-Kriegsbilds im Sitzungsaal der Vereinten Nationen. Die Bombardierung von Guernica gilt als Geburtsstunde des modernen Luftkriegs mit zahlreichen zivilen Opfern.

Pablo Picassos Ölgemälde *Guernica* aus dem Jahre 1937. Das Bild fasziniert bis heute. Die Aufnahme entstand am 10. September 2021 im Reina-Sofia-Museum am 40. Jahrestag der Rückführung des Gemäldes nach Spanien.

Nagelkreuz der Berliner Kaiser-Wilhelm-Gedächtniskirche. Anlässlich des Evangelischen Kirchentages zum 500. Jubiläum der Reformation 2017 wurde das Kreuz auf einem Altar vor der Kirche im Gottesdienst verwendet.

Ein weiteres Symbol für die entsetzlichen Folgen des Bombenkriegs ist die Zerstörung der spätmittelalterlichen St. Michael's Cathedral in Coventry. Für viele Briten war sie der Beweis deutscher Barbarei, für viele Deutsche Ausdruck ihrer Überlegenheit. Allerdings gingen von der Kirche bereits vor und unmittelbar nach 1945 Versöhnungssignale aus. So ließ der damalige Dompropst bei Aufräumarbeiten in die Chorwand die Losung *Father forgive* (›Vater vergib‹) einmeißeln und aus drei Zimmermannsnägeln des zerstörten Dachstuhls ein Kreuz anfertigen. Ähnliche Kreuze wurden in den Folgejahren als Symbol der Versöhnung zwischen den Völkern an deutsche Gemeinden übergeben, die unter dem britischen Bombardement gelitten hatten.

Das älteste Nagelkreuz in Deutschland hängt seit 1947 in der Kieler Nikolaikirche. Andere finden sich in der Frauenkirche in Dresden, der Kaiser-Wilhelm-Gedächtniskirche in Berlin oder in der danach benannten Nagelkreuzkapelle auf dem Areal der ehemaligen Garnisonkirche in Potsdam. Alle vier Kirchen waren vom Luftkrieg schwer in Mitleidenschaft gezogen worden und nach Jahrzehnten in unterschiedlicher Weise teilweise oder ganz wiederaufgebaut worden.

Seit 1959 wird jeden Freitag um 12 Uhr das »Versöhnungsgebot von Coventry« in den Ruinen neben der neuen St Michael's Cathedral gebetet. Es findet sich auch im evangelischen Kirchengesangbuch: »Wir alle haben gesündigt und mangeln des Ruhmes, den wir bei Gott haben sollten. Darum lasst uns beten: Vater vergib! [...] Lehre uns o Herr zu vergeben und uns vergeben zu lassen, dass wir miteinander und mit dir in Frieden leben. Darum bitten wir um Christi willen.« Ähnlich traurige Berühmtheit wie Coventry und Guernica erreichten nur noch Rotterdam, Warschau, Belgrad, Wieluń, Dresden, Hiroshima und Nagasaki.

↗ Frauen in Berlin vor Kipploren, mit denen die Trümmer abtransportiert werden (undatierte, kolorierte Aufnahme)

7 Deutsche Debatten über den alliierten Bombenkrieg nach 1945

Die Auswirkungen des Bombenkriegs, aber auch der Endkämpfe blieben lange sichtbar und noch länger in den Gedanken, Albträumen und unbehandelten Traumata der Menschen gegenwärtig. Die samstäglichen Tests der Sirenen im Kalten Krieg brachten dabei vermutlich bei vielen Verdrängtes ebenso hervor wie das alljährliche Silvesterfeuerwerk. Noch Ende der 1960er Jahre waren an vielen Gebäuden die weißen Pfeile mit der Aufschrift LSR (Luftschutzraum) zu erkennen. Und auch 80 Jahre nach Kriegsende sind die Folgen des Bombenkriegs spür- und sichtbar. So werden bundesweit bei Bauarbeiten immer noch Blindgänger gefunden, die mit hohem Aufwand entschärft werden müssen. Ebenso prägen im Krieg errichtete Hochbunker, heute oft als Lager- oder Proberaum für Bands genutzt, das Bild vieler Städte.

Die Debatte über die Verantwortung für den Bombenkrieg schwankt seit jeher zwischen zwei Polen: Da zum einen NS-Deutschland als Ver-

Zerstörungsgrad deutscher Städte 1945 (Auswahl)

Städtegrößen nach Einwohnerzahlen (Stand 1939)

1 Mio. und mehr	500 000 – 999 000	200 000 – 499 000	100 000 – 199 000	weniger als 100 000

Zerstörungsgrad

mehr als 25%	mehr als 50%	mehr als 75%

ursacher des Krieges gesehen wird, erscheint es logisch, dass es auch bombardiert wird, getreu dem Motto »Wer Wind sät, wird Sturm ernten«, was als gerecht oder sogar als »gerechte Strafe« interpretiert wird. Zum anderen gibt es die Auffassung, die Alliierten als Täter und die Deutschen eher als Opfer zu betrachten. Darüber hinaus gibt es eine schwankende Haltung zwischen diesen beiden Polen.

Nach 1945 waren die durch Luftangriffe und Bodenkämpfe entstandenen Schäden noch allgegenwärtig. Daher wurden sie in den westlichen und östlichen Teilen Deutschlands in der Kunst und in staatlich-politischen Dokumenten bereits in den 1940er Jahren aufgegriffen und verarbeitet. Die Präambel der Verfassung des Freistaates Bayern vom 2. Dezember 1946 etwa begann mit den Worten: »Angesichts des Trümmerfeldes, zu dem eine Staats- und Gesellschaftsordnung ohne Gott, ohne Gewissen und ohne Achtung vor der Würde des Menschen die Überlebenden des zweiten Weltkrieges geführt hat […].« Demnach lag die Verantwortung für das »Trümmerfeld«, das direkt fassbar, aber auch als literarisch-politische Chiffre gedeutet wurde, beim untergegangenen NS-Regime. Da Bayern zur US-Besatzungszone gehörte, war dort eine Erwähnung der alliierten Bombenangriffe weder gewünscht noch gewollt.

Doch zunächst einmal waren die Ruinen des Bombenkriegs unter anderem mit Hilfe der zum Mythos gewordenen »Trümmerfrauen« zu beseitigen, die Infrastruktur wiederherzustellen und neu aufzubauen. Der legendäre Aufruf des Münchner Oberbürgermeisters Thomas Wimmer »Rama dama« (wörtlich: ›[Auf-]Räumen tun wir‹) zeigte dies eindrucksvoll. Der Regisseur Joseph Vilsmaier verwendete ihn noch 1991 als Filmtitel. Doch schon der junge Nachkriegsfilm griff das Thema der Trümmer auf, so etwa 1947 mit *… und über uns der Himmel*. Der Film spielt im zerbombten Berlin und beginnt mit Ruinenbildern, zu denen Hans Albers das Lied *Es weht der Wind von Norden* sang: »Was soll nun werden? Es muss doch weitergehen, noch bleibt ja Hoffnung für uns genug bestehen, wir fangen alle von vorne an, weil dieses Dasein auch schön sein kann.« Auch der Film *Berliner Ballade* mit Gert Fröbe als »Otto Normalverbraucher« aus dem Jahre 1948 zeigte Ruinenbilder. In beiden Fällen wurden lediglich die Spuren der Angriffe präsentiert, der Bombenkrieg selbst jedoch nicht thematisiert – dem zeitgenössischen Publikum war er ohnehin gegenwärtig.

Foto aus dem Film ... *und über uns der Himmel* mit Hans Albers und Ralph Lothar

In den Jahren 1948/49 wandelte sich das Verhältnis der Deutschen im Westen sowie in West-Berlin zu den alliierten Flugzeugen allerdings. Hatten die Maschinen mit der Kokarde der RAF und dem Stern der USAAF bislang eine Bedrohung dargestellt, so galten sie nun als die »Rosinenbomber«, mit deren Hilfe West-Berlin während der sowjetischen Blockade versorgt wurde. Die Alliierten waren Freunde und Garanten der Freiheit im beginnenden Ost-West-Konflikt geworden.

1949 war das Jahr der doppelten Staatsgründung der Bundesrepublik Deutschland und der Deutschen Demokratischen Republik (DDR). Die ostdeutsche Hymne – der Text stammt von Johannes R. Becher – begann mit den Versen: »Auferstanden aus Ruinen / Und der Zukunft zugewandt, / Lass uns dir zum Guten dienen, / Deutschland, einig Vaterland. / Alte Not gilt es zu zwingen, / Und wir zwingen sie vereint [...].« Ähnlich wie in Bayern nahm die Hymne das Motiv der Ruine und der Trümmerfelder auf; sie zitierte damit sinnbildlich den Luftkrieg sowie die Zerstörung. Ursachen und Verursacher wurden nicht benannt; es ging unter Verwendung ausgerechnet des christlichen Motives der Auferstehung vier Jahre nach Kriegsende um Überwundenes und um eine gemeinsame friedliche Zukunft – unter den sozialistischen Vorzeichen der späten Stalin-Ära.

Bundesrepublik

Nach dem Krieg fragten sich die Verantwortlichen in Städten und Kommunen, ob sie die zerstörten Altstädte, Kirchen, Bahnhöfe, Theater und Schlösser originalgetreu wiederaufbauen sollten oder ob gänzlich Neues zu schaffen sei. Oft schwang ein mahnender Gedanke mit. So erhielt das Mitte des 19. Jahrhunderts errichtete und dem damaligen Bayerischen Heer gewidmete Münchner Siegestor nun die Aufschrift »Dem Siege geweiht. Vom Krieg zerstört. Zum Frieden mahnend«. Ein besonders bekanntes symbolträchtiges Beispiel ist die Gedächtniskirche in

Ruine der im Krieg stark zerstörten Kaiser-Wilhelm-Gedächtniskirche. Im Vordergrund ein Schild, das auf den britischen Sektor der in vier Zonen eingeteilten Stadt Berlin verweist

Berlin. Ein kompletter Neubau wurde mit der Turmruine der Kaiser-Wilhelm-Gedächtnis-Kirche, errichtet zwischen 1891 und 1895, verbunden. Sie avancierte zum Wahrzeichen des alten West-Berlins.

Angesichts des Wiederaufbaus und des sich verschärfenden Kalten Krieges verblasste die Erinnerung an den Bombenkrieg des Zweiten Weltkriegs allmählich. Vergessen wurde er besonders auf der lokalen, kirchlichen und persönlichen Ebene jedoch nie. Die 1950er Jahre brachten Diskussionen über und Proteste gegen die Aufstellung eines bundesdeutschen Militärs, das den Planungen nach sogar mit Nuklearwaffen ausgestattet werden, zumindest aber die entsprechenden Trägersysteme dafür erhalten sollte. Nach dem Abwurf der Atombomben über Hiroshima und Nagasaki in Japan im August 1945 und angesichts der mittlerweile entwickelten Atom- und Wasserstoffbomben der Flugzeuge wie auch der atomaren Sprengköpfe für Raketen wirkten die konventionellen Bomberangriffe des zurückliegenden Krieges beinahe harmlos. Die neue Bedrohung überlagerte die Erinnerungen, die gleichwohl als mahnende Beispiele immer wieder zitiert wurden.

Die westlichen Alliierten hatten gegen Ende des Krieges die deutschen Unterlagen beschlagnahmt und erst in den 1960er Jahren nach intensiver Auswertung für die Kriegsverbrecherprozesse und eigene militärische Lehren an die deutschen Stellen zurückgegeben. Erst danach wurde eine quellengestützte, geschichtswissenschaftliche Aufarbeitung des Zweiten Weltkriegs, den Luftkrieg und seine Folgen eingeschlossen, in der Bundesrepublik möglich. Bis dahin prägten vor allem ehemalige Wehrmachtsoffiziere mit ihren Memoiren das Bild des verlorenen Krieges. Die wissenschaftlich fundierte Auseinandersetzung mit der Vergangenheit sowie die öffentliche, justizielle Aufarbeitung der NS-Gräueltaten offenbarten erst die Monstrosität der deutschen Verbrechen.

In seiner Rede zum 40. Jahrestag des Kriegsendes betonte Bundespräsident Richard von Weizsäcker 1985, dass der 8. Mai 1945 immer mit dem 30. Januar 1933, dem Tag der »Machtübernahme« durch die Nationalsozialisten, zusammenhänge. Er deutete den Tag auch als einen »Tag der Befreiung [...] von dem menschenverachtenden System der nationalsozialistischen Gewaltherrschaft«. Mehrfach sprach er die Luftangriffe im Gesamtzusammenhang des Krieges in allen Schattierungen an: »Viele waren einfach nur dafür dankbar, daß Bombennächte und

Bundespräsident Richard von Weizsäcker (1920–2015) bei seiner Rede im Deutschen Bundestag in Bonn am 8. Mai 1985, dem 40. Jahrestag des Kriegsendes in Europa

Angst vorüber und sie mit dem Leben davongekommen waren. [...] Als Deutsche gedenken wir in Trauer der eigenen Landsleute, die als Soldaten, bei den Fliegerangriffen in der Heimat, in Gefangenschaft und bei der Vertreibung ums Leben gekommen sind. [...] Neben dem unübersehbar großen Heer der Toten erhebt sich ein Gebirge menschlichen Leids, [...] Leid in Bombennächten [...]. Wie schwer mußte es aber auch einem Bürger in Rotterdam oder London fallen, den Wiederaufbau unseres Landes zu unterstützen, aus dem die Bomben stammten, die erst kurze Zeit zuvor auf seine Stadt gefallen waren! [...] Vierzig Jahre nach dem Ende des Krieges ist das deutsche Volk nach wie vor geteilt. Beim Gedenkgottesdienst in der Kreuzkirche zu Dresden sagte Bischof [Johannes] Hempel im Februar dieses Jahres: ›Es lastet, es blutet, daß zwei deutsche Staaten entstanden sind mit ihrer schweren Grenze. Es lastet und blutet die Fülle der Grenzen überhaupt. Es lasten die Waffen.‹«

Bemerkenswerterweise ging Weizsäcker in seiner Rede mehr auf die »Bombennächte« als auf die »Bombentage« ein. Er spielte damit also vor allem auf die Angriffe der RAF an. Zugleich machte er deutlich, dass

Deutschland für den Kriegsausbruch verantwortlich war und auch den Bombenkrieg begonnen hatte. Allerdings beließ er die Täter im Ungefähren und benannte die Opfergruppen konkret. Zudem arbeitete er heraus, welch verheerende Wirkung die deutschen Angriffe auf die Westmächte, die ehemaligen Feinde und jetzigen Nato-Partner gehabt hatten. Er ging aber auch auf den Bombenangriff auf Dresden 1945 ein und äußerte den Wunsch nach einer friedvollen Zukunft für beide deutsche Staaten.

Neben diesen Erinnerungen bei offiziellen Anlässen gab es in der Bundesrepublik auf lokaler und regionaler Ebene gerade bei entsprechenden Jahrestagen immer wieder eine Fülle von Ausstellungen, Dokumentationen und Schriften zum Bombenkrieg 1939 bis 1945 gegen deutsche Städte. Für das Fernsehen wurden entsprechende Dokumentarfilme wie *Der Krieg der Bomber* (1986) produziert. In westdeutschen Kinos liefen hingegen Actionfilme aus dem Ausland, die eher dessen Perspektive widerspiegelten: Die anglo-amerikanische Filmindustrie produzierte Filme wie *Dam Busters* (1955), der den Angriff auf die Möhne- und die Edertalsperre aufgriff, *Luftschlacht um England* (1969) über den britischen Mythos schlechthin, oder *Memphis Belle* (1990), der das Schicksal einer B-17-Bomberbesatzung thematisierte, die 24 Einsätze überstanden hatte. Bei ihrem 25. und letzten Einsatz wurde die Maschine stark beschädigt, ein Besatzungsmitglied erlitt schwere Verletzungen.

DDR

In der DDR hingegen bot sich durch die Gleichsetzung von Kapitalismus, Imperialismus und Faschismus die Instrumentalisierung des Bombenkriegs der anglo-amerikanischen Luftstreitkräfte zu politischen Zwecken geradezu an. Das SED-Regime griff dabei sogar das Vokabular der NS-Zeit auf, und die DDR-Propaganda nutzte in Teilen die in deutschen Dokumenten verwendeten Kriegsstereotypen des Terrors, der Terrorangriffe und der »Luftterroristen« weiter. Die eigene Hochrüstung der Gegenwart wurde mit dem Argument legitimiert, dass sich angesichts der eigenen Stärke solche Angriffe nicht wiederholen würden.

Im Kalten Krieg kam dem Gedenken an den Bombenangriff auf Dresden 1945 Schlüsselcharakter zu. Als Zeichen der in der DDR so wichtigen Internationalität entstand 1959 die Städtepartnerschaft zwischen Dresden und Coventry. Gleichzeitig gab es Losungen wie »Die Mörder Dresdens sind die Kriegstreiber von heute«. Nachdem Wiederaufbaubemühungen der Frauenkirche gescheitert waren, wurde die Ruine als Antikriegsdenkmal genutzt. Später war die inzwischen als »europäisches Haus des Friedens« wiedererrichtete Kirche ein Gedenkort der christlichen Friedensbewegung.

Anstelle des im Krieg stark zerstörten Berliner Stadtschlosses errichtete die DDR den Palast der Republik. Richtfest war am 18. November 1974.

Einige bedeutende Bauwerke, die der Krieg zerstört hatte, ließ die DDR wiederaufbauen. Viele galten jedoch als Hort der als gestrig geltenden Staats- und Gesellschaftsordnungen. Ihre Überreste, Ruinen und Teilruinen wurden daher bewusst beseitigt und an deren Stelle neue Symbolbauten des Sozialismus errichtet, so etwa der »Palast der Republik« anstelle des Stadtschlosses in Berlin. Ähnliches galt für die Potsdamer Garnisonkirche oder das Stadtschloss zu Potsdam. Im Zweifel investierte die DDR auch angesichts ihrer knappen Ressourcen eher in Neubauten als in Wiederaufbauaktionen, sodass die historischen Bauten, die die Luftangriffe und Bodenkämpfe überstanden hatten, zunehmend verfielen. Das Schlagwort »Ruinen schaffen ohne Waffen« machte hinter vorgehaltener Hand die Runde.

Nach 1990

Im wiedervereinten Deutschland entstand ab 1990 eine Haltung zu den Bombenangriffen, die sich aus drei Lesarten speiste. Erstens jene Sichtweise, die Weizsäcker in seiner Rede wiedergegeben hatte, zweitens die Anschauung der extremen Rechten, die vom »Bombenterror« oder »Bombenholocaust« sprach, und schließlich die offizielle Lesart der DDR. In diese Zeit fiel auch die Ausstellung »Vernichtungskrieg. Verbrechen der Wehrmacht 1941 bis 1944«. Sie polarisierte stark, da sie breitenwirksam herausarbeitete, dass nicht wenige ehemalige Wehrmachtsangehörige aktiv an den NS-Verbrechen beteiligt waren und somit eine Mitschuld trugen. Sie brach mit dem Narrativ, die Gräueltaten seien von wenigen Einzelnen verübt worden. Einen nicht geringen Anteil an den hitzigen Debatten hatten rechte Gruppierungen, die Gedenkveranstaltungen in Sachen Bombenangriffe, deutsche Opfer und Endkämpfe veranstalteten.

In dem Maße, in dem sich die deutsche Erinnerung an die Opfer der NS-Verbrechen institutionalisierte, wuchs das Verlangen, das Leid der eigenen Bevölkerung nicht auszublenden. In eben diese Kerbe schlug das 2002 veröffentlichte Buch *Der Brand* des Publizisten Jörg Friedrich über den alliierten Luftkrieg. Es wurde ein Bestseller und löste heftige Kontroversen aus. Friedrich vertrat die Meinung, die Bombenangriffe auf deutsche Städte seien ab 1944 militärisch sinnlos gewesen. Kritiker

Der Künstler Yadegar Asisi (* 1955) gestaltete 2020 die Ausstellung DRESDEN 1945 in Form eines monumentalen Rundbilds, in dem die Kriegszerstörungen durch den Bombenangriff nachvollziehbar sind.

warfen ihm vor, die Angriffe nicht ausreichend in den Kontext des von NS-Deutschland begonnenen Krieges eingeordnet zu haben.

Angesichts des bis dahin unvorstellbaren Zerstörungsgrads und der gezielten NS-Propaganda hatten sich schon in den letzten Kriegsmonaten Mythen um viele Bombenangriffe gerankt und sich ins kollektive Gedächtnis der Bevölkerung eingeschrieben. Beispielsweise hatte der *Völkische Beobachter* die Luftangriffe vom 13. bis 15. Februar 1945 auf das als friedliebende Kulturstadt dargestellte Dresden als »Kulturverbrechen« bezeichnet. Bis weit in die 1990er Jahre hinein kursierten insbesondere in rechtsextremen Kreisen Opferzahlen, die das NS-Regime in Umlauf gebracht hatte, die aber schon früh in Zweifel gezogen wurden. Von 2004 bis 2010 legte eine eigens eingesetzte Historikerkommission in mühevoller Arbeit erstmals wissenschaftlich fundierte Opferzahlen vor. Die Angaben von 250 000 Toten mussten in der Folge auf maximal 25 000 korrigiert werden.

↗ **Vom grauen Betonkoloss zur grünen Oase. Seit Sommer 2024 ist der um einen Pyramidenbau erweiterte Hochbunker auf St. Pauli in Hamburg für alle geöffnet. Ein Gedenk- und Informationsort erinnert an die Geschichte des Bunkers und seine Errichtung durch Zwangsarbeiter.**

8 Fazit

Die Auswirkungen des Krieges und ganz besonders die des Bombenkriegs waren nach 1945 in den meisten Staaten Europas unübersehbar. Soldaten, Zivilisten und Veteranen spürten sie hautnah. Das gesamte öffentliche und private Leben bewegte sich im »Angesicht des Trümmerfeldes«, stehen gebliebener Hochbunker, zerstörter sowie ausgebrannter Fahrzeuge und war »auferstanden aus Ruinen«. Für nicht wenige war aus dem Flugzeug und seinen sich ständig erhöhenden Leistungsparametern sowie aus der tödlichen Kombination aus Spreng- und Brandbomben im wörtlichen Sinne ein »Fluch-Zeug« geworden. Schon den Zeitgenossen stellte sich die Frage, ob der strategische und taktische Bombenkrieg, dessen Wurzeln bereits im Ersten Weltkrieg lagen, die in ihn gesetzten Erwartungen erfüllt hatte. Hielten sich Aufwand und Ertrag die Waage oder handelte es sich eher um ein sinnfreies Zerstörungswerk mit letztlich geringen Auswirkungen auf den Kriegsverlauf?

Hierbei gilt es zwei Faktoren zu unterscheiden: die Auswirkungen auf den Kriegsverlauf und die Auswirkungen auf die Moral. Da es sich beim Luftkrieg, konkret bei den Bombardierungen, letztlich nur um Teilaspekte des gesamten Krieges handelt, ist diese Frage nicht einfach zu beantworten.

Zunächst einmal gilt es sich ins Gedächtnis zu rufen, dass der Krieg Großbritanniens gegen das Deutsche Reich und dem von ihm beherrschten Territorium im Zeitraum von Juni 1940 bis 1943 eine Besonderheit aufwies: Es gab keine direkte Landfront in Europa gegen die Wehrmacht. Also mussten die Briten den deutschen Machtbereich anderweitig schädigen: Am Boden unterstützten sie Widerstands- und Partisanengruppen, aus der Luft bombardierten sie strategisch. Das Fernziel war eine Landung alliierter Truppen auf dem Kontinent und der Sieg über Deutschland. Spätestens ab Frühjahr 1941 war der direkte Druck der NS-Luftwaffe auf die Inseln massiv gelockert worden, da die deutschen Bomber in Südosteuropa, Nordafrika und der Sowjetunion dringender gebraucht wurden.

Die britische Führung wollte, wie alle kriegführenden Parteien, keinen Stellungskrieg wie im Ersten Weltkrieg erleben. Damals hatte Großbritannien über 900 000 Gefallene beklagen müssen – die höchsten Verluste, die Großbritannien jemals in einem Krieg erlebt hatte. Auch deshalb versprach der Bombenkrieg gegen das Deutsche Reich mit massivem Materialeinsatz, aber vergleichsweise geringen Gesamt-

Taucher am Wrack eines US-Bombers vom Typ Boeing B-17G auf dem Meeresgrund vor der Nordwestküste Korsikas. Die Maschine wurde 1944 vermutlich abgeschossen.

verlusten ein Maximum an Zerstörungswirkung auf den Gegner zu entfalten. Große Teile der britischen Rüstungsproduktion im Mutterland und in den Kolonien produzierten daher das Nötige für diesen Bombenkrieg. Von den Flugzeugbesatzungen kamen zwar 80 000 Männer zu Tode; insgesamt waren die britischen Verluste mit über 300 000 toten Soldaten jedoch wesentlich niedriger als im Ersten Weltkrieg. Für die deutsche Seite hingegen galt das genaue Gegenteil. Im Ersten Weltkrieg starben zwei Millionen deutsche Soldaten, im Zweiten Weltkrieg 5,4 Millionen.

Die USA und besonders die USAAF schlossen sich der britischen Bewertung im Grunde genommen an. Auch für sie gab es zunächst keine direkte Landfront gegen die Wehrmacht in Europa. Daher verstärkten sie das Nachtbombardement der Briten durch Tagangriffe. Etwa 80 000 Anghörige des fliegenden Personals der Amerikaner kamen zu Tode, ihr prozentualer Anteil an den Gesamtverlusten der USA von über 250 000 Gefallenen war sogar noch höher als der ihrer britischen Kameraden. Allerdings entfaltete auch die USAAF ein Maximum an Zerstörungspotenzial durch Präzisionsangriffe. Die aus den 1930er Jahren stammende Doktrin, dass ein Bomber immer durchkomme, bewahrheitete sich jedoch nur eingeschränkt. Die Verlustrate bei den Bombern der 8. und 15. US-Luftflotte sank vielmehr in dem Maße, in dem die Reichweite der Begleitjäger und damit die Stärke des Schutzes zunahm.

Sicherlich waren die Schäden der nächtlichen britischen Luftangriffe für die deutsche Industrie und die deutschen Verkehrsverbindungen bei Weitem nicht so nachhaltig wie von den Alliierten erhofft, aber es kam durchaus zu kurzfristigen Produktions- und Verkehrsausfällen, die zeit- und kräfteaufwendig kompensiert werden mussten. Zudem müssen die Nachtangriffe der RAF in Kombination mit den Tagangriffen der USAAF gesehen werden. Letztere richteten sich auch gegen Städte, trafen aber viel stärker Industrieanlagen und Verkehrswege. Zwar betrug die deutsche Flugzeugproduktion 1944 das Vierfache des Ausstoßes von 1940. Es fehlte aber seit der Bombardierung der deutschen Hydrierwerke 1944 an Treibstoff. Die gebauten Flugzeuge konnten also nicht vom Boden abheben. In der Endphase des Krieges setzten die Alliierten nicht mehr nur Horizontalbomber in großen Höhen ein, sondern auch Jagdflugzeuge und Jagdbomber im Tiefflug, die vor allem deutsche Kolonnen und Eisenbahnen angriffen. Die Wehrmacht konnte daher nur

Schutzsuche vor den Bomben und ihren Splittern: ein zum Luftschutzraum umgebauter Keller eines Mietshauses in Berlin, um 1940

noch bei Nacht halbwegs gefahrlos ihre Truppen und Fahrzeuge verlegen, was ebenfalls Zeit kostete. Die alliierten Angriffe richteten sich also gegen die Wehrmacht und die Industrie, gleichzeitig sollten sie die Moral der deutschen Bevölkerung brechen. Laut aktuellem Forschungsstand litt weder die britische Moral während der Luftschlacht um England, noch wankte die deutsche während der alliierten Bomberoffensiven. Offenbar hat also keine der Kriegsparteien dieses mit den Bombardierungen verbundene Hauptziel erreicht. Es wäre aber voreilig, die Bombardements als völlig sinnfrei zu beurteilen und ihren Einfluss auf die Moral gänzlich zu leugnen.

Jede Strategie ist langfristig angelegt. Somit sind kurzfristige und damit schnelle sowie direkte Auswirkungen selten zu erwarten. Zudem stellt sich die Frage, wie die Moral, hier verstanden als Wille zur Fortsetzung des Kampfes, denn zu messen gewesen wäre. Weder in Großbritannien noch im Deutschen Reich gab es sich schnell etablierende Massenbewegungen, die zum Sturz der jeweiligen politischen Systeme hätten aufrufen und einen sofortigen Frieden verbunden mit einer schnellen Kapitulation hätten fordern können. Im britischen Fall hätte dies 1940 eine deutsche Besatzung nach sich gezogen, im deutschen Fall eine bedingungslose Kapitulation zu einem Zeitpunkt, da noch kein alliierter Soldat deutschen Boden betreten hatte, was nach der als Schmach empfundenen Niederlage von 1918/19 sicherlich auch niemand gewollt oder verstanden hätte.

Dennoch stellt sich die Frage, inwieweit die Moral durch die Bomberoffensiven zumindest angeschlagen, wenn nicht sogar erschüttert wurde. Im britischen Fall des relativ kurzen Bombardements 1940/41 galt die trotzige Parole »*Keep calm and carry on*«, und man hoffte, dass das RAF Fighter Command die deutschen Bomber abschießen würde. Im deutschen Fall sah die Sache etwas anders aus. Die Bombardierung dauerte wesentlich länger und war sehr viel intensiver. Das bedeutete, dass die Produktionsvorgaben für Arbeiter deutlich erhöht wurde, die Arbeitszeit lag bei 60 bis 80 Stunden pro Woche, und dass zudem der nächtliche Schlaf durch Bombenangriffe beständig gestört wurde. Die Menschen lebten in permanenter Angst um Angehörige, Gesundheit, Leben und Wohnung. Ab 1943 wurden Schulkinder im Rahmen der Kinderlandverschickung evakuiert, ihre Kontakte zu Eltern und Ver-

Schild in einem britischen Café. Mit Sinn für Humor und Understatement wird auf die Öffnungszeiten im Fall einer deutschen Invasion hingewiesen, um 1942.

wandten beschränkten sich auf Briefe und Postkarten. Jugendliche waren, da in den Familien die meisten Männer an den Fronten standen, zu Hilfsdiensten bei der Hitlerjugend eingeteilt, so etwa als Flakhelfer.

Eltern bringen ihre Kinder zur Bahn, um sie im Rahmen der ›Kinderlandverschickung‹ aus den bombengefährdeten Großstädten in ländliche Regionen zu evakuieren. Familien wurden damit auseinandergerissen. Die Kinder tragen ›Versandkarten‹, auf denen Namen, Anschriften und Zielorte notiert wurden, Berlin 1943.

Museen und Theater waren geschlossen, nur die Kinos wurden noch bespielt. Auf defätistische Äußerungen standen drakonische Strafen, gleiches galt für das Hören von Feindsendern. Parteiorganisationen sorgten dafür, dass Ausgebombte versorgt wurden. Anders als während der »Hungerblockade« im Ersten Weltkrieg waren Lebensmittel durchaus vorhanden, wenn auch auf Bezugschein nur eingeschränkt erhältlich. Der Alltag war zudem von beständigen »Heldenklau-Aktionen« geprägt, sprich: Wehrmachtsdienststellen in der Heimat, aber auch Betriebe wurden nach frontverwendungsfähigen Männern und in der Endphase nach allen 16- bis 60-Jährigen durchkämmt. Werden all diese Faktoren zusammengefügt, so scheint es sehr zweifelhaft zu sein, ob der Glaube an den propagierten Endsieg tatsächlich noch vorhanden war. Die Alliierten führten vor allem ab 1944/45 den Deutschen ihre haushohe Überlegenheit in der Luft Tag und Nacht vor Augen. Anders als im Kaiserreich, immerhin einem Rechtsstaat, wenn auch unter Kriegsbedingungen, waren im NS-Unrechtsstaat zudem Proteste schwer möglich: Alle mutmaßlich als Opposition in Frage kommenden Parteien, Gewerkschaften und Organisationen waren bereits 1933/34 verboten oder »gleichgeschaltet« worden. Zwar gab es Untergrundorganisationen, aber diese waren für Proteste oder Umsturzversuche zu schwach und ihnen fehlte zudem die Zustimmung der Bevölkerung.

Einen Zweck erfüllten strategische Luftangriffe sicherlich: Sie banden gegnerische Kräfte, also Material und Personal, die an anderen Stellen und Frontabschnitten fehlten. Bei allen Kriegsparteien machten sie umfangreiche aktive und passive Luftschutzmaßnahmen notwendig. Eigene kriegswichtige Einrichtungen mussten geschützt werden. Dazu waren ein Luftmelde- beziehungsweise Luftlagedienst sowie Scheinanlagen nötig. Der Bevölkerung war ein Mindestmaß an Sicherheit zu garantieren, die in Teilen eher gefühlt als real war. Dies betraf etwa die Anzahl der errichteten und zu errichtenden Schutzräume und deren Wirksamkeit. Die Zahl dieser dadurch gebundenen Kräfte abzuschätzen, fällt nicht leicht.

Beim Thema Material gilt es, sich zu vergegenwärtigen, dass Tausende Geschütze, Scheinwerfer und Generatoren benötigt wurden. Hinzu kam eine sehr große Anzahl von Flakgranaten. All diese Rüstungsgüter mussten produziert und an die Einsatzstandorte gebracht werden, was hohen logistischen Aufwand verlangte.

Frauen in der Rüstungsindustrie: Da die Männer zur Wehrmacht eingezogen worden waren, fehlten Arbeitskräfte. Frauen, zunehmend auch Zwangsarbeiterinnen, arbeiten bei der Hamburger Firma Deutsche Messapparate GmbH (Messap), die nun kriegsbedingt u. a. auf die Produktion von Zeitzündern für Flakgranaten umgestiegen war, ca. 1940.

Tausende Flugzeuge waren auf deutscher Seite im Einsatz. Auch diese mussten produziert und ausgeliefert werden. Hinzu kam das Material für den Bau von Luftschutzbunkern, der Ersatz für beschädigte Züge und insbesondere für Lokomotiven sowie für Schienen, Bahnhöfe und Weichen. Es ist schwer, genaue Zahlen zu ermitteln, die Dimensionen können nur angedeutet werden.

Die deutsche Luftwaffe wies eine Kriegsstärke von insgesamt bis zu knapp drei Millionen Personen inklusive Zivilpersonal auf. Etwa ein Drittel von ihnen diente bei der Flak, an allen Fronten. Hinzu kamen, vornehmlich an der Heimatfront eingesetzt, etwa 430 000 Personen, zumeist junge Menschen, die bei der Flak, aber auch bei der Luftnachrichtentruppe Hilfsdienste bei der Luftverteidigung leisteten. Die für die Luftverteidigung Deutschlands zuständige Luftflotte »Reich« mit ihren Tag- und Nachtjägern sowie ihren Luftnachrichten- und Flakverbänden umfasste etwa eine Million Personen. Somit waren allein bei der Wehrmacht, die insgesamt 18 Millionen Menschen zählte, von de-

Mahnmal am Grünen Markt in Erding. Das Denkmal befindet sich im Areal des Stadtgrabens, der in diesem Bereich einige Zeit nach dem Bombenangriff am 18. April 1945 mit dem Schutt der zerstörten Häuser aufgefüllt wurde.

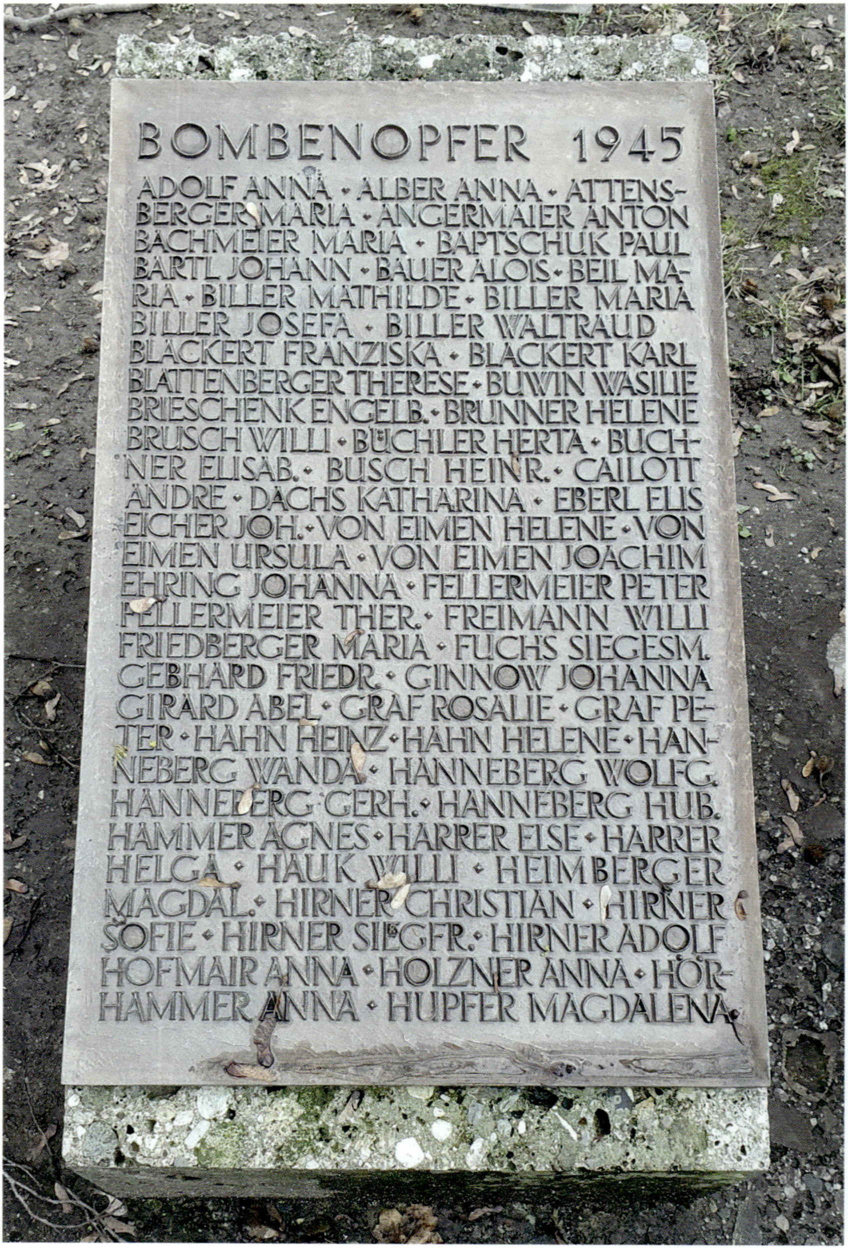

Eine eigene Tafel erinnert an die Opfer des Angriffs auf Erding.

nen 5,4 Millionen fielen, deutlich über eine Million Personen direkt durch die gegnerischen Luftangriffe gebunden.

Hinzu kamen die zivilen Organisationen: Allein dem Deutschen Luftschutzbund gehörten zu Kriegsbeginn 15 Millionen Mitglieder an, davon 820 000 Hauptamtliche. Nicht zu vergessen sind die über 100 000 Mann der Technischen Nothilfe (Nachfolgeorganisation heute Technisches Hilfswerk, THW). Sie wurden ergänzt durch sogenannte Hilfswillige (Hiwis), zum Teil osteuropäische Freiwillige, aber auch verpflichtete Kriegsgefangene. Weiterhin sind die Bombenräumkommandos zu nennen, die sich zum größten Teil aus zwangsweise abkommandierten KZ-Häftlingen zusammensetzten. Hunderttausende KZ-Häftlinge und Zwangsarbeiter, begleitet von Wachmannschaften, bauten die durch die Luftangriffe notwendig gewordenen unterirdischen Produktionsstätten oder richteten stillgelegte Bergwerke dafür her. Zudem waren Arbeitskräfte zur Instandsetzung der Schienenwege, Bahnhöfe, Brücken und Hafenanlagen nötig. Helfer der NS-Organisationen betreuten die Ausgebombten. Somit waren insgesamt mindestens über zweieinhalb Millionen Menschen, Militärs und Zivilisten, unmittelbar durch den Bombenkrieg gebunden. Hierbei sind die Beschäftigten der Flugzeug-, Flak-, Munitions- und Zulieferindustrie noch gar nicht berücksichtigt. Die Zahl der direkt und indirekt durch den Bombenkrieg gebundenen Menschen dürfte weitaus höher liegen.

Letztendlich war aber klar geworden, dass sich ein Krieg nicht alleine durch Luftstreitkräfte gewinnen ließ, aber eben auch nicht ohne Luftwaffen. Wie in den meisten Kriegen trug jedoch auch im Bombenkrieg 1939–1945 die Hauptlast und das Hauptleid die Zivilbevölkerung. Das galt für das zu Beginn geschilderte Erding am 18. April 1945 wie auch für viele andere Städte und Orte in ganz Europa, in Teilen Nordafrikas und Asiens.

Anhang

Zeittafel

1783

Erste bemannte Fahrt eines Heißluftballons, konstruiert von den Brüdern Montgolfier

1884

9. Mai	Aufstellung der Ballon-, später Luftschiffertruppen im Deutschen Reich

1889

Erscheinen des Buches von Otto Lilienthal »Der Vogelflug als Grundlage der Fliegekunst«, damit Erforschung der Aerodynamik

1903

17. Dezember	Erster dokumentierter Motorflug durch die Brüder Wright

1909

25. Juli	Louis Blériot überfliegt als Erster den Ärmelkanal von Calais nach Dover.

1911

1. November	Erster Bombenangriff aus einem Flugzeug im Osmanisch-Italienischen Krieg

1910/12

1. Mai/1. April	Aufstellung der ersten Fliegertruppen im Deutschen Reich in Döberitz und Schleißheim

1914–1918

Erster Weltkrieg

1918

1. April	Aufstellung der Royal Air Force (RAF): Erste Luftwaffe der Welt als eigene Teilstreitkraft

1919

15. Juni	Erster Überflug des Nordatlantiks von Amerika nach Europa

1927

21. Mai	Erster Nonstop-Flug von New York nach Paris

1928

12. April	Erster Nonstop-Überflug des Nordatlantiks von Europa nach Amerika

1933

30. Januar	Reichspräsident Paul von Hindenburg ernennt den Führer der NSDAP, Adolf Hitler, zum Reichskanzler

1935

1. März	Wiedereinführung der Allgemeinen Wehrpflicht im Deutschen Reich; Aufbau der Wehrmacht

1937

26. April	Bombardierung der spanischen Stadt Guernica durch deutsch-italienische Verbände

1938

12. März	Einmarsch deutscher Truppen in Österreich. Die Luftwaffe nutzt fortan Flugplätze in der »Ostmark«.
29. September	»Münchner Abkommen« zwischen dem Deutschen Reich, Großbritannien, Frankreich und Italien zuungunsten der Tschechoslowakei; Beginn der massiven Aufrüstung der RAF
11. August	Erster Nonstop-Flug von Berlin nach New York

1939

23. August	Deutsch-Sowjetischer Nichtangriffspakt
1. September	Deutsche Truppen überfallen Polen; Bombardierung von Wieluń
3. September	Großbritannien und Frankreich erklären dem Deutschen Reich den Krieg
4. September	Erster Luftangriff der RAF auf Wilhelmshaven
25. September	Massive deutsche Bombardierung Warschaus

1940

9. April	Deutscher Überfall auf Dänemark und Norwegen
10. Mai	Deutscher Überfall auf Belgien, Luxemburg und die Niederlande sowie Angriff auf Frankreich
10./11. Mai	Einnahme des Forts Eben Emael durch Fallschirmjäger mittels Lastensegler
14. Mai	Deutsche Bombardierung Rotterdams
25. Juni	Deutsch-Französischer Waffenstillstand. Die Luftwaffe nutzt Flugplätze in Frankreich, Belgien und den Niederlanden.
10. Juli	Beginn der Luftschlacht um England
7. September	Beginn der deutschen Bombardierung Londons (*The Blitz*)
14. November	Deutsche Bombardierung Coventrys (Unternehmen »Mondscheinsonate«)

1941

21. Februar	Beginn des deutschen Engagements in Nordafrika
6. April	Beginn des deutschen Überfalls auf Jugoslawien und Griechenland
6./7. April	Bombardierung Belgrads (Unternehmen »Strafgericht«)
20. Mai	Beginn der Eroberung Kretas mit Fallschirm- und Gebirgstruppen (Unternehmen »Merkur«)
20. Juni	Aufstellung der United States Army Air Forces (USAAF)
22. Juni	Überfall auf die Sowjetunion
7. Dezember	Überfall japanischer See-Luftstreitkräfte auf Pearl Harbor; Kriegserklärung Japans an die USA
11. Dezember	Kriegserklärung des Deutschen Reiches an die USA

1942

2. Januar	Stationierung von Verbänden der USAAF in Großbritannien
31. März	Bombenangriff der RAF auf Lübeck
30./31. Mai	Beginn der massiven nächtlichen Angriffe der RAF auf deutsche Städte, 1000-Bomber-Angriff auf Köln (Operation »Millenium«)

1943

14. Januar	Beginn der Konferenz von Casablanca, »Casablanca-Direktive«
27. Januar	Beginn der US-Tagangriffe auf das Deutsche Reich
10. Juni	Beginn des *round-the-clock bombing* durch die RAF bei Nacht und die USAAF bei Tage
12./13. Mai	Kapitulation des Afrikakorps, Nutzung nordafrikanischer Flugplätze durch die USAAF
10. Juli	Landung der Westalliierten auf Sizilien
24.–30. Juli	RAF-Bombenangriffe auf Hamburg (Operation »Gomorrha«)
3. September	Beginn der westalliierten Invasion Italiens
14. Oktober	Bombenangriff der USAAF auf Schweinfurt, höchste Verluste der USAAF an einem Tag

1944

6. Juni	Landung der Westalliierten in der Normandie

1945

13.–15. Februar	Alliierter Bombenangriff auf Dresden
7./8. Mai	Bedingungslose Kapitulation der Wehrmacht und ihrer Teilstreitkräfte
6./9. August	Abwurf zweier US-Atombomben auf Hiroshima und Nagasaki
2. September	Kapitulation des japanischen Kaiserreichs

Literaturhinweise

Böhm, Martin: Die Royal Air Force und der Luftkrieg 1922–1945. Personelle, kognitive und konzeptionelle Kontinuitäten und Entwicklungen. Paderborn 2015.

Boog, Horst: »Die strategische Bomberoffensive der Alliierten gegen Deutschland und die Reichsluftverteidigung in der Schlußphase des Krieges«. In: Das Deutsche Reich und der Zweite Weltkrieg. Bd. 10/1: Der Zusammenbruch des Deutschen Reiches 1945. Die militärische Niederwerfung der Wehrmacht. Hrsg. von Rolf-Dieter Müller. München 2008. S. 777–885.

– »Strategischer Luftkrieg in Europa und Reichsluftverteidigung 1943–1944«. In: Das Deutsche Reich und der Zweite Weltkrieg. Bd. 7: Das Deutsche Reich in der Defensive. Strategischer Luftkrieg in Europa, Krieg im Westen und in Ostasien 1943–1944/45. Hrsg. von Horst Boog , Gerhard Krebs und Detlef Vogel. Stuttgart 2001. S. 3–415.

– »Der anglo-amerikanische strategische Luftkrieg über Europa und die deutsche Luftverteidigung«. In: Das Deutsche Reich und der Zweite Weltkrieg. Bd. 6: Der globale Krieg. Die Ausweitung zum Weltkrieg und der Wechsel der Initiative 1941–1943. Hrsg. von Horst Boog, Werner Rahn, Reinhard Stumpf und Bernd Wegner. Stuttgart 1990. S. 429–565.

Die Zerstörung Dresdens 13. bis 15. Februar 1945. Gutachten und Ergebnisse der Dresdner Historikerkommission zur Ermittlung der Opferzahlen. Hrsg. von Rolf-Dieter Müller, Nicole Schönherr und Thomas Widera. Göttingen 2010.

Friedrich, Jörg: Der Brand. Deutschland im Bombenkrieg 1940–1945. Berlin/ München 2002.

Lemke, Bernd: Luftschutz in Großbritannien und Deutschland 1923 bis 1939. Zivile Kriegsvorbereitungen als Ausdruck der staats- und gesellschaftspolitischen Grundlagen von Demokratie und Diktatur. München 1999.

Maier, Klaus A.: »Totaler Krieg und operativer Luftkrieg«. In: Das Deutsche Reich und der Zweite Weltkrieg. Bd. 2: Die Errichtung der Hegemonie auf dem europäischen Kontinent. Hrsg. von Klaus A. Maier, Horst Rohde, Bernd Stegemann und Hans Umbreit. Stuttgart 1979. S. 43–68.

– »Der operative Luftkrieg bis zur Luftschlacht um England«. In: Das Deutsche Reich und der Zweite Weltkrieg. Bd. 2: Die Errichtung der Hegemonie auf dem europäischen Kontinent. Hrsg. von Klaus A. Maier, Horst Rohde, Bernd Stegemann und Hans Umbreit. Stuttgart 1979. S. 329–341.

– »Die Luftschlacht um England«. In: Das Deutsche Reich und der Zweite Weltkrieg. Bd. 2: Die Errichtung der Hegemonie auf dem europäischen Kontinent.

Hrsg. von Klaus A. Maier, Horst Rohde, Bernd Stegemann und Hans Umbreit. Stuttgart 1979. S. 375–408.
Müller, Rolf-Dieter: Der Bombenkrieg 1939–1945. Berlin 2004.
Niedermayer, Hans: Pflugschar und Hakenkreuz. Erding im Dritten Reich. Kranzberg 1985.
Overy, Richard: Der Bombenkrieg. Europa 1939–1945. Übers. von Hainer Kober. Berlin 2014.
Süß, Dietmar: Tod aus der Luft. Kriegsgesellschaft und Luftkrieg in Deutschland und England. München 2011.

Abbildungsnachweis

akg-images: 117 UIG / Universal History Archive; 118 Fotoarchiv für Zeitgeschichte; 140

Bundesarchiv Bild, Koblenz: 17 N 1645 Bild 00036 / Heinrich Schmeck; 24 Bild 146-2005-0006 / o. Ang.; 25 Bild 119-2680-01 / o. Ang.; 35 Bild 183-1987-1210-502 / Heinrich Hoffmann; 44 Bild 183-M1112-500 / o. Ang.; 114 Plak 003-014-002 / o. Ang.

Bridgeman Images: 84 From the British Library archive; 105 Granger; 141 Prismatic Pictures

Mauritius images: 121 World History Archive / Alamy Stock Photos

Museum Erding, Fotoarchiv: 7; 8; 10; 145; 146

Picture alliance: 22 Photo 12 / Collection Bernard Crochet; 32 dpa / Consolidated US Air Force; 32 CPA Media Co. Ltd.; 95 Glasshouse Images / Circa Images; 103 imageBROKER / F. Grassmann; 111 Loop Images / Chris Harris; 122 AA / Burak Akbulut; 123 Ralf Hirschberger / dpa-Zentralbild; 128; 131 dpa / Steiner; 135 ZB / Juergen Loesel; 137 dpa / Markus Scholz

Süddeutsche Zeitung Photo: 15 Scherl; 20 Fotoarchiv für Zeitgeschichte / Ar; 30 United Archives / TopFoto; 30 Scherl; 37 Forum; 38 Knorr + Hirth; 45 Scherl; 46 Knorr + Hirth; 47 Scherl; 49 Scherl; 57 Scherl; 59 Fotoarchiv für Zeitgeschichte / Ar; 69 Rue des Archives / RDA; 78; 82 Scherl; 93 Scherl; 97 Fotoarchiv für Zeitgeschichte / Ar; 99 Fotoarchiv für Zeitgeschichte / Ar; 108; 115 Scherl; 142 Scherl; 144 Foto Germin

ullstein bild: 16 Haeckel Archiv; 19 Heritage Images / The Print Collector; 51 mirrorpix; 53 NMSI / Science Museum / Daily Herald Archive / NMeM; 55; 56 Willi Ruge; 61 Heritage Images; 62 Heritage Images; 64; 65 Photo 12 / Collection Bernard Crochet; 70 Photo 12; 85; 88 Walter Frentz; 92 Arthur Grimm; 112 Phot 12; 125; 129 Fritz Eschen; 133 Thie; 138 imageBROKER / Christian Zappel

Universitätsbibliothek Mainz: 77 https://doi.org/urn:nbn:de:hebis:77-vcol-20176 und https://doi.org/urn:nbn:de:hebis:77-vcol-20184

Württembergische Landesbibliothek Stuttgart: Ztg 9450

Personenregister